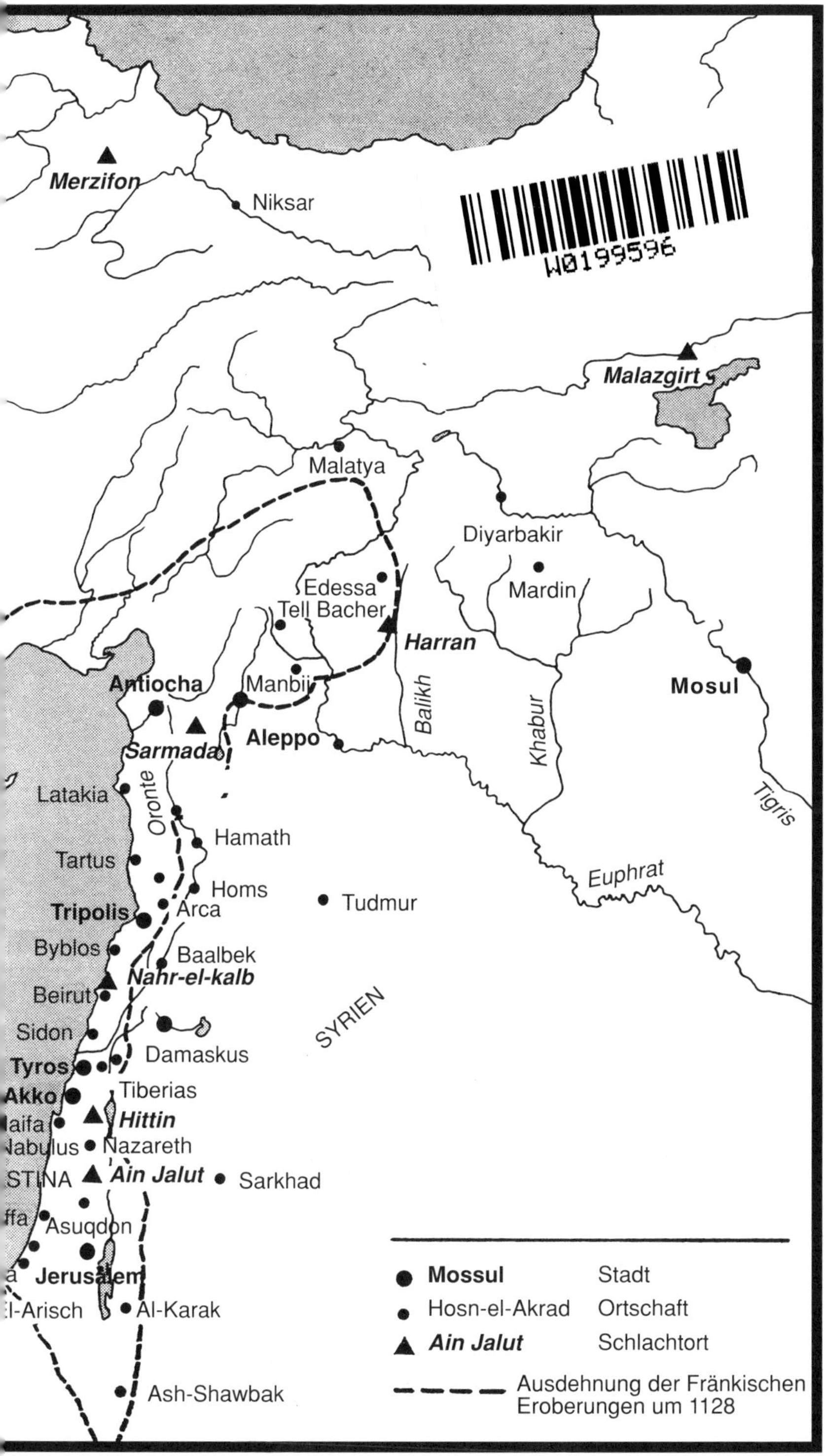
Merzifon
Niksar
Malazgirt
Malatya
Diyarbakir
Edessa
Mardin
Tell Bacher
Harran
Mosul
Antiocha
Manbij
Balikh
Khabur
Aleppo
Sarmada
Latakia
Oronte
Tigris
Hamath
Tartus
Euphrat
Homs
Tudmur
Tripolis
Arca
Byblos
Baalbek
Nahr-el-kalb
Beirut
SYRIEN
Sidon
Damaskus
Tyros
Akko
Tiberias
Hittin
Nazareth
Ain Jalut
Sarkhad
Asuqdon
Jerusalem
Al-Karak
Ash-Shawbak
Mossul Stadt
Hosn-el-Akrad Ortschaft
Ain Jalut Schlachtort
Ausdehnung der Fränkischen Eroberungen um 1128

Maalouf
Der Heilige Krieg der Barbaren

Amin Maalouf

Der Heilige Krieg der Barbaren

Die Kreuzzüge aus der Sicht der Araber

Aus dem Französischen von
Sigrid Kester

Diederichs

Die Originalausgabe erschien 1983 unter dem Titel
Les croisades vues par les Arabes
bei Lattès, Paris

Die Deutsche Bibliothek – CIP-Einheitsaufnahme
Maalouf, Amin:
Der Heilige Krieg der Barbaren : die Kreuzzüge aus der Sicht der Araber /
Amin Malouf. Aus dem Franz. von Sigrid Kester.
– 2. Aufl. – München : Diederichs, 1997
ISBN 3-424-01250-5

2. Auflage 1997

Umschlaggestaltung: Ute Dissmann, München
Produktion: Tillmann Roeder, München
Satz: Jung Satzcentrum, Lahnau
Druck und Bindung: Spiegel Buch, Ulm
Papier: holzfrei, chlorfrei Werkdruck, Schleipen
Printed in Germany

ISBN 3-424-01250-5

Inhalt

Für Andrée

Vorwort

Dieses Buch geht von einem ganz einfachen Gedanken aus: Es will die Geschichte der Kreuzzüge so darstellen, wie sie »im anderen Lager«, das heißt von arabischer Seite, erlebt, gesehen und weitergegeben wurde. Sein Inhalt beruht fast ausschließlich auf den Zeugnissen der arabischen Geschichtsschreiber und Chronisten jener Epoche.

Diese sprechen natürlich nicht von Kreuzzügen, sondern von Kriegen oder Invasionen der Franken. Das Wort, das die Franken bezeichnet, wird je nach Gegend, Autor und Zeit verschieden geschrieben: Farandsch, Farandschat, Infrandsch, Infrandschat – der Einfachheit halber wurde der übliche Ausdruck Franken (Frandsch) gewählt, der auch heute noch im Volksmund die Menschen aus dem »Abendland« im allgemeinen und die Franzosen im besonderen bezeichnet.

Wir wollten den Bericht nicht mit den zahlreichen notwendigen Anmerkungen – bibliographischer, historischer oder sonstiger Art – beschweren und haben es deshalb vorgezogen, sie am Ende nach Kapiteln geordnet anzufügen. Sie sind nützlich für all jene, die noch mehr erfahren wollen, sind jedoch für das Verständnis des Textes, der jeden ansprechen soll, keineswegs unerläßlich. Es ging uns weniger darum, ein weiteres Geschichtsbuch zu verfassen, wir wollten vielmehr von einem bis heute vernachlässigten Gesichtspunkt aus den »wahren Roman« der Kreuzzüge schreiben, jener so ereignisreichen zwei Jahrhunderte, die das Abendland und die arabische Welt geformt haben und heute noch ihre Beziehungen maßgeblich bestimmen.

Prolog

Bagdad, im August 1099

Ohne Turban auf dem zum Zeichen der Trauer kahlgeschorenen Kopf betritt der ehrenwerte Kadi Abou-Saad al-Harawi den Diwan des Kalifen al-Moustazhir, gefolgt von einer großen Schar Gleichgesinnter jeglichen Alters. Lautstark bekräftigen sie jedes einzelne seiner Worte, die er voller Erregung hervorstößt; wie bei ihm kontrastiert ihr üppiger Bart mit dem kahlgeschorenen Schädel. Einige Würdenträger versuchen ihn zu beruhigen, aber er schiebt sie mit einer verächtlichen Geste zur Seite und dringt entschlossen bis zur Mitte des Raumes vor, von wo aus er sich mit der Gewandtheit eines Kanzelredners an alle Anwesenden, ohne Rücksicht auf ihren Rang, wendet: »Ihr wagt es, im Schatten einer glücklichen Sicherheit selig dahinzuträumen, in einem sorglosen Leben wie die Blume des Gartens, während euren Brüdern in Syrien nur noch die Kamelsättel oder die Mägen der Geier als Aufenthaltsort dienen! Wieviel Blut ist dort geflossen! Wie viele schöne junge Mädchen mußten vor Scham ihr Gesicht hinter den Händen verbergen! Nehmen die tapferen Araber diese Beleidigung einfach hin? Dulden die persischen Helden diese Entehrung?«

Die arabischen Chronisten nannten es »eine Rede, die ans Herz rührte und die Tränen in die Augen trieb«. Alle Anwesenden schluchzen und klagen, al-Harawi jedoch will nichts von ihrem Jammern wissen. »Die schlechteste Waffe des Mannes ist es«, sagt er, »Tränen zu vergießen, wenn die Schwerter das Feuer des Krieges schüren.« Die lange, drei Wochen dauernde Reise von Damaskus nach Bagdad durch die sengende Hitze der syrischen Wüste hat er nicht auf sich genommen, um Mitgefühl zu erbetteln, sondern um die höchsten Würdenträger des Islam von der Katastrophe zu unterrichten, die über die Gläubigen hereingebrochen ist und sie aufzufordern, unverzüglich einzugreifen, um dem Gemetzel ein Ende zu bereiten. »Noch nie sind die Muslims derart gedemütigt worden«, wiederholt al-Harawi, »nie zuvor wurde ihr

Land so grausam verwüstet.« Die Männer, die ihn begleiten, sind aus den vom Eroberer zerstörten Städten geflohen, einige von ihnen zählen zu den wenigen, die aus Jerusalem entkommen konnten. Er hat sie mitgenommen, damit sie selbst von dem Unglück berichten können, das ihnen einen Monat zuvor widerfahren ist.

Am Freitag, dem 22. Chaaban des Jahres 492 der Hedschra – 15. Juli 1099 – hatten sich die Franken nämlich, nach einer vierundvierzigtägigen Belagerung, der Heiligen Stadt bemächtigt. Die Flüchtlinge beginnen immer wieder zu zittern, wenn sie davon sprechen, und ihr Blick wird starr, als sähen sie erneut diese blonden Krieger in ihren Rüstungen vor sich, wie sie, mit dem blanken Schwert Männer, Frauen und Kinder niedermetzelnd durch die Straßen stürmen, die Häuser plündern und die Moscheen verwüsten.

Als das Morden nach zwei Tagen endete, gab es in der Stadt keinen einzigen Muslim mehr. Einigen war es in der allgemeinen Verwirrung gelungen, durch die Tore, die die Angreifer aufgebrochen hatten, zu entfliehen. Die übrigen lagen zu Tausenden in Blutlachen vor ihren Häusern oder bei den Moscheen. Unter ihnen befanden sich zahlreiche Imams, Ulemas und sufistische Asketen, die ihre Heimat verlassen hatten, um an diesen heiligen Stätten in frommer Zurückgezogenheit zu leben. Die letzten Überlebenden waren zum härtesten Dienst gezwungen worden: Sie mußten die Leichname der Ihren auf dem Rücken zusammentragen, sie im freien Gelände aufschichten und verbrennen, bevor sie selbst umgebracht oder als Sklaven verkauft wurden.

Das Schicksal der Jerusalemer Juden war ebenso grausam: Während der ersten Stunden des Kampfes hatten viele von ihnen an der Verteidigung ihres im Norden der Stadt gelegenen Judenviertels teilgenommen. Als jedoch der Mauerteil, der ihre Häuser schützte, einbrach und die blonden Reiter in die Straßen stürmten, verloren die Juden die Fassung. Einem alten Brauch gemäß versammelte sich die ganze jüdische Gemeinschaft in der großen Synagoge zum Gebet. Daraufhin versperrten die Franken alle Ausgänge, schichteten rundherum Holz auf und ließen alles in Flammen aufgehen. Wer immer zu entkommen versuchte, wurde in den Straßen erschlagen, die anderen verbrannten bei lebendigem Leib.

Einige Tage nach der Katastrophe erschienen in Damaskus die ersten Flüchtlinge aus Palästina, die eines der ältesten Exemplare des Heiligen Buches, den Koran des Othman, bei sich trugen. Dann kamen auch die Überlebenden aus Jerusalem nach Damaskus. Als sie aus der Ferne die drei Minarette der omaijadischen Moschee erkannten, breiteten sie ihre Gebetsteppiche aus und fielen auf die Knie, um dem Allmächtigen zu danken, daß er ihr Leben, dessen Ende sie gekommen glaubten, verlängert hatte. Als Groß-Kadi von Damaskus nahm Abu-Saad al-Harawi die Flüchtlinge wohlwollend auf. Der gebürtige Afghane war die angesehenste Persönlichkeit der Stadt. Den Flüchtlingen erteilte er Ratschläge und spendete ihnen Trost. Ein Muslim, sagte er, müsse sich nicht schämen, aus seinem Haus geflohen zu sein. War nicht der Prophet selbst der erste islamische Flüchtling, als er seine Heimatstadt Mekka verlassen mußte und nach Medina floh, wo die neue Religion besser aufgenommen wurde? Und hatte er nicht von seinem Exil aus den Heiligen Krieg, den Djihad, begonnen, um sein Land von der Götzendienerei zu befreien? Die Flüchtlinge können sich also getrost als Kämpfer des heiligen Krieges betrachten, als Mudjahedins im eigentlichen Sinne, die im Islam so hoch angesehen sind, daß die Emigration des Propheten, die Hedschra, als Ausgangspunkt für die muslimische Zeitrechnung gewählt wurde.

Für viele Gläubige ist das Exil sogar absolute Pflicht bei einer Besetzung. Der große Reisende Ibn Jobair, ein Araber aus Spanien, der Palästina etwa hundert Jahre nach Beginn der fränkischen Invasion besuchte, war entsetzt, daß manche Muslims »aus Liebe zur Heimat« bereit waren, im besetzten Land zu leben. »Für einen Muslim«, sagte er, »gibt es vor Gott keinerlei Entschuldigung dafür, daß er in einer ungläubigen Stadt lebt, es sei denn, er ist nur auf der Durchreise. Auf muslimischem Gebiet ist er vor allem Übel und allen Gefahren sicher, die im Gebiet der Christen auf ihn lauern, wie das Anhören abscheulicher Worte bezüglich des Propheten, besonders aus dem Munde der Allerdümmsten, sowie die Unmöglichkeit, sich zu reinigen und inmitten von Schweinen und anderen unerlaubten Dingen zu leben. Hütet euch, in ihr Gebiet zu geraten! Für ein solches Vergehen muß man Gottes Erbarmen und Vergebung erflehen. Eines der schrecklichsten Dinge, die jeder sieht, der im Lande der Christen wohnt, ist der Anblick muslimischer

Gefangener, die sich in Ketten mühsam bewegen, schwerste Arbeit tun müssen und wie Sklaven behandelt werden, sowie der muslimischen Gefangenen, die eiserne Ringe an den Füßen tragen. Das Herz zerbricht einem bei ihrem Anblick, aber Mitleid hilft ihnen nichts.«

Wenn diese Worte auch hinsichtlich der Doktrin übertrieben sind, so spiegeln sie doch die Meinung dieser Tausende von Flüchtlingen aus Palästina und Nord-Syrien wider, die in diesem Juli 1099 in Damaskus versammelt waren. Denn wenn es ihnen auch bitter schwer gefallen war, ihre Heimat zu verlassen, so waren sie doch fest entschlossen, nicht eher dorthin zurückzukehren, als bis der Feind endgültig abgezogen sein würde. Ebenso waren sie entschlossen, das Gewissen ihrer Glaubensbrüder im gesamten muslimischen Gebiet wachzurütteln. Warum wären sie sonst unter der Führung von al-Harawi nach Bagdad gekommen? Müssen sich die Muslims in schweren Stunden nicht um den Kalifen, den Nachfolger des Propheten, scharen? Ist es nicht der Herrscher aller Gläubigen, zu dem ihre Klagen und Beschwerden emporsteigen sollen? In Bagdad jedoch erlebten die Flüchtlinge eine Enttäuschung, die so groß war wie ihre Hoffnungen. Der Kalif al-Moustazhir-billah drückt ihnen zunächst sein tiefstes Mitgefühl und sein inniges Verständnis aus, um sodann sechs hohe Würdenträger damit zu beauftragen, eine Untersuchung bezüglich dieser unliebsamen Ereignisse durchzuführen. Es ist überflüssig zu betonen, daß man von diesem Gremium nie wieder etwas hören sollte.

Die Zerstörung Jerusalems, Ausgangspunkt einer tausendjährigen Feindschaft zwischen dem Islam und dem Abendland, hatte also für den Augenblick keinerlei Reaktion ausgelöst. Fast fünfhundert Jahre sollten vergehen, bis der arabische Orient sich gegen den Eroberer auflehnte und der Aufruf zum Heiligen Krieg des Kadi von Damaskus im Diwan des Kalifen als erste feierliche Handlung des Widerstandes gewürdigt wurde.

Zu Beginn der Invasion gab es nur wenige Araber, die sich wie al-Harawi spontan des Ausmaßes der aus dem Westen kommenden Bedrohung bewußt wurden. Manche gaben sich sogar nur allzu schnell mit der neuen Lage zufrieden. Den meisten ging es nur ums Überleben, sie waren verbittert, aber resignierten. Wieder andere wurden zu mehr oder weniger klarsichtigen Beobachtern und versuchten, die neuen, völlig unvorhergesehenen Ereignisse einzuordnen. Der Interessanteste unter ihnen ist der Chronist von Damaskus, Ibn al-Qalanissi, ein junger Gebildeter aus vornehmer Familie. Als Beobachter der ersten Stunde – er zählte dreiundzwanzig Jahre, als die Franken 1096 im Orient erschienen – schrieb er regelmäßig die Ereignisse auf, von denen er erfuhr. Seine Chronik berichtet präzise und ohne übertriebene Leidenschaft über das Vordringen der Eroberer, wie es sich von seiner Stadt aus gesehen darstellte. Für ihn begann alles in jenen beklemmenden Tagen, als die ersten Gerüchte nach Damaskus drangen …

Erster Teil

Die Invasion
1096–1100

Schaut euch die Franken an!
Seht, mit welchem Eifer sie sich
für ihre Religion schlagen,
während wir Muslims keinerlei Begeisterung
für den Heiligen Krieg zeigen.

Saladin

1
Die Franken kommen

In diesem Jahr vermehrten sich die Nachrichten über das Erscheinen fränkischer Truppen, die in großer Zahl vom Marmara-Meer her anrückten. Die Menschen bekamen Angst. Diese Nachrichten wurden von Kilij Arslan bestätigt, dessen Land den Eindringlingen am nächsten lag.

König Kilij Arslan, von dem Ibn al Qalanissi hier berichtet, war bei Auftauchen der Franken noch keine siebzehn Jahre alt. Der junge türkische Sultan, dessen Augen eine leichte Mongolenfalte aufwiesen, war der erste islamische Herrscher, der von ihrem Anrücken erfuhr. Er sollte auch der erste sein, der ihnen eine Niederlage zufügte, aber auch der erste, der von den furchterregenden Rittern geschlagen wurde.

Schon im Juli 1096 erfuhr Kilij Arslan, daß ein riesiger Zug von Franken auf Konstantinopel zu marschierte, und sofort befürchtete er das Schlimmste, obwohl er natürlich keine Ahnung von den wahren Intentionen der Krieger hatte. Ihr Erscheinen im Orient läßt ihn jedoch nichts Gutes ahnen.

Das von ihm beherrschte Sultanat erstreckt sich über einen großen Teil Kleinasiens, ein Gebiet, das die Türken soeben den Griechen abgenommen hatten. Der Vater Kilij Arslans, Suleiman, war nämlich der erste Türke, der sich dieses Gebietes bemächtigt hatte, das sich viele Jahrhunderte später Türkei nennen sollte. In Nicäa, der Hauptstadt des jungen muslimischen Staates, gab es immer noch mehr byzantinische Kirchen als Moscheen, und wenn die Garnison auch aus türkischen Kriegern bestand, so war doch der größte Teil der Bevölkerung griechisch, und Kilij Arslan machte sich kaum Illusionen über die wahren Gefühle seiner Untertanen: Für sie würde er immer der Anführer einer Horde Barbaren bleiben. Der einzige Herrscher, den sie anerkannten, dessen Namen sie flüsternd in all ihre Gebete einschlossen, war Basileus Alexios Komnenos, römischer Kaiser. Eigentlich war er eher Kaiser der Griechen, die sich zu Erben des Römischen Reiches erklärt hatten, was die Araber anerkannten, die – im 11. Jahrhundert wie im 20. Jahrhundert – die Griechen »Rum«, Römer, nennen. Das Gebiet, das der Vater Kilij Arslans auf Kosten des griechischen Reiches erobert hatte, wurde sogar als »Rum-Sultanat« bezeichnet.

Alexios war zu jener Zeit eine der berühmtesten Gestalten des Orients. Der Fünfzigjährige, von kleinem Wuchs, mit gepflegtem Bart und vor Spottlust blitzenden Augen, in kostbare blaue Gewänder gekleidet und reich mit Gold geschmückt, übte eine starke Faszination auf Kilij Arslan aus. Er war es, der über Konstantinopel, das märchenhafte Byzanz, herrschte, das keine drei Tagesmärsche von Nicäa entfernt war. Diese Nachbarschaft löste bei dem jungen Sultan gemischte Gefühle aus. Wie alle Nomadenkrieger träumte er von Eroberung und Plünderung, und so mißfiel es ihm keineswegs, die sagenhaften Reichtümer von Byzanz in Reichweite zu wissen. Gleichzeitig fühlte er sich jedoch bedroht, denn er wußte nur zu gut, daß Alexios keineswegs die Hoffnung aufgegeben hatte, Nicäa zurückzuerobern. Dies nicht nur, weil die Stadt immer griechisch gewesen war, sondern auch, weil die Anwesenheit türkischer Krieger in unmittelbarer Nähe von Konstantinopel eine andauernde Bedrohung des Reiches darstellte.

Wenn auch die byzantinische Armee, die seit Jahren durch innere Krisen geschwächt war, alleine keinen Rückeroberungskrieg aufnehmen konnte, so wußte doch jeder, daß Alexios jederzeit auf fremde Hilfe rechnen konnte. Die Byzantiner hatten es nie verschmäht, auf die Hilfe abendländischer Krieger zurückzugreifen. Als schwerbewaffnete Söldner oder als Pilger auf dem Weg nach Palästina waren die Franken überall im Orient zu finden, und so waren sie auch 1096 den Muslims keineswegs unbekannt. Zwanzig Jahre zuvor – Kilij Arslan war damals noch nicht geboren, aber die alten Emire seines Heeres hatten es ihm erzählt – war einer dieser blondhaarigen Eroberer, ein gewisser Roussel de Bailleul, dem es gelungen war, einen autonomen Staat in Kleinasien zu gründen, sogar gegen Byzanz marschiert. In ihrer Not war den Byzantinern keine andere Wahl geblieben, als sich an Kilij Arslans Vater zu wenden, der seinen Ohren nicht trauen wollte, als ein Bote des Basileus ihn um seine Hilfe anflehte. Die türkischen Reiter hatten sich dann tatsächlich nach Byzanz aufgemacht und Roussel geschlagen. Suleiman war dafür reichlich mit Pferden, Gold und Land belohnt worden.

Seitdem hüteten sich die Byzantiner vor den Franken. Allein, das kaiserliche Heer verfügte nie über genügend erfahrene Krieger und war auf Söldner angewiesen, und es gab nicht nur Franken, sondern auch viele türkische Krieger unter den Fahnen des christlichen Kaiserreiches. Eben durch diese im kaiserlichen Heer dienenden Landsleute erfährt Kilij Arslan im Juli 1096, daß sich Tausende von Franken auf Konstantinopel zu bewegen. Die Beschreibung, die seine Informanten geben, verblüfft ihn. Diese Menschenströme aus dem Abendland haben gar keine Ähnlichkeit mit den Söldnern, die man üblicherweise sieht: Es sind wohl einige hundert Ritter und zahlreiches, bewaffnetes Fußvolk dabei, aber auch Tausende zerlumpter Frauen, Kinder und Greise, als sei ein ganzes Volk aus seinem Land vertrieben worden. Es heißt, sie trügen alle ein Kreuz aus Stoffstreifen auf den Rücken genäht.

Der junge Sultan, der die Gefahr schwer abschätzen kann, befiehlt seinen Spähern doppelte Wachsamkeit. Sie sollen ihn ständig über das Tun und Treiben dieser neuen Eindringlinge auf dem laufenden halten. Vorsichtshalber läßt er die Befestigungen von Nicäa überprüfen. Die mehr als sechstausend Meter lange Mauer ist mit zweihundertvierzig Türmen bewehrt, und im Südwesten bildet der Ascanois-See einen hervorragenden natürlichen Schutz für die Stadt. Aber in den ersten Augusttagen vergrößert sich die Gefahr. Die Franken durchqueren den Bosporus, wobei ihnen byzantinische Schiffe Geleitschutz geben, und bewegen sich, trotz der glühenden Sonne, an der Küste entlang vorwärts. Überall verkünden sie lautstark, daß sie gekommen sind, die Muslims auszurotten, was sie jedoch nicht hindert, mehr als eine griechische Kirche in Flammen aufgehen zu lassen. Es heißt, ihr Anführer sei ein Eremit namens Pierre. Die Kundschafter schätzen ihre Zahl auf einige Zehntausende, wohin sie jedoch ziehen, weiß niemand zu sagen. Es heißt, Kaiser Alexios wolle sie in einem Lager unterbringen, das er kurz vorher für andere Söldner in Civitot, weniger als einen Tagesmarsch von Nicäa entfernt, hatte einrichten lassen. Im Sultanspalast herrscht ein fieberhaftes Treiben. Die türkischen Reiter halten sich bereit, jeden Augenblick aufzusitzen und loszupreschen, während um sie herum ein ständiges Kommen und Gehen von Spähern und Kundschaftern ist, denn auch die geringste Bewegung der Franken wird beobachtet. Es wird berichtet, daß Scharen von mehreren tausend Menschen jeden Morgen das Lager verlassen, um sich in der Umgebung zu versorgen, wobei Bauernhöfe geplündert und auch angezündet werden. Nach der Rückkehr nach Civitot streiten sich die einzelnen Gruppen um die Beute. Über all dies wundern sich die Krieger des Sultans nicht sonderlich, und auch der Herrscher selbst zeigt sich keineswegs beunruhigt.

Dies hat nun schon einen Monat angedauert, als die Franken plötzlich, gegen Mitte September, ihr Benehmen ändern. Da sie in ihrer unmittelbaren Nachbarschaft wahrscheinlich keine Verpflegung mehr finden, sind sie in Richtung Nicäa aufgebrochen. In den Dörfern, durch die sie kommen – alle christlich, wohlgemerkt –, bemächtigen sie sich der frisch eingefahrenen Ernte, wobei sie die Bauern, die sich ihnen zu widersetzen versuchen, mitleidslos niedermachen. Man hört, daß sogar kleine Kinder lebendig verbrannt worden seien.

Kilij Arslan war nicht vorbereitet. Als ihn die ersten Nachrichten erreichten, befanden sich die Angreifer schon vor der Stadtmauer, und noch bevor die Sonne im Zenith stand, sahen die Bewohner von Nicäa Rauch aufsteigen. Der Sultan schickte sofort Reiter aus, die jedoch auf die Franken stießen, von deren Übermacht überwältigt und niedergemetzelt wurden. Nur einige wenige Überlebende kehrten blutüberströmt nach Nicäa zurück. Da Kilij Arslan sein Ansehen bedroht sah, wollte er sofort die Schlacht beginnen, seine Emire rieten ihm jedoch davon ab, da die Nacht bald hereinbrechen würde und die Fanken schon begannen, sich in ihr Lager zurückzuziehen. Die Rache konnte noch warten.

Dies sollte nicht allzu lange dauern, denn zwei Wochen später erschienen die Franken erneut. Der Erfolg hatte sie anscheinend kühn gemacht. Diesmal war Arslan frühzeitig unterrichtet worden und verfolgte ihren Vormarsch Schritt für Schritt. Ein fränkischer Heerzug, zu dem zwar einige Ritter gehörten, dessen größter Teil aber aus zerlumpten Plünderern bestand, bewegte sich auf Nicäa zu, umging die Stadt dann aber und zog ostwärts, wo er sich durch einen Überraschungsangriff der Festung Xerigordon bemächtigte.

Nun entscheidet sich der junge Sultan. An der Spitze seiner Männer sprengt er zu der kleinen Festung, wo sich die Franken in ihrem Siegestaumel betrinken und keine Ahnung davon haben, daß ihr Schicksal schon besiegelt ist. Xerigordon kann leicht zur

Falle werden, was die Krieger Arslans wissen, was die unerfahrenen Fremden aber nicht bemerkt hatten. Die Wasserversorgung befindet sich nämlich ziemlich weit weg, außerhalb der Stadtmauern. Im Handumdrehen haben die Türken den Zugang versperrt. Nun brauchen sie die Festung nur zu umzingeln und sich nicht mehr von der Stelle zu rühren. Das Übrige erledigt der Durst.

Für die Belagerten beginnt nun ein qualvolles Leiden: Sie müssen das Blut ihrer Pferde und ihren eigenen Urin trinken. Man kann schon Anfang Oktober beobachten, wie sie verzweifelt nach ein paar Regentropfen Ausschau halten. Vergebens. So nimmt der Anführer des Zuges, ein Ritter Renaud, nach einer Woche die Kapitulation an, gegen die Zusicherung, daß Leib und Leben gewahrt bleiben. Kilij Arslan, der verlangt hatte, daß die Franken öffentlich ihrer Religion abschwören, ist nicht wenig erstaunt, als Renaud nicht nur bereit ist, zum Islam überzutreten, sondern auch an der Seite der Türken gegen seine eigenen Gefährten zu kämpfen. Mehrere seiner Genossen, die sich den gleichen Bedingungen gefügt haben, werden als Gefangene in syrische oder mittelasiatische Städte geschickt. Der Rest muß über die Klinge springen.

Wenn der Sultan auch stolz auf seinen Sieg ist, so behält er doch einen kühlen Kopf. Er gesteht zwar seinen Soldaten die übliche Frist zum Teilen der Beute zu, ruft sie jedoch schon am nächsten Tag wieder zusammen. Gewiß haben die Franken an die sechstausend Leute verloren, aber die Zahl der Übriggebliebenen ist immer noch sechsmal so groß, und die Gelegenheit, sich ihrer zu entledigen, bietet sich jetzt oder nie. Er greift zu einer List. Zwei Spione, Griechen, werden in das Lager von Civitot geschickt, um das Gerücht zu verbreiten, daß die Männer Renauds in bester Verfassung seien und daß sie sich Nicäas bemächtigt hätten, dessen Reichtümer sie jedoch nicht mit ihren Glaubensgenossen zu teilen gedächten.

In der Zwischenzeit konnten die Türken einen Hinterhalt vorbereiten, zumal das sorgfältig verbreitete Gerücht im Lager von Civitot die erwünschte Verwirrung stiftete. Die Menschen rotten sich zusammen, empören sich über Renaud und seine Gefährten, und sogleich wird der Entschluß gefaßt, sofort aufzubrechen, um an der Plünderung von Nicäa teilzuhaben. Da aber erscheint plötzlich völlig unverhofft einer, der aus Xerigordon entkommen ist, und berichtet den wahren Sachverhalt. Die Spione Kilij Arslans glauben schon, ihren Auftrag verfehlt zu haben, da die Klugen unter den Franken Ruhe predigen. Nachdem jedoch die erste Verblüffung gewichen ist, greift die Unruhe wieder um sich. Die Menge tobt und schreit, alle wollen sofort aufbrechen, nun nicht mehr, um zu plündern, sondern um »die Opfer zu rächen«. Wer zögert, wird als Feigling abgestempelt, und zu guter Letzt obsiegen die Hitzköpfe, und der Abmarsch wird für den nächsten Tag festgesetzt. Die Spione des Sultans, dessen List zwar durchkreuzt, dessen Ziel aber dennoch erreicht worden war, triumphieren und senden ihrem Herrn die Botschaft, daß er sich zum Kampf rüsten soll.

So verlassen die Franken am 21. Oktober 1096 bei Tagesanbruch das Lager von Civitot. Kilij Arslan ist schon in der Nähe, er hat die Nacht in den Hügeln um Civitot verbracht. Seine gut getarnten Leute sind alle an ihrem Platz. Er selbst kann von seinem Standort aus den Heerwurm der Franken sehen, der sich in einer Staubwolke vorwärts wälzt. Er wird angeführt von ein paar hundert Reitern, von denen die meisten ohne Rüstung sind und denen eine unzählige Menge bunt zusammengewürfelten Fußvolks folgt. Sie sind noch keine Stunde marschiert, und schon dringen ihre Rufe bis zum Sultan, aber die hinter ihm aufgehende Sonne blendet sie. Arslan hält den Atem an, gibt seinen Emiren das Zeichen, sich bereit zu halten. Der entscheidende Augenblick ist gekommen: Ein kaum merkliches Zeichen, hier und dort ein geflüsterter Befehl, und die Schützen spannen langsam ihre Bögen. Und dann schwirren auf einen Schlag tausend Pfeile durch die Luft, die meisten Reiter sinken schon während der ersten Minuten getroffen zu Boden, und dann kommt das Fußvolk an die Reihe.

Als es zum Kampf Mann gegen Mann kam, war das Heer der Franken schon in Auflösung begriffen. Die Krieger, die sich am Ende des Heerzuges befanden, gaben Fersengeld und liefen ins Lager zurück, wo der Troß zum Teil noch schlief. Ein alter Priester las die Morgenmesse, die Frauen bereiteten Essen zu. Die Ankunft der Flüchtigen, denen die Türken auf den Fersen folgen, verbreitet Furcht und Schrecken. Die Franken fliehen in alle Richtungen, einige versuchen, sich in die nahen Wälder zu retten, werden aber schnell eingeholt. Andere sind klüger und verschanzen sich in einer nicht verlassenen Festung, deren Rückseite ans Meer grenzt. Da der Sultan kein unnötiges Risiko eingehen wollte, verzichtete er auf eine Belagerung. Die schnell benachrichtigte byzantinische Flotte holte die Franken ab, und so kamen etwa zwei- bis dreitausend davon. Pierre der Eremit, der sich seit einigen Tagen in Konstantinopel aufhielt, kam auf diese Weise auch mit dem Leben davon, aber seine Genossen hatten weniger Glück. Die jüngsten Frauen wurden von den Reitern des Sultans an die Emire verteilt oder auf den Sklavenmärkten verkauft, einigen jungen Männern erging es ebenso. Aber die übrigen, an die zwanzigtausend Franken, kamen alle ums Leben. Kilij Arslan kann sich vor Freude kaum halten. Er hat dieses Frankenheer, das als so furchterregend galt, bezwungen, und seine eigenen Verluste sind unbedeutend. Beim Anblick der riesigen Beute, die ihm zu Füßen liegt, glaubt er, seinen schönsten Sieg errungen zu haben.

Und dennoch: Nur selten im Laufe der Geschichte kam ein Sieg diejenigen, die ihn davontrugen, so teuer zu stehen. Vom Erfolg geblendet, will Kilij Arslan die Nachrichten, die im folgenden Winter immer wieder eintreffen, nicht hören, denn für ihn und auch für die umsichtigsten seiner Emire gibt es nichts Beunruhigendes mehr. Sollten noch weitere Söldner von Alexios den Bosporus überqueren, so würde man sie wie die vorherigen in Stücke schlagen. Nach Meinung des Sultans ist es höchste Zeit, sich um die eigentlichen, dringenden Probleme zu kümmern, und damit meint er den gnadenlosen Kampf, den er immer noch gegen die türkischen Herrscher, seine direkten Nachbarn führt. Dort und nirgendwo anders wird sich sein Schicksal und das seines Reiches entscheiden. Die Auseinandersetzungen mit den Rum oder ihren seltsamen Mitstreitern, den Franken, sind nur Episoden.

Der junge Sultan mußte es schließlich am besten wissen, war doch sein Vater, Suleiman, 1086 bei einer dieser endlosen Fehden ums Leben gekommen. Kilij Arslan war damals kaum sieben Jahre alt und hätte die Nachfolge unter der Regentschaft einiger treuer Emire antreten sollen, war dann aber von der Macht ferngehalten und nach Persien gebracht worden, unter dem Vorwand, daß sein Leben in Gefahr sei. Er wurde verwöhnt, bekam, was er wollte, und war von einer Schar beflissener Sklaven umgeben, jedoch streng überwacht, und es war ihm ausdrücklich verboten, sein Königreich zu besuchen. Seine Gastgeber, besser gesagt, seine Kerkermeister, waren Seldschuken, Mitglieder seines eigenen Stammes.

Wenn es im 11. Jahrhundert einen Namen gab, den vom fernen China bis zum Land der Franken jeder kannte, so war es gewiß dieser. Das Turkvolk der Seldschuken, Reiternomaden mit langen geflochtenen Haaren, hatte sich, zu Tausenden aus Zentralasien kommend, in wenigen Jahren des ganzen Gebietes zwischen Afghanistan und dem Mittelmeer bemächtigt. Seit 1055 war der Kalif von Bagdad, der Nachfolger des Propheten und Erbe des mäch-tigen Abbasiden-Reiches, nur noch eine Marionette in ihren Händen. Von Ispahan bis Damaskus und von Nicäa bis Jerusalem machten ihre Emire die Gesetze, und zum ersten Mal seit drei Jahrhunderten war der gesamte muslimische Osten unter einer Dynastie vereinigt, die ihren Willen kundtat, dem Islam seinen vergangenen Ruhm wiederzugeben. Die von den Seldschuken 1071 besiegten Rum haben sich nie wieder erholt. Kleinasien, die größte ihrer Provinzen, war angegriffen worden, und die Hauptstadt war nicht mehr sicher. Die Kaiser, darunter auch Alexios, sandten eine Delegation nach der anderen zum Papst, dem obersten Herren des Abendlandes, und flehten ihn an, zum Heiligen Krieg gegen den wiedererwachenden Islam aufzurufen. Kilij Arslan ist nicht wenig stolz darauf, zu einer solch berühmten Familie zu gehören, aber er läßt sich durch die nur scheinbare Einheit des Türkenreiches nicht irreführen. Unter seldschukischen Vettern kennt man keine Solidarität – wer überleben will, muß töten. Sein Vater hatte Kleinasien, das weite Anatolien, ohne die Hilfe seiner Brüder erobert, und weil er sich weiter südlich, nach Syrien hin ausdehnen wollte, war er von einem seiner Vetter getötet worden. Während man Kilij Arslan dann mit Gewalt in Ispahan festhielt, wurde das väterliche Erbe zerstückelt. Als der junge Mann Ende 1092 dank eines Streits unter seinen Kerkermeistern freigekommen war, erstreckte sich seine Befehlsgewalt kaum über die Stadtmauern von Nicäa hinaus. Damals war er erst dreizehn Jahre alt.

Durch die Ratschläge der Emire seines Heeres war es ihm dann durch Krieg, Mord oder List gelungen, einen Teil des väterlichen Erbes zurückzugewinnen. Heute kann er sich rühmen, mehr Zeit auf dem Sattel seines Pferdes als in seinem Palast verbracht zu haben. Aber bei der Ankunft der Franken ist noch alles offen, seine Rivalen in Kleinasien sind nach wie vor mächtig, wenn auch seine seldschukischen Vettern in Syrien und Persien – zu seinem Glück – mit ihren eigenen Streitigkeiten beschäftigt sind.

Besonders im Osten, auf den tristen Anhöhen der anatolischen Hochebene, herrscht während dieser unsicheren Zeiten ein seltsamer Mann, der Danishmend, »der Weise«, genannt wird, ein Abenteurer unbekannter Herkunft, der im Gegensatz zu den anderen türkischen Emiren, die meistens Analphabeten sind, in den verschiedensten Wissenschaften bewandert ist. Er sollte bald der Held eines berühmten Epos werden, das seinen Namen trägt. Es beschreibt die Eroberung von Malatya, einer armenischen Stadt südöstlich von Ankara, deren Fall von den Verfassern des Heldengedichtes als der entscheidende Wendepunkt in der Islamisierung der zukünftigen Türkei betrachtet wird. In den ersten Monaten des Jahres 1097, als Kilij Arslan die Ankunft eines neuen Zuges von Franken in Konstantinopel gemeldet wird, ist die Schlacht um Malatya schon im Gang. Danishmend belagert die Stadt, und dem jungen Sultan ist der Gedanke unerträglich, daß dieser Rivale, der den Tod seines Vaters ausgenutzt hat, um den ganzen Nordosten Anatoliens zu besetzen, einen derart ruhmvollen Sieg davontragen könnte. Fest entschlossen, ihn daran zu hindern, begibt er sich an der Spitze seiner Reiterscharen nach Malatya und schlägt seine Zelte in der Nähe von Danishmends Lager auf, um ihn einzuschüchtern. Die Spannung steigt, die Scharmützel mehren sich und werden immer blutiger.

Im April 1097 scheint der offene Kampf unausweichlich, und Kilij Arslan bereitet sich darauf vor. Der Großteil seines Heeres steht vor den Mauern von Malatya. Da erscheint vor seinem Zelt ein völlig erschöpfter Reiter, der keuchend seine Botschaft hervorstößt: Die Franken sind da; sie haben erneut den Bosporus überschritten und sind zahlreicher als im Vorjahr. Kilij Arslan bewahrt die Ruhe. Es gibt keinen Grund zur Beunruhigung. Er kennt die Franken schon und weiß, wie man mit ihnen umgeht. Lediglich um die Bewohner von Nicäa und die junge Sultanin, die bald ein Kind gebären wird, zu beruhigen, stellt er einen kleinen Teil seiner Reiter ab, um die Garnison der Hauptstadt zu verstärken. Er selbst will zurück sein, sobald er Danishmend erledigt hat.

Kilij Arslan ist ganz mit dem Kampf um Malatya beschäftigt, als in den ersten Maitagen erneut ein Botschafter ankommt, vor Angst und Erschöpfung zitternd. Sein Bericht ruft Schrecken im Lager des Sultans hervor. Die Franken stehen vor den Toren von Nicäa und haben mit der Belagerung begonnen. Es handelt sich nicht mehr, wie im Sommer, um zerlumpte Plündererbanden, sondern um ganze Heere, bestehend aus Tausenden von schwerbewaffneten Rittern. Und dieses Mal werden sie von den Soldaten des Basileus begleitet. Kilij Arslan versucht, seine Leute zu beruhigen, aber ihn selbst hat die Angst gepackt. Soll er Malatya seinem Rivalen überlassen und nach Nicäa zurückkehren? Ist es überhaupt möglich, daß er die Hauptstadt noch retten kann, oder geht er einer Niederlage an zwei Fronten entgegen? Nach langen Beratungen mit den treuesten seiner Emire zeichnet sich eine Lösung ab, eine Art Kompromiß: Man wird zu Danishmend gehen, der ein Ehrenmann ist, und ihn von dem Eroberungsversuch der Rum und ihrer Söldnerheere unterrichten, von der Bedrohung aller Muslims in Kleinasien. Und man will ihm vorschlagen, die Feindseligkeiten einzustellen. Noch bevor dieser antworten kann, hat der Sultan schon einen Teil seines Heeres zur Hauptstadt geschickt.

Tatsächlich kommt ein Waffenstillstand von einigen Tagen zustande, und Kilij Arslan macht sich sofort nach Westen auf. Aber als er die Hügel vor Nicäa erreicht, läßt ihm der Anblick, der sich ihm bietet, das Blut in den Adern erstarren. Die prachtvolle Stadt, die ihm sein Vater hinterlassen hat, ist von allen Seiten umzingelt. Unzählige Soldaten sind damit beschäftigt, Schanztürme, Katapulte und anderes Kriegsgerät für den letzten Sturm aufzustellen. Die Emire sind einhellig der Ansicht, daß nichts mehr zu machen ist und daß man sich ins Innere des Landes zurückziehen muß, bevor es zu spät ist. Der junge Sultan jedoch kann sich nicht damit abfinden, seine Hauptstadt so kampflos aufzugeben. Er besteht darauf, einen letzten Durchbruch im Süden zu versuchen, wo die Belagerer am schwächsten zu sein scheinen. Im Morgengrauen des 21. Mai greift Kilij Arslan an. Er wirft sich mit Ungestüm in das Schlachtgetümmel, das den ganzen Tag über wütet. Die Verluste sind auf beiden Seiten gleich schwer, aber jeder kann seine Stellung halten. Der Sultan gibt auf. Er hat begriffen, daß er mit keinem Mittel die Umklammerung aufbrechen kann. Seine gesamten Streitkräfte in einen so ungünstig begonnenen Kampf zu werfen, hieße, die Belagerung um Wochen, wenn nicht um Monate zu verlängern, und könnte sogar den Bestand des Sultanats bedrohen. Als Nachkomme eines Nomadenvolkes weiß er, daß seine Macht auf den einigen tausend Kriegern beruht, die ihm treu ergeben sind, und nicht auf dem Besitz einer Stadt, so lieb sie ihm auch sein mag. Er wählte übrigens bald Konya als neue Hauptstadt, die bedeutend weiter östlich liegt und die seine Nachkommen bis zum Beginn des 14. Jahrhunderts halten sollten. Nicäa hat er nie wiedergesehen...

Vor seinem Abzug schickt er eine Abschiedsbotschaft an die Verteidiger der Stadt, um sie von seiner schmerzlichen Entscheidung zu unterrichten und ihnen zu empfehlen, »ihren Interessen gemäß« zu handeln. Die Bedeutung dieser Worte ist klar, sowohl für die türkische Garnison wie auch für die griechische Bevölkerung: die Stadt muß Alexios Komnenos übergeben werden. Es finden also Verhandlungen mit dem Basileus statt, der im Westen der Stadt mit seinen Truppen Stellung bezogen hat. Die Leute des Sultans versuchen, Zeit zu gewinnen, denn sie hoffen wohl, daß ihr Herr mit Verstärkung zurückkehren wird. Aber Alexios hat es eilig: Die Heere der Franken rüsten zum letzten Sturm, droht er, und dann wird er für nichts mehr garantieren können. Angst packt die Unterhändler; sie erinnern sich nur zu gut daran, wie die Franken im Jahr zuvor gehaust haben. Sie sehen ihre Stadt schon den Plünderern anheimfallen, die Männer niedergemetzelt, die Frauen vergewaltigt. Ohne zu zögern, erklären sie sich damit einverstanden, ihr Schicksal in die Hände des Basileus zu legen, der die Übergabebedingungen selbst bestimmt.

In der Nacht vom 18. zum 19. Juni werden Soldaten der byzantinischen Armee, größtenteils Türken, in aller Stille mit Kähnen über den Ascanios-See in die Stadt gebracht, und die Garnison ergibt sich kampflos. Bei Tagesanbruch wehen schon die blaugoldenen Fahnen des Kaisers auf den Mauern, und die Franken sehen von der Erstürmung ab. So wird dem unglücklichen Sultan ein Trost zuteil: Die Würdenträger des Sultanats bleiben verschont, und die junge Sultanin wird mit ihrem Neugeborenen in Konstantinopel sogar mit königlichen Ehren empfangen, zum größten Mißfallen der Franken.

Die junge Frau von Kilij Arslan war die Tochter Tchakas, eines türkischen Emirs, der vor Beginn der Franken-Einfälle sehr bekannt war als einfallsreicher Draufgänger. Bei einem Streifzug nach Kleinasien wurde er von den Rum gefangengenommen und beeindruckte seine Wärter durch die Leichtigkeit, mit der er Griechisch lernte, das er nach ein paar Wochen schon fließend sprach. Geschickt und redegewandt, wie er war, gehörte er bald zu den ständigen Gästen des kaiserlichen Palastes und erhielt einen Adelstitel. Dieser ungewöhnliche Aufstieg genügte ihm jedoch nicht, denn er wollte viel, viel höher hinaus: Er wollte Kaiser von Byzanz werden!

Dazu hatte der Emir Tchaka einen recht soliden Plan. Er war nach Smyrna gegangen und hatte sich in diesem Hafen am ägäischen Meer niedergelassen. Hier baute er sich mit Hilfe eines griechischen Reeders eine regelrechte Kriegsflotte, die aus leichten Brigantinen und Galeeren, Dromonen, Trieren und Biremen, bestand; im ganzen waren es an die hundert Schiffe. Die erste Etappe war die Besetzung zahlreicher Inseln wie Rhodos, Chios und Samos und die Ausdehnung seiner Herrschaft über die gesamte ägäische Küste. Nachdem er so zu einer Seemacht geworden war, erklärte er sich zum Basileus und gestaltete seinen Palast in Smyrna nach dem Vorbild des kaiserlichen Hofes. Dann setzte er seine Flotte auf Konstantinopel an. Es hatte großer Anstrengungen seitens Alexios bedurft, um den Angriff abzuwehren und einen Teil der türkischen Schiffe zu zerstören.

Keineswegs entmutigt, hatte der Vater der zukünftigen Sultanin entschlossen den Wiederaufbau seiner Kriegsflotte betrieben. Es war gegen Ende des Jahres 1092, als der Sohn Suleimans aus dem Exil zurückkehrte. Tchaka sagte sich, daß Kilij Arslan ein ausgezeichneter Verbündeter gegen die Rum wäre, und bot ihm die Hand seiner Tochter an. Der junge Sultan hatte jedoch eine ganz andere Rechnung aufgestellt als sein Schwiegervater. Die Eroberung Konstantinopels erschien ihm ein aberwitziges Unterfangen, aber jeder in seiner Umgebung wußte, daß er sich der türkischen Emire entledigen wollte, die versuchten, in Kleinasien Fuß zu fassen. Das waren in erster Linie Danishmend und der allzu ehrgeizige Tchaka. So zögerte Kilij Arslan auch nicht lange. Einige Monate vor dem Auftauchen der Franken hatte er seinen Schwiegervater zu einem Gelage eingeladen, betrunken gemacht und – wie es heißt – eigenhändig erdolcht. Tchaka hatte einen Sohn, der die Nachfolge antrat, jedoch weder die Intelligenz noch den Ehrgeiz seines Vaters besaß. Dieser Bruder der Sultanin hatte sich damit begnügt, sein See-Emirat zu regieren bis zu jenem Tag des Jahres 1097, als die Flotte der Rum plötzlich mit einer unerwarteten Botschafterin an Bord vor Smyrna erschien: Es war seine eigene Schwester.

Diese hatte zunächst die Bemühungen des Kaisers um ihre Person nicht verstanden. Als man sie jedoch nach Smyrna brachte, der Stadt, in der sie ihre Kindheit verbracht hatte, wurde ihr alles klar. Sie sollte ihrem Bruder erklären, daß Alexios Nicäa genommen hatte, daß Kilij Arslan besiegt war und daß ein starkes Heer von Rum und Franken, von einer riesigen Flotte unterstützt, demnächst Smyrna angreifen würde. Gegen freies Geleit sollte Tchakas Sohn seine Schwester zu ihrem Gatten bringen, der irgendwo in Antolien war.

Da er auf das Angebot eingeht, hört das Emirat Smyrna zu existieren auf. Nach dem Fall von Nicäa gehen also die ganze ägäische Küste, alle Inseln und der gesamte westliche Teil Kleinasiens den Türken verloren. Und die Rum scheinen mit der Hilfe der Franken noch weitergehen zu wollen. Kilij Arslan hat sich zwar in die Berge geflüchtet, gibt jedoch nicht auf. Nachdem er sich vom ersten Schock erholt hat, denkt er an die Vergeltung, die er tatkräftig vorbereitet. Er hebt Truppen aus, nimmt Freiwillige auf und erklärt den Heiligen Krieg, schreibt Ibn al-Qalanissi. Und der Chronist von Damaskus fügt hinzu, daß Kilij Arslan alle Türken aufruft, ihm zu Hilfe zu kommen. Und sie folgten zahlreich seinem Aufruf.

Das erste Ziel des Sultans ist es, einen Bund mit Danishmend einzugehen, denn ein simpler Waffenstillstand genügt nicht mehr. Es ist jetzt unumgänglich, daß die türkischen Streitkräfte in Kleinasien vereint werden, als seien sie ein einziges Heer. Kilij Arslan ist sich der Antwort seines Rivalen sicher. Als gläubiger Muslim und realistischer Stratege fühlt sich Danishmend von den vorrückenden Rum mit ihren fränkischen Verbündeten bedroht. Er trifft lieber mit ihnen auf dem Gebiet seines Nachbarn als auf seinem eigenen zusammen, und so erscheint er unverzüglich mit Tausenden von Reitern im Lager des Sultans. Man verbrüdert sich, berät sich, schmiedet Pläne. Der Anblick der Unmengen von Kriegern und Pferden, die alle Hügel bedecken, gibt den Anführern wieder Mut. Sie werden den Feind angreifen, sobald sich die Gelegenheit bietet.

Kilij Arslan lauert seiner Beute auf. Seine Kundschafter im Lager der Rum haben ihm kostbare Informationen zukommen lassen. Die Franken tun lautstark kund, daß sie entschlossen sind, ihren Weg über Nicäa hinaus bis nach Palästina fortzusetzen. Sogar ihr Weg ist bekannt: Sie wollen nach Südosten vorstoßen bis nach Konya, der einzigen wichtigen Stadt, die noch in Händen des Sultans ist. Auf ihrem Marsch durch die gebirgige Gegend werden die Rum ihre ungedeckte Flanke darbieten, und so geht es nur darum, den richtigen Ort für einen Hinterhalt auszuwählen. Die Emire, die die Gegend gut kennen, zögern nicht. Bei der Stadt Dorylea, vier Tagesmärsche von Nicäa entfernt, gibt es eine Stelle, wo der Weg durch ein nicht sehr tiefes Tal führt. Wenn sich die türkischen Krieger hinter den Hügeln sammeln, brauchen sie nur abzuwarten.

In den letzten Junitagen des Jahres 1097, als Kilij Arslan erfährt, daß die Franken, von einer kleinen Gruppe von Rum begleitet, Nicäa verlassen haben, ist die Falle schon gestellt. Im Morgengrauen des 1. Juli erscheinen die Franken am Horizont. Ritter und Fußvolk ziehen ruhig dahin und scheinen nicht zu ahnen, was sie erwartet. Der Sultan hatte gefürchtet, seine List könne von den feindlichen Spähern entdeckt werden. Aber anscheinend ist dies nicht der Fall. Und noch etwas befriedigt den Seldschukenherrscher: Die Franken scheinen weniger zahlreich zu sein als berichtet. Sollte ein Teil in Nicäa geblieben sein? Er weiß es nicht. Auf jeden Fall ist sein erster Eindruck, daß er zahlenmäßig in der Übermacht ist. Wenn man nun noch den Überraschungseffekt hinzunimmt, so muß es für ihn ein günstiger Tag werden. Kilij Arslan ist nervös, aber zuversichtlich, und der kluge Danishmend, der eine um zwanzig Jahre längere Erfahrung hat als er, ist es auch.

Sobald sich die Sonne hinter den Hügeln erhebt, wird der Befehl zum Angriff gegeben. Die Kampftaktik ist gut eingeübt; sie hat ihnen seit fünfzig Jahren die militärische Vorherrschaft im Orient garantiert. Das Heer besteht fast ausschließlich aus leichter Reiterei, die ausgezeichnet mit Pfeil und Bogen umgehen kann. Sie sprengen heran, schießen auf ihre Feinde einen Regen tödlicher Pfeile ab und verschwinden sofort wieder, um einer neuen Reihe von Angreifern Platz zu machen. Im allgemeinen versetzen einige aufeinanderfolgende Angriffswellen den Gegner in Todesangst, und es folgt der abschließende Kampf Mann gegen Mann.

Am Tag der Schlacht von Dorylea jedoch muß der Sultan, der mit seinen Heerführern auf einem vorgeschobenen Hügel steht, beunruhigt feststellen, daß die alten türkischen Methoden an Wirksamkeit verloren haben. Zwar sind die Franken überhaupt nicht wendig, und sie machen auch kaum Anstalten, die Angreifer ihrerseits anzugreifen. Die Kunst der Verteidigung allerdings beherrschen sie meisterhaft. Der große Vorzug ihres Heeres beruht auf den schweren Panzern, die den ganzen Körper der Ritter und manchmal sogar auch das Pferd bedecken. Wenn sie auch nur langsam und schwerfällig vorwärts kommen, so sind die Männer doch hervorragend gegen die Pfeile geschützt. Nach mehreren Stunden Kampf haben die türkischen Bogenschützen zwar zahlreiche Treffer gelandet, besonders unter dem Fußvolk, aber der Großteil des Frankenheeres ist unverletzt an diesem Tag, und es kommen Zweifel auf, ob man es zu einem Kampf Mann gegen Mann kommen lassen soll. Dies erscheint zumindest gewagt, denn bei den vielen Scharmützeln, die sich am Rande des Schlachfeldes den ganzen Tag über abgespielt haben, hat sich gezeigt, daß die Steppenreiter sich gegen diese »menschlichen Festungen« nicht halten konnten. Soll man die Phase des Geplänkels bis ins Unendliche hinausziehen? Da der Überraschungseffekt verpufft ist, könnte die Initiative leicht vom Gegner kommen.

Einige der Emire raten schon zum Rückzug, als sich in der Ferne eine Staubwolke zeigt. Ein neues Heer von Franken nähert sich, genauso groß wie das erste. Man hat sich seit dem frühen Morgen nur mit der Vorhut geschlagen. So bleibt dem Sultan keine Wahl: Er muß den Befehl zum Rückzug geben. Aber noch bevor es dazu kommt, wird ihm mitgeteilt, daß ein drittes Frankenheer hinter den türkischen Linien auf einem Hügel, der sich hinter ihm erhebt, im Anmarsch ist.

Da übermannt Kilij Arslan die Angst. Er springt auf sein Pferd und sprengt den Bergen zu, wobei er sogar den berühmten Schatz aufgibt, den er immer mit sich führt, um seine Leute zu bezahlen. Danishmend folgt ihm auf den Fersen, ebenso die meisten Emire. Zahlreiche Reiter nutzen ihre Schnelligkeit aus, den einzigen Vorteil, den sie haben, und fliehen ebenfalls, ohne daß die Sieger sie verfolgen können. Die meisten Kämpfer jedoch müssen an Ort und Stelle bleiben, da sie von allen Seiten umzingelt sind. Ibn al-Qalanissi schreibt: die Franken hieben das türkische Heer in Stücke. Sie töteten, plünderten und machten viele Gefangene, die sie als Sklaven verkauften.

Auf seiner Flucht stößt Kilij Arslan auf einen Trupp von Reitern, die aus Syrien zu seiner Unterstützung kommen. Es ist zu spät, gesteht er ihnen, diese Franken sind zu zahlreich und zu stark, und man kann sie nicht mehr aufhalten. Und der Sultan läßt den Worten die Tat folgen, indem er – fest entschlossen den Orkan vorübergehen zu lassen – in der Weite des anatolischen Plateaus verschwindet. Vier Jahre sollte es dauern, bis er sich rächte.

Lediglich die Natur scheint sich dem Angreifer noch entgegenzustellen: Der ausgedörrte Boden, die steilen Gebirgspfade und die Sommerhitze auf den schattenlosen Straßen verzögern das Voranschreiten der Franken etwas. Sie brauchen von Dorylea aus hundert Tage, um Anatolien zu durchqueren, während sie es eigentlich in einem Monat hätten schaffen müssen. Inzwischen hat sich die Nachricht von der türkischen Niederlage im Orient herumgesprochen. Der Chronist von Damaskus schreibt dazu: Als diese für den Islam so schmachvolle Angelegenheit bekannt wurde, entstand eine regelrechte Panik. Angst und Schrecken nahmen riesige Ausmaße an.

Ohne Unterlaß zirkulieren Gerüchte bezüglich der unmittelbar bevorstehenden Ankunft der furchterregenden Ritter. Ende Juli heißt es, daß sie vom Dorf al-Balana her nahen, vom äußersten Norden Syriens. Tausende von Reitern sammeln sich, um ihnen entgegenzutreten. Falscher Alarm; kein Franke ist am Horizont zu sehen. Die Optimistischsten fragen sich, ob die Eindringlinge vielleicht kehrtgemacht haben, und Ibn al-Qalanissi gibt das mit einer jener, von den Zeitgenossen so geschätzten astrologischen Parabel wider: In diesem Sommer erschien im Westen ein Komet, sein Aufstieg dauerte zwanzig Tage, dann verschwand er und zeigte sich nicht mehr. Die Illusionen jedoch zerstreuen sich schnell, und die Informationen werden immer genauer. Ab Mitte September kann man den Vormarsch der Franken von Dorf zu Dorf verfolgen.

Am 21. Oktober 1097 schallt es von den Zinnen der Zitadelle von Antiochia, der größten Stadt Syriens, wider: »Sie sind da!« Einige

Schaulustige drängen sich an die Mauern, aber sie können nur ganz in der Ferne, am Rande der Ebene beim See von Antiochia undeutlich eine Staubwolke wahrnehmen. Die Franken sind noch einen Tagesmarsch weit entfernt, vielleicht sogar mehr, und es ist anzunehmen, daß sie sich nach ihrem langen Marsch ausruhen werden. Dennoch ist es ratsam, die fünf schweren Stadttore zu schließen.

In den Souks ist der morgendliche Lärm verstummt, Händler und Kundschaft sind erstarrt. Frauen murmeln Gebete. Die Angst hat sich der Stadt bemächtigt.

2
Der treulose Waffenschmied

Als der Herrscher von Antiochia, Yaghi Siyan, vom Nahen der Franken erfuhr, fürchtete er, daß es seitens der Christen zum Aufruhr in der Stadt kommen würde, und er beschloß sie auszuweisen.

Mehr als ein Jahrhundert nach dem Beginn der Frankeninvasion berichtet der arabische Geschichtsschreiber Ibn al-Athir folgendermaßen darüber, wobei er sich auf die Aussagen der Zeitgenossen stützt:

Am ersten Tag befahl Yaghi Siyan den Muslims, die Schutzgräben vor der Stadtmauer zu säubern. Am nächsten Tag schickte er nur Christen zu dieser Arbeit vor die Tore. Er ließ sie bis zum Abend arbeiten, als sie aber wieder in die Stadt wollten, hinderte er sie daran und sagte: »Antiochia gehört euch, aber ihr müßt es mir überlassen, bis ich unsere Probleme mit den Franken erledigt habe.« Daraufhin fragten sie: »Und wer kümmert sich um unsere Kinder und unsere Frauen?« Der Emir antwortete: »Ich werde es für euch tun.« Er beschützte die Familien der Ausgeschlossenen tatsächlich und duldete nicht, daß ihnen auch nur ein Haar gekrümmt wurde.

Der alte Yaghi Siyan, der seit vierzig Jahren den seldschukischen Sultanen dient, wittert in diesem Oktober des Jahres 1097 überall Verrat. Er ist davon überzeugt, daß die Heere der Franken, die vor Antiochia stehen, niemals in die Stadt eindringen können, es sei denn, sie hätten innerhalb der Mauern Komplizen. Die Stadt kann weder erstürmt noch ausgehundert werden. Allerdings stehen dem graubärtigen türkischen Emir nur sechs- oder siebentausend Krieger zur Verfügung, während die Franken über fast dreißigtausend Streiter verfügen. Antiochia ist aber eine so gut wie uneinnehmbare Festung. Die Mauer ist zwölftausend Meter lang und hat nicht weniger als dreihundertsechzig Türme, die dreistufig angeordnet sind. Die Festungsmauer besteht aus Haustein und Ziegeln, die mit Mörtel fest verbunden sind. Im Osten steigt sie zum Berg Habib-an-Naijar auf, dessen Gipfel von einer uneinnehmbaren Festung gekrönt wird. Im Westen fließt der Orontes, den die Syrier al-Assi, den rebellischen Fluß, nennen, weil er teilweise den Eindruck macht, als fließe er rückwärts, vom Mittelmeer ins Landesinnere. Die Mauer führt am Flußbett entlang, das somit ein natürliches, schwer zu überwindendes Hindernis darstellt. Im Süden liegt ein tief eingeschnittenes Tal, über dessen Steilwände sich noch die Befestigungsmauern erheben. Die Belagerer können die Stadt also nie völlig einkreisen, und es bleibt den Belagerten immer die Möglichkeit, mit der Außenwelt Verbindung aufzunehmen und Verpflegung heranzuschaffen.

Die Nahrungsvorräte der Stadt sind um so größer, als die Festungsmauer neben Häusern und Gärten auch große Ackerflächen mit einschließt. Vor der »Fath«, der Eroberung durch die Muslims, war Antiochia eine große römische Stadt mit zweihunderttausend Einwohnern, im Jahre 1097 zählt sie nur noch vierzigtausend, und mehrere früher dichtbevölkerte Viertel, sind jetzt Ackerland und Obstgärten. Freilich hat sie ihren einstigen Glanz verloren, ist aber immer noch eine beeindruckende Stadt. Alle Reisenden, selbst wenn sie von Konstantinopel oder Bagdad kommen, sind vom Anblick dieser Stadt geblendet, die sich vor ihnen ausbreitet, soweit das Auge reicht, mit ihren Minaretten, Kirchen, den Gewölben der Souks und den Luxusvillen, die in bewaldete Hänge eingebettet sind, die zur Zitadelle aufsteigen.

Yaghi Siyan macht sich keine Sorgen, was die Solidität der Befestigung oder die Sicherheit der Verpflegung anbelangt. Aber alle Sicherheitsvorkehrungen werden zunichte, wenn es den Belagerern gelingt, einen Komplizen zu finden, der ihnen an einer beliebigen Stelle der endlosen Mauer ein Tor öffnet oder den Zugang zu einem Turm ermöglicht, wie es in der Vergangenheit passiert ist. Daher auch sein Entschluß, die meisten Christen auszuweisen. In Antiochia wie anderswo sind die orientalischen Christen – Griechen, Armenier, Maroniten, Jakobiten –, sobald die Franken kommen, einer doppelten Belastung ausgesetzt: Auf der einen Seite verdächtigen ihre abendländischen Glaubensgenossen sie, Sympathie für die Sarazenen zu haben, und behandeln sie wie zweitrangige Bürger, und andererseits sehen ihre muslimischen Mitbürger in ihnen oft die natürlichen Verbündeten der Eindringlinge. Klare Grenzen bei Volks- und Religionszugehörigkeit gibt es praktisch nicht. So bezeichnet das Wort Rum sowohl Byzantiner wie Syrier mit griechischem Ritus, die sich selbst immer als Untertanen des Basileus bezeichnen; das Wort »armenisch« bezeichnet sowohl ein Volk als auch einen kirchlichen Ritus, und wenn ein Muslim von »al-oumma«, dem Volk, spricht, dann meint er die Glaubensgemeinschaft. Yaghis Meinung nach ist die Ausweisung der Christen kein Akt religiöser Diskriminierung, sondern eine Maßnahme, die sich in Kriegszeiten gegen die Untertanen einer feindlichen Macht, Konstantinopel, richtet, der Antiochia lange Zeit untertan war und die nie den Gedanken aufgegeben hat, es sich wieder einzuverleiben.

Von allen großen Städten des arabischen Asien war Antiochia als letzte unter die Herrschaft der seldschukischen Türken geraten: Es war 1084 noch von Konstantinopel abhängig. Wenn die Franken es nun dreizehn Jahre später belagern, ist Yaghi Siyan selbstverständlich davon überzeugt, daß es sich um den Versuch der Wiedererrichtung der Herrschaft der Rum handelt unter Mithilfe der örtlichen Bevölkerung, die in der Mehrzahl christlich ist. Angesichts dieser Gefahr kennt der Emir keine Skrupel. Er weist also die »nassara«, die Adepten des Nazareners, wie die Christen genannt werden, aus und beginnt mit der Rationierung von Korn, Öl und Honig. Täglich inspiziert er die Befestigungsanlagen und bestraft jegliche Nachlässigkeit unerbittlich. Natürlich ist es keineswegs sicher, ob dies ausreichend ist. Aber die Vorkehrungen müßten ausreichen, um bis zum Eintreffen von Verstärkung durchzuhalten. Wann aber wird diese eintreffen? Jeder in Antiochia stellt sich verzweifelt diese Frage, und Yaghi weiß darauf keine bessere Antwort als der Mann auf der Straße. Gleich im Sommer, als die Franken noch weit weg waren, hatte er seinen Sohn zu muslimischen Herrschern nach Syrien geschickt, um sie von der Gefahr, in der seine Stadt schwebte, zu unterrichten. Von Ibn al-Qalanissi erfahren wir, daß der Sohn Yaghi Siyans vom Heiligen Krieg gesprochen hat. Aber im Syrien des elften Jahrhunderts ist der »djihad« ein Modewort, mit dem alle Fürsten, die in Schwierigkeiten sind, um sich werfen. Wenn ein Emir dem anderen helfen soll, so muß er dabei schon auch einen persönlichen Nutzen haben. Und ist dies der Fall, dann greift er ebenfalls zu hehren Worten.

Nun fühlt sich aber im Herbst 1097 außer Yaghi Siyan keiner unmittelbar von den Franken bedroht. Wenn die Söldner des Kaisers Antiochia zurückerobern wollen, so ist das nur normal, da diese

Stadt immer byzantinisch gewesen ist, und man denkt, daß die Rum auf keinen Fall weitergehen werden. Außerdem ist die Tatsache, daß Yaghi Siyan in Schwierigkeiten steckt, nicht unbedingt schlecht für seine Nachbarn. Seit zehn Jahren hat er sie immer wieder zum besten gehabt, Zwietracht gesät, Eifersucht angestachelt und Bündnisse zerschlagen. Und jetzt sollen sie ihre Streitigkeiten vergessen und ihm zu Hilfe eilen – muß er sich wirklich wundern, daß sie fernbleiben?

Der Realist Yaghi Siyan weiß, daß man ihn zappeln lassen wird, daß er um Hilfe wird betteln müssen, daß er seine Machenschaften teuer bezahlen muß. Er denkt aber doch, daß man nicht so weit gehen wird, ihn, an Händen und Füßen gebunden, den Söldnern des Basileus auszuliefern – schließlich hat er nur versucht, in einem erbarmungslosen Wespennest zu überleben. In der Welt, in der er lebt, bei den Seldschukenfürsten, nehmen die blutigen Kämpfe nie ein Ende, und der Herr von Antiochia muß, wie alle anderen Emire des Gebietes, Stellung beziehen. Wenn er sich auf die Seite des Verlierers schlägt, erwartet ihn der Tod oder zumindest Gefangenschaft und Ungnade. Wenn er Glück hat und sich auf die Seite des Gewinners stellt, kann er eine Zeitlang den Sieg genießen, bekommt einige schöne weibliche Gefangene als Belohnung, bis er sich dann einem neuen Konflikt gegenübersieht, der ihn wiederum das Leben kosten könnte. Um zu überleben, muß man auf das richtige Pferd setzen und nicht hartnäckig immer auf dasselbe. Jeder Irrtum ist tödlich, und gering ist die Zahl der Emire, die in ihrem Bett sterben.

Als die Franken Syrien erreichen, ist das politische Klima dort vom »Krieg der zwei Brüder« vergiftet; zwei eigenartige Männer, die direkt der Phantasie eines Geschichtenerzählers entsprungen zu sein scheinen: Redwan, König von Aleppo, und Doukak, König von Damaskus, hassen sich so glühend, daß nichts, nicht einmal eine gemeinsame Gefahr sie veranlassen könnte, sich zu versöhnen. 1097 ist Redwan etwas über zwanzig Jahre alt, aber schon von einer geheimnisvollen Aura umgeben, und die schrecklichsten Geschichten über ihn sind im Umlauf. Ibn al-Qalanissi berichtet, daß der kleine, magere Mann mit dem strengen, manchmal auch furchtsamen Blick in die Hände eines »Arztes und Astrologen« gefallen sei, der zum Orden der Assassinen gehörte, einer Art Sekte, die neu entstanden war und während der gesamten fränkischen Besatzungszeit eine bedeutende Rolle spielen sollte. Man beschuldigt den König von Aleppo nicht ohne Grund, sich dieser Fanatiker zu bedienen, um sich seiner Gegner zu entledigen. Mord, Gottlosigkeit, Zauberei – alle Welt mißtraut Redwan, die eigene Familie haßt ihn jedoch am meisten. Als er 1095 den Thron bestieg, ließ er zwei seiner jüngeren Brüder erwürgen, aus Angst, sie könnten ihm eines Tages die Macht streitig machen. Ein dritter Bruder blieb nur deswegen am Leben, weil er in der Nacht, als sich die starken Hände von Redwans Sklaven um seinen Hals legen sollten, aus der Zitadelle entweichen konnte. Dieser Überlebende war Doukak, der seitdem seinen älteren Bruder abgrundtief haßte. Er war nach Damaskus geflüchtet, wo ihn die Garnison zum König ernannte. Dieser junge unentschlossene, beeinflußbare, cholerische Mann, dessen Gesundheit schwach war, lebte mit der fixen Idee, daß sein Bruder ihn ermorden wolle. Zwischen diesen beiden Verrückten hatte Yaghi Siyan es nicht gerade leicht. Sein unmittelbarer Nachbar ist Redwan, dessen Hauptstadt Aleppo, eine der ältesten Städte der Welt, keine drei Tagesreisen von Antiochia entfernt liegt. Zwei Jahre vor dem Einfall der Franken hatte Yaghi Siyan ihm seine Tochter zur Gemahlin gegeben, bald aber eingesehen, daß dieser Schwiegersohn es auf sein Land abgesehen hatte. Nun mußte er um sein Leben fürchten. Auch für ihn werden die Assassinen zur Obsession. Da die gemeinsame Gefahr die beiden Männer einander genähert hatte, wendet sich Yaghi Siyan zunächst an den König von Damaskus, als die Franken auf Antiochia zu marschieren.

Doukak jedoch zögert. Nicht, daß er Angst vor den Franken habe, meint er, aber er hat keine Lust, sein Heer in die Nähe von Aleppo zu führen und so seinem Bruder die Möglichkeit zu bieten, ihm in den Rücken zu fallen. Yaghi Siyan, wohl wissend, wie schwer es ist, seinem Verbündeten eine Entscheidung abzuringen, hat keinen Geringeren als seinen Sohn Chams ad-Dawla, »die Sonne des Reiches«, zu ihm geschickt, ein ausgezeichneter, feuriger, leidenschaftlicher junger Mann, der nie aufgibt. Chams belagert regelrecht den königlichen Palast, läßt Doukak und seinen Ratgebern keine Ruhe, schmeichelt und droht. Aber erst im Dezember 1097, zwei Monate nach Beginn der Schlacht um Antiochia, erklärt sich der Herrscher von Damaskus widerwillig bereit, mit seinem Heer nordwärts zu ziehen. Chams begleitet ihn. Er weiß wohl, daß Doukak während einer Woche Marsch genügend Zeit hat, sich anders zu besinnen, und tatsächlich wird der junge König unruhiger, je weiter er marschiert. Am 31. Dezember, als das damaszenische Heer schon zwei Drittel des Weges zurückgelegt hat, trifft es auf eine Truppe von Franken, die in der Gegend nach Verpflegung für das Heer suchen. Obwohl er zahlenmäßig absolut überlegen ist und den Feind ohne Schwierigkeiten eingekreist hat, gibt Doukak nicht den Befehl zum Angriff. Das bedeutet, daß die Franken, die zunächst hilflos sind, sich wieder fangen und aus der Umklammerung lösen können. Als der Tag zu Ende geht, haben die Damaszener mehr Leute verloren als der Feind, und das genügt schon, um Doukak zu entmutigen, der, trotz der inständigen, verzweifelten Bitten Chams', seinen Leuten den Rückmarsch befiehlt.

Der Rückzieher Doukaks ruft in Antiochia bitterste Enttäuschung hervor, aber die Verteidiger geben nicht auf. Eigenartigerweise herrscht zu Beginn des Jahres 1098 die Verwirrung eher im Lager der Belagerer. Vielen Spionen von Yaghi ist es gelungen, sich ins Lager des Feindes einzuschleichen. Manche handeln aus Haß gegen die Rum, die meisten aber sind Christen aus der Stadt, die hoffen, auf diese Weise die Gunst des Emirs zu erlangen. Sie haben ihre Familien in Antiochia gelassen und versuchen nun, etwas für deren Sicherheit zu tun. Die Nachrichten, die sie bringen, sind tröstlich für die Bevölkerung: Während die Belagerten durchaus genügend Lebensmittel haben, herrscht bei den Franken Hungersnot. Sie haben schon Hunderte von Toten zu verzeichnen, und die meisten Reittiere sind schon geschlachtet worden. Eben die Truppe, auf die die Damaszener gestoßen waren, sollte nach Schafen und Ziegen suchen und Scheunen plündern. Zu der Hungersnot kommen noch andere Dinge hinzu, die tagtäglich die Moral des Belagerungsheeres belasten und sinken lassen. Es regnet ohne Unterlaß, eine Bestätigung für den nicht gerade schmeichelhaften Spitznamen »Pinkelstadt«, wie die Syrier Antiochia nennen. Das Lager ist ein einziger Schlammpfuhl, und dazu kommt noch, daß die Erde ständig bebt. Die Bewohner des Landes sind daran gewöhnt, die Franken aber erschreckt es. Bis in die Stadt hinein kann man es hören, wenn sie zusammenkommen und mit lauten Gebeten zu Gott flehen, denn sie glauben, daß ihr Ungemach eine Strafe des Himmels ist.

Um den Zorn des Allmächtigen zu besänftigen, heißt es, haben sie beschlossen, die Huren aus dem Heerlager zu weisen, die Tavernen zu schließen und das Würfelspiel zu untersagen. Viele desertieren, sogar die Anführer.

Solche Neuigkeiten stärken natürlich die Kampfkraft der Belagerten, die immer mehr kühne Ausfälle wagen. Ibn al-Athir sagt dazu:

Yaghi Siyan zeigte einen Mut, eine Klugheit und eine Entschlossenheit, die bewundernswert waren. Die meisten Franken kamen um. Wären sie nicht derart dezimiert worden, hätten sie alle Länder des Islam besetzt!

Hier läßt sich der arabische Geschichtsschreiber etwas von seiner Begeisterung mitreißen, aber die theatralische Übertreibung ist dennoch eine verdiente Würdigung der heldenmütigen Garnison von Antiochia, die monatelang den Belagerern, ganz auf sich allein gestellt, widersteht; denn die Hilfe läßt weiter auf sich warten. Im Januar 1098 sieht sich der von Doukaks Willensschwäche enttäuschte Yaghi Siyan gezwungen, bei Redwan Hilfe zu suchen.

Es ist wiederum Chams al-Dawla, der den unangenehmen Auftrag erhält, den König von Aleppo demütigst um Verzeihung zu bitten, geduldig alle sarkastischen Bemerkungen über sich ergehen zu lassen und ihn um des Islam und der Familienbande willen anzuflehen, doch gütigst seine Truppen zur Rettung Antiochias entsenden zu wollen. Chams weiß sehr wohl, daß sein königlicher Schwager derlei Argumenten gegenüber völlig taub ist und daß er sich lieber die Hand abhacken ließe, als sie Yaghi Siyan zu reichen. Die Ereignisse jedoch sind stärker. Die Franken, deren Lage immer kritischer wird, sind nun auf der Suche nach Nahrung auch in das Gebiet des seldschukischen Königs eingefallen, wobei sie sogar plündernd und mordend bis in die unmittelbare Umgebung von Aleppo vordringen, und Redwan spürt zum ersten Mal die Bedrohung auf seinem eigenen Gebiet. Mehr zum eigenen Schutz als um Aleppo zu helfen, entschließt er sich, sein Heer gegen die Franken einzusetzen. Chams ist überglücklich. Er schickt seinem Vater eine Botschaft mit dem Datum des beabsichtigten Angriffs Redwans und rät ihm, gleichzeitig einen Ausfall großen Ausmaßes zu organisieren, um die Belagerer in die Zange zu nehmen.

In Antiochia war man so wenig auf einen Eingriff Redwans gefaßt, daß er wie ein Geschenk des Himmels erschien. Ist dies möglicherweise die Wende in dieser schon seit mehr als hundert Tagen andauernden Schlacht?

Am 9. Februar 1098, zu Beginn des Nachmittags, sichten die Späher, die in der Zitadelle Posten bezogen haben, das aus Aleppo herannahende Heer. Es zählt mehrere tausend Reiter, während die Franken nur noch sieben- bis achthundert in Stellung bringen können, derart hat die Hungersnot unter den Reittieren gewütet. Die Belagerten, die schon seit Tagen zum Abruf bereitstehen, möchten sich am liebsten sofort in die Schlacht stürzen. Da aber das Heer Redwans anhält und beginnt, die Zelte aufzuschlagen, wird der Befehl zum Ausfall auf den nächsten Tag verschoben. Die ganze Nacht wird noch geübt und vorbereitet, jeder Krieger weiß nun genau, wie, wo und was er tun muß. Yaghi Siya vertraut seinen Leuten und er ist sicher, daß sie ihren Teil des Vertrages erfüllen werden.

Was keiner weiß, ist, daß die Schlacht schon verloren ist, noch bevor sie begonnen hat. Was Redwan über die Tapferkeit und die kriegerischen Fähigkeiten der Franken hört, erfüllt ihn dermaßen mit Entsetzen, daß er es nicht mehr wagt, seine zahlenmäßige Überlegenheit auszuspielen. Anstatt seine Krieger ausschwärmen zu lassen, versucht er nur noch, sie zu schützen. Und um jeglichem Risiko einer Umklammerung zu entgehen, hält er sie die ganze Nacht über eng beieinander auf einem schmalen Streifen Land zwischen dem Orontes und dem See von Antiochia. Als die Franken am Morgen angreifen, ist das Heer Redwans wie gelähmt. Durch den engbegrenzten Landstreifen können sie sich nicht bewegen, die Pferde bäumen sich auf, und wer zu Boden fällt, wird niedergetrampelt. In dieser Situation kann natürlich die altbewährte Angriffstaktik mit den aufeinanderfolgenden Attacken von Bogenschützen nicht angewandt werden. Es entwickelt sich ein Kampf Mann gegen Mann, bei dem die schwergepanzerten Ritter leichtes Spiel haben. Ein entsetzliches Gemetzel findet statt, und der König mitsamt seinem Heer ergreift im wilden Durcheinander die Flucht vor den sie verfolgenden Franken.

Unter den Mauern von Antiochia verläuft die Schlacht anders. Im frühen Morgengrauen wagen die Belagerten einen großangelegten Ausfall, der die Belagerer zwingt zurückzuweichen. Es entsteht ein verbissener Kampf, bei dem die Krieger Yaghi Siyans eine sehr gute Position haben. Kurz vor Mittag sind sie schon dabei, das Lager der Franken zu umzingeln, als die Nachricht von der Flucht Redwans eintrifft. Blutenden Herzens muß der Emir seinen Leuten den Befehl geben, sich in die Stadt zurückzuziehen. Kaum haben sich die Tore hinter ihnen geschlossen, da kommen die Reiter, die Redwan in die Flucht geschlagen haben, mit ihren schauerlichen Trophäen auch schon an. Kurz darauf fallen den Bewohnern der Stadt die greulich verstümmelten Köpfe der Krieger von Aleppo zu Füßen, die der Gegner mit lautem Hohngelächter über die Mauern katapultiert. Totenstille legt sich über die Stadt.

Wenn Yaghi auch versucht, seine Leute zu ermutigen, spürt er doch zum ersten Mal, wie sich die Klammer um seine Stadt herum schließt. Nach der Niederlage der beiden feindlichen Brüder hat er von seiten der syrischen Fürsten nichts mehr zu erwarten. Seine letzte, schwache Hoffnung ist jetzt noch der Statthalter von Mosul, der mächtige Emir Karbuka, zu dem die Entfernung jedoch vierzehn Tagesmärsche beträgt.

Mosul, die Heimat des Geschichtsschreibers Ibn al-Athnir, ist die Hauptstadt Mesopotamiens, der fruchtbaren Ebene zwischen Euphrat und Tigris, eines politischen, kulturellen und wirtschaftlichen Zentrums ersten Ranges. Die Araber rühmen seine saftigen Früchte: Äpfel, Birnen, Trauben und Granatäpfel. Alle Welt assoziiert die Stadt mit dem feinen Musselinstoff, der von ihr seinen Namen hat und ein bedeutender Exportartikel ist. Im Land des Emirs Karbuka wird zur Zeit der Frankeninvasion schon Naphta, Erdöl, gefördert, ein Bodenschatz, über den der Reisende Ibn Jobair einige Jahrzehnte später mit Bewunderung berichtet. Die Vorüberziehenden können schon die Quellen dieser bräunlichen kostbaren Flüssigkeit bewundern, die später einmal den Reichtum dieser Region ausmachen sollte. Ibn Jobair schreibt:

Wir kommen durch einen Ort beim Tigris, der al-Qayyara (der Bitumenhaltige) heißt. Rechts vom Weg nach Mosul befindet sich eine Erdsenke, so schwarz, als läge eine Wolke darüber. Hier läßt Gott große und kleine Quellen entspringen, aus denen Bitumen gewonnen wird. Es brodelt, und manchmal werden Klumpen herausgeschleudert. Es wird in eigens dazu gebauten Becken gesammelt. Um die Quellen herum hat sich ein schwarzer See gebildet, auf dessen Oberfläche ein schwärzlicher Schaum schwimmt, der ans Ufer geschwemmt wird, wo er koaguliert und zu Bitumen wird. Dieses Produkt sieht aus wie ein zäher, glatter und glänzender Schlamm und hat einen sehr starken Geruch. Wir konnten so mit eigenen Augen ein Wunder sehen, von dem wir schon gehört hatten und dessen Beschreibung uns recht außergewöhnlich vorgekommen war. Nicht weit davon entfernt, am Ufer des Tigris, befindet sich eine weitere, große Quelle, deren Rauch wir schon von weitem sehen konnten. Wir erfahren, daß man sie anzündet, wenn man Bitumen gewinnen will. Das Feuer verzehrt die Flüssigkeit, und das verbleibende Bitumen wird in Stücke geschnitten und abtransportiert. Es ist in allen Ländern bekannt, bis nach Syrien, Akkra und an der ganzen Küste. Allah schafft, was er will. Er sei gelobt!

Die Bewohner von Mosul schreiben der bräunlichen Flüssigkeit heilende Wirkung zu und baden darin, wenn sie krank sind. Das aus dem Erdöl gewonnene Bitumen wird auch beim Bauen verwendet, um die Ziegel zu verbinden. Aufgrund seiner Dichte benutzt man es auch, um die Wände der Hammams zu streichen, die dann wie polierter schwarzer Marmor aussehen. Wie wir aber erfahren werden, findet es seine häufigste Verwendung auf militärischem Gebiet.

Ganz unabhängig von diesen vielversprechenden Bodenschätzen spielt Mosul zu Beginn der Frankeninvasion eine bedeutende strategische Rolle, und da seine Statthalter mittlerweile ein Kontrollrecht über die Angelegenheiten Syriens erworben haben, beabsichtigt der ehrgeizige Karbuka auch, es auszuüben. Für ihn bietet dieser Hilferuf des Yaghi Siyan die ersehnte Gelegenheit, seinen Einfluß auszuweiten. Ohne zu zögern, verspricht er, ein großes Heer aufzustellen, und Antiochia lebt fortan nur noch in der Erwartung Karbukas.

Dieser Mann, der so unverhofft Rettung verspricht, ist ein ehemaliger Sklave, was für die türkischen Emire nichts Entwürdigendes bedeutet, denn bei den Seldschukenfürsten war es üblich, verantwortliche Stellen an ihre ergebensten und klügsten Sklaven zu vergeben. Heerführer und Statthalter der großen Städte sind oft Sklaven, »Mameluken«, deren Autorität so groß ist, daß sie nicht einmal offiziell für frei erklärt sein müssen. Noch vor dem Ende der Besatzungszeit der Franken waren die herrschenden Sultane im gesamten muslimischen Orient alle Mameluken. Schon 1098 sind die einflußreichsten Männer in Damaskus, Kairo und anderen großen Städten Sklaven oder Söhne von Sklaven.

Karbuka ist einer der mächtigsten. Der autoritäre Offizier mit dem leicht ergrauten Bart trägt den türkischen Titel »atabek«, was genaugenommen »Vater des Fürsten« heißt. Im Reich der Seldschuken ist unter den Mitgliedern der Herrscherfamilie die Sterblichkeitsrate hoch – Kämpfe, Morde, Hinrichtungen – und oft hinterlassen sie unmündige Erben. Um deren Interessen zu wahren, wird ein Vormund bestellt, der, um seine Rolle als Adoptivvater voll ausüben zu können, oft die Mutter seines Mündels heiratet. Diese Atabeks werden logischerweise die wahren Machthaber, und sie geben diese Macht nicht selten an ihre eigenen Söhne weiter. Der rechtmäßige Prinz ist dann meist nur noch eine Marionette, oft sogar eine Geisel in ihren Händen. Der äußere Schein wird jedoch peinlich genau gewahrt, und so wird ein Heer offiziell oft von drei- oder vierjährigen Kindern befehligt, die ihre Machtausübung an ihren Atabek »delegiert« haben.

Genau dies trifft für die Situation in den letzten Apriltagen des Jahres 1098 zu, als an die dreißigtausend Mann vor den Toren Mosuls versammelt sind. In dem offiziell verlesenen Firman heißt es, daß die tapferen Krieger in den Djihad gegen die Ungläubigen ziehen werden, unter dem Befehl irgendeines seldschukischen Abkömmlings, der aus seinen Windeln heraus den Befehl des Heeres Atabek Karbuka übertragen hat.

Nach Meinung von Ibn al-Athir, der sein Leben im Dienste der Atabeks von Mosul verbringen sollte, wurden die Franken von Entsetzen ergriffen, als sie hörten, daß sich das Heer Karbukas auf Antiochia zu bewegte, denn sie waren geschwächt, und ihre Verpflegung war äußerst dürftig. Die Belagerten indessen schöpften neuen Mut. Erneut bereiten sie sich auf einen Ausfall bei der Ankunft der muslimischen Krieger vor. Wie schon einmal zuvor inspiziert Yaghi gründlich, diesmal von seinem Sohn Chams ad-Dawla unterstützt, die Getreidevorräte und die Befestigungen und spricht seinen Leuten Mut zu. Er verspricht ihnen, daß, so Gott will, das Ende der Belagerung bevorstehe.

Die Zuversicht, die er in der Öffentlichkeit zur Schau trägt, ist jedoch nur Fassade, denn seit Wochen hat sich die Lage merklich verschlechtert. Die Blockade der Stadt ist strenger und die Versorgung schwieriger geworden und, was noch schwerer wiegt, die Informationen über das feindliche Lager werden immer spärlicher. Die Franken, denen es offenbar aufgefallen ist, daß alles, was sie sagen und tun, Yaghi Siyan zugetragen wird, haben beschlossen, keine Nachsicht mehr walten zu lassen. Die Späher des Emirs berichten, wie die Franken einen Mann am Spieß geröstet und gegessen haben, wobei sie laut verkündeten, daß jeden Spion, dessen man habhaft würde, das gleiche Schicksal ereilen würde. Von Grauen gepackt, hatten sich die Spitzel aus dem Staub gemacht, und so weiß Yaghi Siyan nun kaum noch etwas über die Belagerer. Als erfahrener Krieger beurteilt er die Lage als äußerst beunruhigend.

Das einzige, was ihn beruhigt, ist, daß Karbuka unterwegs ist und gegen Mitte Mai mit seinen Zehntausenden von Kriegern da sein wird. Jeder in Antiochia wartet auf diesen Augenblick. Täglich gibt es diesbezüglich neue Gerüchte, die von Einwohnern in Umlauf gesetzt werden, die ihre Wünsche für Wahrheit halten. Überall wird geflüstert, man läuft zu den Mauern, alte Frauen befragen mütterlich milchbärtige Krieger. Aber die Antwort ist immer die gleiche: Nein, das Ersatzheer ist noch nicht in Sicht, muß aber jeden Augenblick erscheinen.

Das große muslimische Heer bietet beim Verlassen Mosuls einen herrlichen Anblick mit seinen zahllosen in der Sonne blitzenden Lanzen und den schwarzen Bannern, Feldzeichen der Abassiden und Seldschuken, die inmitten eines Meeres von weiß gekleideten Reitern wehen. Trotz der Hitze schreiten sie kräftig aus und müßten bei gleichbleibendem Tempo in weniger als zwei Wochen in Antiochia sein. Dennoch ist Karbuka sorgenvoll, denn kurz vor dem Aufbruch hat er beunruhigende Nachrichten erhalten. Eine Truppe Franken hat Edessa eingenommen, eine große armenische Stadt, die die Araber ar-Rouha nennen und die nördlich der Straße gelegen ist, die von Mosul nach Antiochia führt. Der Atabek kann sich des Gedankens nicht erwehren, daß die Franken von Edessa, wenn er sich der belagerten Stadt nähert, hinter ihm sein werden. Kann er dadurch in eine Umklammerung geraten? In den ersten Maitagen ruft er seine Emire zusammen, um ihnen zu eröffnen, daß er beschlossen hat, den Marschweg zu ändern. Er wird zunächst nach Norden marschieren, in ein paar Tagen die Sache mit Edessa in Ordnung bringen, und dann kann er ohne Risiko die Belagerer von Antiochia angreifen. Einige protestieren und erinnern ihn an den Hilferuf von Yaghi Siyan, aber Karbuka bringt sie zum Schweigen. Wenn er einmal etwas beschlossen hat, ist er stur wie ein Bock. Während die Emire sich widerwillig fügen, schlägt das Heer die gebirgigen Pfade ein, die nach Edessa führen.

Die Lage der armenischen Stadt ist tatsächlich beunruhigend, das weiß man von den wenigen Muslimen, die sie noch verlassen konnten. Ein Frankenführer namens Balduin war im Februar an der Spitze mehrerer hundert Ritter und mehr als zweitausend Mann Fußvolk erschienen. Ihn hatte Thoros, der Herr der Stadt, ein alter armenischer Fürst, zur Verstärkung der Garnison herbeigerufen, die unter den ständigen Angriffen türkischer Krieger zu leiden hatte. Balduin allerdings lehnte es ab, lediglich Söldner zu sein, und verlangte, als gesetzlicher Erbe von Thoros eingesetzt zu werden. Da Thoros alt und kinderlos war, ging er darauf ein. Die offizielle Adoption hatte nach den armenischen Bräuchen stattgefunden. Thoros trug ein weites, weißes Gewand, während Balduin, bis zum Gürtel nackt, unter das Gewand »seines Vaters« schlüpfte, um seinen Körper an den seinen zu schmiegen. Dann kam die »Mutter«, also die Frau Thoros', an deren nackten Körper er sich ebenfalls unter dem Gewand schmiegte, unter den amüsierten Blicken der Zuschauer, die wohl meinten, daß dieser Brauch, der für die Adoption eines Kindes geschaffen worden war, etwas deplaziert wirkt, wenn der »Sohn« ein ausgewachsener, behaarter Krieger ist!

Als man den Kriegern des Muslim-Heeres von dieser Zeremonie berichtet, lachen sie laut und lange. Dann aber läßt sie die Fortsetzung der Geschichte erschauern: Ein paar Tage nach der Feierlichkeit waren »Vater und Mutter« von der Menge gelyncht worden auf Veranlassung des »Sohnes«, der ungerührt ihrem Tod beiwohnte, bevor er sich zum Grafen von Edessa ausrief und seinen fränkischen Gesellen alle wichtigen Ämter in Heer und Verwaltung übertrug.

Karbuka, der seine Befürchtungen bestätigt sieht, bereitet die Belagerung der Stadt vor. Aber seine Emire versuchen erneut, ihn davon abzubringen. Die dreitausend fränkischen Krieger von

Edessa werden es niemals wagen, sagen sie, es mit dem muslimischen Heer aufzunehmen, das mehrere zehntausend Krieger zählt. Auf der anderen Seite ist ihre Zahl jedoch ausreichend, um die Stadt zu verteidigen, und eine Belagerung würde sich monatelang hinziehen. In der Zwischenzeit könnte der seinem Schicksal überlassene Yaghi Siyan dem Druck der Angreifer erliegen. Aber der Atabek will nichts hören, und erst nach drei Wochen erfolgloser Belagerung von Edessa erkennt er seinen Irrtum und eilt mit Gewaltmärschen nach Antiochia.

In der belagerten Stadt ist inzwischen die Hoffnung der ersten Maitage der völligen Verzweiflung gewichen. Weder im Palast noch auf der Straße begreift man, warum das Heer aus Mosul so lange ausbleibt. Yaghi Siyan weiß nicht mehr weiter.

Die Spannung hat ihren Höhepunkt erreicht, als am 2. Juni, kurz vor Sonnenuntergang, die Posten berichten, daß die Franken alle Streitkräfte zusammengefaßt haben und nach Nordosten marschieren. Emire und Krieger haben nur eine Erklärung: Karbuka muß in der Nähe sein, und sie ziehen ihm entgegen. Wie ein Lauffeuer geht die Nachricht von Haus zu Haus und über die Wälle. Die Stadt atmet auf. Morgen wird der Atabek die Stadt entsetzen, morgen wird der Alptraum zu Ende sein. Der Abend ist kühl und feucht. Die Menschen unterhalten sich stundenlang im Dunkeln auf der Schwelle ihrer Häuser. Endlich fällt Antiochia in Schlaf, erschöpft, aber voller Hoffnung.

Es ist vier Uhr morgens. Im Süden der Stadt ein kaum merkliches Geräusch von einem Seil, das sich an Stein reibt: Ein Mann lehnt sich aus einem fünfeckigen Turm und gibt mit der Hand ein Zeichen. Er hat die ganze Nacht kein Auge zugetan, und sein Bart ist struppig. Es ist Firuz, ein Waffenschmied, der Verantwortliche für die Verteidigung der Türme, wie Ibn al-Athir schreibt. Er ist Muslim armenischer Herkunft und hat lange Zeit zum engeren Kreis um Yaghi Siyan gehört. Vor kurzem nun hatte dieser ihn des Schwarzhandels bezichtigt und ihm eine harte Buße auferlegt. Firuz, der sich rächen wollte, nahm mit den Belagerern Kontakt auf. Er ließ sie wissen, daß er den Zugang zu einem Fenster zum Tal hin bewache und bereit sei, sie einzulassen. Um ihnen zu beweisen, daß es sich nicht um eine Falle handelt, hat er ihnen seinen eigenen Sohn als Geisel geschickt. Die Belagerer ihrerseits haben ihm Gold und Land versprochen, und der Plan wurde bis ins Detail ausgearbeitet. Am 3. Juni im Morgengrauen sollte es soweit sein. Um die Wachsamkeit der Garnison zu schwächen, wollten die Belagerer sich zum Schein entfernen.

Ibn al-Athir berichtet:

Nachdem die Franken mit dem heimtückischen Waffenschmied übereingekommen waren, kletterten sie zu dem kleinen Fenster hinauf, öffneten es, befestigten Seile und ließen mehr als fünfhundert Mann einsteigen. Bei Tagesanbruch, als die Verteidiger von der langen Nachtwache noch völlig erschöpft waren, ließen sie die Trompeten erschallen. Yaghi Siyan fragte, was das zu bedeuten habe. Man antwortete ihm, daß der Trompetenklang von der Zitadelle komme, die wohl eingenommen sein müsse.

Der Lärm kommt von dem »Turm der zwei Schwestern«, aber Yaghi Siyan prüft nicht einmal nach. Er glaubt alles verloren, läßt, von Entsetzen gepackt, eines der Stadttore öffnen und flieht. Völlig verstört reitet er stundenlang, ohne zu sich zu kommen. Nach zweihundert Tagen tapferen Widerstandes ist der Herr über Antiochia zusammengebrochen. Ibn al-Athir tadelt zwar seine Schwäche, kann ihm jedoch sein Mitgefühl nicht versagen:

Er begann zu weinen, weil er seine Familie, seine Söhne und die Muslims im Stich gelassen hatte. Vom Schmerz überwältigt, fiel er bewußtlos vom Pferd. Seine Begleiter versuchten, ihn wieder in den Sattel zu heben, er konnte sich jedoch nicht mehr aufrecht halten. Sie ließen den Sterbenden also liegen und ritten davon. Ein armenischer Köhler, der des Wegs kam, erkannte ihn und hieb ihm den Kopf ab, den er zu den Franken nach Antiochia brachte.

In der Stadt herrscht Morden, Sengen und Brennen. Männer, Frauen und Kinder versuchen zu fliehen. Aber in den schlammigen Straßen ist es den Reitern ein leichtes, sie zu fangen und zu töten. Nach und nach verstummen die Schreie der letzten Überlebenden, und schon hört man hier und da das Gegröle von betrunkenen Plünderern. Von den zahlreichen brennenden Häusern steigt der Rauch auf, und am Mittag ist die Stadt wie in ein Leichentuch gehüllt.

Inmitten dieses blutigen Gemetzels am 3. Juni 1098 behält ein einziger Mann einen kühlen Kopf. Der unermüdliche Chams ad-Dawla. Sobald die Feinde in die Stadt eingedrungen sind, verschanzt er sich mit einer Gruppe von Kriegern in der Zitadelle. Die Franken versuchen immer wieder, ihn herauszuholen, werden aber jedesmal zurückgeschlagen. Sogar der oberste Führer der Franken, Bohemund, ein blonder Hüne mit wallenden Haaren, wird bei einem dieser Angriffe verletzt. Durch sein Mißgeschick klüger geworden, bietet er Chams freies Geleit an, aber der junge Emir lehnt hochmütig ab. Antiochia ist seine Stadt, sein Erbe, und er wird sich dafür bis zum letzten Atemzug schlagen. Es fehlt ihm weder an Proviant noch an scharfen Pfeilen. Majestätisch auf der Spitze des Berges Habiban-Najjar thronend, kann die Zitadelle den Franken monatelang trotzen. Tausende von Kriegern würden sie verlieren, wenn sie die Mauern erklimmen wollten.

Der Widerstand dieser Männer sollte sich lohnen. Die Ritter verzichteten auf die Einnahme der Zitadelle und begnügen sich mit einem Sicherheitsgürtel. Durch die Freudenschreie von Chams und seinen Kriegern erfahren sie, drei Tage nach dem Fall von Antiochia, daß das Heer von Karbuka am Horizont auftaucht. Für Chams und seine Handvoll Unbeirrbarer hat das Erscheinen des islamischen Heeres etwas Unwirkliches. Sie reiben sich die Augen, weinen, beten, fallen einander um den Hals. »Allahu akbar (Allah ist groß)!« tönt ein ununterbrochenes Brausen hinauf zur Zitadelle. Die Franken verstecken sich hinter den Mauern der Stadt. Aus Belagerern sind Belagerte geworden.

Chams ist glücklich, aber eine gewisse Bitterkeit bleibt. Sobald die ersten Emire des Entsatzheeres bei ihm in der Zitadelle ankommen, bestürmt er sie mit tausend Fragen. Warum kommen sie so spät? Warum hat man den Franken die Zeit gelassen, Antiochia einzunehmen und die Bewohner niederzumetzeln? Zu seinem großen Erstaunen versucht keiner der Befragten das Verhalten zu rechtfertigen, sondern alle geben Karbuka die Schuld, Karbuka, dem Arroganten, Hochmütigen, Unfähigen, dem Feigling.

Dabei handelt es sich nicht nur um persönliche Feindseligkeiten, sondern um eine regelrechte Verschwörung, deren Urheber kein anderer als König Doukak von Damaskus ist, der zu dem Heer aus Mosul gestoßen war, als es die Grenze nach Syrien überschritt. Das muslimische Heer ist entschieden keine homogene Streitmacht, sondern eine Koalition von Fürsten mit oft widersprüchlichen Interessen. Die territorialen Ansprüche des Atabek sind niemandem unbekannt, und so war es für Doukak nicht schwierig gewesen, die übrigen davon zu überzeugen, daß ihr eigentlicher Feind Karbuka selber ist. Sollte er als Sieger aus dem Kampf mit den Ungläubigen hervorgehen, so würde er sich als der Retter darstellen, und keine syrische Stadt entkäme seiner Herrschaft. Sollte Karbuka jedoch unterliegen, so wäre die Gefahr von allen Städten Syriens abgewendet. Angesichts dieser Bedrohung stellt sich die fränkische Gefahr als ein kleineres Übel dar. Sollten die Rum Antiochia mit Hilfe ihrer Söldner wiedererobern, so wäre das nicht weiter tragisch, da es undenkbar erscheint, daß die Franken ihre eigenen Staaten in Syrien errichten. Ibn al-Athir sagt dazu, daß der Atabek den Muslims so zuwider war durch seine Arroganz, daß sie beschlossen, ihn im entscheidenden Augenblick der Schlacht zu verraten.

So ist diese herrliche Armee nur ein Koloß auf tönernen Füßen, der beim leisesten Anstoß stürzen könnte. Chams jedoch will nicht wahrhaben, daß die Aufgabe Antiochias beschlossene Sache ist, und versucht, all dieser Streitigkeiten Herr zu werden. Für ihn ist dies nicht der richtige Augenblick, um persönliche Kontroversen zu bereinigen. Aber seine Hoffnungen sind von kurzer Dauer. Am Tag nach seiner Ankunft läßt ihn Karbuka zu sich rufen und eröffnet ihm, daß ihm die Befehlsgewalt über die Zitadelle entzogen ist. Chams ist empört. Hat er sich nicht tapfer geschlagen? Hat er sich nicht gegen die Frankenritter behauptet? Ist er nicht der Erbe des Herrschers von Antiochia? Aber der Atabek lehnt jede Diskussion ab. Er ist der Herr, und er verlangt Gehorsam!

Der Sohn Yaghi Siyans ist nun überzeugt, daß das muslimische Heer, so gewaltig es auch sein mag, nicht siegen kann. Sein einziger Trost ist, daß er weiß, daß im gegnerischen Lager die Lage kaum besser ist. Nach Ibn al-Athir hatten die Franken nach der Einnahme von Antiochia zwölf Tage lang nichts zu essen. Die Ritter ernährten sich von ihren Reitpferden, und die Armen nährten sich von Blättern und Aas. Die Franken hatten in der letzten Zeit öfter nichts zu essen gehabt, aber es war immer die Möglichkeit geblieben, Raubzüge zu unternehmen, von denen sie immer etwas mitgebracht hatten. Das können sie als Belagerte nun nicht mehr tun, und die Vorräte Yaghi Siyans, mit denen sie gerechnet hatten, waren bald erschöpft. Die Zahl der Fahnenflüchtigen und Überläufer stieg erneut. Allem Anschein nach schien nicht einmal der

Himmel zu wissen, welchem von den beiden sich im Juni 1098 bei Antiochia gegenüberliegenden erschöpften und demoralisierten Heeren er sich zuneigen sollte. Da führte ein außerordentliches Ereignis die Entscheidung herbei. Die Franken sprachen zwar von einem Wunder, aber der Bericht von Ibn al-Athir läßt dem Wunderbaren keinen Raum:

Bei den Franken war der Führer Bohemund, aber es gab da auch einen Mönch, der äußerst listig war und ihnen versicherte, daß die Lanze des Messias, Friede sei mit Ihm, im Kussyan, einem großen Gebäude in Antiochia, vergraben sei. Er sagte zu ihnen: »Wenn ihr sie findet, werdet ihr siegen, wenn nicht, so ist es euer sicherer Tod.« Zuvor hatte er eine Lanze unter dem Kussyan vergraben und alle Spuren säuberlich verwischt. Er befahl ihnen, drei Tage zu fasten und Buße zu tun. Am vierten Tag ließ er sie mit ihren Knappen und Knechten das Gebäude betreten. Es wurde überall gegraben und die Lanze gefunden. Da rief der Mönch »Freut euch, nun ist euch der Sieg gewiß!« Am fünften Tag verließen sie das Tor der Stadt in kleinen Gruppen, jeweils fünf oder sechs Mann. Da sprachen die Muslims zu Karbuka: »Wir sollten uns in der Nähe des Tores postieren und sie beim Herauskommen sofort töten. Das ist einfach, da sie so wenige sind.« Aber er antwortete: »Nein, wartet, bis sie alle draußen sind, und dann werden wir sie alle, bis auf den letzten Mann, töten!«

Die Idee des Atabek ist nicht so absurd, wie es den Anschein hat. Mit derart undisziplinierten Truppen und den Emiren, die nur auf eine günstige Gelegenheit warten, um sich abzusetzen, kann er die Belagerung nicht länger fortführen. Wenn die Franken den Kampf beginnen wollen, darf man sie nicht mit einer allzu massiven Gegenwehr erschrecken, damit sie nicht in die Stadt zurückkehren. Was Karbuka aber nicht vorausgesehen hatte, war, daß diejenigen, die ihm übelwollten, seine Verzögerungstaktik ausnutzen würden. Während die Franken weiter ausschwärmen, beginnt im muslimischen Lager die Desertion. Man beschuldigt sich gegenseitig der Feigheit und des Verrates. Karbuka merkt, daß ihm die Macht über seine Krieger entgleitet und daß er zweifellos die Zahl der Belagerten unterschätzt hat. Deshalb bittet er um einen Waffenstillstand. Damit jedoch setzt er sich in den Augen der Seinen völlig herab und stärkt das Selbstvertrauen der Feinde. Die Franken antworten nicht einmal, sondern greifen an, womit sie ihn zwingen, ihnen eine Welle seiner berittenen Bogenschützen entgegenzusenden. Doukak aber und die meisten Emire ziehen ruhig mit ihren Heeren davon. Der Atabek, der sich mehr und mehr isoliert sieht, befiehlt den allgemeinen Rückzug, der sich umgehend in eine kopflose Flucht verwandelt.

So ist das mächtige muslimische Heer auseinandergefallen, »ohne auch nur einen Schwertstreich oder Lanzenstich geführt oder einen Pfeil abgeschossen zu haben«, schreibt Ibn al-Athir, wobei er kaum übertreibt: »Die Franken ihrerseits glaubten an eine List, da noch gar kein Kampf stattgefunden hatte, der eine solche Flucht rechtfertigen konnte. Daher unterließen sie es lieber, die Muslims zu verfolgen.« Dadurch kann Karbuka unbehelligt mit den jämmerlichen Resten seines Heeres nach Mosul zurückkehren. Seine ehrgeizigen Pläne sind vor den Mauern Antiochias für immer zunichte gemacht worden. Die Stadt, die zu retten er sich geschworen hatte, ist nun fest in den Händen der Franken. Und dies für sehr lange Zeit.

Das schlimmste jedoch ist, daß es nach diesem schmachvollen Tag keine Macht mehr gibt, die dem Vordringen des Eroberers in Syrien Einhalt gebieten könnte.

3
Die Kannibalen von Maara

Ich weiß nicht, ob dies hier das Jagdrevier wilder Bestien ist oder mein Haus, die Stätte meiner Geburt!

Dieser Klageschrei eines anonymen Dichters aus Maara ist keine einfache allegorische Ausdrucksweise. Leider müssen wir ihn wörtlich nehmen und uns mit ihm fragen: Was ist Ende des Jahres 1098 Grauenvolles in der syrischen Stadt Maara geschehen?

Bis die Franken kamen, lebten die Bewohner friedlich innerhalb ihrer Rundmauer. Ihre Weinberge, Olivenhaine und Feigenbäume gestatteten ihnen einen bescheidenen Wohlstand. Die Geschäfte wurden von braven Notabeln geführt, die keinen großen Ehrgeiz besaßen. Ihr offizieller Herrscher war Redwan von Aleppo. Der Stolz Maaras war es, die Heimat eines der größten Männer der arabischen Literatur zu sein, Abul-Ala al Maari, der 1057 gestorben war. Dieser blinde Dichter, ein Freidenker, hatte es gewagt, sich mit den Sitten seiner Epoche auseinanderzusetzen, ohne sich um Verbote zu kümmern, denn es bedurfte schon einer gewissen Kühnheit, um folgendes zu schreiben:

Die Bewohner der Erde sind in zwei Arten geteilt,
Die einen haben ein Hirn, aber keine Religion,
Die anderen haben eine Religion, aber kein Hirn.

Vierzig Jahre nach seinem Tod sollte ein aus der Ferne gekommener Fanatismus dem Sohn Maaras sichtlich recht geben, sowohl was sein Freidenkertum anbelangte als auch seinen sprichwörtlichen Pessimismus:

Das Schicksal zerbricht uns, als seien wir Glas,
und unsere Scherben finden niemals wieder zusammen.

Seine Stadt sollte wirklich zu einem Scherbenhaufen werden und das Mißtrauen, das der Dichter so oft in bezug auf seinesgleichen zum Ausdruck gebracht hatte, grausame Bestätigung finden.

In den ersten Monaten des Jahres 1098 verfolgten die Bewohner von Maara mit Beunruhigung die Schlacht um Antiochia, dic drei

Tagesreisen weiter nordwestlich von ihnen stattfand. Nach ihrem Sieg hatten die Franken einige Dörfer in der Nachbarschaft geplündert, Maara aber verschont. Dennoch zogen es einige Familien vor, in sicherere Orte zu ziehen wie Aleppo, Homs oder Hama. Ihre Befürchtungen erwiesen sich als berechtigt, als Ende November Tausende von fränkischen Kriegern erschienen und die Stadt einkreisten. Zwar gelingt einigen Bewohnern noch die Flucht, der größte Teil jedoch sitzt in der Falle. Maara hat keine Armee, sondern nur eine einfache Bürgermiliz, zu der sich schnell einige hundert junge Leute ohne militärische Erfahrung gesellen. Zwei Wochen lang schlagen sie sich tapfer gegen die furchterregenden Ritter, wobei sie sogar von der Mauer herab volle Bienenkörbe auf die Angreifer werfen.

Als die Franken merkten, wie hartnäckig sie waren, berichtet Ibn al-Athir, bauten sie einen Holzturm von der Höhe der Festungsmauer. Einige Muslims bekamen es mit der Angst zu tun und verloren den Mut. Sie sagten sich, daß sie sich in den höher gelegenen Gebäuden der Stadt besser verteidigen könnten. Sie verließen also die Mauern, die nun an dieser Stelle keine Verteidiger mehr hatten. Andere machten es ebenso an einer anderen Stelle, und bald war die ganze Festungsmauer ohne Verteidigung. Nun legten die Franken Leitern an, und als die Muslims sie auf der Mauer erscheinen sahen, verloren sie den Mut.

Am Abend des 11. Dezember ist es sehr dunkel, und die Franken wagen es noch nicht, in die Stadt einzudringen. Die Notabeln von Maara setzen sich mit Bohemund, dem neuen Herrscher von Antiochia, in Verbindung, der die Angreifer anführt. Bohemund verspricht, das Leben der Bewohner zu schonen, wenn sie den Kampf aufgeben und sich in bestimmte Gebäude zurückziehen. Im Vertrauen auf das gegebene Wort sammeln sich die einzelnen Familien in den Häusern und Kellern, wo sie ängstlich den Morgen erwarten.

Bei Tagesanbruch erscheinen die Franken und richten ein wahres Blutbad an. Ibn al-Athir schreibt, daß das Töten drei volle Tage andauerte, daß die Franken dabei hunderttausend Menschen umbrachten und viele Gefangene machten. Seine Zahlenangaben sind natürlich übertrieben, denn die Bevölkerung der Stadt zählte am Tag vor dem Fall wahrscheinlich weniger als zehntausend Menschen. Aber das Entsetzliche ist hier weniger die große Zahl von Opfern, sondern die kaum vorstellbare Art und Weise, wie sie zu Tode kamen.

In Maara kochten unsere Leute die erwachsenen Heiden in Kesseln, zogen die Kinder auf Spieße und aßen sie geröstet. Dieses Geständnis des fränkischen Geschichtsschreibers Raoul de Caen bekamen die Bewohner der umliegenden Ortschaften natürlich nicht zu lesen, aber bis zu ihrem Lebensende vergaßen sie nicht, was sie gesehen und gehört hatten. Denn die Erinnerung an diese Grausamkeiten, die von den örtlichen Dichtern und der mündlichen Überlieferung wachgehalten wurde, prägte ein Bild von den Franken, das schwer aus der Vorstellung zu löschen ist. Der Geschichtsschreiber Ussama Ibn Munqidh, der drei Jahre vor den Ereignissen in der benachbarten Stadt Chayzar geboren wurde, schrieb später:

Alle, die nach dem Wesen der Franken geforscht haben, mußten feststellen, daß sie Tiere sind, die uns zwar an Mut und Kampfbereitschaft überlegen sind, aber sonst nicht, eben wie uns die Tiere nur durch ihre Kraft und ihre Angriffslust überlegen sind.

Ein wenig schmeichelhaftes Urteil, das den Eindruck, den die Franken machten, als sie nach Syrien kamen, klar beschreibt: eine Mischung aus Furcht und Verachtung, die nur zu gut verständlich ist seitens eines arabischen Volkes, das kulturell weit überlegen ist, aber jeglichen Kampfgeist verloren hat. Nie mehr sollten die Türken den Kannibalismus der abendländischen Eindringlinge vergessen. In ihren Heldenliedern werden die Franken ausnahmslos als Menschenfresser beschrieben.

Ist diese Vorstellung von den Franken ungerecht? Haben die abendländischen Angreifer die Bewohner der betroffenen Stadt nur gegessen, um zu überleben? Ihre Anführer jedenfalls bestätigten dies ein Jahr später in einem offiziellen Brief an den Papst: *Eine grausame Hungersnot überfiel das Heer vor Maara, so daß sich die Krieger gezwungen sahen, sich von den Leichnamen der Sarazenen zu ernähren.* Aber das scheint doch eine zu einfache Erklärung zu sein. Denn die Bewohner des Gebietes um Maara erleben in diesem unheilvollen Winter Dinge, die sich mit Hunger allein nicht erklären lassen. So machen fanatische Banden von Franken, die Tafür genannt werden, das Land unsicher und verkünden lauthals, daß sie Sarazenenfleisch essen wollen, und versammeln sich abends am Feuer, um ihre Beute zu verschlingen. Ist das Kannibalismus aus Not? Oder Kannibalismus aus Fanatismus? Dies alles erscheint unwirklich, und dennoch sind die Beweise niederdrückend, sowohl wegen der geschilderten Tatsachen als auch durch die darin zum Ausdruck kommende Morbidität. Was das Grauen anbelangt, ist der Satz des fränkischen Geschichtsschreibers Albert d'Aix, der selbst an der Schlacht um Maara teilgenommen hat, unübertroffen: *Nicht nur, daß die Unseren es nicht verabscheuten, die getöteten Türken und Sarazenen zu essen, sie aßen sogar die Hunde!*

Das Geschehen um Maara sollte zwischen den Arabern und den Franken eine Kluft aufreißen, die über Jahrhunderte nicht geschlossen werden konnte. Zunächst jedoch widersteht die von Schrecken gelähmte Bevölkerung nicht mehr, es sei denn, sie kann nicht anders. Die Franken marschieren nach Süden weiter, wobei sie nur verbrannte Erde hinter sich lassen, und die syrischen Emire schicken ihnen allenthalben Boten mit Geschenken entgegen, um ihren guten Willen zu zeigen und ihnen jegliche Hilfe, deren sie bedürfen, anzubieten.

Der erste ist Sultan Ibn Munqidh, der Onkel des Geschichtsschreibers Ussama, der über das kleine Emirat von Chayzar herrscht. Die Franken erreichen sein Gebiet am Tag nach ihrem Abzug aus Maara. Ihr Anführer ist Saint-Gilles, einer der von den Arabern meistgenannten Frankenführer, dem der Sultan eine Gesandtschaft entgegengeschickt hat. Ein Abkommen ist schnell geschlossen: Nicht nur, daß der Sultan sich verpflichtet, die Franken mit Proviant zu versorgen, sie erhalten auch das Recht, sich auf dem Markt von Chayzar Pferde zu kaufen, und er wird ihnen Führer zur Verfügung stellen, damit sie das restliche Syrien ohne Hindernisse durchqueren können.

Überall weiß man jetzt, wo die Franken sind und wie sie weitermarschieren werden. Schließlich verkünden sie ja selbst, daß ihr Ziel Jerusalem ist, wo sie das Grab Jesu in Besitz nehmen wollen. Alle, die an dem Weg zur Heiligen Stadt wohnen, versuchen nun, sich gegen die Gefahr, die sie auf sich zukommen sehen, zu wappnen. Die Ärmsten verstecken sich in den umliegenden Wäldern, obwohl diese von wilden Tieren wie Löwen, Wölfen, Bären und Hyänen unsicher gemacht werden. Wer es sich leisten kann, setzt sich ins Innere des Landes ab, andere suchen in der nächsten Festung Zuflucht. Diese Lösung wählten auch die Bauern der reichen Boukaya-Ebene, als sie in der letzten Januarwoche des Jahres 1099 erfuhren, daß Truppen der Franken in der Nähe seien. Mit ihrem Vieh und ihren Getreide- und Ölvorräten ziehen sie zur »Zitadelle der Kurden«, Hosn-el-Akrad, hinauf, die, auf einer schwer zugänglichen Bergspitze gelegen, die ganze Ebene bis hin zum Mittelmeer beherrscht. Obwohl die Festung seit langem unbenutzt ist, sind ihre Mauern intakt, und die Bauern hoffen, hier in Sicherheit zu sein. Aber die Franken, denen es immer an Proviant mangelt, belagern sie. Am 28. Januar 1099 beginnen ihre Krieger die Mauern von Hosn-el-Akrad zu erklimmen. Die Bauern glauben sich verloren und greifen zu einer List. Sie öffnen plötzlich die Tore der Zitadelle und lassen einen Teil ihrer Herden hinaus. Die Franken vergessen das Kämpfen und stürzen sich auf die Tiere, um sich ihrer zu bemächtigen. Es herrscht ein solches Durcheinander in ihren Reihen, daß die Bauern Mut fassen, einen Ausfall wagen und bis zum Zelt von Saint-Gilles vordringen. Der Anführer entkommt mit knapper Not einer Gefangennahme, da ihn seine Wachmannschaft verlassen hat, die sich auch ihr Teil an dem Vieh zu sichern versucht.

Die Bauern sind nicht wenig stolz auf ihren Erfolg, wissen aber, daß die Belagerer zurückkommen werden, um sich zu rächen. Am nächsten Tag, als Saint-Gilles seine Krieger erneut die Mauern angreifen läßt, zeigen sie sich nicht. Die Angreifer fragen sich, welche neue List die Bauern wohl ersonnen haben. Tatsächlich haben sie die allerschlaueste von allen ersonnen: Im Schutze der Nacht haben sie die Festung verlassen und das Weite gesucht. Vierzig Jahre später bauten die Franken eine ihrer stärksten Festungen an die Stelle von Hosn-el-Akrad. Der Name hat sich kaum verändert, aus Akrad wurde Krat, dann Krac. Das »Krac der Kreuzritter« beherrscht heute noch, im 20. Jahrhundert, mit seiner imposanten Silhouette die Ebene von Boukaya.

Im Februar 1099 wird die Zitadelle für einige Tage das Hauptquartier der Franken, und dem Betrachter bietet sich ein unglaubliches Schauspiel dar. Aus allen benachbarten Städten, teilweise auch aus den Dörfern, kommen Delegationen, die mit Gold, Stoffen und Proviant beladene Maulesel mit sich führen. Die politische Zerstückelung Syriens ist so weit fortgeschritten, daß das kleinste Dorf sich wie ein unabhängiges Emirat gebärdet. Jeder weiß, daß er nur auf seine eigene Kraft bauen kann, um sich zu verteidigen und mit den Eindringlingen zu verhandeln. Kein Fürst, kein Kadi, kein Dorfältester kann auch nur den geringsten Widerstand leisten, ohne seine Gemeinde in Gefahr zu bringen. Man läßt also seine patriotischen Gefühle zu Hause und bringt mit aufgesetztem Lächeln Geschenke und Ehrerbietung dar. »Küsse den Arm, den du nicht brechen kannst, und bitte Gott, daß er ihn bricht«, sagt ein Sprichwort aus der Gegend.

Diese weise Resignation sollte auch Richtlinie für das Verhalten des Emirs Janah ad-Dawla, des Herren der Stadt Homs sein. Vor kaum sieben Monaten war dieser für seine Tapferkeit berühmte Krieger der treueste Verbündete des Atabek Karbuka. So berichtet Ibn al-Athir, daß er der letzte war, der bei der Schlacht um Antiochia floh. Jetzt ist aber nicht mehr die Zeit für kriegerischen oder religiösen Eifer, und so zeigt sich der Emir Saint-Gilles gegenüber besonders entgegenkommend. Neben den üblichen Gaben schenkt er ihm noch eine große Anzahl von Pferden, denn, sagen die Gesandten aus Homs mit übertriebener Freundlichkeit, Janah al-Dawla habe erfahren, daß die Ritter etwas knapp an Pferden seien.

Die freigebigste von allen Gesandtschaften, die in den riesigen Räumen von Hosn-el-Akrad, die nicht eingerichtet und völlig kahl sind, vorsprechen, ist wohl die aus Tripoli. Sie heißt die Franken im Namen des meistgeachteten Fürsten der syrischen Küste, des Kadi Jalal el-Moulk, willkommen und überreicht einzeln die mitgebrachten kostbarsten Schmuckstücke, die die jüdischen Goldschmiede der Stadt hergestellt haben. Der Kadi gehört zur Familie der Banu Ammar, die Tripoli zum Kleinod des arabischen Orients gemacht hat. Diese Familie ist nicht einer jener zahllosen Militärs-Clans, die sich mit Waffengewalt ihre Besitzungen erworben haben, sondern eine Dynastie von Gebildeten, deren Begründer ein Rechtsgelehrter, ein Kadi, war, und diesen Titel haben die Herrscher der Stadt beibehalten.

Bis zur Ankunft der Franken hatte Tripoli und die dazugehörige Region dank der weisen Herrschaft der Kadis eine lange Zeit des

Friedens und Wohlstandes erlebt, um die sie ihre Nachbarn beneideten. Der Stolz der Bürger war ihr riesiges »Kulturhaus«, Dar-el-Ilm, das eine Bibliothek mit nicht weniger als hunderttausend Bänden beherbergte, eine der größten der Zeit. Die Stadt war von riesigen Pflanzungen umgeben, Oliven- und Johannisbrotbäumen, Zuckerrohr und Obstbäumen, die reichliche Ernten ergaben. Im Hafen herrschte reger Handel.

Eben dieser Wohlstand sollte der Stadt die ersten Unannehmlichkeiten mit den Franken einbringen. In der Botschaft, die Jalal el-Moulk nach Hosn-el-Akrad sandte, lud er Saint-Gilles ein, Abgesandte nach Tripoli zu schicken, um eine Übereinkunft auszuhandeln, was ein unverzeihlicher Irrtum war. Die Abgesandten sind nämlich derart beeindruckt von den Gärten und Palästen, dem Hafen und den Souks der Goldschmiede, daß sie gar keine Ohren für die Vorschläge des Kadi haben. Sie sehen nur, was es alles zu plündern gäbe, wenn man sich der Stadt bemächtigte. Und so scheinen sie auch alles Erdenkliche getan zu haben, um bei ihrer Rückkehr die Begehrlichkeit von Saint-Gilles zu entfachen. Jalal el-Moulk, der arglos auf eine Antwort auf sein Bündnisangebot wartet, muß zu seinem größten Erstaunen erfahren, daß die Franken am 14. Februar die Belagerung von Arqa, der zweitgrößten Stadt seines Fürstentums, begonnen haben. Er ist entsetzt, da er überzeugt ist, daß dies nur ein Vorspiel für die Eroberung seiner Hauptstadt ist, und unwillkürlich denkt er an das Schicksal von Antiochia. Jalal el-Moulk sieht sich schon an der Stelle des unglücklichen Yaghi Siyan auf der Flucht in Tod und Vergessenheit. In Tripoli versieht man sich nun mit Vorräten für eine lange Belagerung. Angstvoll fragen sich die Bewohner, wie lange der Feind wohl in Arqa aufgehalten wird, und jeder Tag, der so vergeht, ist eine unerhoffte Gnadenfrist.

Der Februar vergeht, auch März und April verstreichen, und wie alle Jahre ist Tripoli in den Blütenduft der Obstgärten eingehüllt. Die tröstlichen Nachrichten aus Arqa lassen alles noch schöner erscheinen: Es ist den Franken immer noch nicht gelungen, die Stadt einzunehmen, worüber Belagerte und Belagerer gleichermaßen verwundert sind. Zwar sind die Festungsmauern stark, aber doch nicht stärker als die anderer Städte, die die Franken eingenommen haben. Die Stärke von Arqa scheint vielmehr darin zu liegen, daß die Bewohner von Anfang an davon überzeugt waren, daß sie alle dem Tod geweiht sind, wie ihre Brüder in Antiochia oder Maara, wenn auch nur eine einzige Bresche in die Mauer geschlagen würde. Und so sind sie Tag und Nacht auf der Hut, wehren jeden Angriff ab und verwehren jede geringste Möglichkeit, einzudringen. Schließlich werden die Franken müde. Die Kunde von ihren Streitigkeiten dringt bis in die belagerte Stadt. Am 13. Mai 1099 brechen sie schließlich ihre Zelte ab und ziehen mit hängenden Köpfen davon. Nach drei Monaten erschöpfenden Widerstandes sehen sich die Verteidiger belohnt. Arqa erlebt einen Freudentaumel.

Die Franken setzen ihren Marsch nach Süden weiter fort. Beunruhigend langsam ziehen sie an Tripoli vorbei. Jalal el-Moulk, der weiß, daß sie gereizt sind, läßt ihnen seine besten Wünsche für ihren weiteren Weg überbringen, ebenso Proviant, Gold und einige Pferde sowie Führer, damit sie sich auf der schmalen Küstenstraße nach Beirut besser zurechtfinden. Bald kommen auch Boten der maronitischen Christen aus dem Libanongebirge hinzu, die nach dem Vorbild der muslimischen Emire den abendländischen Rittern ihre Hilfe anbieten.

So erreichen die Eroberer Nahr-el-Kalb, den »Fluß des Hundes«, ohne sich um die Besitzungen der Banu Ammar, wie etwa Djubail, das antike Byblos, weiter zu kümmern. Durch das Überschreiten des Flusses jedoch treten sie in Kriegszustand mit dem Fatimiden-Kalifat von Ägypten.

Der starke Mann in Kairo, der mächtige und beleibte Wesir al-Afdal Chahinchah, hatte seine Genugtuung nicht verbergen können, als die Abgesandten von Alexios Komnenos im April 1097 erschienen, um ihm die Ankunft der abendländischen Ritter in Konstantinopel mitzuteilen und den Beginn ihres Angriffskrieges in Kleinasien. Al-Afdal, »der Beste«, ein ehemaliger Sklave, der als Fünfunddreißigjähriger Alleinherrscher über das sieben Millionen zählende ägyptische Volk war, hatte dem Kaiser seine besten Wünsche für einen Erfolg übermitteln lassen und gebeten, ihn als Freund über den Fortgang der Operationen auf dem laufenden zu halten.

Manche behaupten, daß die Herrscher Ägyptens, als sie die weitere Ausdehnung des seldschukischen Reiches sahen, Angst bekamen und die Franken baten, nach Syrien zu marschieren und einen Puffer zwischen ihnen und den Muslims zu bilden. Gott allein kennt die Wahrheit.

Diese etwas eigenartige Erklärung, die Ibn al-Athir als Grund der Franken-Invasion gibt, zeigt mehr als deutlich die Teilung, die in der islamischen Welt herrschte zwischen den Sunniten einerseits, die zum Abbasiden-Kalifat von Bagdad, und den Schiiten andererseits, die zum Fatimiden-Kalifat von Kairo gehörten. Dieses Schisma, das aus dem siebten Jahrhundert stammt und sich durch einen Streit in der Familie des Propheten erklärt, hat immer wieder heftige Kämpfe innerhalb des Islam hervorgerufen. Selbst Staatsmänner wie Saladin hielten den Krieg gegen die Schiiten für mindestens ebenso wichtig wie den gegen die Franken. Diesen »Ketzern« wird immer wieder die Schuld für alle Übel zugeschrieben, die den Islam treffen, und so ist es auch nicht verwunderlich, daß der Einfall der Franken ebenso ihren Machenschaften zugeschrieben wird. Wenn es also auch nicht der Wirklichkeit entspricht, daß die Fatimiden die Franken herbeigerufen haben, so ist doch die Freude der Herrscher von Kairo bei deren Eintreffen durchaus real.

Zum Fall von Nicäa hatte der Wesir den Basileus wärmstens beglückwünscht, und drei Monate, bevor die Eroberer Antiochia einnahmen, erschien eine ägyptische reich mit Geschenken beladene Delegation im Lager der Franken, um ihnen einen baldigen Sieg zu wünschen und ein Bündnis vorzuschlagen. Als Krieger armenischen Ursprungs hat der Herrscher Kairos keinerlei Sympathie für die Türken, und seine persönlichen Gefühle decken sich mit den Interessen Ägyptens. Seit der Mitte des Jahrhunderts hatte das Vordringen der Seldschuken das Gebiet des Fatimiden-Kalifats ebenso verkleinert wie das des byzantinischen Reiches. Während die Rum mit ansehen mußten, wie ihnen Antiochia und Kleinasien verlorengingen, verloren die Ägypter Jerusalem und Damaskus, die ihnen ein Jahrhundert lang gehört hatten. Zwischen Kairo und Konstantinopel war ebenso wie zwischen al-Afdal und Alexios eine feste Freundschaft entstanden. Regelmäßige Konsultationen fanden statt, Informationen wurden ausgetauscht und gemeinsame Pläne ausgearbeitet. Kurz vor dem Auftauchen der Franken stellten die beiden Männer mit Genugtuung fest, daß das seldschukische Reich von inneren Streitigkeiten zerrüttet wurde; sowohl in

Kleinasien als auch in Syrien waren viele kleine rivalisierende Kleinstaaten entstanden. Sollte die Stunde der Rache gegen die Türken nun geschlagen haben? War dies nicht der Augenblick für die Ägypter und die Rum, ihr verlorenes Land wiederzubekommen? Al-Afdal träumte von einer gemeinsamen Unternehmung der beiden verbündeten Mächte, und als er erfuhr, daß der Basileus aus den Gebieten der Franken eine starke militärische Unterstützung erhalten hatte, glaubte er die Rache in greifbarer Nähe.

Die Delegation, die der Wesir den Belagerern von Antiochia geschickt hatte, sprach nicht von einem Nichtangriffspakt. Das war für ihn selbstverständlich. Was er den Franken vorschlug, war eine regelrechte Teilung: Nordsyrien für sie, Südsyrien für ihn, das heißt Palästina, Damaskus und die Küstenstädte bis Beirut. Diesen Vorschlag hatte er so bald wie möglich machen wollen, in einem Augenblick, da die Franken noch sicher waren, daß sie Antiochia einnehmen würden. Er war überzeugt, daß sie mit Freude zustimmen würden.

Eigenartigerweise war ihre Antwort jedoch ausweichend. Sie verlangten Erklärungen und genaue Einzelheiten, besonders über das zukünftige Schicksal Jerusalems. Sie zeigten sich den ägyptischen Abgesandten gegenüber durchaus freundschaftlich, zeigten ihnen sogar dreihundert abgeschnittene Köpfe von Türken, die bei Antiochia den Tod gefunden hatten. Aber das Übereinkommen wollten sie nicht unterzeichnen. Al-Afdal begriff nicht. War sein Vorschlag etwa nicht realistisch, ja sogar großzügig? Sollten die Rum und ihre fränkischen Hilfstruppen wirklich die Absicht haben, Jerusalem einzunehmen, wie seine Abgesandten den Eindruck hatten? Sollte Alexios ihn tatsächlich angelogen haben?

Der starke Mann von Kairo war sich noch unschlüssig über die zu verfolgende Politik, als ihn im Juni 1098 die Nachricht vom Fall von Antiochia erreichte und kaum drei Wochen später eine weitere, nämlich die von der demütigenden Niederlage Karbukas. Der Wesir entschloß sich nun, sofort zu handeln, um Gegner und Verbündete zu überraschen. Wie Ibn al-Qalanissi berichtet, wurde im Juli angekündigt, daß der oberste Befehlshaber, Wesir al-Afdal, an der Spitze eines mächtigen Heeres Ägypten verlassen und die Belagerung von Jerusalem begonnen hatte, wo sich die Emire Sokman und Ilghazi, die Söhne des Ortok, befanden. Er ließ die Schleudern auffahren und griff die Stadt an. Die beiden türkischen Brüder, die über Jerusalem herrschten, waren gerade aus dem Norden zurückgekommen, wo sie an dem mißglückten Feldzug Karbukas teilgenommen hatten. Nach vierzig Tagen Belagerung kapitulierte die Stadt. Al-Afdal behandelte die beiden Emire ehrenvoll und schenkte ihnen und ihrem Gefolge die Freiheit.

Während mehrerer Monate hatte es den Anschein, als habe der Herr Kairos recht. Es sah tatsächlich so aus, als ob die Franken, nachdem sie vor vollendete Tatsachen gestellt waren, darauf verzichteten weiterzugehen. Die Dichter am fatimidischen Hof können gar nicht genug Worte des Lobes finden, um die Heldentat des Staatsmannes zu feiern, der Palästina den »ketzerischen Sunniten« entrissen hat. Als aber im Januar 1099 die Franken entschlossen weiter nach Süden marschieren, wird al-Afdal unruhig.

Er schickt einen Mann seines Vertrauens nach Konstantinopel zu Alexios, der daraufhin in einem berühmten Brief etwas gesteht, was kaum faßbar ist: Der Basileus ist der Franken nicht mehr Herr. So unglaublich dies auch erscheinen mag, diese Leute handeln nur in ihrem eigenen Sinn, sie wollen ihre eigenen Staaten errichten, weigern sich, Antiochia dem Reich zurückzugeben gegen ihren ausdrücklichen Schwur, und scheinen entschlossen, Jerusalem mit allen Mitteln zu erobern. Der Papst hat sie zum Heiligen Krieg aufgerufen, um das Grab Christi in ihre Hand zu bekommen, und nichts kann sie von ihrem Ziel abbringen. Alexios fügt noch hinzu, daß er seinerseits ihr Handeln ablehnt und sich streng an sein Bündnis mit Kairo hält.

Trotz dieser letzten Versicherung hat al-Afdal den Eindruck, als sei er in einem tödlichen Räderwerk gefangen. Da er christlicher Herkunft ist, ist es ihm völlig klar, daß die Franken, die einen starken, naiven Glauben haben, entschlossen sind, ihre bewaffnete Wallfahrt zu Ende zu führen. Er bedauert jetzt sein palästinensisches Abenteuer. Wäre es nicht vielleicht doch besser gewesen, Franken und Türken sich um Jerusalem schlagen zu lassen, anstatt sich den Rittern, die ebenso mutig wie fanatisch sind, in den Weg zu stellen?

Da er weiß, daß er mehrere Monate braucht, um ein Heer aufzustellen, das den Franken entgegentreten kann, schreibt er an Alexios und bittet ihn inständig, alles in seiner Macht Stehende zu tun, um das Vorankommen der Franken zu bremsen. Tatsächlich schickt ihnen der Basileus auch im April 1099 während der Belagerung von Arqa ein Schreiben, in dem er unter dem Vorwand, daß er sich bald selbst zu ihnen gesellen werde, bittet, mit ihrem Aufbruch nach Palästina noch etwas zu warten. Der Herrscher von Kairo schickt seinerseits den Franken neue Bündnisangebote. Neben der Teilung Syriens erläutert er seine Politik bezüglich der Heiligen Stadt: eine absolut respektierte Freiheit der Religionsausübung und die Möglichkeit für die Pilger, wann immer sie wollen, die Stadt zu betreten, allerdings unter der Bedingung, daß sie in kleinen Gruppen und unbewaffnet gehen. Die Antwort der Franken ist schneidend: »Wir werden alle gemeinsam nach Jerusalem gehen, in Schlachtordnung und mit erhobenen Lanzen!«

Das ist eine Kriegserklärung. Am 19. Mai 1099 lassen die Eroberer den Worten die Tat folgen und überschreiten, ohne zu zögern, den Nahr-el-Kalb, der die Nordgrenze des fatimidischen Gebietes bildet. Aber dieser Fluß ist nur eine theoretische Grenze, denn al-Afdal hat nur die Garnison Jerusalems verstärkt und die ägyptischen Besitzungen im Küstengebiet ihrem Schicksal überlassen. Deshalb haben alle Küstenstädte bis auf eine Ausnahme nichts Eiligeres zu tun, als mit dem Eindringling zu paktieren.

Die erste ist Beirut, vier Marschstunden vom Fluß entfernt. Die Bewohner senden dem Feind eine Delegation entgegen und versprechen Gold, Proviant und Führer unter der Bedingung, daß die Ernten der Umgebung verschont bleiben. Die Bewohner versprechen weiterhin, daß sie bereit seien, die Herrschaft der Franken anzuerkennen, falls es diesen gelingt, Jerusalem einzunehmen. Sayda, das antike Sidon, reagiert anders. Seine Garnison versucht mehrere gewagte Ausfälle gegen den Eroberer, der sich rächt, indem er die Pflanzungen verwüstet und die benachbarten Dörfer plündert. Dies ist der einzige Widerstand. Die Häfen Tyr und Akko, obwohl sie leicht zu verteidigen wären, folgen dem Beispiel Beiruts. In Palästina verlassen die meisten Bewohner die Dörfer und Städte noch vor der Ankunft der Franken. Diese stoßen nirgends auf echten Widerstand, und so können die Bewohner von Jerusalem die Franken schon am Morgen des 7. Juni in der Ferne auf dem Hügel bei der Moschee des Propheten Samuel erblicken. Fast kann man schon ihr Kriegsgeschrei hören. Am späten Nachmittag jedenfalls schlagen sie schon vor den Mauern der Stadt ihr Lager auf.

Der General Iftikhar ad-Dawlan, der »Stolz des Staates«, der die ägyptische Garnison befehligt, betrachtet sie vergnügt vom Davidsturm aus. Seit Monaten hat er alle notwendigen Vorkehrungen getroffen, um einer langen Belagerung standzuhalten. Er hat ein Stück Mauer ausbessern lassen, das im letzten Sommer bei dem Sturm al-Afdals gegen die Türken beschädigt worden war. Er hat enorme Vorräte zusammentragen lassen, um jedes Risiko auszuschließen, bis der Wesir kommt, der versprochen hat, noch vor Ende Juli einzutreffen, um die Stadt zu entsetzen. Vorsichtshalber ist er dem Beispiel Yaghi Siyans gefolgt und hat die Christen ausgewiesen, damit sie nicht mit ihren fränkischen Glaubensgenossen kollaborieren können. In den letzten Tagen hat er sogar die Brunnen und Quellen der Umgegend vergiften lassen, damit sie der Feind nicht verwenden kann. In dieser trockenen Gebirgslandschaft, wo nur hier und da ein paar Olivenbäume stehen, wird unter der Junisonne das Leben für die Belagerer kein leichtes sein.

Für Iftikhar läßt sich der Kampf also unter guten Bedingungen an. Mit seinen arabischen Reitern und den sudanesischen Bogenschützen, die hinter den dicken Befestigungsmauern, die sich die Hügel hinaufziehen und dann wieder in die Täler hinablaufen, gut geschützt sind, glaubt er standhalten zu können. Zwar sind die Ritter aus dem Abendland bekannt für ihre Tapferkeit, aber ihr Verhalten vor den Mauern von Jerusalem ist in den Augen eines erprobten Heeresführers etwas verwirrend. Iftikhar hatte geglaubt, daß sie gleich nach ihrer Ankunft mit dem Bau von Eskaladiertürmen und anderen Gerätschaften für die Belagerung und dem Ausheben von Gräben zum Schutz gegen Ausfälle der Garnison beginnen würden. Aber es kam ganz anders. Anstatt sich mit auch nur einem dieser Dinge zu beschäftigen, veranstalten sie als erstes eine Prozession um die Mauern, angeführt von Priestern, die beten und ohrenbetäubend singen, und gehen dann unvermittelt wie wahnsinnig geworden zum Sturm auf die Mauern über, ohne auch nur über eine einzige Leiter zu verfügen. Natürlich hat ihm al-Afdal erklärt, daß diese Franken die Stadt aus religiösen Gründen einnehmen wollen, aber ein derartig blinder Fanatismus erstaunt ihn. Er selbst ist Muslim, aber wenn er hier in Palästina kämpft, so tut er dies für die Interessen Ägyptens und – warum es leugnen – für seine eigene militärische Karriere. Er weiß, daß dies hier keine Stadt wie die anderen ist. Iftikhar hat immer ihren geläufigen Namen benutzt, Iliya, aber die Ulemas, die Rechtsgelehrten, nennen sie al-Quds, Beit-el-Maqdess oder al-Beit al Mouquaddas, den »Ort der Heiligkeit«. Sie sagen, es sei die dritte Heilige Stadt des Islam nach Mekka und Medina, denn hierher hat Allah den Propheten während einer wundersamen Nacht geführt, damit er Moses und Jesus, den Sohn Marias, treffe. Seither ist al-Quds für den Muslim das Symbol der Fortdauer der göttlichen Botschaft. Viele fromme Muslims kommen hierher, um in der al-Aqsa-Moschee zu beten unter der riesigen schillernden Kuppel, die die viereckigen Häuser der Stadt majestätisch überragt.

Auch wenn der Himmel an jeder Straßenecke gegenwärtig ist, steht Iftikhar selbst mit beiden Beinen auf der Erde. Die militärischen Techniken sind überall die gleichen, meint er, ganz gleich um welche Stadt es sich handelt. Diese singenden Prozessionen der Franken ärgern ihn zwar, beunruhigen ihn aber nicht. Erst am Ende der zweiten Belagerungswoche spürt er langsam in sich Unruhe entstehen, denn der Feind macht sich mit Eifer an den Bau von zwei riesigen Holztürmen. Anfang Juli sind sie schon fertig und bereit, Hunderte von Kriegern auf die Mauern zu befördern. Drohend erheben sie sich inmitten des gegnerischen Lagers.

Iftikhars Befehle sind eindeutig: Wenn einer dieser Türme auch nur die geringste Bewegung in Richtung auf die Mauer hin macht, muß er sofort mit einem Hagel von Pfeilen eingedeckt werden. Wenn es dem Turm dennoch gelingt, näher zu kommen, dann ist das griechische Feuer einzusetzen, das ist eine Mischung von Erdöl und Schwefel, die in Krüge gefüllt und angezündet wird. Die brennenden Krüge werden auf die Angreifer geschleudert, wobei die sich ausbreitende Flüssigkeit Brände verursacht, die nur schwer zu löschen sind. Diese fürchterliche Waffe ermöglicht es denn auch den Kriegern Iftikhars, während der zweiten Juliwoche mehrere aufeinanderfolgende Angriffe abzuwehren, obwohl die Angreifer die Türme mit Tierhäuten umspannt haben. Damit sie gegen das Feuer schützten, waren diese Häute frisch abgezogen und in Essig getränkt worden. Während dieser Zeit gehen Gerüchte um, die vom unmittelbaren Eintreffen al-Afdals sprechen. Die Belagerer fürchten, zwischen zwei Fronten zu geraten, und verdoppeln ihre Anstrengungen.

Von den beiden Streittürmen, die die Franken gebaut hatten, befand sich der eine auf der Seite von Zion, im Süden, erzählt Ibn al-Athir, und der andere im Norden. Es gelang den Muslims, den ersten zu verbrennen mit seiner ganzen Besatzung. Kaum hatten sie ihn zerstört, da kam ein Botschafter und rief nach Hilfe, denn die Stadt war von der anderen Seite her überfallen worden. Tatsächlich wurde sie von Norden her eingenommen, eines Freitag morgens, sieben Tage vor dem Ende des Chaaban 492.

An diesem schrecklichen Julitag des Jahres 1099 befindet sich Iftikhar im Davidsturm, einem achteckigen Festungswerk, dessen Grundfesten mit Blei zusammengefügt sind und der den stärksten Punkt der Fe-stungsmauer darstellt. Er weiß, daß er sich hier noch einige Tage halten kann, er weiß aber auch, daß die Schlacht verloren ist. Das Judenviertel ist eingenommen, die Straßen sind mit Leichen übersät, und es wird schon bei der großen Moschee gekämpft. Bald wird er mit seinen Männern umzingelt sein. Dennoch kämpft er weiter. Was sollte er auch sonst tun? Am Nachmittag wird in der Stadt nicht mehr gekämpft. Die weiße Fahne der Fatimiden weht nur noch auf dem Davidsturm.

Plötzlich bricht der Sturm der Franken auf den Davidsturm ab. Ein Bote von Saint-Gilles kommt mit einem Angebot an den ägyptischen General. Er und seine Männer sollen freies Geleit bekommen, wenn sie bereit sind, den Turm zu übergeben. Iftikhar zögert. Schon mehr als einmal haben die Franken ihre Zusage nicht eingehalten, und nichts spricht dafür, daß Saint-Gilles anders zu handeln bereit ist. Andererseits wird er als ein weißhaariger, sechzigjähriger Mann beschrieben, den alle ehrerbietig grüßen, was vermuten läßt, daß er ein Mensch ist, der zu seinem Wort steht. Jedenfalls muß er mit der Garnison verhandeln, denn sein Holzturm ist zerstört, und alle seine Angriffe sind abgeschlagen worden. Außerdem hält er sich seit dem Vormittag immer noch vor der Stadtmauer auf, während die anderen fränkischen Heerführer schon dabei sind, die Stadt zu plündern und sich gegenseitig die Häuser abzujagen. Nachdem er das Für und Wider abgewogen hat, erklärt sich Iftikhar bereit, zu kapitulieren, vorausgesetzt, Saint-Gilles gibt ihm sein Ehrenwort, daß ihm und allen seinen Leuten freies Geleit gewährt wird.

Die Franken hielten ihr Wort und ließen sie in der Nacht zum Hafen Askalon ziehen, wo sie sich niederließen. So berichtet Ibn al-Athir gewissenhaft, fügt dann aber hinzu: Die Bevölkerung der Heiligen Stadt mußte ausnahmslos über die Klinge springen, und die Franken richteten eine Woche lang ein Blutbad unter den Muslims an. In der al-Aqsa-Moschee töteten sie über siebzigtausend Menschen. Ibn al-Qalanissi, der nicht nachprüfbare Zahlenangaben vermeidet, schreibt: Viele Menschen wurden getötet. Die Juden wurden in ihrer Synagoge zusammengetrieben, wo die Franken sie bei lebendigem Leibe verbrannten. Sie zerstörten auch die den Heiligen geweihten Gebäude und das Grab Abrahams – Friede sei mit ihm!

Unter den von den Eroberern zerstörten heiligen Bauwerken befand sich auch die Omar-Moschee, die zum Gedenken an den zweiten Nachfolger des Propheten, den Kalifen Omar Ibn al-Khattab, errichtet worden war. Er hatte Jerusalem im Februar 638 den Rum abgenommen. Die Araber berichten immer wieder von diesem Ereignis, um zu zeigen, wie verschieden ihr Verhalten von dem der Franken war. Omar war auf seinem berühmten weißen Kamel in die Stadt hineingeritten, während der griechische Patriarch der Heiligen Stadt ihm entgegenging. Zuerst versicherte ihm der Kalif, daß Leben und Besitz aller Bewohner verschont würden, dann erst bat er ihn, ihm die heiligen Stätten der Christen zu zeigen. Als sie in der Grabkirche waren, kam die Stunde des Gebetes, und Omar fragte seinen Gastgeber, wo er seinen Gebetsteppich ausbreiten könne, um niederzuknien. Der Patriarch antwortete, das könne er hier in der Kirche tun, aber der Kalif antwortete: »Wenn ich das tue, könnten sich die Muslims morgen diesen Ort aneignen mit der Begründung, daß ich hier gebetet habe.« Er nahm seinen Teppich und kniete außerhalb der Kirche nieder. Er hatte sich nicht getäuscht: Genau an dieser Stelle wurde die Moschee errichtet, die seinen Namen trägt. Die Franken haben leider nicht diese edle Gesinnung. Sie feiern ihren Sieg mit einem unbeschreiblichen Gemetzel und zerstören erbarmungslos die Stadt, die sie angeblich verehren, und verschonen auch nicht ihre Glaubensgenossen.

Eine der ersten Maßnahmen der Franken ist, aus der Grabkirche alle Priester der orientalischen Riten auszuweisen – Griechen, Georgier, Armenier, Kopten und Syrier –, die hier alle ihre Gottesdienste abhielten, eingedenk einer alten Tradition, die bisher alle Eroberer bewahrt hatten. Über soviel Fanatismus entsetzt, beschlossen die Würdenträger der orientalischen christlichen Riten, sich zu widersetzen. Sie weigerten sich, den Eroberern den Ort zu nennen, an dem sie das echte Kreuz versteckt halten, an dem Christus gestorben war. Bei diesen Männern kommt zur religiösen Verehrung der Reliquie noch der patriotische Stolz hinzu. Sind sie denn nicht Landsleute des Nazareners? Aber die Franken lassen sich nicht beeindrucken. Sie verhaften die Priester, die das Kreuz bewachen, und foltern sie bis zur Preisgabe ihres Geheimnisses. So nehmen sie den Christen der Heiligen Stadt mit Gewalt ihre kostbarste Reliquie weg.

Während die Eroberer damit beschäftigt sind, die letzten Überlebenden in ihren Verstecken aufzuspüren und zu töten und sich alle Reichtümer Jerusalems anzueignen, zieht das Heer, das al-Afdal zusammengestellt hat, langsam durch die Sinai-Halbinsel. Erst zwanzig Tage nach der Tragödie erreicht es Palästina. Der Wesir, der das Heer selbst führt, zögert, direkt auf die Heilige Stadt zu zu marschieren. Obwohl er fast dreißigtausend Mann hat, glaubt er sich nicht in einer Machtposition, da er keine Gerätschaften für eine Belagerung besitzt, und die Entschlossenheit der fränkischen Ritter macht ihm Angst. Er beschließt also, mit seinen Truppen bei Askalon zu bleiben und Abgesandte nach Jerusalem zu schicken, um die Absichten des Feindes zu erkunden. In der besetzten Stadt werden die ägyptischen Abgesandten vor einen Ritter geführt, groß, mit langen Haaren und blondem Bart, den man ihnen als Gottfried von Bouillon vorstellt, den neuen Herrn von Jerusalem. Sie tragen ihm die Botschaft des Wesirs vor, in der die Franken beschuldigt werden, sein Vertrauen mißbraucht zu haben. Für den Fall, daß sie sich bereit erklären, Palästina zu verlassen, schlägt er ihnen ein Übereinkommen vor. Anstelle einer Antwort sammeln die Franken ihre Truppen und machen sich unverzüglich auf den Weg nach Askalon.

Sie kommen so schnell vorwärts, daß sie schon beim Lager der Muslims angekommen sind, bevor noch die Späher ihr Kommen melden können. Schon beim ersten Aufeinandertreffen gibt das ägyptische Heer nach und zieht sich zum Hafen von Askalon zurück. Ibn al-Qalanissi berichtet, daß al-Afdal sich auch dorthin zurückzog. Die Schwerter der Franken wüteten unter den Muslims, man verschonte weder das Fußvolk noch die Freiwilligen noch die Bewohner der Stadt. An die zehntausend Menschen kamen ums Leben, und das Lager wurde geplündert.

Die Gruppe der Geflüchteten unter der Führung von Abu-Saad al-Harawi kam wahrscheinlich einige Tage nach der Niederlage der Ägypter in Bagdad an. Der Kadi von Damaskus weiß noch nicht, daß die Franken einen neuen Sieg errungen haben, aber er weiß schon, daß sie die Herren von Jerusalem, Edessa und Antiochien sind, daß sie Kilij Arslan und Danishmend geschlagen, ganz Syrien von Norden nach Süden durchquert haben und dabei nach Belieben morden und plündern konnten, ohne daß sie jemand auch nur gestört hätte. Er fühlt, daß sein Volk und sein Glaube verhöhnt und erniedrigt worden sind, und möchte laut schreien, damit die Muslims endlich aufwachen. Er will seine Brüder aufrütteln, sie herausfordern, er will, daß sie sich empören.

Am Freitag, dem 19. August 1099, nimmt er seine Begleiter mit zur großen Moschee von Bagdad, und als die Gläubigen von allen Seiten zum Mittagsgebet herbeiströmen, beginnt er, für alle sichtbar zu essen, obwohl man im Fastenmonat Ramadan ist. Sogleich ist er von einer wütenden Menge umgeben, und Soldaten wollen ihn festnehmen. Abu-Saad aber steht auf und fragt die ihn umgebende Menge, wieso sie sich über ein gebrochenes Fasten derart aufregen können, wo sie doch der Tod von Tausenden von Muslims und die Zerstörung der heiligen Stätten des Islam völlig kalt lassen. Nachdem er damit die Menge zum Schweigen gebracht hat, beschreibt er in allen Einzelheiten das Unglück, das über Syrien hereingebrochen ist, und besonders, was sich in Jerusalem ereignet hat. *Die Geflohenen haben geweint, und sie haben die anderen zum Weinen gebracht,* sagt Ibn al-Athir dazu.

Al-Harawi trägt den Skandal von der Straße in die Paläste. »Ich sehe, wie schwach die Säulen des Glaubens sind!« ruft er im Diwan des Fürsten al-Moustazhir-billah, eines jungen Kalifen von zweiundzwanzig Jahren mit hellem Teint, kurzem Bart und rundlichem Gesicht – ein jovialer, gutmütiger Herrscher, dessen Zornausbrüche von kurzer Dauer sind und dessen Drohungen selten in die Tat umgesetzt werden. Zu einer Zeit, da die Grausamkeit die

Haupteigenschaft der Herrschenden ist, kann sich dieser junge Kalif rühmen, niemals jemandem unrecht getan zu haben. Ibn al-Athir schreibt über ihn: *Er empfand echte Freude, wenn man ihm sagte, daß das Volk glücklich ist.* Al-Moustazhir ist empfindsam, feinsinnig, sehr umgänglich und ein Liebhaber der Künste. Die Architektur begeistert ihn, und so hat er selbst den Bau der Einfriedungsmauer um seine Residenz, den Harem, geleitet, der im Osten von Bagdad liegt. In seinen Mußestunden, die zahlreich sind, schreibt er Liebesgedichte:

Als ich meine Hand ausstreckte,
um meiner Liebsten Lebewohl zu sagen,
ließ die Glut meiner Flamme das Eis schmelzen.

Zum Unglück für seine Untertanen hat dieser *ehrenhafte Mann, dem jegliche Tyrannei verhaßt ist,* wie ihn Ibn al-Qalanissi beschreibt, keinerlei Macht, obwohl er ständig von einem ausgeklügelten Verehrungszeremonial umgeben ist und die Geschichtsschreiber seinen Namen mit Ehrerbietung nennen. Die aus Jerusalem Geflohenen scheinen zu vergessen, daß seine Autorität an den Mauern seines Palastes aufhört und daß die Politik ihn sowieso langweilt.

Dennoch hat er eine ruhmreiche Geschichte hinter sich. Die Kalifen, seine Vorgänger, waren nach dem Tod des Propheten zwei Jahrhunderte lang (632–833) die geistlichen und weltlichen Herren eines Riesenreiches, das sich auf seinem Höhepunkt vom Indus bis zu den Pyrenäen erstreckte und sogar einen Vorstoß bis in die Täler der Rhone und der Loire gemacht hatte. Die Dynastie der Abbasiden, zu der al-Moustazhir gehört, hat aus Bagdad die Märchenstadt aus Tausendundeiner Nacht gemacht. Zu Beginn des neunten Jahrhunderts, als sein Vorfahr Harun al-Raschid regierte, war das Kalifat der reichste und mächtigste Staat der Erde und seine Hauptstadt das Zentrum der am weitesten entwickelten Zivilisation. Es gab dort tausend approbierte Ärzte, ein großes kostenloses Krankenhaus, einen regelmäßigen Postdienst, mehrere Banken, von denen einige Niederlassungen in China hatten, eine hervorragende Kanalisation für Trink- und Abwasser sowie eine Papierfabrik. Die Krieger des Abendlandes, die nur Pergament kannten, lernten in Syrien, wie man Papier aus Stroh macht.

Doch in diesem blutigen Sommer 1099, als al-Harawi die Kunde vom Fall Jerusalems in den Diwan al-Moustazhirs bringt, ist dieses goldene Zeitalter längst verflossen. Harun ist 809 gestorben, und schon 25 Jahre später hatten seine Nachfolger jegliche reale Macht verloren, Bagdad war zur Hälfte zerstört und das Reich auseinandergefallen. Es bleibt nur dieser Mythos von einer Zeit der Einheit, der Größe und des Wohlstandes, der für immer ein arabischer Traum bleiben wird. Vier Jahrhunderte lang sind die Abbasiden noch Herrscher, aber sie regieren nicht mehr. Sie sind nur noch Geiseln in den Händen ihrer türkischen oder persischen Krieger, die sie nach Belieben einsetzen und absetzen, wobei der Mord das gebräuchlichste Mittel ist. Die meisten der Kalifen enthalten sich jeglicher politischer Tätigkeit, eben um einem solchen Schicksal zu entgehen. In ihrem Harem eingeschlossen, widmen sie sich nur noch den Freuden des Lebens, sind Poeten oder Musiker und sammeln schöne, in Wohlgerüche eingehüllte Sklavinnen.

Der Herrscher der Gläubigen, der lange Zeit die Inkarnation des Ruhmes der Araber war, ist zum lebenden Symbol ihrer Dekadenz geworden. Al-Moustazhir, von dem die aus Jerusalem Geflohenen ein Wunder erwarten, ist der typische Vertreter dieser Gattung von Müßiggängern. Selbst wenn er es wollte, wäre er nicht in der Lage, der Heiligen Stadt zu Hilfe zu eilen, denn er verfügt über keine Krieger außer einer Leibwache von einigen hundert schwarzen und weißen Eunuchen. Dabei fehlt es in Bagdad nicht an Kriegern. Zu Tausenden lungern sie, oft betrunken, in der Stadt herum. Um sich gegen ihre Übergriffe zu schützen, haben die Bewohner es sich zur Gewohnheit gemacht, alle Stadtviertel nachts mit schweren Holz- oder Eisenschranken abzusperren.

Diese Marodeure, eine uniformierte Stadtplage, haben die Souks durch ihre systematischen Plünderungen verelenden lassen. Sie gehorchen den Befehlen al-Moustazhirs nicht. Ihr Anführer spricht so gut wie kein Arabisch, denn wie alle Städte des islamischen Asien wird Bagdad seit mehr als vierzig Jahren von den seldschukischen Türken beherrscht, und der starke Mann der Abbasiden-Hauptstadt, der junge Sultan Barkyaruq, ein Vetter von Kilij Arslan, ist theoretisch der Herr aller Fürsten des Gebietes. In Wirklichkeit ist jedoch jede Provinz des Seldschukenreiches so gut wie unabhängig, und die Mitglieder der Herrscherfamilie sind vollauf mit ihren dynastischen Querelen beschäftigt.

Als al-Harawi im September 1099 die Hauptstadt der Abbasiden verließ, war es ihm nicht gelungen, Barkyaruq zu treffen, denn dieser führte im Norden Persiens Krieg gegen seinen eigenen Bruder Mohammed. Der Krieg ging übrigens zugunsten des letzteren aus, denn schon im Oktober konnte er Bagdad einnehmen.

Damit war jedoch diese Auseinandersetzung nicht beendet, sie sollte sogar vor den staunenden Augen der Araber, die gar nicht mehr zu verstehen versuchten, einen geradezu grotesken Fortgang nehmen. Aber sehen wir selbst! Im Januar 1100 verließ Mohammed überstürzt Bagdad, und Barkyaruq zog als Sieger ein. Jedoch nicht für lange, denn im Frühjahr verlor er die Stadt erneut, um sie dann ein Jahr später mit Gewalt wieder zu nehmen und seinen Bruder zu vernichten. In der Abbasiden-Moschee begann man schon bei der Freitagspredigt seinen Namen zu nennen, aber im September kehrte sich die Lage erneut um. Besiegt von zwei seiner Brüder, die ein Bündnis geschlossen hatten, schien Barkyaruq endgültig außer Gefecht gesetzt. Aber da kannte man ihn schlecht. Trotz seiner Niederlage kam er unverhofft nach Bagdad zurück und brachte es für einige Tage in seinen Besitz, bevor er im Oktober erneut vertrieben wurde. Aber auch dieses Mal war er nur kurz abwesend, denn schon im Dezember bekam er durch eine Abmachung die Stadt zurück. Diese hatte in dreißig Monaten achtmal den Besitzer gewechselt, hatte also praktisch alle hundert Tage einen neuen Herrscher gehabt! Und all dies, während die Franken ihre Stellung in den eroberten Gebieten befestigten.

Wie Ibn al-Athir so schön sagt: *Die Sultane vertrugen sich nicht, und deshalb konnten sich die Franken des Landes bemächtigen.*

Zweiter Teil

Die Besatzungszeit 1100–1128

Jedesmal wenn die Franken
eine Festung genommen haben,
greifen sie schon die nächste an.
Ihre Macht wird immer weiter wachsen,
bis sie ganz Syrien besetzt und die Muslims
aus diesem Land vertrieben haben.

Fakhr-el-Moulk Ibn Ammar
Herrscher von Tripoli

4
Die zweitausend Tage von Tripoli

Nach so vielen aufeinanderfolgenden Niederlagen, so vielen Enttäuschungen wecken die drei unerwarteten Botschaften, die Damaskus im Sommer des Jahre 1100 erreichen, große Hoffnungen. Und dies nicht nur bei den Glaubenskämpfern, die um den Kadi al-Harawi sind. Auch die Händler in den Souks, unter den Arkaden der Geraden Straße, die im Schatten der üppigen Kletterreben Rohseide, Goldbrokat, Damastwäsche und tauschierte Möbel verkaufen, rufen einander über die Köpfe der Käufer hinweg zu mit einer Fröhlichkeit, die an die großen Zeiten erinnert.

Anfang Juli geht ein erstes Gerücht um, das sich bald als wahr herausstellt. Der alte Saint-Gilles, der nie ein Hehl daraus gemacht hat, daß er es auf Tripoli, Homs und Zentralsyrien abgesehen hat, ist plötzlich per Schiff nach Konstantinopel gefahren nach einer Auseinandersetzung mit den anderen fränkischen Heerführern. Es heißt, er komme nicht wieder.

Ende Juli kommt eine andere Nachricht, die weit bedeutsamer ist und sich in Minutenschnelle von Moschee zu Moschee und von Gasse zu Gasse herumspricht. Ibn al-Qalanissi berichtet: *Während der Belagerung von Akko wurde Gottfried von Bouillon, der Herr Jerusalems, durch einen Pfeil getötet.* Es ist auch die Rede von vergifteten Früchten, die ihm ein palästinensischer Würdenträger gereicht haben soll. Andere wiederum glauben an einen natürlichen Tod durch eine Epidemie. Aber der Bevölkerung gefällt die Version am besten, nach der er von einem Pfeil der Verteidiger von Akko getroffen starb. Ist ein solcher Sieg ein Jahr nach dem Fall Jerusalems nicht ein Zeichen dafür, daß sich der Wind langsam zu drehen beginnt?

Dieser Eindruck scheint sich einige Tage später zu bestätigen, als man erfährt, daß Bohemund, der gefürchtetste der Franken, in Gefangenschaft geraten ist. Danishmend, der Weise, hat ihn überwältigt. Wie schon drei Jahre zuvor bei der Schlacht um Nicäa hatte der türkische Heerführer die armenische Stadt Malatya umzingelt. *Als er dies erfuhr,* berichtet Ibn al-Qalanissi, *versammelte Bohemund,*

König der Franken und Herrscher von Antiochia, seine Krieger und marschierte gegen das muslimische Heer. Das ist ein kühnes Unterfangen, denn um zu der belagerten Stadt zu gelangen, muß Bohemund eine Woche lang durch eine gebirgige Gegend reiten, die fest in türkischer Hand ist. Als Danishmend davon erfährt, bereitet er einen Hinterhalt vor. Bohemund und seine fünfhundert Reiter werden in einem Engpaß, in dem sie sich nicht entfalten können, von einem Hagel von Pfeilen empfangen. *Gott gab den Muslims den Sieg,* schreibt al-Qualanissi, *und sie töteten eine große Anzahl Franken. Bohemund und einige seiner Leute wurden gefangen.* Mit Ketten gefesselt, werden sie nach Niksar im Norden Anatoliens gebracht.

Die Beseitigung von Saint-Gilles, Gottfried und Bohemund, den drei Hauptanführern der Frankeninvasion, erscheint allen wie ein Zeichen des Himmels. Alle, die durch die augenscheinliche Unbesiegbarkeit der Franken zugrunde gerichtet waren, schöpften neuen Mut. Ist dies nicht der Augenblick, um dem Eroberer einen entscheidenden Schlag zu versetzen? Ein Mann wünscht dies jedenfalls sehnlichst: Doukak.

Nicht daß der junge König von Damaskus etwa ein eifriger Verteidiger des Islam gewesen wäre! Hat er bei der Schlacht um Antiochia nicht deutlich bewiesen, daß er durchaus bereit war, die Seinen zu verraten, wenn es um seine territorialen Ambitionen ging? Der Seldschuke hat übrigens erst im Frühjahr 1100 plötzlich die Notwendigkeit eines Heiligen Krieges gegen die Ungläubigen entdeckt. Als einer seiner Gefolgsleute, ein Beduinenführer vom Golan-Plateau, sich über die wiederholten Einfälle der Franken aus Jersusalem beklagte, die seine Ernten plünderten und seine Herden stahlen, beschloß Doukak, sie einzuschüchtern. An einem Tag im Mai, als Gottfried und Tankred, ein Neffe Bohemunds, mit ihren Mannen von einem besonders einträglichen Raubzug zurückkamen, griff sie das Heer von Damaskus an. Die Franken waren nicht in der Lage zu kämpfen, da sie ihre Beute behinderte, und so beschlossen sie zu fliehen unter Zurücklassung mehrerer Toten. Tankred selbst kam dabei gerade noch davon.

Um sich zu rächen, veranstaltet er einen Vergeltungseinsatz in der unmittelbaren Umgebung der syrischen Stadt. Obstgärten wurden verwüstet, Dörfer geplündert und niedergebrannt. Doukak hatte einen so schnellen und umfangreichen Gegenschlag nicht erwartet und wagte nicht einzugreifen. Er bereute sein Eingreifen auf dem Golan-Plateau schon, und in seiner üblichen Wetterwendischkeit ging er sogar so weit, daß er Tankred eine beträchtliche Summe vorschlug, wenn er bereit wäre abzuziehen. Dieses Angebot verstärkte natürlich nur die Entschlossenheit des Franken. Er mußte logischerweise annehmen, daß der König am Ende war, und schickte ihm eine Abordnung von sechs Mann mit der Aufforderung, sich zum Christentum zu bekehren oder ihm Damaskus auszuliefern. Nicht mehr und nicht weniger. Der über soviel Arroganz empörte Seldschuke ließ die Abgesandten festnehmen und verlangte nun von ihnen, sich zum Islam zu bekehren. Einer von ihnen erklärte sich bereit, die fünf anderen verloren auf der Stelle ihren Kopf.

Sobald die Nachricht bekannt war, eilte Gottfried Tankred zu Hilfe, und zehn Tage lang verwüsteten sie mit allen ihnen zur Verfügung stehenden Kriegern systematisch die Umgebung von Damaskus. Die reiche Ebene von Ghouta, die Damaskus umgibt *wie der Hof den Mond*, wie es Ibn Jobair ausdrückt, bot einen erbarmungswürdigen Anblick. Doukak rührte sich nicht, er hatte sich in seinen Palast von Damaskus eingeschlossen und wartete darauf, daß der Sturm vorüberging. Und dieses um so mehr, als sein Gefolgsmann von den Golan-Höhen ihn nicht mehr als seinen Herrn anerkannte und seinen jährlichen Tribut fortan an die Herren von Jerusalem zahlen würde. Aber noch schlimmer war, daß die Bevölkerung der Stadt anfing, sich darüber zu beklagen, daß die Herren der Stadt unfähig seien, sie zu beschützen, und murrte gegen die türkischen Soldaten, die wie die Pfauen in den Souks herumstolzierten, jedoch wie von der Erde verschluckt waren, sobald der Feind vor den Toren der Stadt erschien. Doukak hatte nur noch eine fixe Idee: Er wollte sich rächen, und zwar so schnell wie möglich, und sei es nur, um sich in den Augen seiner eigenen Untergebenen zu rehabilitieren.

Man kann sich gut vorstellen, daß unter diesen Umständen Gottfrieds Tod eine freudige Nachricht für den Seldschuken war, die ihn drei Monate zuvor noch ziemlich kalt gelassen hätte. Die einige Tage später erfolgte Gefangennahme Bohemunds ermutigte ihn dann zu einem spektakulären Unterfangen, wofür sich die Gelegenheit im Oktober bot. Ibn Qalanissi berichtet folgendes:

Als Gottfried tot war, machte sich Balduin, sein Bruder, Graf von Edessa, mit fünfhundert Reitern und Fußvolk auf den Weg nach Jerusalem. Als Doukak dies hörte, sammelte er seine Truppen und marschierte gegen ihn. Er traf bei dem Küstenort Beirut auf ihn.

Balduin wollte sichtlich die Nachfolge Gottfrieds übernehmen. Er ist ein Ritter, der für seine Brutalität und seine Skrupellosigkeit bekannt ist, was der Mord an seinen »Adoptiveltern« in Edessa gezeigt hat. Aber er ist auch ein mutiger und listenreicher Krieger, dessen Anwesenheit in Jerusalem eine ständige Gefahr für Damaskus und das gesamte muslimische Syrien darstellen würde. Ihn in diesem kritischen Augenblick zu töten, hieße das Invasionsheer seines Kopfes berauben und die Anwesenheit der Franken im Orient in Frage stellen. Der Zeitpunkt war gut gewählt und der Ort für den Angriff nicht weniger gut.

Balduin kommt von Norden, die Mittelmeerküste entlang, und muß Beirut um den 24. Oktober erreichen; vorher muß er den Nahr-el-Kalb, die alte fatimidische Grenze, überschreiten. In der Nähe der Flußmündung wird die Straße enger und ist von schroffen Felsen und steil abfallenden Hängen umgeben – der ideale Ort für eine Falle. Hier genau will Doukak die Franken erwarten, seine Krieger können sich in Höhlen oder kleinen Waldstücken verstecken. Seine Späher unterrichten ihn laufend über den Vormarsch des Feindes.

Seit dem frühesten Altertum ist der Nahr-el-Kalb der Alptraum aller Eroberer. Wenn einem das Überschreiten gelingt, ist er so stolz darauf, daß er die Kunde von seiner Heldentat auf den Felsenhängen verewigt. Zur Zeit von Doukak kann man schon mehrere dieser Inschriften bewundern, von den Hieroglyphen Ramses' II. und der Keilschrift des Babyloniers Nebukadnezar bis hin zu den lateinischen Lobreden, die der römische Kaiser syrischer Herkunft, Septimus Severus, an seine tapferen gallischen Legionäre richtet. Aber was bedeutet diese Handvoll Sieger neben den vielen Kriegern, deren Träume an diesen steilen Klippen, ohne eine Spur zu hinterlassen, zerschellt sind! Für den König von Damaskus ist es keine Frage, daß der »verfluchte Balduin« bald zu diesem Heer der Besiegten gehören wird. Und Doukak hat wirklich allen Grund, optimistisch zu sein. Er hat sechs- bis siebenmal so viele Krieger wie Balduin, und er hat den Überraschungseffekt auf seiner Seite. Er wird nicht nur die Beleidigung, die ihm widerfahren ist, wieder gutmachen, er wird auch seine Vorrangstellung unter den syrischen Fürsten wieder einnehmen und erneut eine Autorität ausüben, die durch das Erscheinen der Franken untergraben worden ist.

Wenn es einen Mann gibt, der genau weiß, worum es bei dieser Schlacht geht, dann ist es der Kadi Fakhr el-Moulk, der ein Jahr zuvor seinem Bruder Jalal el-Moulk als Herrscher von Tripoli gefolgt ist. Da der Herr von Damaskus vor dem Einfall der Franken schon ein Auge auf seine Stadt geworfen hatte, hat er allen Grund, die Niederlage Balduins zu fürchten, denn in diesem Fall würde Doukak sich als großen Kämpfer für den Islam hinstellen und als Befreier Syriens, dessen Herrschaft man anerkennen und dessen Willkürakte man ertragen müßte.

Um dies zu verhindern, kennt Fakhr el-Moulk keine Skrupel. Als er erfährt, daß Balduin sich auf seinem Marsch über Beirut nach Jerusalem Tripoli nähert, schickt er ihm Wein, Honig, Brot, Fleisch sowie reiche Geschenke aus Gold und Silber und sogar einen Boten, der darauf dringt, ihn alleine zu sprechen. Er unterrichtet ihn über den Hinterhalt, den ihm Doukak gelegt hat, und liefert ihm viele Einzelheiten über das Damaszenerheer, dabei gibt er ihm auch Ratschläge bezüglich der am besten anzuwendenden Taktik. Balduin dankt dem Kadi für seine ebenso wertvolle wie unerwartete Zusammenarbeit und macht sich auf den Weg zum Nahr-el-Kalb.

Nichtsahnend trifft Doukak alle Vorbereitungen, um die Franken zu überfallen, sobald sie den schmalen Küstenstreifen erreicht haben, den seine Bogenschützen im Visier haben. Die Franken tauchen auch in der Nähe des Ortes Juniyah auf und schreiten sichtlich unbekümmert vorwärts. Nur noch wenige Schritte, und sie sind in der Falle. Plötzlich jedoch halten sie an und gehen dann langsam zurück. Sonst geschieht nichts. Nur Doukak ist völlig ratlos, als er sieht, daß der Feind nicht in seine Falle gegangen ist. Auf das Drängen seiner Emire hin befiehlt er seinen Bogenschützen schließlich doch, einige Salven auf den Feind abzugeben, wagt aber nicht, seine Reiterei angreifen zu lassen. Nach Einbruch der Dunkelheit hat die Stimmung im muslimischen Heer ihren Tiefpunkt erreicht; Araber und Türken beschuldigen sich gegenseitig der Feigheit; es kommt zu Handgreiflichkeiten. Am nächsten Morgen nach einem kurzen Waffengang zieht sich das Damaszenerheer zum Libanongebirge zurück, während die Franken unangefochten ihren Weg nach Palästina fortsetzen.

So hat also der Kadi von Tripoli Balduin gerettet, weil er glaubte, daß die Hauptgefahr für seine Stadt von Seiten Doukaks drohe, der seinerseits zwei Jahre zuvor Karbuka gegenüber ebenso gehandelt hatte. Beiden erschien im entscheidenden Augenblick die Anwesenheit der Franken als das kleinere Übel. Dieses Übel aber sollte sehr schnell wachsen. Drei Wochen nach dem gescheiterten Hinterhalt am Nahr-el-Kalb proklamiert sich Balduin zum König von Jerusalem. Seine Eroberungen gehen weiter, und gleichzeitig baut er die Verwaltung aus, um die bisher erreichten Erfolge der Invasion zu festigen. Ibn al-Athir, der fast hundert Jahre später zu erklären versuchte, was die Franken veranlaßt hatte, in den Orient vorzudringen, sah König Balduin, »al-Bardawil«, den er irgendwie als Oberhaupt des Abendlandes betrachtete, als Initiator. Damit hatte er auch nicht ganz unrecht, denn wenn dieser Ritter auch nur einer von vielen Verantwortlichen für die Invasion war, so war er doch, wie Ibn al-Athir schrieb, der wichtigste Organisator der Besatzung. Gegenüber der heillosen Zerstückelung der arabischen Welt erschienen die fränkischen Staatsgründungen von Anfang an durch ihre klare Abgrenzung, ihre militärische Stärke und ihre verhältnismäßig feste Solidarität wie eine echte Regionalmacht.

Immerhin verfügten die Muslims jedoch über einen großen Vorteil, denn ihre Feinde waren zahlenmäßig weit unterlegen. Gleich nach der Eroberung von Jerusalem waren die meisten Franken in ihre Heimat zurückgekehrt, und bei seiner Thronbesteigung konnte Balduin nur über einige hundert Ritter verfügen. Diese scheinbare Schwäche dauerte jedoch nicht lange, denn im Frühjahr 1101 schon erfuhr man, daß sich neue Frankenheere in Konstantinopel gesammelt hatten, und sie waren bedeutend stärker als alle, die man bislang erlebt hatte.

Am meisten beunruhigt waren natürlich Kilij Arslan und Danishmend, die sich nur allzugut an den ersten Durchzug der Franken durch Kleinasien erinnerten. Sie beschlossen sofort, ihre Heere zu vereinigen, um zu versuchen, der neuen Invasion den Weg zu versperren. Die Türken wagten sich nicht mehr in die Gegend von Nicäa oder Dorylaion, die mittlerweile fest in den Händen der

Rum waren. Sie zogen es vor, ihren Hinterhalt weiter im Südosten von Anatolien aufzubauen. Kilij Arslan, älter und erfahrener geworden, ließ entlang der ersten Einfallsroute alle Wasserstellen vergiften.

Im Mai 1101 erfährt der Sultan, daß an die hunderttausend Mann den Bosporus überquert haben unter der Führung von Saint-Gilles, der seit einem Jahr in Byzanz weilt. Er läßt jeden ihrer Schritte beobachten, um den geeigneten Augenblick für einen Überraschungsangriff zu bestimmen. Das erste Ziel soll Nicäa sein, aber seltsamerweise können die Späher, die bei der ehemaligen Hauptstadt des Sultans postiert sind, niemanden entdecken, und auch am Marmarameer und in Konstantinopel ist nichts von ihnen bekannt. Erst Ende Juni erhält er Kunde von ihnen, als sie plötzlich vor den Mauern von Ankara stehen, einer Stadt im Herzen Anatoliens, die ihm gehört, mitten im türkischen Gebiet. Auf diesen Angriff ist er nicht gefaßt. Noch bevor er dort anlangt, haben die Franken die Stadt schon eingenommen, und Kilij Arslan glaubt sich vier Jahre zurückversetzt, in die Zeit des Falls von Nicäa. Aber zum Jammern ist keine Zeit, denn die Franken bedrohen nun das Herz des Landes. So beschließt er, sie in einen Hinterhalt zu locken, gleich nachdem sie Ankara nach Süden verlassen haben. Aber auch dies erweist sich als ein Fehler, denn die Franken kehren Syrien den Rücken und wenden sich nach Nordosten. Sie marschieren in Richtung auf Niksar, wo Danishmend Bohemund festhält. Darum geht es also: Die Franken wollen den Herrscher von Antiochia befreien!

Jetzt erst begreifen der Sultan und sein Verbündeter den seltsamen Marschweg der Eindringlinge, wenn sie ihn auch nur schwer verstehen können. Immerhin sind sie jetzt in der Lage, den Ort für den Hinterhalt zu bestimmen. Sie wählen das Dorf Merzifun, das die Franken in den ersten Augusttagen erreichen. Das Heer ist wenig beeindruckend. Mühsam schleppen sich einige hundert Ritter unter der sengenden Augustsonne in ihren schweren, glühendheißen Rüstungen dahin, gefolgt von einer bunt zusammengewürfelten Menge, die aus mehr Frauen und Kindern als Kriegern besteht. Sobald die erste Welle türkischer Reiter heranbraust, weichen die Franken zurück. Es folgt keine Schlacht, sondern ein Abschlachten, das einen Tag lang fortdauert. Bei Einbruch der Dunkelheit ergreift Saint-Gilles mit seinen Gefolgsleuten die Flucht, ohne den Rest des Heeres auch nur zu benachrichtigen. Am nächsten Tag werden die letzten Überlebenden erledigt. Tausende von jungen Frauen werden gefangengenommen und wandern in die Harems Asiens.

Kaum ist das Massaker von Merzifun beendet, da erscheinen schon Boten vor Kilij Arslan und berichten, daß ein weiteres fränkisches Heer sich schon auf dem Marsch durch Kleinasien befindet. Dieses Mal ist der Weg völlig klar. Die Kreuzfahrer ziehen nach Süden, und erst nach mehreren Tagen merken sie, daß sie in eine Falle laufen. Als der Sultan Ende August von Nordosten mit seinen Reitern ankommt, sind die vom Durst gequälten Franken schon völlig ermattet und werden widerstandslos dezimiert.

Es geht jedoch weiter. Dem zweiten Heer folgt ein drittes auf dem gleichen Weg und zeitlich im gleichen Abstand. Ritter, Fußvolk, Frauen und Kinder kommen fast völlig verdurstet bei der Stadt Herakleia an, und als sie Wasser glitzern sehen, stürzen sie in wilder Unordnung zu dem Bach. Aber genau dort erwartet sie Kilij Arslan...

Von diesem dreifachen Aderlaß sollen sich die Franken nie wieder ganz erholen. Bei ihrem Expansionswillen, der sie in diesen entscheidenden Jahren beseelte, hätte es ihnen die Unterstützung einer so großen Anzahl von Neuankömmlingen – Krieger oder nicht – zweifellos ermöglicht, den gesamten arabischen Orient zu kolonisieren, noch bevor dieser Zeit gehabt hätte, zu reagieren. Und doch ist es gerade dieser Mangel an Menschen, der das dauerhafteste und sichtbarste Werk der Franken auf arabischem Boden zur Folge haben sollte: den Bau von Festungsburgen. Um die geringe Anzahl ihrer Krieger auszugleichen, waren die Franken gezwungen, diese Burgen zu bauen, die so gut befestigt waren, daß eine Handvoll Verteidiger einer Überzahl von Angreifern standhalten konnte. Aber um den zahlenmäßigen Nachteil auszugleichen, verfügten die Franken noch über lange Jahre hin über einen Bundesgenossen, der noch bedeutend stärker war als die Festungen: die Apathie der arabischen Welt. Nichts kann dies besser verdeutlichen als Ibn al-Athirs Beschreibung von der ungewöhnlichen Schlacht, die Anfang April 1102 vor Tripoli stattfand:

Saint-Gilles, möge Gott ihn verfluchen, kam, nachdem ihn Kilij Arslan besiegt hatte, nach Syrien zurück. Er hatte nur noch dreihundert

Mann. Da sandte Fakhr el-Moulk, der Herrscher von Tripoli, einen Boten zu Doukak und zum Statthalter von Homs und ließ ihnen ausrichten: »Jetzt oder nie ist der Augenblick, um Saint-Gilles unschädlich zu machen, da er nur so wenige Krieger besitzt!« Doukak schickte zweitausend Mann, und der Statthalter von Homs kam selbst. Vor den Toren der Stadt trafen sie mit dem Heer von Tripoli zusammen und forderten Saint-Gilles zum Kampf heraus. Dieser schickte hundert seiner Krieger gegen die Soldaten von Tripoli, hundert gegen die Damaszener, fünfzig gegen die Krieger von Homs, und fünfzig behielt er bei sich. Beim bloßen Anblick des Feindes ergriffen die Leute von Homs die Flucht, und die Damaszener folgten ihnen bald nach. Einzig die Krieger von Tripoli nahmen den Kampf auf, worauf Saint-Gilles seine zweihundert übrigen Krieger auch noch gegen sie einsetzte, sie besiegte und siebentausend tötete.

Dreihundert Franken besiegen mehrere tausend Muslims? Allem Anschein nach entspricht der Bericht des arabischen Geschichtsschreibers den Tatsachen. Die wahrscheinlichste Erklärung dürfte sein, daß Doukak dem Kadi von Tripoli heimzahlen wollte, was er ihm am Nahr el-Kalb angetan hatte. Der Verrat Fakhr el-Moulks hatte die Vernichtung des Gründers des Königreiches Jerusalem verhindert. Die Rache des Königs von Damaskus wird die Schaffung eines vierten Frankenstaates zur Folge haben: die Grafschaft Tripoli.

Sechs Wochen nach dieser demütigenden Niederlage erfolgt eine weitere Demonstration der Nachlässigkeit der damaligen Herrscher, die, obwohl zahlenmäßig überlegen, unfähig sind, als Sieger ihre Position auszunützen.

Das Folgende spielt sich im Mai 1102 ab. Ein ägyptisches Heer von ungefähr zwanzigtausend Mann unter dem Befehl von Charaf, dem Sohn des Wesirs al-Afdal, ist in Palästina angekommen und hat die Truppen von Balduin bei Ramleh in der Nähe des Hafens von Jaffa überrascht. Der König selbst kann der Gefangennahme nur dadurch entgehen, daß er sich im Schilf platt auf den Bauch legt. Die meisten seiner Ritter werden getötet oder geraten in Gefangenschaft. An diesem Tag ist die ägyptische Armee durchaus in der Lage, sich Jerusalems zu bemächtigen, denn wie Ibn al-Athir sagte:

Die Stadt ist ohne Verteidiger und der König auf der Flucht. Einige von Charafs Männern sagten zu ihm: »Vorwärts! Nehmen wir die Heilige Stadt ein!« Andere meinten: »Nehmen wir lieber Jaffa!« Charaf konnte sich jedoch nicht entscheiden, und während er zögerte, erhielten die Franken Verstärkung übers Meer, und Charaf mußte sich nach Ägypten zurückziehen zu seinem Vater.

Als der Herr von Kairo sah, daß der Sieg ihm nur ganz knapp entgangen war, beschloß er, im nächsten Jahr eine neue Offensive zu starten und eine weitere im darauffolgenden Jahr. Aber bei jedem Versuch stellt sich ein unvorhergesehenes Hindernis zwischen ihn und den Sieg. Einmal ist es die ägyptische Flotte, die sich mit dem Heer streitet, ein anderes Mal kommt der Heerführer durch einen Unfall ums Leben, und sein Tod verursacht große Verwirrung im Heer. Er war ein guter General, aber, wie Ibn al-Athir sagt, er war äußerst abergläubisch. *Man hatte ihm geweissagt, daß er durch einen Sturz vom Pferd sterben würde, und so hatte er, als er Statthalter von Beirut wurde, die Entfernung aller Steinplatten in den Straßen der Stadt angeordnet, aus Angst, sein Pferd könnte rutschen. Aber Vorsicht hilft nicht gegen das Schicksal.* Während der Schlacht bäumte sich sein Pferd ohne jeden ersichtlichen Grund auf, der General fiel zu Boden und war tot. Woran es auch fehlen mochte, Glück, Mut, Einfallsreichtum, alle folgenden Unternehmungen al-Afdals gingen unglücklich aus, und währenddessen trieben die Franken in aller Ruhe die Eroberung Palästinas voran.

Nach der Einnahme von Haifa und Jaffa greifen sie im Mai 1104 den Hafen von Akko an. Wegen seiner natürlichen Reede ist er die einzige Stelle, wo die Schiffe sowohl im Sommer als auch im Winter anlegen können. *Da er nicht mehr auf Hilfe hoffen kann, bittet der ägyptische Statthalter um freien Abzug für sich und die Bewohner der Stadt,* berichtet al-Qalanissi, und Balduin versichert ihnen, daß ihnen nichts geschehen werde. Aber sobald die Muslims, mit ihrer Habe beladen, die Stadt verlassen, stürzen sich die Franken auf sie, berauben sie und töten viele von ihnen. Al-Afdal schwört, diese neuerliche Erniedrigung zu rächen. Fortan schickt er jedes Jahr ein starkes Heer zum Angriff gegen die Franken vor, aber jedesmal wird es wieder eine Niederlage. Die günstige Gelegenheit, die sich im Mai 1102 bei Ramleh bot, wird nie wiederkommen.

Auch im Norden rettet die Nachlässigkeit der muslimischen Emire die Franken vor der Vernichtung. Nach der Gefangennahme Bohemunds im August 1100 blieb das von ihm in Antiochia gegründete Fürstentum sieben Monate ohne Führung und praktisch auch ohne Armee, ohne daß auch nur einer der benachbarten Monarchen, weder Redwan noch Kilij Arslan noch Danishmend daran gedacht hätte, die Lage auszunutzen. Sie ließen den Franken Zeit, sich nach einem Regenten für Antiochia umzusehen. Die Wahl fiel auf Tankred, den Neffen Bohemunds, der im März 1102 seine Regentschaft antrat und der, um seine Anwesenheit deutlich zu machen, sofort die Umgebung von Aleppo verwüstete, wie er es ein Jahr zuvor bei Damaskus gemacht hatte. Redwan reagiert noch feiger als sein Bruder Doukak. Er läßt Tankred wissen, daß er zu allem bereit sei, wenn Tankred nur abzöge. Arroganter denn je verlangt der Franke, daß auf dem Minarett der großen Moschee von Aleppo ein Kreuz errichtet wird. Redwan kommt der Forderung nach. Aber diese Demütigung sollte ihre Folgen haben.

Im Frühjahr 1103 beschließt Danishmend, obwohl er die Ambitionen Bohemunds genau kennt, diesen ohne jede politische Gegenleistung freizulassen. Entrüstet schreibt Ibn al-Athir dazu:

Er verlangte von ihm hunderttausend Dinar Lösegeld und die Freilassung der Tochter von Yaghi Siyan, dem ehemaligen Herrscher von Antiochia, die in Gefangenschaft war. Sobald Bohemund frei war, ging er nach Antiochia zurück, um seinen Untertanen wieder Mut zu geben, und ließ das Lösegeld von den Bewohnern der umliegenden Städte bezahlen. So erlitten die Muslims ein Unrecht, das sie die positive Seite der Gefangenschaft Bohemunds schnell vergessen ließ!

Nachdem er sich auf diese Weise auf Kosten der Bevölkerung losgekauft hatte, machte sich der Frankenfürst daran, sein Herrschaftsgebiet auszudehnen. Im Frühjahr 1104 unternehmen die Franken von Antiochia und Edessa gemeinsam einen Angriff auf die Festung von Harran, welche die weite Ebene beherrschte, die sich am Ufer des Euphrat entlangzieht und alle Verbindungen zwischen Irak und Nordsyrien überwachte. Die Stadt selbst war recht unbedeutend. Ibn Jobair, der sie einige Jahre später besuchte, schilderte sie nicht gerade mit Begeisterung:

In Harran gibt es nie kühles Wasser, in der ganzen Stadt herrscht ununterbrochen eine sengende Hitze. Nirgends kann man ein schattiges Plätzchen zum Ausruhen finden, und man leidet ständig unter Atemnot. Harran macht den Eindruck, als habe man es in der kahlen Ebene aufgegeben. Ihm fehlt jeder städtische Glanz, und seine Umgebung entbehrt jeglicher Annehmlichkeit und Schönheit.

Sein strategischer Wert ist indessen beträchtlich. Wenn es ihnen gelingt, Harran einzunehmen, können die Franken anschließend nach Mosul und sogar bis Bagdad weiterziehen. Die erste Folge wäre aber zunächst die völlige Einkreisung des Königreiches von Aleppo. Das sind alles äußerst ehrgeizige Pläne, aber den Eroberern fehlt es nicht an Mut, um so mehr, als die Zerstückelung der arabischen Welt eine äußerst günstige Konstellation bildet. Der blutige Krieg zwischen den beiden feindlichen Brüdern Barkyaruq und Mohammed ist erneut ausgebrochen, und die Herrschaft über Bagdad wechselt ständig von einem Seldschukensultan zum anderen. In Mosul ist der Atabek Karbuka gestorben, und sein Nachfolger, der türkische Emir Jekermich, kann sich nicht behaupten.

In Harran selbst herrscht völliges Durcheinander. Bei einem Saufgelage wurde der Statthalter von einem seiner Offiziere ermordet, und in der Stadt herrscht Brennen und Morden. *Genau in diesem Augenblick*, berichtet Ibn al-Athir, *marschierten die Franken auf Harran zu.* Als Jekermich, der neue Herr von Mosul, und sein Nachbar Sokman, ein ehemaliger Statthalter von Jerusalem, erfahren, daß die Franken nahen, führen sie gerade gegeneinander Krieg.

Sokman wollte einen seiner Neffen rächen, den Jekermich getötet hatte, und beide trafen Kriegsvorbereitungen. In Anbetracht der neuen Sachlage jedoch beschlossen sie, ihre Heere zu vereinigen, um Harran zu retten, wobei jeder beteuerte, daß er bereit sei, Gott sein Leben zu opfern und nur dem Ruhm des Allerhöchsten zu dienen. Sie trafen sich, besiegelten ihren Bund und marschierten gemeinsam gegen die Franken. Sokman mit siebentausend turkmenischen Reitern und Jekermich mit dreitausend.

Am Balikh, einem Nebenfluß des Euphrat, stoßen die Verbündeten im Mai 1104 auf den Feind. Die Muslims täuschen eine Flucht vor und lassen sich über eine Stunde lang verfolgen. Dann machen sie auf ein Zeichen ihrer Emire hin kehrt, schließen ihre Verfolger ein und hauen sie in Stücke.

Bohemund und Tankred hielten sich vom Gros des Heeres entfernt und versteckten sich hinter einem Hügel, um den Muslims in den Rücken zu fallen. Als sie jedoch sahen, daß die Ihren besiegt waren, beschlossen sie, sich ruhig zu verhalten. So erwarteten sie die Nacht und flohen, von den Muslims verfogt, die eine große Anzahl ihrer Leute töteten. Sie entkamen mit nur sechs Reitern.

Unter den fränkischen Edlen, die an der Schlacht von Harran teilnehmen, befindet sich auch Balduin II., ein Vetter des Königs von Jerusalem, der seine Nachfolge in der Grafschaft von Edessa angetreten hatte. Auch er versucht zu fliehen, aber beim Durchqueren des Balikh an einer Furt versinkt sein Pferd im Schlamm. Die Krieger Sokmans nehmen ihn gefangen und führen ihn zum Zelt ihres Herren, was nach dem Bericht Ibn al-Athirs den Neid der Bundesgenossen erweckt.

Die Männer Jekermichs sagten zu ihm: »Wie sieht das aus, wenn die anderen die ganze Beute nehmen und wir mit leeren Händen dastehen?« Und sie überredeten ihn, den Grafen aus dem Zelt Sokmans zu holen. Als dieser zurückkam, war er sehr betroffen. Seine Männer saßen schon im Sattel, kampfbereit, er aber hielt sie zurück und sagte: »Die Freude, die unser Sieg bei den Muslims auslösen wird, darf durch unseren Streit nicht verdorben werden. Ich will deshalb meinen Zorn beherrschen, um dem Feind keine Genugtuung auf Kosten der Muslims zu verschaffen.« Er ließ alle Waffen und Fahnen der Franken zusammentragen, steckte seine Leute in die Kleider der Franken, ließ sie aufsitzen und auf die Festungen zureiten. Diese List wendete er an verschiedenen Stellen an, und jedes Mal glaubten die Franken, die Ihren kehrten siegreich zurück, und zogen ihnen entgegen. Sokman tötete sie und nahm die Festung.

Der Sieg von Harran fand ein unerhörtes Echo, was der ungewöhnlich begeisterte Ton von Ibn al-Qalanissi beweist.

Für die Muslims war es ein Triumph ohnegleichen. Die Kampfmoral der Franken wurde stark in Mitleidenschaft gezogen, ihre Zahl nahm ab, ebenso wie ihre Angriffskraft und ihre Waffen. Die Moral der Muslims wurde gestärkt, und ihr Verteidigungswille wuchs. Die Menschen beglückwünschten sich zu diesem Sieg, und es wurde ihnen zur Gewißheit, daß der Erfolg von den Franken gewichen war.

Ein Franke allerdings – und nicht der Geringste – verliert durch diese Niederlage tatsächlich den Mut: Bohemund. Einige Monate später besteigt er ein Schiff. Er sollte nie wieder arabischen Boden betreten.

So verschwindet durch die Schlacht von Harran der führende Kopf der Invasion von der Bildfläche und, was das wichtigste ist, sie hat für immer dem Vorstoß der Franken nach Osten ein Ende gesetzt. Aber wie die Ägypter im Jahre 1102 sind die Sieger auch diesmal nicht in der Lage, ihren Erfolg auszunutzen. Anstatt gemeinsam nach Edessa zu ziehen, das nur zwei Tagesmärsche vom Schlachtfeld entfernt ist, lassen sie sich durch ihren Streit trennen. Und wenn es Sokman durch seine List auch gelingt, sich einiger nicht allzu wichtiger Festungen zu bemächtigen, so läßt sich Jekermich bald durch Tankred überraschen, dem es gelingt, mehrere Leute aus seinem Gefolge gefangenzunehmen, darunter eine junge Prinzessin von seltener Schönheit, an der er so sehr hängt, daß er Bohemund und Tankred wissen läßt, daß er bereit ist, sie gegen Balduin II. von Edessa auszutauschen oder sie für fünfzehntausend Gold-Dinar freizukaufen. Onkel und Neffe beraten sich, wägen das Für und das Wider ab und antworten Jekermich, daß sie lieber das Geld nehmen und ihren Mitstreiter in Gefangenschaft lassen – welche immerhin mehr als drei Jahre dauern wird. Es ist nicht bekannt, wie diese wenig ritterliche Haltung der Frankenfürsten auf den Emir wirkte. Er jedenfalls zahlt ihnen die vereinbarte Summe, nimmt seine Prinzessin wieder zu sich und behält Balduin ebenfalls bei sich.

Damit war die Angelegenheit aber noch nicht erledigt, denn sie sollte zu einer der eigenartigsten Begebenheiten der fränkischen Invasion führen.

Diese spielt sich vier Jahre später Anfang Oktober des Jahres 1108 in einer Pflaumenpflanzung ab, wo gerade die letzten dunklen Früchte reifen. Rings herum wenig bewaldete Hügelketten, die sich bis ins Unendliche aneinanderreihen. Auf einem der Hügel erhebt sich majestätisch die Festung Tell Bacher. Die Zusammensetzung der beiden sich gegenüberstehenden Heere entspricht nicht gerade dem Üblichen.

In dem einen Lager befindet sich Tankred von Antiochia, umgeben von eintausendfünfhundert fränkischen Reitern und Fußvolk, die ihre typischen Helme mit Nasenschutz tragen, in der Hand Schwerter, Streitkolben und scharf geschliffene Wurfäxte. Ihnen zur Seite stehen siebenhundert türkische Reiter mit langen Zöpfen, die Redwan von Aleppo geschickt hat.

Im anderen Lager steht der Emir von Mosul, Jawali, über dem Kettenhemd ein langes rotes Gewand mit gestickten Ärmeln. Sein

Heer umfaßt zweitausend Mann, die in drei Blöcke aufgeteilt sind: links die Araber, rechts die Türken und in der Mitte die fränkischen Ritter, darunter Balduin von Edessa und sein Vetter Jocelin, Herr von Tell Bacher.

Die Teilnehmer der gigantischen Schlacht von Antiochia hätten sich wohl kaum vorstellen können, daß zehn Jahre später ein Statthalter von Mosul als Nachfolger eines Atabek Karbuka ein Bündnis mit einem fränkischen Grafen von Edessa schließen und mit ihm Seite an Seite gegen ein Heer kämpfen würde, in dem ein fränkischer Herrscher von Antiochia und ein Seldschukenkönig von Aleppo Bündnispartner wären. Aber es bedurfte tatsächlich keiner langen Zeit, bis die Franken voll bei den unsinnigen Fehden der muslimischen Kleinkönige mitmischten, und die Geschichtsschreiber schien es auch gar nicht zu verwundern. Bei Ibn al-Athir könnte man allenfalls ein leicht amüsiertes Lächeln feststellen, aber ansonsten spricht er in seiner *Vollkommenen Geschichte* von den Bündnissen zwischen Franken und Muslims im gleichen Ton wie von den unzähligen Kriegen zwischen den arabischen Fürsten untereinander. Er berichtet, daß Tankred, während Balduin in Mosul gefangen war, Edessa einnahm, was zeigt, daß dieser keineswegs daran interessiert war, seinen Kampfgenossen wieder in Freiheit zu sehen. Im Gegenteil, er hatte die nötigen Intrigen gesponnen, damit Jekermich ihn möglichst lange gefangenhielt.

Nach dem Sturz dieses Emirs im Jahre 1107 jedoch fiel der Graf dem neuen Herrn von Mosul, Jawali, in die Hände. Dieser war ein türkischer Abenteurer von hervorragender Intelligenz, der sofort begriff, welchen Vorteil er aus dem Streit der beiden Frankenführer ziehen könnte. Er schenkte Balduin also die Freiheit, gab ihm fürstliche Kleider und ging ein Bündnis mit ihm ein. »Euer Besitztum Edessa ist bedroht, und meine Stellung in Mosul ist auch nicht gefestigt. Wir sollten uns gegenseitig helfen.« Dies war dem Sinn nach sein Angebot.

Sobald er frei war, berichtet Ibn al-Athir, begab sich Graf Balduin, »al-Comes Bardawil«, nach Antiochia zu »Tancry« und verlangte die Rückgabe von Edessa. Tankred bot ihm dreißigtausend Dinar, Pferde, Waffen und Kleidung, aber er weigerte sich, Edessa herauszugeben. Als Balduin wütend Antiochia verließ, versuchte Tankred ihm zu folgen, um ihn daran zu hindern, sich mit seinem Verbündeten Jawali zusammenzuschließen. Es kam auch zu einigen kriegerischen Auseinandersetzungen zwischen ihnen, aber nach jedem Kampf setzten sie sich wieder zum Essen und Plaudern zusammen!

»Die spinnen, die Franken«, scheint der Geschichtsschreiber von Mosul zu sagen, und er fährt fort:

Da sie keine Lösung des Problems zustande brachten, wurde der Patriarch, der für sie so etwas wie ein Imam ist, als Vermittler angerufen. Dieser setzte eine Kommission aus Bischöfen und Priestern ein, die bezeugten, daß Bohemund, der Onkel Tankreds, diesem vor seiner Heimfahrt empfohlen hatte, Edessa Balduin zu geben, wenn dieser aus seiner Gefangenschaft zurückkehrte. Der Herr von Antiochia nahm den Schiedsspruch an, und der Graf übernahm Edessa wieder.

Da Balduin annimmt, daß sein Erfolg weniger dem guten Willen Tankreds als vielmehr dessen Angst vor einem Eingreifen Jawalis zu verdanken ist, läßt er unverzüglich auf seinem Gebiet alle Muslims frei. Er geht dabei sogar so weit, daß er einen seiner christlichen Beamten, der öffentlich den Islam verunglimpft hatte, hinrichten läßt.

Tankred ist nicht der einzige, den das eigenartige Bündnis zwischen dem Grafen und dem Emir verunsichert. König Redwan schreibt dem Herren von Antiochia einen Brief, in dem er ihn vor dem Ehrgeiz und der Hinterlist Jawalis warnt. Dieser Emir wolle sich Aleppos bemächtigen, schreibt er, und, wenn ihm dies gelinge, dann könnten sich die Franken in Syrien nicht mehr halten. Die Besorgnis des Seldschukenkönigs um die Sicherheit der Franken wirkt recht komisch, aber unter Fürsten versteht man sich zwischen den Zeilen, über religiöse oder kulturelle Grenzen hinweg. So ist nun ein neues Bündnis zwischen Muslims und Franken entstanden, um dem ersten gegenüberzutreten. Dies ist die Erklärung für die merkwürdige Zusammensetzung der beiden Heere, die sich im Oktober 1108 vor den Mauern von Tell Bacher gegenüberstanden.

Das Heer von Aleppo und Antiochia ist schnell im Vorteil. Jawali ergreift die Flucht, ein Großteil der Muslims sucht Schutz in Tell Bacher, wo Balduin und sein Vetter Jocelin sie mit Wohlwollen behandeln. Sie pflegen die Verwundeten, geben ihnen Kleidung und bringen sie zu den Ihren zurück. Die ehrenhafte Darstellung Balduins von seiten des arabischen Geschichtsschreibers steht im Gegensatz zu dem Bild, das die christlichen Bewohner Edessas von dem Grafen haben. Als die Armenier der Stadt von seiner Niederlage gehört hatten, hielten sie ihn für tot und glaubten den Augenblick gekommen, sich von der fränkischen Herrschaft zu befreien. Bei seiner Rückkehr findet Balduin seine Hauptstadt unter der Verwaltung von einer Art Kommune. Beunruhigt über die Unabhängigkeitsbestrebungen seiner Untertanen ordnet er die Verhaftung der Notabeln an, darunter auch mehrere Priester, und läßt ihnen die Augen ausstechen.

Gerne würde sein Verbündeter Jawali mit den Notabeln von Mosul gleicherweise verfahren, die sich während seiner Anwesenheit ebenfalls erhoben haben. Er muß jedoch darauf verzichten, denn seine Niederlage hat ihn endgültig in Mißkredit gebracht. Er ist hinfort wenig zu beneiden: Er hat sein Besitztum, sein Heer und seinen Schatz verloren, und der Sultan Mohammed hat auf seinen Kopf einen Preis ausgesetzt. Doch Jawali gibt sich nicht geschlagen. Als Kaufmann verkleidet, gelangt er in den Palast von Ispahan, wo er sich unterwürfig mit seinem Leichentuch in der Hand tief vor dem Thron des Sultans verneigt. Mohammed ist gerührt und verzeiht ihm. Wenig später ernennt er ihn zum Statthalter einer Provinz in Persien.

Für Tankred ist der Sieg von 1108 der Höhepunkt seines Ruhmes. Das Fürstentum Antiochia hat eine Macht erlangt, vor der alle Nachbarn zittern, ganz gleich ob Araber, Armenier oder Franken. König Redwan ist nur noch ein in Furcht und Schrecken gehaltener Vasall. Der Neffe Bohemunds läßt sich »der große Emir« nennen!

Nur einige Wochen nach der Schlacht von Tell Bacher, die die Anwesenheit der Franken in Nordsyrien besiegelt, ist es für das Königreich Damaskus soweit, einen Waffenstillstand mit Jerusalem zu unterzeichnen. Dabei werden die Einkünfte aus dem zwischen den beiden Städten gelegenen Ackerland in drei Teile geteilt, ein Teil für die Türken, ein Teil für die Franken und ein Teil für die Bauern, schreibt Ibn al-Qalanissi. Darüber wird ein Protokoll erstellt. Nur einige Monate später anerkennt die syrische Metropole in einem neuen Vertrag einen noch bedeutenderen Gebietsverlust. Die reiche Ebene von Bekaa, östlich vom Libanongebirge, wird ebenfalls mit dem Königreich Jerusalem geteilt. Die Damaszener sind praktisch entmachtet. Ihre Ernten sind dem Belieben der Franken anheimgestellt, und ihr Handel läuft über den Hafen von Akko, in dem die Genueser Kaufleute fortan das Sagen haben. In ganz Syrien gehört die fränkische Besatzung dem Alltag an.

Aber die Franken machen nicht halt. Im Jahr 1108 stehen sie am Vorabend ihrer größten territorialen Expansion seit dem Fall Jerusalems. Alle großen Küstenstädte sind bedroht, und die örtlichen Potentaten haben keine Kraft und keinen Willen mehr, sich zu verteidigen.

Als erste Beute ist Tripoli ausersehen. Seit 1103 befindet sich Saint-Gilles in der Nähe der Stadt. Er hat eine Festung bauen lassen, welche die Bevölkerung von vornherein nach ihm benannt hat. »Qalaat Saint-Gilles« ist noch im 19. Jahrhundert gut erhalten und im Zentrum des modernen Tripoli zu sehen. Bei Ankunft der Franken besteht die Stadt nur aus dem Hafenviertel al-Mina, das am Ende einer Halbinsel liegt, deren Zugang die berühmte Festung sichert. Keine Karawane kann nach Tripoli hinein- oder aus Tripoli herauskommen, ohne von den Leuten Saint-Gilles' beobachtet zu werden.

Der Kadi Fakhr el-Moulk will die Zitadelle, die seine Stadt abzuschnüren droht, unbedingt vernichten. Allnächtlich verüben seine Krieger kühne Handstreiche, erstechen eine Wache oder reißen eine im Aufbau befindliche Mauer ein, aber erst im September 1104 findet die bedeutendste Operation statt. Unter der Führung des Kadi unternimmt die gesamte Garnison von Tripoli einen Ausfall, wobei mehrere fränkische Krieger getötet und ein ganzer Flügel der Festung in Brand gesetzt werden. Saint-Gilles selbst wird auf einem der brennenden Dächer gefaßt. Fünf Monate später stirbt er an seinen schweren Verbrennungen unter grauenhaften Qualen. Im Todeskampf verlangt er die Abgesandten Fakhr el-Moulks zu sehen und schlägt ihnen einen Handel vor: Die Tripolitaner beenden ihre Angriffe auf die Festung, dafür verpflichtet sich der Führer der Franken, Handel und Wandel nicht mehr zu stören. Der Kadi nimmt an.

Ein seltsamer Kompromiß, ist doch das Ziel einer Belagerung gerade die Störung des Verkehrs von Waren und Menschen! Und doch hat es den Anschein, als habe sich zwischen Belagerern und

Belagerten ein fast normales Verhältnis eingestellt. Sofort geht es mit dem Hafen von Tripoli aufwärts, Karawanen kommen und gehen und entrichten einen Zoll an die Franken, die Notabeln von Tripoli überschreiten die feindlichen Linien mit einem Geleitbrief! In Wirklichkeit aber sind beide Seiten in Wartestellung. Die Franken hoffen, daß von Genua oder Konstantinopel eine christliche Flotte kommt, die ihnen einen Angriff auf die belagerte Stadt ermöglicht. Die Tripolitaner, die das natürlich wissen, warten ebenfalls darauf, daß ihnen ein muslimisches Heer zu Hilfe kommt. Am wirksamsten wäre eines aus Ägypten. Das fatimidische Kalifat ist eine große Seemacht, deren Eingreifen schon genügen würde, um die Franken zu entmutigen. Aber zwischen dem Herren von Tripoli und dem von Kairo sind die Beziehungen wieder einmal katastrophal. Der Vater von al-Afdal war Sklave in der Familie des Kadi gewesen und scheint mit seiner Herrschaft keineswegs gut ausgekommen zu sein. Der Wesir hat seine Rachsucht und seinen Wunsch, Fakhr zu demütigen, nie verhehlt. Dieser seinerseits würde seine Stadt lieber Saint-Gilles überlassen, als sein Geschick in die Hände al-Afdals zu legen. Auch aus Syrien kann der Kadi auf keinen Bundesgenossen rechnen. Er muß anderswo nach Hilfe Ausschau halten.

Als er im Juni 1004 die Nachricht von der Schlacht von Harran erhält, schickt er unverzüglich eine Botschaft an den Emir Sokman mit der Bitte, er möge seinen Sieg krönen, indem er die Franken aus Tripoli verjagt. Um seine Bitte zu unterstützen, bietet er ihm eine große Menge Gold an und erbietet sich, die Kosten des Feldzuges zu übernehmen. Der Sieger von Harran gibt der Versuchung nach. Er stellt ein mächtiges Heer zusammen und zieht nach Syrien. Jedoch weniger als vier Tagesmärsche von Tripoli entfernt wirft ihn eine Angina nieder. Das Heer zerfällt, der Kampfgeist des Kadi und seiner Untertanen bricht zusammen.

1105 zeigt sich indessen ein Hoffnungsschimmer. Der Sultan Barkyaruq ist soeben an Tuberkulose gestorben, was dem endlosen Bruderzwist, der seit Beginn der Frankeninvasion das seldschukische Reich lähmt, ein Ende setzt. Der Irak, Syrien und Westpersien würden fortan nur einen Herren haben, den »Retter der Welt und der Religion, Sultan Mohammed Ibn Malikschah«. Der Titel des vierundzwanzigjährigen seldschukischen Monarchen wird von den Tripolitanern wörtlich genommen. Fakhr el-Moulk schickt dem Sultan Botschaft über Botschaft und erhält Versprechen über Versprechen. Aber kein hilfreiches Heer ist zu sehen.

Inzwischen verstärkt sich die Blockade der Stadt. Saint-Gilles ist von einem seiner Vettern, »al-Cerdani«, dem Grafen von Cerdagne, ersetzt worden, der den Druck auf die Belagerten verstärkt. Die Herbeischaffung von Lebensmitteln auf dem Landweg wird immer schwieriger, und die Preise steigen in schwindelnde Höhen. Ein Pfund Datteln kostet einen Gold-Dinar, eine Summe, von der normalerweise eine ganze Familie mehrere Wochen leben kann. Viele Bewohner versuchen nach Homs, Tyr oder Damaskus auszuwandern; die Hungersnot begünstigt Verrat in allen Formen. Tripolitanische Notabeln erscheinen eines Tages bei al-Cerdani und verraten ihm, um seine Gunst zu erlangen, auf welche Art und Weise die Stadt noch einigen Proviant erhält. Fakhr el-Moulk bietet nun seinem Gegner eine enorme Summe für die Auslieferung der Verräter. Aber der Graf lehnt ab. Am nächsten Morgen findet man die Notablen mit durchschnittener Kehle im Lager des Feindes.

Trotz alledem verschlechtert sich die Lage in Tripoli unaufhörlich. Die Hilfe läßt immer noch auf sich warten, und hartnäckig hält sich das Gerücht vom Nahen einer fränkischen Flotte. In seiner Verzweiflung entschließt sich Fakhr el-Moulk, selbst nach Bagdad zum Sultan Mohammed und zum Kalifen al-Mustazhir-billah zu gehen, um sie für sich zu gewinnen. Einer seiner Vettern ist beauftragt, die Regierungsgeschäfte während seiner Anwesenheit zu übernehmen, und seine Krieger erhalten sechs Monate Sold im voraus. Er hat sich eine eindrucksvolle Eskorte zusammengestellt aus fünfhundert Reitern und Fußvolk, dazu zahlreiche Diener mit vielfältigen Geschenken beladen: ziselierte Schwerter, Vollblüter, reich bestickte Prunkgewänder sowie Goldschmiedearbeiten, die Spezialität von Tripoli.

Gegen Ende März 1108 verläßt er die Stadt mit seinem endlosen Gefolge. *»Er verließ Tripoli auf dem Landweg«*, stellt Ibn al-Qalanissi fest, der einzige, der zur Zeit dieser Ereignisse gelebt hat, womit er zu verstehen gibt, daß der Kadi von den Franken auch die Erlaubnis erhalten hätte, durch ihre Linien zu gehen, um zum Heiligen Krieg gegen sie aufzurufen! Angesichts der eigenartigen Beziehungen, die hier zwischen Belagerten und Belagerern bestehen, ist dies nicht auszuschließen. Es erscheint jedoch glaubhafter, daß der Kadi bis Beirut mit dem Schiff gefahren ist und erst ab hier den Landweg genommen hat.

Wie dem auch sei, Fakhr el-Moulk macht zunächst in Damaskus halt. Der Herr von Tripoli hatte zwar eine ausgesprochene Abneigung gegen Doukak, aber der unfähige Seldschuke ist vor einiger Zeit gestorben – wahrscheinlich vergiftet –, und die Stadt ist nun in den Händen seines Vormunds, des hinkenden Atabek Toghtekin, ein ehemaliger Sklave, dessen undurchsichtige Beziehungen zu den Franken mehr als zwanzig Jahre lang das politische Leben in Syrien bestimmen werden. Dieser türkische Krieger, ehrgeizig, gerissen und skrupellos, ist wie Fakhr el-Moulk selbst ein reifer, illusionsloser Mann. Er bricht mit der rachsüchtigen Haltung Doukaks, empfängt den Herrscher von Tripoli herzlich, veranstaltet ihm zu Ehren ein großes Gastmahl und lädt ihn sogar in seinen privaten Hammam ein. Der Kadi weiß diese Aufmerksamkeiten zu schätzen, aber er wohnt doch lieber außerhalb der Mauern – das Vertrauen hat eben seine Grenzen!

In Bagdad ist der Empfang noch prunkvoller. Der Kadi wird wie ein mächtiger Monarch behandelt, denn das Prestige von Tripoli ist in der muslimischen Welt sehr groß. Sultan Mohammed schickt ihm sein eigenes Schiff zum Überqueren des Tigris. Die für das Protokoll Verantwortlichen führen den Herren von Tripoli zu einem schwimmenden Salon, an dessen Ende ein großes gesticktes Kissen liegt, auf dem gewöhnlich der Sultan sitzt. Fakhr el-Moulk setzt sich auf die Seite, auf der normalerweise die Besucher sitzen, aber die Würdenträger eilen herbei, nehmen ihn an beiden Armen: Ihr Herr hat ausdrücklich befohlen, daß sein Gast auf seinem Kissen sitzen soll. Der Kadi wird von Palast zu Palast weitergereicht, vom Sultan, vom Kalifen und dessen Mitarbeitern über die Belagerung von Tripoli befragt, während ganz Bagdad des Lobes voll ist über seine Tapferkeit im Heiligen Krieg gegen die Franken.

Als man aber dann zu den politischen Problemen kommt und Fakhr el-Moulk den Sultan bittet, ein Heer zum Entsatz von Tripoli zu entsenden, da, so berichtet Ibn al-Qalanissi etwas spitz, *befahl der Sultan einigen seiner wichtigsten Emire, mit Fakhr el-Moulk zu ziehen, um ihm zu helfen, jene, die seine Stadt belagern, abzuwehren. Er gab dem Expeditionsheer den Auftrag, etwas in Mosul zu verweilen, um es aus den Händen von Jawali zu befreien und, sobald dies getan wäre, nach Tripoli zurückzukehren.*

Fakhr el-Moulk ist völlig niedergeschmettert. Die Lage in Mosul ist so verworren, daß man Jahre brauchen würde, um sie in den Griff zu bekommen, und außerdem liegt diese Stadt nördlich von Bagdad, während Tripoli ganz im Westen liegt. Wenn das Heer einen solchen Umweg macht, kommt es niemals zur rechten Zeit, um seine Hauptstadt zu retten. Sie kann jeden Tag fallen, beharrte er. Aber der Sultan will nicht verstehen. Die Interessen des Seldschukenreiches verlangen eine Priorität für Mosul. Der Kadi kann versuchen, was er will, er kann einige Berater des Sultans mit Gold kaufen, es hat alles keinen Sinn: Das Heer wird zuerst nach Mosul ziehen. Als sich Fakhr el-Moulk nach vier Monaten auf den Rückweg macht, geschieht dies ohne jegliches Zeremoniell. Für ihn steht nun fest, daß er seine Stadt nicht wird halten können. Was er allerdings nicht weiß, ist, daß er sie schon verloren hat.

Als er im August 1108 vor Damaskus anlangt, erfährt er die traurige Nachricht. Entmutigt durch seine zu lange Abwesenheit haben die Notabeln von Tripoli beschlossen, die Stadt dem Herren von Ägypten anzuvertrauen, der versprochen hat, sie gegen die Franken zu verteidigen. Al-Afdal hat Schiffe mit Lebensmitteln geschickt sowie einen Statthalter, der die Angelegenheiten der Stadt in die Hand genommen hat und dessen vorrangiger Auftrag war, sich der Familie von Fakhr el-Moulk zu bemächtigen, ebenso seiner Anhänger, seines Schatzes, seiner Möbel und seiner persönlichen Habe und das Ganze per Schiff nach Ägypten zu schicken!

Während der Wesir sich so an dem unglücklichen Kadi schadlos hält, bereiten die Franken den endgültigen Sturm auf Tripoli vor. Ihre Führer sind einer nach dem anderen vor den Mauern der belagerten Stadt erschienen: Da ist Balduin, König von Jerusalem, ihrer aller Herr, Balduin von Edessa und Tankred von Antiochia, die sich zu diesem Zweck versöhnt haben. Des weiteren sind da zwei Mitglieder der Familie von Saint-Gilles, al-Cerdani und der eigene Sohn des verstorbenen Grafen, den die Chronisten Ibn Saint-Gilles nennen, der gerade aus seinem Land mit Dutzenden von Genueser Schiffen angekommen ist. Alle beide erheben Anspruch auf Tripoli, aber der König von Jerusalem zwingt sie, von ihren Streitigkeiten abzusehen. So wird Ibn Saint-Gilles das Ende der Schlacht abwarten, um seinen Rivalen ermorden zu lassen.

Im März 1109 scheint alles bereit zu sein für einen Angriff sowohl vom Land wie von See her. Die Tripolitaner beobachten diese Vorbereitungen mit Entsetzen, verlieren jedoch nicht die Hoffnung. Hat ihnen al-Afdal nicht versprochen, eine Flotte zu schicken, die mächtiger ist als alles bisher Gesehene, mit genügend Lebensmitteln, Kriegern und Kriegsmaterial, um ein Jahr lang auszuhalten? Sie sind fest davon überzeugt, daß die Genueser Schiffe die Flucht ergreifen werden, sobald sich die fatimidische Flotte zeigt. Allerdings muß sie zur rechten Zeit eintreffen!

Dazu schreibt Ibn al-Qalanissi:

Zu Anfang des Sommers begannen die Franken Tripoli mit ihrer ganzen Macht anzugreifen und schoben ihre Schlachttürme vor die Mauern. Als die Bewohner der Stadt sahen, welchen heftigen Angriffen sie ausgesetzt sein würden, sank ihr Mut, denn sie sahen, daß sie unweigerlich verloren waren. Die Lebensmittel waren erschöpft, und die ägyptischen Schiffe waren immer noch nicht zu sehen. Nach dem Willen Gottes, der über den Ausgang der Dinge verfügt, blieben die Winde ungünstig. Die Franken verdoppelten ihre Anstrengungen und nahmen am 12. Juli 1109 die Stadt nach einem erbitterten Kampf ein.

Nach zweitausend Tagen Widerstand wird die Stadt der Bibliotheken und der Goldschmiedekunst, der unerschrockenen Seeleute und der gelehrten Kadis von den Kriegern des Abendlandes zerstört. Nach der Plünderung der Bibliothek werden die hunderttausend Bände verbrannt, damit die »gottlosen« Bücher vernichtet sind. Gemäß dem Chronisten von Damaskus *beschlossen die Franken, daß ein Drittel der Stadt an die Genueser fallen solle, ein Drittel an den Sohn von Saint-Gilles. König Balduin bekam alles, was er wollte.* Die meisten der Bewohner werden als Sklaven verkauft, der Rest enteignet und vertrieben. Viele gehen nach Tyros. Fakhr el-Moulk beendet seine Tage in der Gegend von Damaskus.

Und die ägyptische Flotte? Ibn al-Qalanissi berichtet, daß sie acht Tage nach dem Fall von Tripoli in Tyros ankam, als alles vorbei war, »als Strafe Gottes für die Bewohner der Stadt«.

Als nächstes Ziel wählen die Franken Beirut. Die Stadt zieht sich an den Hängen des Libanon-Gebirges hinauf, und besonders die

Vororte Mazraat-al-Arab und Ras-el-Nabeh sind von Pinienwäldern umgeben, in denen die Eroberer das notwendige Holz für den Bau ihrer Belagerungstürme und Schleudern finden können. Beirut kommt Tripoli an Pracht bei weitem nicht gleich, und seine bescheidenen Villen lassen sich nur schwer mit den römischen Palästen vergleichen, deren Marmorreste zu dieser Zeit noch vom antiken Berytus zeugen. Es ist aber dennoch eine relativ wohlhabende Stadt dank des auf einem kleinen Kap vorgeschobenen Hafens, wo der Heilige Georg, der Legende nach, den Drachen besiegte. Ab Februar 1110 muß die Stadt, die die Damaszener gerne haben möchten und die *von den Ägyptern nur sehr lasch gehalten* wird, sich aus eigener Kraft gegen die Franken wehren. Die fünftausend Einwohner schlagen sich mit dem Mut der Verzweiflung und zerstören einen Angriffsturm nach dem anderen. *Nie zuvor und nie danach erlebten die Franken eine härtere Schlacht als diese!* – so beschreibt es Ibn al-Qalanissi. Und das verzeihen ihnen die Angreifer nicht. Nach der Einnahme der Stadt am 13. Mai findet ein blindwütiges Gemetzel statt. Um ein Exempel zu statuieren.

Die erteilte Lektion wird nicht vergessen. Im folgenden Sommer *kam ein gewisser Frankenkönig* (kann man es dem Chronisten verdenken, wenn er nicht wußte, daß es Sigurd, der Herrscher des fernen Norwegen, war?) *übers Meer mit sechzig Schiffen voller Krieger, um seine Wallfahrt ins Heilige Land zu machen und auf dem Boden des Islam zu kämpfen. Als er nach Jerusalem zog, kam ihm Balduin entgegen, und sie belagerten gemeinsam Saida.* Es handelt sich um das antike Sidon der Phönizier, dessen Mauern im Laufe der Geschichte mehrere Male zerstört und wiederaufgebaut wurden und heute noch beeindruckend sind mit ihren vom Mittelmeer gepeitschten riesigen Steinblöcken. Aber die Bewohner, die *zu Beginn sehr viel Mut bewiesen haben*, wie es Ibn al-Qalanissi ausdrückt, wagten sich jetzt nicht mehr zu verteidigen, *denn sie befürchteten, daß sie das gleiche Schicksal wie Beirut ereilen würde. Sie schicken also ihren Kadi mit einer Abordnung von Notabeln zu den Franken, um für ihr Leben zu bitten, und Balduin erfüllt ihre Bitte.* Am 4. Dezember 1110 kapituliert die Stadt. Ein Gemetzel findet nicht statt, aber viele wandern nach Tyros und Damaskus aus, wo es schon von Flüchtlingen wimmelt.

Innerhalb von siebzehn Monaten waren die drei berühmtesten Städte der arabischen Welt, Tripoli, Beirut und Saida, eingenommen und zerstört, ihre Bewohner niedergemetzelt oder vertrieben, ihre Emire, ihre Kadis, ihre Rechtsgelehrten getötet oder zum Exil gezwungen, ihre Moscheen entweiht. Welche Macht konnte die Franken noch daran hindern, Tyros, Aleppo, Damaskus, Kairo, Mosul oder – warum nicht – Bagdad zu nehmen? Gab es noch einen Willen zum Widerstand? Bei den muslimischen Herrschern sicher nicht. Aber bei der Bevölkerung der am meisten bedrohten Städte beginnt der seit dreizehn Jahren ohne Unterlaß geführte Heilige Krieg der abendländischen Wallfahrer-Krieger seine Wirkung zu zeigen. Der Djihad, der lange Zeit nur ein Schlagwort zum Ausschmücken der offiziellen Reden war, gewinnt wieder an Gewicht. Er wird von einigen Flüchtlingsgruppen, von Dichtern und Vertretern der Geistlichkeit erneut gepredigt. Und einer von ihnen, Abdu-Fadl Ibn al-Khachab, ein Kadi von Aleppo, von kleinem Wuchs und starkem Wort, beschließt, die arabische Welt, den schlafenden Riesen, durch Ausdauer und Willensstärke wiederzuerwecken. Seine erste öffentliche Tat ist, nach zwölf Jahren, wie es damals al-Harawi getan hatte, in den Straßen Bagdads die Öffentlichkeit wachzurütteln. Aber dieses Mal schlägt der Unmut in Empörung um.

5
Ein Widerstandskämpfer mit Turban

Am Freitag, den 17. Februar 1111 erscheint der Kadi Ibn al-Khachab in der Moschee des Sultans zu Bagdad mit einer großen Gruppe von Begleitern aus Aleppo, unter denen sich ein haschemitischer Scherif, ein Nachfahre des Propheten, befindet, sowie sufitische Asketen, Imams und Kaufleute.

Sie zwangen die Prediger, von der Kanzel zu steigen, die sie zerstörten, schreibt Ibn al-Qalanassi, und sie begannen zu schreien und zu weinen über das Unglück, das über den Islam gekommen ist durch die Franken, die die Männer töten und Frauen und Kinder versklaven. Da sie die Gläubigen am Beten hinderten, machten ihnen die anwesenden Würdenträger im Namen des Sultans Versprechungen, um sie zu beruhigen. Es sollen Heere ausgesandt werden, um den Islam gegen die Franken und alle Ungläubigen zu verteidigen.

Aber die Versprechungen genügten nicht, um die Aufgebrachten zu beruhigen. Am folgenden Freitag wiederholten sie ihre Demonstrationen in der Moschee des Kalifen. Wachposten versuchten, ihnen den Weg zu versperren, wurden jedoch brutal niedergerissen. Sodann zerstörten die Demonstranten die hölzerne Kanzel und ergingen sich in Beleidigungen gegen den Herrscher aller Gläubigen. Bagdad lebt in den allergrößten Wirren.

Zur gleichen Zeit, erzählt der Chronist in einem künstlich naiven Ton, kam die Prinzessin, Schwester des Sultans Mohammed und Gattin des Kalifen, in Bagdad an. Sie kam von Ispahan mit prächtig ausgestattetem Gefolge: kostbare Steine, prunkvolle Kleider, prächtiges Zaumzeug und Lasttiere aller Art, Diener, männliche und weibliche Sklaven, Zofen und vieles andere mehr, das man gar nicht aufzuzählen und sich kaum vorzustellen vermag. Ihre Ankunft fiel mit dem oben beschriebenen Tumult zusammen, der die Freude und die Sicherheit dieser fürstlichen Heimkehr störte. Der Kalif al-Mustazhir-billah war darüber sehr ungehalten und wollte die Urheber der Unruhen festnehmen lassen, um sie streng zu bestrafen. Der Sultan hinderte ihn jedoch daran, fand Entschuldigungen für ihr Tun und befahl den Emiren und den Heerführern, in ihre Provinzen zurückzukehren, um sich auf den Djihad gegen die Ungläubigen, die Feinde Gottes, vorzubereiten.

Wenn der gute al-Mustazhir so in Wut gerät, dann ist dies nicht nur wegen der Unannehmlichkeiten, denen seine junge Frau ausgesetzt ist, sondern wegen des Slogans, der in voller Lautstärke unaufhörlich durch die Straßen tönt: »Der König der Rum ist ein besserer Muslim als der Herrscher der Gläubigen!« Denn er weiß, daß es sich hier nicht um eine unbegründete Anklage handelt, sondern daß die Demonstranten unter der Führung von Ibn al-Kachab mit diesem Satz auf die Botschaft anspielen, die der Diwan des Kalifen einige Wochen zuvor erhalten hatte. Sie kam von Kaiser Alexios Komnenos und forderte die Muslims dringend auf, sich mit den Rum zusammenzuschließen, »um gegen die Franken zu kämpfen und sie aus unseren Ländern zu vertreiben«.

So paradox dies scheinen mag, aber wenn der Herr von Konstantinopel und der kleine Kadi von Aleppo gemeinsam in Bagdad vorstellig werden, dann hat dies seinen Grund darin, daß sie sich alle beide von Tankred gedemütigt fühlen. Der »große Emir« der Franken hat nämlich die byzantinischen Gesandten arrogant abgewiesen, die gekommen waren, um ihn daran zu erinnern, daß die abendländischen Ritter geschworen hatten, Antiochia dem Basileus zurückzugeben, und daß sie dreizehn Jahre nach dem Fall der Stadt ihr Versprechen immer noch nicht eingehalten haben.

Aleppo hatte er kürzlich einen besonders demütigenden Vertrag aufgezwungen: Die Bewohner sollen ihm einen jährlichen Tribut von zwanzigtausend Dinar zahlen, ihm zwei wichtige Festungen in unmittelbarer Nähe der Stadt übergeben und ihm als Zeichen ihrer Unterwürfigkeit ihre zehn kostbarsten Pferde schenken. Ängstlich wie immer, hatte König Redwan nicht abzulehnen gewagt. Aber seit der Inhalt des Vertrages bekannt geworden ist, brodelt es in seiner Stadt. Von jeher hatten die Bewohner von Aleppo den Brauch, sich in kritischen Zeiten in kleinen Gruppen zusammenzufinden, um lebhaft über die drohenden Gefahren zu diskutieren. Die Notabeln kommen oft in der großen Moschee zusammen, wo sie mit gekreuzten Beinen auf dem roten Teppich sitzen oder im Hof unterhalb des Minaretts, das die ockerfarbenen Häuser der Stadt überragt. Die Kaufleute versammeln sich tagsüber in der alten Kolonnadenstraße, die die Römer von Westen nach Osten durch die Stadt gebaut haben, vom antiochianischen Tor bis zum verbotenen Stadtteil mit der Zitadelle, wo der undurchschaubare Redwan residiert. Seit langem ist diese Straße für den Durchgangsverkehr von Wagen und Karawanen gesperrt. Hunderte von Läden haben sich hier ausgebreitet, überall stapeln sich Stoffe, jegliche Art von Tand, Bernstein, Datteln, Pistazien und Gewürze. Um die Käufer vor Sonne und Regen zu schützen, ist die Straße mit einer Holzdecke überdacht, die sich an den Kreuzungen zu hohen Stuckkuppeln weitet. An den Ecken der Alleen, die zu den Souks der Mattenflechter, der Schmiede und der Brennholzhändler führen, unterhalten sich die Leute vor den Garküchen, wo es ständig nach siedendem Öl, gegrilltem Fleisch und Gewürzen riecht. Hier werden Mahlzeiten zu erschwinglichen Preisen angeboten: Bouletten aus Hammelfleisch, Linsen und Fettgebackenes. Die ärmeren Familien kaufen ihre Mahlzeiten in den Souks, denn nur die Reichen können es sich erlauben, zu Hause zu kochen. Nicht weit von den Garküchen ertönt das typische Geklingel der »Charab-Verkäufer«, jener erfrischenden konzentrierten Fruchtgetränke, deren Zubereitung die Franken als »Sirup« oder »Sorbet« übernommen haben.

Nachmittags finden sich die Menschen aller Stände in den Hammams zusammen, wo man sich vor dem Abendgebet reinigt. Sobald es jedoch dunkel geworden ist, verlassen die Bewohner das Zentrum von Aleppo, um in ihren Wohnvierteln vor den betrunkenen Soldaten sicher zu sein. Aber auch dort gehen Gerüchte um und bilden sich Meinungen. Wie seit dreitausend Jahren brodelt es auch jetzt ständig in diesem Bienenkorb vor Wut, Begeisterung oder Enttäuschung.

In den Wohnvierteln von Aleppo gilt das Wort Ibn al-Khachabs am meisten. Er stammt aus einer reichen Holzhändlerfamilie und spielt in der Verwaltung der Stadt eine bedeutende Rolle. Als schiitischer Kadi genießt er große religiöse und moralische Autorität, ihm obliegt es, bei Streitigkeiten innerhalb seiner Gemeinde, die die größte von Aleppo ist, zu entscheiden. Zudem ist er noch der Rais, also der Bürgermeister der Stadt, und dadurch der oberste Sprecher der Kaufleute, der Vertreter der Interessen der Bürger beim König und der Befehlshaber der Stadtmiliz.

Die Tätigkeiten Ibn al-Khachabs allerdings gehen weit über den nicht gerade bescheidenen Rahmen seiner offiziellen Befugnisse hinaus. Umgeben von zahlreichen Anhängern, nährt er seit der Ankunft der Franken eine patriotische und pietistische geistige Strömung, die dem Eroberer gegenüber eine entschlossenere Haltung fordert. Er scheut sich keineswegs, König Redwan zu sagen, was er von seiner versöhnlichen, wenn nicht gar unterwürfigen Politik hält. Als Tankred von dem seldschukischen Monarchen verlangt hatte, ein Kreuz am Minarett der großen Moschee anzubringen, organisierte der Kadi einen Volksaufstand und erreichte, daß das Kreuz an der Kirche der Heiligen Helene angebracht wurde. Seitdem ging Redwan Meinungsverschiedenheiten mit dem unnachgiebigen Kadi aus dem Wege. Er lebte zurückgezogen in seiner Zitadelle, umgeben von seinem Harem und seiner Leibgarde, hatte seine Moschee, seine Wasserquelle und sein begrüntes Hippodrom. Darauf bedacht, seine Untertanen möglichst ruhig zu halten, gab er der öffentlichen Meinung nach und war tolerant, solange seine eigene Autorität nicht in Frage gestellt wurde.

Im Jahre 1111 wird Ibn al-Khachab erneut in der Zitadelle vorstellig, um Redwan die äußerste Unzufriedenheit der Bewohner der Stadt auszudrücken. Er erklärt ihm, daß die Gläubigen entsetzt sind, den Ungläubigen, die sich auf dem Boden des Islam niedergelassen haben, einen Tribut zahlen zu müssen. Mit dem Handel geht es abwärts, seit der unerträgliche Fürst von Antiochia alle Straßen, die von Aleppo zum Mittelmeer führen, überwacht und von den Karawanen Lösegeld verlangt. Da sich die Stadt aus eigener Kraft nicht mehr verteidigen kann, verlangt der Kadi, daß sich eine Delegation, bestehend aus schiitischen und sunnitischen Notablen, Kaufleuten und religiösen Würdenträgern, nach Bagdad begibt, um Sultan Mohammed um Hilfe zu bitten. Redwan hat keinerlei Lust, daß sich sein seldschukischer Vetter mit den Angelegenheiten seines Königreiches befaßt; lieber arrangiert er sich noch mit Tankred. Angesichts der Erfolglosigkeit der bisherigen Bittgänge nach der abbasidischen Hauptstadt hält er es jedoch für ungefährlich, dem Wunsch seiner Untertanen stattzugeben.

Hier täuscht er sich allerdings. Denn entgegen allen Erwartungen haben die Demonstrationen vom Februar 1111 in Bagdad den von Ibn al-Khachab erwünschten Erfolg gezeitigt. Der Sultan, der vom Fall von Saida und von dem Aleppo aufgezwungenen Vertrag gehört hat, beginnt, sich über das Vorhaben der Franken Gedanken zu machen. Er befiehlt dem neuen Statthalter von Mosul, Emir Mawdud, sich unverzüglich an der Spitze eines starken Heeres auf den Weg zu machen und Aleppo zu helfen. Als Ibn al-Khachab bei seiner Rückkehr Redwan vom Erfolg seiner Mission berichtet, zeigt sich dieser sehr erfreut, wenngleich er auch im stillen betet, daß nichts daraus werden möge. Er läßt seinem Vetter sogar mitteilen, daß er an seiner Seite am Djihad teilnehmen wird. Als er aber im Juli erfährt, daß sich das Heer tatsächlich seiner Stadt nähert, kann er seine Bestürzung nicht mehr verbergen. Er läßt alle Tore verbarrikadieren, Ibn al-Khachab und seine wichtigsten Parteigänger verhaften und in die Kerker der Zitadelle sperren. Die türkischen Soldaten werden beauftragt, Tag und Nacht alle Stadtviertel zu durchkämmen und jeglichen Kontakt zwischen der Bevölkerung und »dem Feind« zu verhindern. Der Lauf der Ereignisse wird seine Kehrtwendung zum Teil rechtfertigen. Da das Heer des Sultans die Verpflegung, die der König zu stellen verpflichtet gewesen wäre, nicht erhält, rächen sich die Soldaten und plündern schonungslos die Umgebung von Aleppo. Sodann fällt, wegen Meinungsverschiedenheiten zwischen Mawdud und den anderen Emiren, das Heer auseinander, ohne daß auch nur eine Kampfhandlung stattgefunden hätte.

Zwei Jahre später kommt Mawdud wieder nach Syrien. Er ist vom Sultan beauftragt, alle muslimischen Herrscher außer Redwan gegen die Franken aufzubieten. Da Aleppo nicht in Frage kommt, schlägt er sein Hauptquartier in der anderen großen Stadt auf, nämlich Damaskus, um eine großangelegte Offensive gegen das Königreich Jerusalem vorzubereiten. Atabek Toghtekin, der Gastgeber, zeigt sich äußerst geschmeichelt durch die große Ehre, die der Abgesandte des Sultans ihm widerfahren läßt, in Wirklichkeit aber ist er ebenso entsetzt wie Redwan. Er fürchtet, daß Mawdud sich seiner Stadt bemächtigen will, und so wird alles, was der Emir tut, als Gefahr für die Zukunft empfunden. Am 2. Oktober 1113 verläßt Emir Mawdud sein Lager bei der Eisernen Pforte, einem der acht Stadttore, um sich wie jeden Tag mit dem hinkenden Atabek zur omaijadischen Moschee zu begeben.

Das Gebet war beendet, und nachdem Mawdud noch einige zusätzliche Gebete verrichtet hatte, wandten sich alle beide zum Gehen. Toghtekin ging ehrerbietig vor dem Emir. Sie waren von Kriegern, Wachen und Milizsoldaten umgeben, die alle Arten von Waffen trugen. Die schlanken Säbel, die spitzen Schwerter, die Krummsäbel und die blanken Dolche wirkten wie ein dichtes Gestrüpp. Um sie herum drängte sich die Menge, um die hohen Herren in all ihrer Pracht zu bewundern. Als sie in den Hof der Moschee kamen, löste sich ein Mann aus der Menge und ging auf den Emir Mawdud zu, als wolle er für ihn beten und ihn um ein Almosen bitten. Plötzlich ergriff er den Gürtel seines Mantels und stieß mit seinem Dolch zweimal oberhalb des Nabels auf ihn ein. Der Atabek Toghtekin machte einige Schritte rückwärts, und seine Leute umringten ihn. Mawdud hingegen ging sehr beherrscht bis zum Nordportal der Moschee, wo er zusammenbrach. Man ließ einen Arzt kommen, der einen Teil der Wunden vernähte, aber nach einigen Stunden starb der Emir, Gott sei ihm gnädig!

Wer hat den Statthalter von Mosul am Vorabend seiner Offensive gegen die Franken getötet? Toghtekin beschuldigte mit großer Beflissenheit Redwan und seine Freunde von der Sekte der Assassinen, aber für die meisten Zeitgenossen konnte nur der Herr von Damaskus den Mörder gedungen haben. Nach Ibn al-Athir soll König Balduin, über den Mord entsetzt, eine Botschaft an Toghtekin geschickt haben, die voller Verachtung war: »Ein Volk, das seinen Herrscher im Hause seines Gottes tötet, verdient die Vernichtung.« Sultan Mohammed brüllt vor Zorn auf, als er vom Tod seines Statthalters erfährt. Da er sich durch die Missetat persönlich beleidigt fühlt, beschließt er, alle syrischen Potentaten endgültig auf die Reihe zu bringen, seien sie nun von Aleppo oder Damaskus. Er hebt eine Armee von mehreren zehntausend Mann aus mit den besten seldschukischen Offizieren und befiehlt ganz einfach allen muslimischen Fürsten dazuzustoßen, um die heilige Pflicht des Djihad gegen die Franken zu erfüllen.

Als das mächtige Heer des Sultans im Frühjahr 1115 im mittleren Syrien anlangt, erwartet es eine Riesenüberraschung. Vor ihm stehen, Seite an Seite, Balduin von Jerusalem und Toghtekin von Damaskus, umgeben von ihren eigenen Truppen, sowie denen von Antiochia, Aleppo und Tripoli. Die syrischen Herrscher, ob Franken oder Muslims, fühlen sich alle gleicherweise vom Sultan bedroht und haben so beschlossen, sich zu verbünden. Nach einigen Monaten muß das seldschukische Heer schmachvoll den Rückzug antreten, und Mohammed schwört, sich nie wieder um das Frankenproblem zu kümmern. Er sollte Wort halten.

Während die muslimischen Herrscher erneut einen Beweis dafür liefern, daß sie keinerlei Sinn für Verantwortung haben, zeigen zwei arabische Städte, im Abstand von einigen Monaten, daß es möglich ist, den Eroberern zu widerstehen. Nach der Einnahme von Saida im Dezember 1110 beherrschen die Franken das gesamte Küstengebiet, das »Sahel«, vom Sinai bis zum »Land des Sohnes des Armeniers«, im Norden von Antiochia. Zwei Enklaven bestehen noch: Askalon und Tyros, das heutige Sur. Durch seine wiederholten Siege ermutigt, beschließt Balduin, sich ihrer nun auch noch anzunehmen und sie zu unterwerfen. Das Gebiet von Askalon ist bekannt für den Anbau von roten Zwiebeln, den »askalonischen«, woraus sich das heutige französische »échalote« und das deutsche »Schalotte« für eine bestimmte Zwiebelsorte entwickelt haben. Die Hauptbedeutung liegt jedoch auf militärischem Gebiet, denn hier sammeln sich jedesmal die ägyptischen Truppen, wenn sie einen Angriff auf das Königreich Jerusalem vorhaben.

Schon 1111 marschiert Balduin vor den Mauern der Stadt mit seinem Heer auf. Der fatimidische Statthalter von Askalon, Chams al-Khilafa, »Sonne des Kalifats«, neigt, wie Ibn al-Qalanissi sagt, mehr zum Handel als zum Krieg, und die Machtdemonstration des abendländischen Heeres versetzt ihn in große Angst. Ohne auch nur eine Spur von Widerstand zu zeigen, ist er damit einverstanden, einen Tribut von siebentausend Dinar zu zahlen. Die palästinische Bevölkerung der Stadt fühlt sich durch dieses unerwartete Nachgeben gedemütigt und schickt Boten nach Kairo, um die Absetzung des Statthalters zu erwirken. Als Chams al-Khilafa dies erfährt, fürchtet er, daß der Wesir al-Afdal ihn für seine Feigheit bestrafen könnte. Er versucht dies zu verhindern, indem er alle ägyptischen Beamten ausweist und sich selbst unter den Schutz der Franken stellt. Balduin schickt ihm dreihundert Mann, die sich der Zitadelle von Askalon annehmen.

Die Bewohner der Stadt sind entsetzt, lassen sich jedoch nicht entmutigen. In den Moscheen finden geheime Zusammenkünfte statt, es werden Pläne geschmiedet – bis zu einem gewissen Tag im Juli. Als Chams al-Khilafa zu Pferd aus seiner Residenz reitet, überfällt ihn eine Gruppe von Verschwörern; sie stechen mit Dolchen auf ihn ein. Dies ist das Signal für den Aufstand. Die bewaffneten Bewohner der Stadt, zu denen sich die Berber aus der Leibgarde des Statthalters gesellen, stürmen die Zitadelle. Die fränkischen Krieger werden über die Wälle und durch die Türme verfolgt, und keiner von Balduins Leuten kann sich retten. Noch vierzig Jahre lang kann sich die Stadt der Frankenherrschaft erwehren.

Um sich für die Niederlage zu rächen, wendet sich Balduin gegen Tyros, die alte phönizische Stadt, von der aus Kadmos das Alphabet im Mittelmeerraum bekannt machte. Er war der Bruder Europas, die ihren Namen dem Kontinent der Franken geben sollte. Die imposante Mauer von Tyros erinnert noch an die glorreiche Vergangenheit der Stadt, die auf drei Seiten vom Meer umspült ist. Mit dem Festland verbindet sie nur ein schmaler Damm, den Alexander der Große hat anlegen lassen. Da sie als uneinnehmbar gilt, beherbergt sie im Jahre 1111 eine große Menge von Flüchtlingen aus den neubesetzten Gebieten. Bei der Verteidigung werden sie eine wesentliche Rolle spielen, wie Ibn al-Qalanissi schreibt, der sich sichtlich auf Schilderungen aus erster Hand stützt.

Die Franken hatten einen Schlachtturm aufgefahren mit einem sehr starken Rammbock. Die Mauern wurden erschüttert, ein Teil der Steine barst in Stücke, und die Bewohner waren am Rand der Verzweiflung. Da fertigte ein Seemann aus Tripoli, der etwas von Metall verstand und Kriegserfahrung hatte, eiserne Widerhaken an. An ihnen waren Seile befestigt, die die Verteidiger in den Händen hielten. Die Haken bohrten sich von vorn und von der Seite in den Rammbock ein, und durch kräftiges Ziehen kam der ganze Turm ins Wanken. Die Franken sahen sich mehrmals gezwungen, ihren Rammbock zu zerschlagen, um ihren Schlachtturm zu retten.

Die Angreifer versuchen es immer wieder. Sie bringen ihren Turm näher an die Mauern und hämmern mit einem neuen Rammbock darauf ein, dieser ist sechzig Ellen lang, und sein Kopf aus Eisenguß wiegt mehr als zwanzig Pfund. Aber der Seemann aus Tripoli gibt sich nicht geschlagen, wie al-Qalanissi schreibt:

Mit Hilfe einiger geschickt aufgestellter Balken wurden große Krüge voller Unrat und Abfall hochgezogen und auf die Franken geleert. Vom Gestank gewürgt, konnten sie ihren Rammbock nicht mehr bedienen. Nun nahm der Tripolitaner Körbe, füllte sie mit Öl, Bitumen, Brennholz, Harz und Rinde. Nachdem er sie angezündet hatte, warf er sie auf den Turm, der nun von oben herab zu brennen anfing. Als die Franken versuchten, mit Essig und Wasser zu löschen, warf der Seemann andere Gefäße voll kochenden Öls hinüber, um das Feuer zu beleben. Der ganze obere Teil des Turmes brannte, und das Feuer ergriff auch die unteren Etagen und fraß sich in das Stützgebälk.

Da sie den Turm nicht löschen können, verlassen ihn die Franken und fliehen. Dies nutzen die Verteidiger aus, machen einen Ausfall und holen sich eine Menge liegengebliebener Waffen. Triumphierend schließt al-Qalanissi:

Als sie dies sahen, verloren die Franken den Mut, bliesen zum Rückzug und verbrannten die Baracken, die sie in ihrem Lager gebaut hatten.

Es ist der 10. April 1112. Nach hundertdreißig Tagen Belagerung hat die Bevölkerung von Tyros den Franken ein schwere Niederlage zugefügt.

Nach den Aufständen in Bagdad und Askalon und dem Widerstand in Tyros beginnt ein neuer Wind zu wehen. Immer mehr Araber schließen sich zusammen, aus Haß sowohl gegen die Eindringlinge als auch gegen die meisten muslimischen Führer, die der Nachlässigkeit, ja sogar des Verrates bezichtigt werden. Besonders in Aleppo wächst diese Bewegung schnell über das Stadium eines kurzen Aufbegehrens hinaus. Unter der Führung des Kadi Ibn al-Khachab nehmen die Bewohner ihr Schicksal nun selbst in die Hand. Sie wählen selbst ihre Führer und bestimmen, welche Politik diese zu verfolgen haben. Sicher, es gibt viele Niederlagen und Enttäuschungen, denn die Expansion der Franken ist noch nicht zu Ende, und ihr Hochmut ist grenzenlos. Aber von nun an läßt sich beobachten, wie von Aleppo aus eine Bewegung entsteht, die nach und nach den arabischen Orient überflutet, bis sie eines Tages gerechte, mutige und pflichtbewußte Männer an die Macht bringt, die fähig sind, das verlorene Land zurückzuerobern.

Bis es jedoch soweit ist, macht Aleppo die unruhigste Zeit seiner Geschichte durch. Ende November 1113 erfährt Ibn al-Khachab, daß Redwan in seiner Zitadelle schwer krank ist. Er versammelt seine Mitstreiter, damit sie sich bereithalten. Am 10. Dezember stirbt der König. Sobald es bekannt wird, schwärmt die Miliz aus, besetzt die wichtigsten Gebäude der Stadt und bemächtigt sich zahlreicher Freunde Redwans, besonders der Anhänger der Assassinen, die alle wegen »Zusammenarbeit mit dem fränkischen Feinde« sofort hingerichtet werden.

Der Kadi will keineswegs selbst die Macht an sich reißen, sondern nur den neuen König, Alp Arslan, beeindrucken, damit er eine andere Politik verfolgt als sein Vater. Der Sechzehnjährige, der so stark stottert, daß er »der Stumme« genannt wird, scheint in den ersten Tagen die militante Haltung Ibn al-Khachabs zu befürworten. Er läßt alle Mitarbeiter Redwans verhaften und ihnen mit unverhohlener Freude den Kopf abhacken. Dies beunruhigt den Kadi, und er rät dem jungen Monarchen, nicht die ganze Stadt in ein Blutbad zu tauchen, sondern nur als abschreckendes Beispiel die Verräter zu bestrafen. Aber Alp Arslan will nicht hören. Er läßt sogar zwei seiner eigenen Brüder hinrichten, mehrere hohe Offiziere, eine gewisse Anzahl von Dienern und, ganz allgemein, alle, deren Nase ihm nicht paßt. Langsam entdecken die Bewohner die schreckliche Wahrheit: Der König ist irrsinnig! Die beste Quelle, die wir haben, um diese wirre Zeit zu begreifen, ist die Chronik eines Schriftstellers und Diplomaten von Aleppo, Kamaleddin, die ein Jahrhundert nach den Ereignissen anhand der Zeugnisse geschrieben wurde, die von Zeitgenossen hinterlassen worden waren. Er schreibt:

Eines Tages ließ Alp Arslan eine Anzahl von Emiren und Notabeln kommen und ging mit ihnen in eine Art von Kellergewölbe unter der Zitadelle. Als sie alle drin waren, sagte er: »Was würdet ihr davon halten, wenn ich euch allen hier, an Ort und Stelle, den Kopf abhauen ließe?« – »Wir sind immer ganz zu Diensten Eurer Majestät«, antworteten die Unglücklichen und taten so, als hielten sie das Ganze für einen guten Scherz. Und das rettete ihnen übrigens auch das Leben.

Alles zieht sich natürlich von dem jungen Wahnsinnigen zurück, nur einer wagt sich noch zu ihm, sein Eunuch Lulu (»Perle«), aber auch er beginnt um sein Leben zu fürchten. Im September 1114 tötet er seinen schlafenden Herrn und bringt einen anderen Sohn Redwans auf den Thron, der gerade sechs Jahre alt ist.

Aleppo gerät immer tiefer in die Anarchie. Während sich in der Zitadelle unkontrollierte Gruppen von Soldaten und Sklaven gegenseitig umbringen, patrouillieren die bewaffneten Bürger in der Stadt, um sich gegen die Plünderer zu schützen. Die Franken von Antiochia nutzen zunächst das Chaos, das Aleppo lähmt, nicht aus. Tankred ist ein Jahr vor Redwan gestorben, und sein Nachfolger, Sire Roger von Antiochia, den Kamaleddin in seiner Chronik »Sirjal« nennt, fühlt sich noch nicht sicher genug, um sich an eine größere Unternehmung zu wagen. Aber schon 1116 beginnt er, eine Festung nach der anderen um Aleppo zu besetzen, um sich die Kontrolle über alle Straßen zu sichern, und da er nicht auf Widerstand stößt, erhebt er von jedem Mekka-Pilger eine Maut.

Im April 1117 wird der Eunuch Lulu ermordet. Nach Kamaleddin hatten die Soldaten seiner Eskorte ein Komplott gegen ihn geschmiedet. Bei einem Marsch östlich der Stadt legten sie plötzlich an und riefen: »Auf den Hasen! Auf den Hasen!« damit er glauben sollte, sie wollten einen Hasen erlegen, während sie in Wirklichkeit auf ihn gezielt hatten. Von Pfeilen durchbohrt, sinkt Lulu zusammen. Nach seinem Tod geht die Macht auf einen anderen Sklaven über, der sich nicht durchsetzen kann und Roger bittet, ihm zu Hilfe zu kommen. Nun beginnt ein unbeschreibliches Wirrwarr. Während die Franken sich auf die Belagerung vorbereiten, bekriegen sich die Soldaten wegen der Herrschaft über die Zitadelle. Daher beschließt Ibn al-Khachab, sofort zu handeln. Er ruft die Notabeln der Stadt zusammen und unterbreitet ihnen einen Plan, der sich als folgenschwer herausstellen sollte. Er erklärt ihnen, daß Aleppo als Grenzstadt eine Vorreiterrolle im Djihad gegen die Franken spielen müsse und deswegen seine Regierung einem mächtigen Emir anvertrauen müsse, vielleicht sogar dem Sultan selbst, damit es nie wieder von einem örtlichen Kleinkönig regiert würde, der seine persönlichen Interessen vor diejenigen des Islam stellt. Der Vorschlag des Kadi wird angenommen, wenn auch nicht vorbehaltlos, denn die Bewohner von Aleppo sind stolz auf ihren Partikularismus. Die möglichen Kandidaten werden also unter die Lupe genommen: Der Sultan? Er will nichts mehr von Syrien hören. Toghtekin? Er ist der einzige syrische Herrscher von einem gewissen Niveau, aber die von Aleppo würden niemals einen Damaszener akzeptieren. So bringt Ibn al-Khachab den Namen des türkischen Emirs Ilghazi, Statthalter von Mardin in Mesopotamien, ins Spiel. Sein Verhalten war nicht immer vorbildlich; zwei Jahre zuvor hatte er das fränkisch-islamische Bündnis gegen den Sultan unterstützt, auch ist er als Säufer bekannt. Ibn al-Qalanassi schreibt über ihn: *Wenn er Wein trank, blieb Ilghazi mehrere Tage lang in einem Zustand von Stumpfsinn und konnte sich nicht einmal zu einem Befehl oder einer Anweisung aufraffen.*

Aber um einen nüchternen Offizier zu finden, müßte man lange suchen, und Ibn al-Khachab unterstreicht, daß Ilghazi ein tapferer

Krieger ist, dessen Familie lange Zeit Jerusalem regiert hat, und sein Bruder Sokman hat den Sieg von Harran gegen die Franken errungen. Schließlich findet diese Meinung eine Mehrheit, und Ilghazi wird eingeladen. Der Kadi selbst öffnet ihm im Sommer 1118 die Tore der Stadt. Zunächst heiratet der Emir die Tochter des Königs Redwan als Symbol für das Bündnis zwischen der Stadt und ihrem neuen Herrscher und gleichzeitig auch als Bestätigung seiner Legitimität. Ilghazi zieht seine Truppen zusammen.

Zwanzig Jahre nach dem Einfall der Franken hat die nordsyrische Hauptstadt zum ersten Mal einen Herrscher, der bereit ist zu kämpfen, und das Ergebnis ist durchschlagend. Am Samstag, dem 28. Juni 1119, steht das Heer des Herren von Aleppo dem Heer von Antiochia in der Ebene von Sarmada gegenüber, auf halbem Weg zwischen den beiden Städten. Kamaleddin beschreibt es so:

Ilghazi ließ seine Emire geloben, sich tapfer zu schlagen, auszuhalten, nicht zurückzuweichen und ihr Leben dem Djihad zu weihen. Dann schwärmten die Muslims in kleinen, aufeinanderfolgenden Gruppen aus und nahmen während der Nacht neben den Truppen von Sire Roger Aufstellung. Bei Tagesanbruch sahen die Franken plötzlich die Standarten der Muslims von allen Seiten auf sich zukommen. Der Kadi Ibn al-Khachab sprengte auf seiner Stute vor, mit der Lanze in der Hand, und trieb die Unseren zum Kampf an. Einer der Soldaten rief verächtlich: »Sind wir hierhergekommen, um einem Turban zu folgen?« Aber der Kadi ritt durch das Heer und feuerte die Soldaten mit so beredten Worten an, um ihre Kampfeslust anzustacheln, daß die Männer vor Ergriffenheit weinten und ihn grenzenlos bewunderten. Dann wurde von allen Seiten auf einmal angegriffen. Die Pfeile flogen wie Wolken von Heuschrecken.

Das Heer von Antiochia ist dezimiert. Sire Roger selbst wird zwischen den Toten auf dem Schlachtfeld mit gespaltenem Schädel gefunden.

Der Bote mit der Siegesnachricht erreichte Aleppo, als die Muslims, einer neben dem anderen, das Mittagsgebet in der großen Moschee beendet hatten. Man hörte von Westen her Kriegsgeschrei, aber kein Krieger kam vor dem Nachmittagsgebet in die Stadt zurück.

Tagelang wird der Sieg in Aleppo gefeiert, Hammel werden geschlachtet, es wird getrunken und gesungen. Die Menge kommt zusammen, um die Fahnen der Kreuzfahrer zu betrachten, die Helme, die Kettenhemden, alles, was die Truppen mitgebracht haben. Man drängt sich auch zur Hinrichtung der mittellosen Gefangenen, denn die reichen werden gegen Lösegeld freigelassen. Auf den öffentlichen Plätzen werden aus den Stegreif verfaßte Gedichte zum Ruhme Ilghazis vorgetragen: Dir, nach Gott, vertrauen wir!« Die Menschen von Aleppo haben jahrelang in Furcht und Schrecken gelebt, vor Bohemund, vor Tankred, vor Roger von Antiochien. Viele warteten nur noch auf den Tag, an dem sie, wie ihre Brüder in Tripoli, lediglich die Wahl hätten zwischen dem Tod und dem Exil. Mit dem Sieg von Sarmada jedoch ist das Leben zurückgekehrt. In der gesamten islamischen Welt löst der Sieg Ilghazis Begeisterung aus, und Ibn al-Qalanissi schreibt: *Nie wurde dem Islam in den vergangenen Jahren ein solcher Triumph zuteil!*

Diese Übertreibung zeigt die völlige Mutlosigkeit vor dem Sieg von Ilghazi. Die Hochmütigkeit der Franken grenzt mittlerweile ans Absurde: Anfang März 1118 versucht König Balduin mit genau zweihundertsechzehn Reitern und vierhundert Mann Fußvolk tatsächlich in Ägypten einzufallen! Er hat an der Spitze seines spärlichen Heeres die Sinai-Halbinsel durchquert, widerstandslos die Stadt Farama eingenommen und ist zum Ufer des Nils gekommen, *in dem er badet,* wie Ibn al-Athir spöttisch berichtet. Er wäre noch weiter gezogen, wenn er nicht plötzlich krank geworden wäre. Er sollte so schnell wie möglich nach Palästina zurückgebracht werden, starb aber unterwegs in el-Arich, im Nordosten der Sinai-Halbinsel. Trotz des Todes von Balduin sollte sich al-Afdal niemals von dieser neuerlichen Demütigung erholen. Er war immer weniger Herr der Lage und wurde drei Jahr später in einer Straße von Kairo ermordet. Der König der Franken wurde durch seinen Vetter, Balduin II. von Edessa ersetzt.

Da der Sieg von Sarmada kurz auf das Blitz-Unternehmen durch die Sinai-Halbinsel folgt, erscheint er wie eine Rache und für manche Optimisten sogar wie der Anfang der Rückeroberung. Man ist darauf gefaßt, daß Ilghazi jetzt unverzüglich nach Antiochia marschiert, wo es weder Herrscher noch Heer gibt. Die Franken bereiten sich übrigens auf eine Belagerung vor, und das erste, was sie tun, ist die Entwaffnung der christlichen Syrer, Armenier und Griechen in der Stadt. Sie verbieten ihnen, ihre Häuser zu verlassen, denn sie fürchten, daß sie sich mit dem Heer aus Aleppo verbünden könnten. Die Spannungen zwischen den Christen aus dem

Abendland und ihren orientalischen Glaubensgenossen sind nämlich sehr groß, und letztere beschuldigen sie, ihre Riten zu verachten und sie in ihrer eigenen Stadt in subalternen Stellungen zu halten. Aber die Vorsichtsmaßnahmen der Franken erweisen sich als unnötig, denn Ilghazi denkt gar nicht daran, seine gute Position auszunutzen. Stockbetrunken aalt er sich in der ehemaligen Residenz Redwans, die er nicht zu verlassen gedenkt, und feiert ununterbrochen seinen Sieg. Durch den Genuß zu vieler vergorener Getränke bekommt er einen heftigen Fieberanfall, von dem er erst zwanzig Tage später wieder genesen ist, gerade rechtzeitig, um zu erfahren, daß das Heer von Jerusalem unter der Führung des neuen Königs, Balduin II., in Antiochia angekommen ist.

Nach drei Jahren stirbt Ilghazi, vom Alkohol zugrunde gerichtet, ohne je seinen Erfolg ausgenutzt zu haben. Die Bewohner von Aleppo sind ihm dankbar, daß er ihre Stadt vor den Franken bewahrt hat, aber sein Tod berührt sie kaum, denn sie blicken schon auf seinen Nachfolger Balak, einen Mann, dessen Name in aller Munde ist. Er ist der Neffe Ilghazis, aber von ganz anderem Schlag. In wenigen Monaten wird er zum umjubelten Helden der arabischen Welt, dessen Taten in allen Moscheen und auf den öffentlichen Plätzen gefeiert werden.

Im September 1112 gelingt es Balak, sich durch einen gewagten Handstreich Jocelins zu bemächtigen, der Nachfolger von Balduin II. als Graf von Edessa ist. Nach Ibn al-Athir läßt er ihn in eine Kamelhaut einnähen, lehnt alle Lösegeldangebote ab und sperrt ihn in eine Festung. So sieht sich ein zweiter Frankenstaat ohne Herrscher. Der König von Jerusalem ist höchst beunruhigt und beschließt, selber nach Norden zu ziehen. Die Ritter von Edessa zeigen ihm die Stelle, an der Jocelin gefangengenommen wurde. Es ist ein Sumpfgebiet am Ufer des Euphrat. Balduin macht einen kleinen Erkundungsritt und befiehlt dann, die Zelte für die Nacht aufzuschlagen. Am nächsten Morgen steht er zeitig auf, um auf die Falkenjagd zu reiten, sein Lieblingssport, den er von den morgenländischen Fürsten übernommen hat. Plötzlich umringen Balak und seine Leute, die lautlos herangepirscht waren, das Lager. Der König von Jerusalem streckt die Waffen und wird ebenfalls in Gefangenschaft geführt.

Umstrahlt vom Glanz seiner Heldentaten zieht Balak im Juni 1123 triumphierend in Aleppo ein. Wie Ilghazi heiratet er die Tochter Redwans und macht sich dann, ohne Zeit zu verlieren, daran, die fränkischen Besitzungen um die Stadt herum zurückzuerobern, ohne eine einzige Niederlage einstecken zu müssen. Die militärische Tüchtigkeit des vierzigjährigen türkischen Emirs, seine Entschlußkraft, seine Kompromißfeindlichkeit gegenüber den Franken, seine Nüchternheit sowie die lange Liste seiner Siege stehen in scharfem Kontrast zu der unglaublichen Mittelmäßigkeit der anderen muslimischen Führer.

Eine Stadt sieht in ihm ganz besonders den von der Vorsehung geschickten Retter: Tyros, das die Franken erneut belagern, trotz der Gefangennahme ihres Königs. Die Lage der Verteidiger erweist sich als bedeutend schlechter als bei ihrem sieghaften Widerstand zwölf Jahre zuvor, denn die Franken haben dieses Mal die Kontrolle über das Meer. Im Frühjahr 1123 ist nämlich vor der palästinensischen Küste ein venezianisches Geschwader von mehr als hundertzwanzig Schiffen erschienen. Es war ihm gelungen, die ägyptische Flotte, die vor Askalon lag, zu überraschen und zu zerstören. Im Februar 1124, nach Unterzeichnung des Abkommens mit Jerusalem über die Teilung der Beute, hatten die Venezianer mit der Blockade des Hafens von Tyros begonnen, während die Franken ihr Lager östlich von der Stadt aufschlugen. Es sieht also nicht gut aus für die Belagerten, obwohl sie sich erbittert wehren. Eines Nachts zum Beispiel gelangt eine Gruppe hervorragender Schwimmer bis zu einem venezianischen Schiff, das die Hafeneinfahrt bewacht, und es gelingt ihnen, es bis in die Stadt zu ziehen, wo es entwaffnet und zerstört wird. Aber trotz derartiger heldenhafter Handstreiche sind die Erfolgschancen gering. Durch die Niederlage der fatimidischen Flotte ist jede Hilfe vom Meer her unmöglich. Außerdem wird die Trinkwasserversorgung zum Problem, denn Tyros – und das ist sein wunder Punkt – hat keine Quelle im Innern der Stadt. In Friedenszeiten kommt das Süßwasser über eine Kanalisation von außerhalb. In Kriegszeiten zählt die Stadt auf ihre Zisternen und die Versorgung durch kleine Schiffe, was die Blockade der Venezianer jetzt aber unterbindet. Wenn es keine Möglichkeit gibt, die Umklammerung zu lösen, steht in den nächsten Monaten die Kapitulation bevor.

Da die Belagerten von den Ägyptern, ihren üblichen Beschützern, nichts zu erwarten haben, wenden sie sich an den Mann der Stunde, Balak. Der Emir belagert gerade eine Festung im Gebiet von Aleppo, Manbij, wo einer seiner Vasallen eine Rebellion angezettelt hat. Als ihn der Hilferuf der Tyrianer erreicht, beschließt er sofort, berichtet Kamaleddin, die Fortführung der Belagerung einem seiner Stellvertreter anzuvertrauen und selbst nach Tyros zu ziehen. Am 6. Mai, bevor er aufbricht, unternimmt er eine letzte Inspektion, die der Chronist wie folgt beschreibt:

Mit Helm und Schild ging Balak auf die Festung Manbij zu, um den Ort für die Aufstellung der Schleudern zu bestimmen. Während er seine Befehle gab, traf ihn ein von der Mauer kommender Pfeil unter dem linken Schulterblatt. Er riß das Geschoß selbst heraus, spuckte verächtlich darauf und murmelte: »Dieser Schuß wird für alle Muslims tödlich sein.« Dann verschied er.

Er hat wahr gesprochen. Denn sobald die Nachricht von seinem Tod nach Tyros gelangt, verlieren die Bewohner den Mut und denken nur noch daran, wie sie die günstigsten Übergabebedingungen aushandeln können. *Am 7. Juli,* berichtet Ibn al-Qalanissi, *erfolgte unbehelligt ihr Auszug zwischen zwei Reihen von Soldaten. Alle Militärs und Zivilisten verließen die Stadt, zurück blieben nur die Behinderten. Einige gingen nach Damaskus, die übrigen verstreuten sich über das Land.* Wenn auch ein Blutbad verhindert werden konnte, so endet der bewundernswerte Widerstand der Tyrianer doch mit einer tiefen Demütigung.

Sie sind jedoch nicht die einzigen, welche unter den Folgen des Todes von Balak zu leiden haben. In Aleppo fällt die Macht an Timurtach, den Sohn Ilghazis. Wie Ibn al-Athir schreibt, *war der Neunzehnjährige nur mit seinen Vergnügungen beschäftigt. Er hatte nichts anderes im Kopf, als Aleppo so schnell wie möglich zu verlassen, um nach seiner Heimatstadt Mardin zu gehen, denn er fand, in Syrien gebe es zu viele Kriege mit den Franken.* Aber der unfähige Timurtach gibt nicht nur seine Hauptstadt auf, sondern er hat nichts Eiligeres zu tun, als gegen zwanzigtausend Dinar den König von Jerusalem freizulassen. Er schenkt ihm Prunkgewänder, eine goldene Mütze und reich verzierte Stiefel und gibt ihm sogar das Pferd zurück, das Balak ihm bei der Gefangennahme abgenommen hatte. Das ist gewiß eine fürstliche Haltung, aber völlig unverantwortlich, denn schon einige Wochen nach seiner Freilassung erscheint Balduin II. vor Aleppo mit dem festen Willen, die Stadt einzunehmen.

Die Verteidigung der Stadt liegt allein in den Händen von al-Khachab, der nur einige hundert Mann unter Waffen hat. Der Kadi, der Tausende von Kriegern vor der Stadt sieht, schickt einen Boten zu Balak, der sein Leben aufs Spiel setzt, um nachts durch die feindlichen Linien zu kommen. In Mardin angekommen, geht er zum Diwan der Emirs und bittet ihn inständig, Aleppo nicht aufzugeben. Timurtach jedoch, der ebenso unverschämt wie feige ist, befiehlt, den Boten, dessen Klagen ihm lästig sind, ins Gefängnis zu werfen.

Nun wendet sich al-Khachab hilfesuchend an einen anderen Retter: al-Borsoki, ein alter türkischer Krieger, der gerade zum Statthalter von Mosul ernannt worden ist. Er ist bekannt für seine Rechtschaffenheit und seine Frömmigkeit, aber auch für seine politische Geschicklichkeit und seinen Ehrgeiz. Mit Freuden kommt er dem Ersuchen des Kadi nach und macht sich sofort auf den Weg. Sein Erscheinen, im Januar 1125, vor der belagerten Stadt überrascht die Franken; sie ergreifen die Flucht und lassen ihre Zelte einfach stehen. Ibn al-Khachab verläßt die Stadt und reitet ihm entgegen, um ihn zur Verfolgung zu ermutigen, aber der Emir ist von dem langen Ritt müde und möchte nur möglichst schnell sehen, was er erobert hat.

Genau wie Ilghazi fünf Jahre zuvor wagt er es nicht, seinen Vorteil auszunutzen, und gibt auf diese Weise dem Feind genügend Zeit, sich wieder zu fangen. Dennoch ist sein Eingreifen von großer Bedeutung, da das Bündnis, das 1125 zwischen Aleppo und Mosul geschlossen wird, zum Kernstück eines mächtigen Staates wird, der sich bald erfolgreich der Arroganz der Franken widersetzen wird.

Es ist bekannt, daß Ibn al-Khachab durch seine Hartnäckigkeit und seine erstaunliche Umsicht nicht nur seine Stadt vor der Besetzung gerettet hat, sondern daß er mehr als jeder andere dazu beigetragen hat, den großen Führern des Djihad gegen die Eindringlinge den Weg zu bereiten. Ihr Kommen sollte er jedoch nicht mehr erleben. An einem Sommertag des Jahres 1125, als er nach seinem Mittagsgebet aus der großen Moschee trat, sprang ein als Asket verkleideter Mann auf ihn zu und stieß ihm einen Dolch in die Brust. Es war die Rache der Assassinen, deren unbarmherziger Gegner Ibn al-Khachab gewesen war. Er hatte das Blut ihrer Anhänger in Strömen vergossen und es niemals bereut. Er mußte also darauf gefaßt sein, daß er dies eines Tages mit seinem Leben bezahlen würde, denn seit dreißig Jahren war es keinem Gegner der Assassinen gelungen, ihnen zu entkommen.

Diese grausamste Sekte aller Zeiten wurde 1090 von einem Mann gegründet, der sehr gebildet war, die Poesie liebte und für die neuesten Errungenschaften der Wissenschaften äußerst aufgeschlossen war. Hassan as-Sabbah wurde um 1048 in der Stadt Rayy geboren, ganz in der Nähe der Stätte, in der einige Jahrzehnte später die Stadt Teheran gegründet wurde. War er, wie es die Legende berichtet, der unzertrennliche Jugendfreund des Dichters Omar al-Khayyam, der sich ebenfalls leidenschaftlich für Mathematik und Astronomie interessierte? Man weiß es nicht genau. Genau weiß man dagegen, welche Umstände diesen hochkultivierten Mann dazu gebracht haben, sein ganzes Leben der Organisation seiner Sekte zu widmen.

Als Hassan geboren wurde, war die schiitische Doktrin, deren Anhänger er war, in Kleinasien führend. Syrien gehörte den fatimidischen Ägyptern, und eine andere schiitische Dynastie, die der Bueyhiden, hatte Persien unter Kontrolle und zwang dem Abbassiden-Kalifen im Herzen von Bagdad ihr Gesetz auf. Während der Jugendjahre Hassans jedoch kehrte sich die Lage völlig um. Die Seldschuken, Vertreter der sunnitischen Doktrin, nahmen das gesamte Gebiet in Besitz. Der vorher herrschende Schiismus wurde zu einer gerade eben noch geduldeten Doktrin, wenn er nicht sogar verfolgt wurde.

Hassan, der in einem Milieu von persischen Geistlichen lebte, lehnte sich gegen diese Lage auf. Um 1071 beschloß er, nach Ägypten zu gehen, der letzten Bastion des Schiismus. Was er jedoch an den Ufern des Nils erlebte, war wenig erfreulich. Der alte fatimische Kalif al-Mustansir war noch mehr eine Marionette als sein abbasidischer Rivale. Er wagte es nicht mehr, ohne die Erlaubnis seines armenischen Wesirs Badr el-Jamali, Vater und Vorgänger al-Afdals, seinen Palast zu verlassen. Hassan fand in Kairo viele religiöse Integristen, die seine Befürchtungen teilten und wie er das schiitische Kalifat reformieren und sich an den Seldschuken rächen wollten.

Bald entstand eine Bewegung, deren Anführer Nizar, der älteste Sohn des Kalifen war. Ebenso fromm wie tapfer, hatte der Erbe der Fatimiden keinerlei Lust, sich den Vergnügungen des Hofes hinzugeben oder die Marionette in den Händen eines Wesirs zu sein. Mit dem bevorstehenden Tod seines Vaters würde er zum Nachfolger und mit Hilfe Hassans und seiner Freunde den Schiiten ein neues goldenes Zeitalter sichern. Es wurde ein genauer Plan ausgearbeitet, bei dem die meisten Ideen von Hassan stammten. Der persische Glaubenskämpfer ließ sich im Herzen des seldschukischen Reiches nieder, um das Gelände für die Wiedereroberung vorzubereiten, die Nizar unternehmen wollte, sobald es soweit war.

Hassan war über Erwarten erfolgreich, aber mit Methoden, an die der tugendhafte Nizar nicht gedacht hatte. 1090 nahm er durch einen Überraschungsangriff die Festung Alamut, den Adlerhorst in der Elburs-Kette ein, nicht weit vom Kaspischen Meer, in einem fast unzugänglichen Gebiet. Nachdem er nun ein unangreifbares Sanktuarium besaß, fing er an, eine politisch-religiöse Vereinigung auf die Beine zu stellen, deren Wirksamkeit und Disziplin in der Geschichte einzig dastehen.

Die Anhänger wurden, vom Novizen bis zum Großmeister, nach Ausbildungsniveau, Vertrauenswürdigkeit und Mut eingeteilt und machten körperliche Trainings- und intensive religiöse Indoktrinierungskurse mit. Die Lieblingswaffe Hassans, und dies, um den Gegner zu terrorisieren, war der Mord. Die Mitglieder der Sekte wurden einzeln oder, seltener, zu zweit oder dritt zum Einsatz geschickt, wobei es sich um den Mord an einer bestimmten Persönlichkeit handelte. Gewöhnlich verkleideten sie sich als Kaufleute oder Asketen, hielten sich in der Stadt, in der das Verbrechen verübt werden sollte, auf und machten sich mit den Gewohnheiten ihres Opfers bekannt. Wenn sie dann alles ausgekundschaftet hatten, schlugen sie zu. Aber wenn die Vorbereitungen auch in aller Heimlichkeit vor sich gingen, so mußte sich die Ausführung doch notwendigerweise in der Öffentlichkeit vollziehen, vor einem möglichst zahlreichen Publikum. Deshalb war der bevorzugte Ort die Moschee und der bevorzugte Tag der Freitag, im allgemeinen zu Mittag. Für Hassan war der Mord nicht einfach ein Mittel, um sich eines Gegners zu entledigen, er war vor allem eine zweifache Lektion für die Öffentlichkeit: die Bestrafung des Getöteten und das heldenhafte Opfer des Adepten, des »Fedai« (Selbstmordkommando), weil er fast immer auf der Stelle ebenfalls sterben mußte.

Die heitere Art, mit der die Sektenmitgieder sich mit ihrem eigenen, fast sicheren Tod abfanden, ließ die Zeitgenossen glauben, sie stünden unter dem Einfluß von Haschisch, was ihnen den Namen »Haschischiyun« oder »Haschischin« eingetragen hat, der sich dann zu Assassin entwickelte, ein Wort, das in mehreren Sprachen zu finden ist. Die Hypothese scheint plausibel, aber bei allem, was diese Sekte anbelangt, ist es äußerst schwierig, Wahrheit und Legende auseinanderzuhalten. Ließ Hassan die Adepten Rauschgift nehmen, um ihnen den Eindruck zu verschaffen, sie seien im Paradies, um sie so zum Opfertod bereit zu machen? Oder versuchte er sie ganz einfach süchtig zu machen, damit sie von ihm abhängig waren? Oder gab er ihnen ein euphorisierendes Mittel, damit sie im Augenblick des Mordes nicht schwach wurden? Oder zählte er eher auf ihren blinden Glauben? Welches auch immer die Antwort sein mag, schon die Tatsache, daß alle diese Hypothesen heraufbeschworen werden, ehrt Hassan als einen außergewöhnlich guten Organisator.

Sein erster Erfolg war durchschlagend. Der erste Mord, der 1092 durchgeführt wurde, zwei Jahre nach Gründung der Sekte, ist für sich allein schon episch. Die Seldschuken stehen zu dieser Zeit auf dem Höhepunkt ihrer Macht. Der Stützpfeiler des Reiches, der Mann, der im Laufe von dreißig Jahren aus dem Gebiet, das türkische Krieger erobert hatten, einen Staat gemacht hat, der die Wiedergeburt der sunnitischen Macht und den Kampf gegen den Schiismus ermöglicht hat, ist ein alter Wesir, dessen Name schon sein Werk beinhaltet: Nizam el-Mulk, »die Ordnung des Reiches«. Am 14. Oktober 1092 erdolcht ihn ein Adept von Hassan.

Als Nizam el-Mulk ermordet wurde, zerfiel der Staat, sagt Ibn al-Athir. Tatsächlich erlangte das seldschukische Reich nie wieder seine Einheit. Seine Geschichte ist hinfort nicht von Eroberungen gekennzeichnet, sondern von endlosen Nachfolgekriegen. »Mission vollbracht«, hätte Hassan zu seinen ägyptischen Freunden sagen können. Nun ist der Weg offen für eine fatimidische Rückeroberung; jetzt ist es an Nizar, zu handeln. Aber in Kairo scheitert der Aufstand. Al-Afdal, der die Wesirwürde von seinem Vater 1094 erbt, vernichtet erbarmungslos die Freunde Nizars, der seinerseits lebendig eingemauert wird.

Dadurch steht Hassan vor einer nicht vorhergesehenen Situation. Das Wiedererstehen eines schiitischen Kalifats bleibt sein Ziel, aber er weiß, daß dies Zeit verlangt. Folglich ändert er seine Strategie: Seine Unterminierungsarbeit gegenüber dem offiziellen Islam und seinen politischen und religiösen Vertretern setzt er fort; daneben aber sucht er einen Ort, wo er ein autonomes Gebiet errichten kann. Wo wären dafür bessere Voraussetzungen gegeben als in Syrien, das in so viele, winzige und rivalisierende Einzelstaaten zersplittert ist? Die Sekte müßte sich dort nur einnisten, die einzelnen Städte gegeneinander, einen Emir gegen seinen Bruder aufwiegeln, um bis zu dem Tag zu überleben, an dem das fatimidische Kalifat aus seiner Ohnmacht erwacht. Hassan schickt einen persischen Prediger nach Syrien, einen rätselhaften Arzt und Astrologen, der sich in Aleppo niederläßt und das Vertrauen Redwans erwirbt. Nun beginnen die anderen Adepten herbeizuströmen, ihre Doktrin zu predigen, Zellen zu bilden. Um sich die Freundschaft des Seldschuken-Königs zu erhalten, verschmähen sie es nicht, ihm kleinere Dienste zu erweisen und eine gewisse Anzahl seiner politischen Gegner zu ermorden. Nach dem Tod des Arztes und Astrologen, im Jahr 1103, schickt die Sekte unverzüglich einen neuen persischen Berater zu Redwan, den Goldschmied Abu-Taher. Er gewinnt sehr schnell noch größeren Einfluß als sein Vorgänger. Redwan steht völlig unter seinem Einfluß und, gemäß Kamaleddin, kann in Aleppo niemand mehr auch nur das Geringste von dem Monarchen erbitten oder ein administratives Problem lösen, ohne über einen der zahlreichen Sektenangehörigen geschleust zu werden, die alles unterwandert haben.

Aber die Assassinen sind gerade wegen ihrer Macht verhaßt. Besonders Ibn al-Khachab verlangt immer wieder, daß man ihre Tätigkeiten unterbinden soll. Er wirft ihnen nicht nur Einflußnahme vor, sondern ganz besonders die Sympathie, die sie den abendländischen Eroberern entgegenbringen. So paradox diese Anschuldigung auch sein mag, sie ist dennoch gerechtfertigt. Bei Ankunft der Franken nennt man die Assassinen, die in Syrien noch kaum Fuß gefaßt haben, »Batinis«, was soviel heißt wie »jene, die einen anderen Glauben ausüben als den, dem sie in der Öffentlichkeit anhängen«. Dieser Name unterstellt, daß die Adepten nur dem Schein nach Muslims sind. Die Schiiten, wie Ibn al-Khachab, haben keinerlei Sympathie für die Mitbrüder Hassans, wegen seines Bruches mit dem fatimidischen Kalifat, das trotz seiner Schwäche der rechtmäßige Beschützer der Schiiten in der arabischen Welt bleibt.

Verhaßt und verfolgt von allen Muslims, sind die Assassinen folglich nicht unglücklich darüber, daß ein christliches Heer erscheint, das sowohl den Seldschuken wie auch Al-Afdal, dem Mörder Nizars, Niederlage auf Niederlage zufügt. Es steht zweifelsfrei fest, daß die übertrieben versöhnliche Haltung Redwans den Franken gegenüber zum großen Teil den Ratschlägen der Batinis zuzurechnen ist.

In den Augen Ibn al-Khachabs kommt das Einverständnis zwischen Assassinen und Franken einem Verrat gleich, und dementsprechend handelt er auch. Bei dem Gemetzel, das auf den Tod Redwans folgt, werden die Batinis auf den Straßen und in den Häusern gejagt. Sie werden von den Stadtmauern gestürzt oder von der Menge gelyncht. An die zweihundert Mitglieder der Sekte kommen auf diese Weise um, darunter auch der Goldschmied Abu-Taher. Ibn al-Qalanissi schreibt jedenfalls, daß es mehreren gelang, bei den Franken Zuflucht zu finden oder sich im Land zu verstreuen.

Wenn auch Ibn al-Khachab den Assassinen ihren Hauptstützpunkt in Syrien entreißt, so ist ihr erstaunlicher Aufschwung doch erst an seinem Anfang. Die Sekte zieht ihre Lehren aus ihrem Scheitern und ändert ihre Taktik. Der neue Abgesandte Hassans in Syrien, ein persischer Propagandist mit Namen Bahram, beschließt, vorläufig alle aufsehenerregenden Unternehmungen fallenzulassen und zu einer sorgfältigen Organisations- und Unterwanderungstaktik zurückzukehren. Der Chronist schreibt:

> Bahram lebte in größter Zurückgezogenheit und ganz im geheimen. Er wechselte ständig seine Kleidung und sein Gehabe, so daß er in den Städten und Festungen umherging, ohne daß jemand gewußt hätte, wer er ist.

Nach ein paar Jahren verfügt er über ein genügend starkes Netz, um aus der Verborgenheit herauszutreten, und er findet einen hervorragenden Beschützer als Ersatz für Redwan. Ibn al-Qalassini sieht es so:

Eines Tages kam Bahram nach Damaskus und wurde von Atabek Toghtekin sehr gut empfangen aus Vorsicht ihm und seiner Sekte gegenüber. Man war äußerst zuvorkommend und sicherte ihm wachsamen Schutz zu. Die zweithöchste Persönlichkeit der Metropole, der Wesir Tahir al-Mazdaghani, verstand sich gut mit Bahram, obwohl er nicht zu seiner Sekte gehörte, und half ihm, die Fäden seines unheilvollen Netzes nach allen Richtungen hin zu verankern.

Tatsache ist, daß obwohl Hassan as-Sabbah im Jahre 1124 in seinem Felsennest Alamut stirbt, die Aktivität der Assassinen stark zunimmt. Der Mord an Ibn al-Khachab ist kein Einzelfall. Ein Jahr zuvor war ein anderer »Widerstandskämpfer im Turban« ihren Dolchen zum Opfer gefallen. Alle Chronisten berichten mit großem Ernst von seiner Ermordung, denn der Mann, der im August 1099 die erste erbitterte Auflehnung gegen den Einfall der Franken angeführt hatte, war inzwischen einer der höchsten religiösen Führer der muslimischen Welt geworden.

Aus dem Irak kam die Nachricht, daß der Kadi aller Kadis von Bagdad, der Glanz des Islam, Abu-Saad al-Harawi, in der großen Moschee von Hamadhan von den Batinis angegriffen worden war. Sie hatten ihn erdolcht und waren geflohen, ohne die geringste Spur zu hinterlassen, oder sonst einen Hinweis, und ohne daß sie jemand verfolgt hätte, so sehr fürchtete man sie. Das Verbrechen rief in Damaskus, wo al-Harawi viele Jahre gelebt hatte, große Empörung hervor. Besonders im religiösen Milieu riefen die Aktivitäten der Assassinen eine zunehmende Feindseligkeit hervor. Den besten unter den Gläubigen war schwer ums Herz, aber sie redeten nicht davon, denn die Batinis hatten begonnen, alle zu töten, die ihnen widerstanden, und jene zu unterstützen, die ihrem abwegigen Tun zustimmten. Keiner wagte es mehr, in der Öffentlichkeit etwas Negatives über sie zu sagen, weder Emir noch Wesir noch Sultan!

Diese Angst hatte ihre Berechtigung. Am 26. November 1126 ereilte al-Borsoki, den mächtigen Herren von Aleppo und Mosul, ebenfalls die furchtbare Rache der Assassinen. Und dabei war der Emir auf der Hut. Er trug ein Kettenhemd, durch das weder eine Säbelspitze noch ein Dolch dringen konnte, und umgab sich mit bis zu den Zähnen bewaffneten Soldaten.

Aber dem Lauf des Schicksals kann man nicht entgehen. Al-Borsoki war wie gewöhnlich zur großen Moschee von Mosul gegangen, um die für den Freitag vorgeschriebenen religiösen Pflichten zu erfüllen. Die Schurken waren als Sufisten verkleidet ebenfalls da und beteten in einem Winkel, ohne aufzufallen. Plötzlich sprangen sie ihn an und stachen auf ihn ein, konnten aber das Kettenhemd nicht durchstoßen. Als die Batinis merkten, daß ihre Dolche dem Emir nichts anhaben konnten, rief einer von ihnen: »Stoßt höher zu, am Kopf!« Daraufhin trafen ihn unzählige Dolchstöße in den Hals. Al-Borsoki starb als Märtyrer, und seine Mörder wurden hingerichtet.

So berichtet Ibn al-Qalanissi. Noch nie war die Bedrohung durch die Assassinen so ernsthaft. Das waren keine lästigen Zwischenfälle mehr, sondern es war ein schweres Übel, das wie der Aussatz die arabische Welt befallen hatte, in einem Augenblick, da sie ihre ganze Kraft benötigte, um sich gegen die Franken zu wehren. Und das Morden nahm kein Ende. Einige Monate nach dem Tod von al-Borsoki wurde sein Sohn, der seine Nachfolge angetreten hatte, ebenfalls ermordet. In Aleppo stritten sich vier Emire um die Macht, und es gab keinen Ibn al-Khachab mehr, der wenigstens ein Minimum am Zusammenhalt hätte gewähren können.

Im Herbst 1127, während die Stadt der Anarchie anheimfällt, erscheinen die Franken erneut vor ihren Mauern. Antiochia hat einen neuen Fürsten, den jungen Sohn des großen Bohemund, ein blonder Hüne von achtzehn Jahren, der aus seinem Land gekommen ist, um das Familienerbe anzutreten. Er hat nicht nur den Vornamen seines Vaters, sondern auch seinen ungestümen Charakter. Die Bewohner von Aleppo zahlen ihm willfährig Tribut, und die Pessimisten sehen in ihm schon den zukünftigen Eroberer ihrer Stadt.

In Damaskus ist die Lage nicht minder dramatisch. Der Atabek Toghtekin ist alt und krank und übt keine Kontrolle mehr über die Assassinen aus. Sie haben ihre eigene bewaffnete Miliz, die Verwaltung liegt in ihren Händen, und der Wesir al-Mazdaghani, der ihnen mit Leib und Seele ergeben ist, hält enge Kontakte zu Jerusalem. Balduin II. macht seinerseits keinen Hehl mehr daraus, daß er seine Laufbahn mit der Einnahme der syrischen Metropole zu krönen gedenkt. Es sieht so aus, als ob nur noch die Anwesenheit des alten Toghtekin die Assassinen daran hindert, die Stadt den Franken auszuliefern. Aber das ist nur eine kurze Galgenfrist. Anfang 1128 magert der Atabek zusehends ab und kann nicht mehr aufstehen. An seinem Krankenlager lösen die Intrigen einander ab. Nachdem er seinen Sohn Buri zu seinem Nachfolger bestellt hat, stirbt er am 12. Februar. Die Damaszener sind überzeugt, daß der Fall ihrer Stadt nur noch eine Frage der Zeit ist.

Ein Jahrhundert später schreibt Ibn al-Athir, als er diese Zeit der arabischen Geschichte schildert, zu Recht:

Mit dem Tod Toghtekins verschwand der letzte Mann, der den Franken gegenübertreten konnte. Diese schienen nun in der Lage, ganz Syrien zu besetzen. Aber Gott, in seiner unendlichen Güte, hatte ein Einsehen mit den Muslims.

Dritter Teil

Der Gegenschlag
1128–1146

Ich wollte mein Gebet beginnen,
als ein Franke sich auf mich stürzte,
mir unsanft das Gesicht nach Osten drehte
und sagte: »So betet man!«

Ussama Ibn Munqidh
Chronist (1095–1188)

6
Die Verschwörungen von Damaskus

Der Wesir al-Mazdaghani, so berichtet Ibn al-Qalanassi, erschien wie jeden Tag im Rosenpavillon in der Zitadelle von Damaskus. Dort versammelten sich alle Emire und militärischen Führer und besprachen alle möglichen Angelegenheiten. Der Herr der Stadt, Buri, der Sohn Toghtekins, wechselte mit den Anwesenden einen Blick, dann erhob sich einer nach dem anderen und begab sich in seine Gemächer. Es war Brauch, daß der Wesir als letzter ging. Als er aufstand, gab Buri einem seiner Vertrauten ein Zeichen, und dieser versetzte dem Wesir mehrere Säbelhiebe auf den Kopf. Dann wurde er enthauptet und sein zweigeteilter Körper zur Eisernen Pforte gebracht, damit ein jeder sähe, wie es Gott den Verrätern ergehen läßt.

In wenigen Minuten hat sich die Nachricht vom Tod des Beschützers der Assassinen in den Souks von Damaskus herumgesprochen, und sofort beginnt eine Menschenjagd. Eine riesige Menge läuft säbelschwingend und mit Dolchen bewaffnet durch die Straßen, wo sie alle Batinis, ihre Verwandten, Freunde und alle, die der Sympathie mit ihnen verdächtigt werden, durch die Stadt hetzt. Sie werden bis in ihre Häuser verfolgt und erbarmungslos niedergemacht. Ihre Führer werden auf den Zinnen der Stadtmauer gekreuzigt. Mehrere Mitglieder der Familie Qalanissi nehmen an dem Gemetzel aktiv teil.

Es ist anzunehmen, daß der Chronist, der im September 1129 ein hoher Beamter von siebenundfünfzig Jahren ist, sich nicht unter das Volk gemischt hat. Aber sein Ton verrät seine Einstellung in diesen blutigen Stunden: *Am Morgen waren die Plätze von den Batinis gesäubert, und nur die jaulenden Hunde stritten sich noch um ihre Leichen.*

Die Damaszener sind sichtlich überfordert von der Art, wie die Assassinen ihre Stadt in Beschlag genommen haben, und der Sohn Toghtekins mehr als jeder andere, denn er will keine Marionette der Sekte und des Wesirs al-Mazdaghani sein. Aber für Ibn al-Athir handelt es sich hier nicht um einen einfachen Machtkampf, sondern es geht darum, die syrische Metropole vor einem drohenden Unglück zu bewahren, dazu schreibt er: *Al Mazdaghani hatte an die Franken geschrieben und vorgeschlagen, ihnen Damaskus zu übergeben, wenn sie bereit seien, ihm im Austausch dafür Tyros zu überlassen. Der Vertrag wurde geschlossen, und man war sich sogar schon über den Tag, einen Freitag, einig.* Die Truppen von Balduin II. sollten unverhofft vor den Mauern erscheinen, wo ihnen bewaffnete Gruppen von Assassinen die Tore öffnen sollten. Andere Kommandos sollten die Ausgänge der großen Moschee bewachen, um die Würdenträger und hohen Offiziere am Hinausgehen zu hindern, bevor die Franken die Stadt besetzt hätten. Einige Tage vor der Ausführung des Planes hatte Buri davon erfahren und schnellstens dafür gesorgt, seinen Wesir verschwinden zu lassen und damit der Bevölkerung das Signal für eine Verfolgung der Assassinen zu geben.

Hat diese Verschwörung wirklich stattgefunden? Fast möchte man daran zweifeln, wenn man davon ausgeht, daß Ibn al-Qalanissi selbst, trotz seiner verbalen Angriffe auf die Batinis, diese nie beschuldigt hat, die Stadt an die Franken ausliefern zu wollen. So gesehen ist der Bericht al-Athirs nicht unwahrscheinlich. Die Assassinen und ihr Verbündeter al-Mazdaghani fühlten sich in Damaskus bedroht, sowohl von der zunehmenden Feindseligkeit des Volkes her als auch durch die Intrigen Buris und seiner Umgebung. Außerdem wußten sie, daß die Franken entschlossen waren, sich um jeden Preis der Stadt zu bemächtigen. Es ist sehr gut möglich, daß die Sekte beschlossen hat, anstatt sich gegen zu viele Feinde auf einmal zu schlagen, ein Refugium wie Tyros zu schaffen, von wo aus sie ihre Prediger und Mörder ins fatimidische Ägypten schicken konnte, das immer noch das Hauptziel der Anhänger Hassan as-Sabbahs war.

Der Lauf der Ereignisse jedoch scheint die Hypothese von der Verschwörung zu bestätigen. Die wenigen Batinis, die dem Gemetzel entkommen sind, gehen nach Palästina und stellen sich unter den Schutz Balduins II., dem sie Banias ausliefern, eine mächtige Festung am Fuße des Berges Hermon, welche die Straße von Jerusalem nach Damaskus beherrscht. Außerdem erscheint einige Wochen später ein mächtiges Frankenheer vor der syrischen Metropole. Es besteht aus zehntausend Reitern und Fußvolk, die nicht nur aus Palästina, sondern auch aus Tripoli, Antiochia und Edessa kommen. Dazu kommen noch mehrere hundert Krieger, die frisch aus dem Land der Franken angekommen sind und laut bekunden, daß es ihr Ziel sei, Damaskus einzunehmen. Die Fanatischsten unter ihnen gehören zum Tempelritterorden, einem religiösen Kampforden, der zehn Jahre zuvor in Palästina gegründet worden war.

Da er nicht genügend Krieger hat, um den Eroberern entgegenzutreten, ruft Buri in aller Eile einige türkische Nomadenbanden und einige Araberstämme in seinem Gebiet zusammen und verspricht ihnen einen reichlichen Anteil an der Beute, wenn sie ihm helfen, den Angriff abzuwehren. Er weiß, daß er nicht lange auf diese Söldner zählen kann, da sie sehr bald desertieren würden um zu plündern. Seine erste Sorge ist deshalb, den Kampf so bald wie möglich zu beginnen. An einem Novembertag teilen ihm seine Späher mit, daß mehrere tausend Franken sich in der reichen Ghuta-Ebene beim Beschaffen von Proviant befinden. Ohne zu zögern, schickt er seine gesamte Armee hinter ihnen her. Die völlig überraschten Franken sind schnell eingekreist. Einige ihrer Ritter haben nicht einmal die Zeit, ihre Pferde mitzunehmen. Ibn al-Qalanassi schreibt:

Am Ende des Nachmittags kamen die Türken und Araber siegreich nach Damaskus zurück, voller Freude und mit Beute beladen. Die Bevölkerung freute sich, ihre Herzen faßten wieder Mut, und die Armee beschloß, die Franken in ihrem Lager anzugreifen. Bei Tagesanbruch sprengten zahlreiche Ritter aus der Stadt. Als sie Rauch aufsteigen sahen, dachten sie, dort seien die Franken, aber als sie näher kamen, sahen sie, daß der Feind das Lager verlassen und seine Ausrüstung verbrannt hatte, da er keine Lasttiere mehr besaß, um sie zu transportieren.

Trotz dieser Niederlage sammelt Balduin II. seine Truppen für einen neuen Angriff auf Damaskus. Plötzlich geht, Anfang September, ein sintflutartiger Regen über dem Gebiet nieder. Das Lager der Franken verwandelt sich in einen riesigen Schlammsee, in dem Roß und Reiter hilflos einsinken. Bis ins Mark getroffen, befiehlt Balduin II. den Rückzug.

Als Buri an die Macht kam, hielt man ihn für einen genußsüchtigen und schwächlichen Emir, aber es war ihm gelungen, Damaskus vor den zwei Hauptgefahren, die die Stadt bedrohten, zu retten: vor den Franken und den Assassinen. Balduin II. zieht seine Lehre aus der Niederlage und verzichtet endgültig auf jede weitere Maßnahme gegen die begehrte Stadt.

Buri hat jedoch nicht alle seine Feinde zum Schweigen gebracht. Eines Tages erscheinen in Damaskus zwei türkisch gekleidete Männer mit Cabanjacken und spitzen Hüten. Wie sie sagen, suchen sie eine Arbeit mit fester Bezahlung, und Buri nimmt sie in seine Leibgarde. An einem Maimorgen des Jahres 1131, als der Emir sich von seinem Hammam zum Palast begibt, greifen ihn die beiden an und verletzen ihn am Bauch. Vor ihrer Hinrichtung gestehen sie, daß der Großmeister der Assassinen sie von der Festung Alamut geschickt hat, um ihre Brüder zu rächen, die Buri umgebracht hat.

Zahlreiche Ärzte werden zum Krankenbett des Opfers gerufen, besonders, wie Ibn al-Qalanissi schreibt, Spezialisten für Wundbehandlung. Die medizinische Versorgung von Damaskus gehört zu den besten der Welt. Doukak hat dort ein Krankenhaus, ein »Maristan« gegründet, ein weiteres soll 1154 fertig werden. Der Reisende Ibn Jobair, der die Stadt einige Jahre später besuchen wird, gibt davon folgende Beschreibung:

Jedes Krankenhaus hat Verwaltungspersonal, das Listen führt, auf denen die Namen der Kranken vermerkt sind, die Ausgaben, die für ihre Pflege und ihre Nahrung notwendig sind sowie weitere Angaben. Die Ärzte kommen jeden Morgen und untersuchen die Kranken und verordnen die Herstellung von Heilmitteln und die Nahrung, die sie brauchen, um gesund zu werden. Jeder wird gesondert behandelt.

Nach dem Besuch der Ärzte besteht Buri darauf, zu reiten und, wie jeden Tag, seine Freunde zu empfangen und mit ihnen zu plaudern und zu trinken. Aber diese Überanstrengung ist tödlich für den Kranken, seine Wunde vernarbt nicht. Nach dreizehn Monaten grauenhafter Schmerzen stirbt er im Juni 1132. Ein weiteres Mal haben sich die Assassinen gerächt.

Buri war der erste, der einen siegreichen Gegenschlag der Araber gegen die fränkische Besetzung führte, doch seine Herrschaft war zu kurz, um dauerhaft in Erinnerung zu bleiben. Dazu kommt, daß zur gleichen Zeit der Aufstieg einer Persönlichkeit begann, die ein ganz anderes Kaliber hatte. Es ist Atabek Imadeddin Zinki, der neue Herr von Aleppo und Mosul, ein Mann, den sich al-Athir nicht scheut, »das Geschenk der göttlichen Vorsehung für die Muslims« zu nennen.

Auf den ersten Blick unterscheidet sich dieser sehr dunkelhäutige Offizier mit dem struppigen Bart kaum von den zahlreichen türkischen Militärführern, die schon vor ihm in diesem endlosen Krieg gegen die Franken gekämpft haben. Er ist oft stockbetrunken und, wie sie, bereit, alle Grausamkeiten und Hinterhältigkeiten anzuwenden, um seine Ziele zu erreichen. Oft bekämpft auch er mit mehr Verbissenheit die Muslims als die Franken. Als er am 18. Juni 1128 in Aleppo einzieht, ist das, was man von ihm weiß, kaum ermutigend. Seine größte Ruhmestat war die Niederdrückung einer Revolte des Kalifen von Bagdad, im Jahr zuvor, gegen seine seldschukischen Beschützer. Der gutmütige al-Mustazhir war 1118 gestorben und hinterließ den Thron seinem Sohn al-Mustarchid-billah, einem jungen Mann von fünfundzwanzig Jahren, blauäugig, rothaarig, das Gesicht voller Sommersprossen, der den Ehrgeiz hatte, an die Tradition seiner früheren abbasidischen Vorfahren anzuknüpfen. Der Augenblick schien günstig, denn der Sultan Mohammed hatte das Zeitliche gesegnet, und wie üblich begann ein Nachfolgekrieg. Der junge Kalif hatte dies ausgenutzt und die Kontrolle über seine Truppen wieder selbst in die Hand genommen, was seit mehr als zwei Jahrhunderten nicht mehr vorgekommen war. Als gewandter Redner hatte al-Mustarchid die Bevölkerung seiner Hauptstadt hinter sich gebracht.

Paradoxerweise fällt das Sultanat gerade, als der Herrscher der Gläubigen mit einer langen Tradition der Untätigkeit bricht, einem vierzehnjährigen jungen Mann zu, der sich nur für Jagdgesellschaften und Haremsfreuden interessiert. Mahmud, der Sohn von Mohammed, wird von al-Mustarchid herablassend behandelt, und oft rät er ihm, nach Persien zurückzukehren. Es ist ganz eindeutig ein Aufstand der Araber gegen die Türken, diese fremden Kriegsleute, die sie seit so langer Zeit schon beherrschen. Da der Sultan nicht fähig ist, damit fertig zu werden, wendet er sich an Zinki, der zu dieser Zeit Statthalter der reichen Hafenstadt Bassora am persischen Golf war. Sein Eingreifen war entscheidend. Das Heer des Kalifen wurde bei Bagdad geschlagen, übergab seine Waffen, und der Herrscher der Gläubigen zog sich in seinen Palast zurück in Erwartung besserer Tage. Um Zinki für seine Hilfe zu belohnen, machte der Sultan ihn einige Monate später zum Statthalter von Mosul und Aleppo.

Von einem zukünftigen Helden des Islam könnte man sich sicher glorreichere Waffentaten vorstellen. Aber Zinki sollte eines Tages nicht zu Unrecht als der erste große Kämpfer im Djihad gegen die Franken gefeiert werden. Vor ihm kamen die türkischen Generäle mit Truppen nach Syrien, die nur darauf brannten, zu plündern und möglichst bald mit Sold und Beute abzuziehen. Die Wirkung ihrer Siege wurde immer durch die darauf folgende Niederlage zunichte gemacht. Das Heer wurde demobilisiert, um im darauffolgenden Jahr erneut mobilisiert zu werden. Mit Zinki tritt hier ein Wandel ein. Achtzehn Jahre lang sollte dieser unermüdliche Krieger durch Syrien und den Irak ziehen, zum Schutz gegen den feuchten Boden auf Stroh schlafend, gegen die einen kämpfend, mit den anderen paktierend und gegen alle intrigierend. Niemals dachte er auch nur daran, in einem seiner vielen Paläste bequem zu residieren.

Seine Umgebung besteht nicht aus Höflingen und Schmeichlern, sondern aus erfahrenen politischen Ratgebern, denen er zuzuhören versteht. Er verfügt über ein weites Netz an Informatoren, so daß er immer weiß, was in Bagdad, Ispahan, Damaskus, Antiochia, Jerusalem und auch bei ihm in Aleppo und Mosul gespielt wird. Im Gegensatz zu den anderen Heeren, die gegen die Franken kämpften, gibt es in seinem Heer keine Vielzahl von autonomen Emiren, die dauernd auf Verrat sinnen oder sich gegenseitig bekriegen. Es herrscht eiserne Disziplin, und beim geringsten Verstoß erfolgt eine unbarmherzige Bestrafung. Nach Kamaleddin *machten die Soldaten den Eindruck, zwischen zwei Seilen zu marschieren,* um keinen Fuß auf bebautes Land zu setzen. Al-Athir sagt dazu: *»Einer der Emire Zinkis hatte eines Tages eine kleine Stadt als Lehen bekommen und sich das Haus eines reichen jüdischen Kaufmanns genommen, der um Audienz beim Atabek nachsuchte und ihm seinen Fall darlegte. Zinki blickte den Emir nur scharf an, und sofort räumte dieser das Haus.* Der Herr von Aleppo ist sich selbst gegenüber genau so streng wie gegenüber den anderen. Wenn er zu einer Stadt kommt, schläft er außerhalb der Mauern im Zelt und verzichtet auf alle zur Verfügung gestellten Paläste. Dem Chronisten zufolge

war Zinki sehr auf die Ehre der Frauen bedacht, besonders der Soldatenfrauen. Er sagte, daß sie, wenn sie nicht gut behütet würden, schnell dem Laster anheimfallen würden wegen der langen Abwesenheit ihrer Ehemänner während der Feldzüge.

Strenge, Ausdauer, Staatsraison, alles Eigenschaften Zinkis, die man bei den anderen Führern der arabischen Welt so bitter vermißt. Und was für die Zukunft noch wichtiger war: Zinki war sehr um Legitimität bemüht. Gleich nach seiner Ankunft in Aleppo tat er drei Dinge, die gleichzeitig symbolische Gesten waren. Die erste wurde klassisch: Er heiratete die Tochter des Königs Redwan, die schon Witwe von Ilghazi und von Balak war. Die zweite bestand darin, daß er die sterblichen Überreste seines Vaters in die Stadt überführen ließ, um die Verwurzelung der Familie mit diesem Besitz zu bekunden. Die dritte war, daß er vom Sultan Mahmud ein amtliches Schreiben erbat, das ihm die unbestrittene Autorität über das gesamte Syrien und den Nord-Irak übertrug. Dadurch zeigt Zinki deutlich, daß er nicht ein einfacher Abenteurer war, der wieder weiterzieht, sondern der Gründer eines Staates, der nach seinem Tod fortdauern sollte. Dieses Element des Zusammenhaltes, das er in die arabische Welt einbrachte, sollte aber erst nach mehreren Jahren wirksam werden. Zunächst lähmten die inneren Streitigkeiten noch lange Zeit die muslimischen Fürsten und auch den Atabek selbst. Dennoch scheint der Augenblick äußerst günstig, um eine großangelegte Gegenoffensive ins Werk zu setzen, denn der schöne Zusammenhalt, der bisher die Stärke der Franken war, scheint ernsthaft in Frage gestellt zu sein. Es heißt, daß Uneinigkeit bei den Franken entstanden sei, was man bei ihnen nicht gewöhnt ist. Ibn al-Qalanissi kann es nicht fassen. Es heißt sogar, daß sie gegeneinander Krieg geführt haben und daß es mehrere Tote gegeben hat.

Aber das Erstaunen des Chronisten ist nichts gegen die Überraschung Zinkis, an dem Tag, da er eine Botschaft von Alix, der Tochter Balduins II. von Jerusalem, erhält, die ihm ein Bündnis gegen ihren eigenen Vater vorschlägt!

Diese seltsame Sache beginnt im Februar 1130, als Fürst Bohemund II. von Antiochia, der im Norden Krieg führt, in einen Hinterhalt gerät, in den Ghazi ihn gelockt hat, der Sohn des Emirs Danishmend, der dreißig Jahre früher Bohemund I. gefangengenommen hatte. Bohemund II. hat weniger Glück als sein Vater, er wird im Kampf getötet, sein blonder Kopf wird sorgfältig einbalsamiert, in einen silbernen Kasten verschlossen und dem Kalifen als

Geschenk überbracht. Als die Nachricht von seinem Tod Antiochia erreicht, organisiert seine Witwe Alix einen richtigen Staatsstreich. Mit, wie es den Anschein hat, der Unterstützung der armenischen, griechischen und syrischen Bevölkerung sichert sie sich die Kontrolle über die Stadt und setzt sich mit Zinki in Verbindung. Eine seltsame Haltung, die eine neue Generation von Franken ankündigt, eine zweite Generation, die nicht mehr viel gemein hat mit den Pionieren der Invasion. Die junge Fürstin ist die Tochter einer armenischen Mutter, hat Europa niemals kennengelernt und fühlt sich als Orientalin. Demgemäß handelt sie auch.

Als der König von Jerusalem die Nachricht von der Rebellion seiner Tochter erhält, setzt er sich unverzüglich an der Spitze seines Heeres nach Norden in Bewegung. Kurz vor Antiochia trifft er zufällig auf einen Reiter, dessen rein weißes Pferd mit Silber beschlagen ist und von der Mähne bis zur Brust eine fein ziselierte Panzerung trägt. Es ist ein Geschenk von Alix an Zinki. In dem Begleitbrief bittet sie den Atabek, ihr zu Hilfe zu kommen, und verspricht ihm dafür, ihn als ihren Herren anzuerkennen. Balduin läßt den Reiter hängen und setzt seinen Weg nach Antiochia fort, das er schnell erobert. Nach einem symbolischen Widerstand in der Zitadelle kapituliert Alix, und ihr Vater schickt sie ins Exil nach Lattakia (das antike Laodikeia).

Wenig später, im August 1131, stirbt der König. Der Chronist von Damaskus – Zeichen der Zeit – widmet ihm in aller Form einen Nachruf. Die Franken sind nicht mehr, wie zu Beginn der Invasion, eine Masse, in der man kaum einen Führer erkennen kann. Die Chronik von Ibn al-Qalanassi geht in die Einzelheiten und deutet sogar eine Analyse an:

Balduin war ein alter Mann, den Zeit und Unglück abgeschliffen hatten. Mehr als einmal fiel er den Muslims in die Hände und entkam ihnen durch berühmt gewordene Listen. Mit ihm haben die Franken ihren geschicktesten Politiker und ihren kompetentesten Mann, was die Verwaltung anbelangt, verloren. Die Königwürde ging von ihm auf den Grafen von Anjou über, der kürzlich aus ihrem Land übers Meer zu uns gekommen ist. Dieser aber hatte keine Urteilskraft und verstand nichts von Verwaltung, so daß der Verlust von Balduin die Franken in Verwirrung und Unheil stürzte.

Der dritte König von Jerusalem, Foulque d'Anjou, ein untersetzter rothaariger Fünfzigjähriger, hatte Melisande, die Schwester von

Alix, geheiratet. Er ist ein völliger Neuling. Balduin hatte, wie die meisten Führer der Franken, keine männlichen Erben. Durch ihre äußerst primitiven Hygieneverhältnisse und ihre Nichtanpassung an die orientalischen Lebensverhältnisse hatten die Franken eine extrem hohe Kindersterblichkeitsrate, die sich in erster Linie, einem bekannten Naturgesetz zufolge, auf die männlichen Kinder auswirkte. Erst nach und nach lernten sie, ihre Lage zu verbessern, indem sie regelmäßig den Hammam besuchten und die Dienste arabischer Ärzte öfter in Anspruch nahmen.

Ibn al-Qalanissi hatte durchaus recht, wenn er nicht viel von den politischen Fähigkeiten des Erben aus dem Westen hielt, denn unter der Herrschaft dieses Foulque war »die Uneinigkeit unter den Franken« am stärksten. Gleich nachdem er die Macht übernommen hatte, sah er sich einem neuen Aufstand gegenüber, den Alix anführte und der nur mit großen Schwierigkeiten niedergeschlagen werden konnte. Sodann brodelte es sogar in Palästina. Hartnäckig hielt sich das Gerücht, daß Melisande, seine Frau, eine Liebesbeziehung zu einem jungen Ritter unterhalte, Hugues du Puiset, was die fränkische Ritterschaft in zwei Parteien spaltete, seine Anhänger und die des Liebhabers, woraus nur Zwist, Duelle und Mordverdächtigungen entstanden. Hugues fühlte sich bedroht und suchte Zuflucht bei den Ägyptern in Askalon, die ihn übrigens sehr herzlich aufnahmen. Man vertraute ihm sogar fatimidische Truppen an, mit denen er den Hafen Jaffa einnahm. Einige Wochen später wurde er wieder daraus vertrieben.

Im Dezember 1132, während Foulque ein Heer zusammenstellt, um Jaffa wiederzuerobern, nimmt der neue Herrscher von Damaskus, Atabek Ismael, ein Sohn von Buri, im Handstreich die Festung Banias ein, welche die Assassinen drei Jahre zuvor den Franken überlassen hatten. Aber diese Eroberung ist nur ein isoliertes Unternehmen, denn die mit ihren eigenen Streitereien beschäftigten arabischen Fürsten sind nicht in der Lage, Profit aus der Uneinigkeit der Franken zu ziehen. Sogar Zinki läßt sich in Syrien so gut wie gar nicht sehen. Er hat die Regierung von Aleppo einem seiner Leute anvertraut und führt einen gnadenlosen Krieg gegen den Kalifen. Dieses Mal scheint allerdings al-Mustarchid der Stärkere zu sein.

Der Verbündete Zinkis, Sultan Mahmud, ist mit sechsundzwanzig Jahren gestorben, und abermals bricht ein Nachfolgekrieg im

Seldschukenklan aus. Dies nutzt der Herrscher aller Gläubigen aus, um sein Haupt zu erheben. Er verspricht jedem Anwärter, in den Moscheen für ihn beten zu lassen, und wird dadurch zum Schiedsrichter. Zinki wird hellhörig und zieht seine Truppen zusammen. Er marschiert auf Bagdad zu, um al-Mustarchid eine ebenso schwere Niederlage zuzufügen wie beim ersten Mal fünf Jahre zuvor. Der Kalif jedoch zieht ihm an der Spitze von mehreren tausend Mann entgegen, und bei Tikrit, am Tigris, nördlich der Hauptstadt der Abbasiden, treffen sie aufeinander.

Zinkis Heer wird zerschlagen, und er selbst ist nahe daran, in die Hände seiner Feinde zu fallen, als ein Mann ihm im kritischen Augenblick das Leben rettet: der Statthalter von Tikrit, Ayyub, ein junger kurdischer Offizier, dessen Name bis dahin unbekannt war. Anstatt sich das Wohlwollen des Kalifen zu verdienen und ihm seinen Gegner auszuliefern, hilft der Offizier Zinki über den Fluß, wodurch dieser seinen Verfolgern entkommt. In größter Eile kehrt er nach Mosul zurück. Die ritterliche Tat wird er Ayyub nie vergessen. Er bleibt ihm und seiner ganzen Familie in unverbrüchlicher Freundschaft verbunden, was viele Jahre später noch den Aufstieg des Sohnes von Ayyub bestimmen wird. Dieser Sohn ist Yussef, besser bekannt unter den Namen Salaheddin oder Saladin.

Nach seinem Sieg über Zinki steht al-Mustarchid auf der Höhe seiner Macht. Die sich bedroht fühlenden Türken scharen sich gemeinsam um einen seldschukischen Prätendenten, Massud, den Bruder Mahmuds. Im Januar 1133 kommt der neue Sultan nach Bagdad, um seine Krone aus der Hand des Herrschers aller Gläubigen zu empfangen. Dies ist im allgemeinen eine einfache Formsache, aber al-Mustarchid macht daraus eine für ihn typische Zeremonie. Unser damaliger »Journalist«, Ibn al-Qalanassi schildert die Szene:

Der Imam, Herrscher aller Gläubigen, saß, während der Sultan Massud hereingeführt wurde und ihm die seinem Rang entsprechenden Ehrerbietungen erwies. Der Kalif schenkte ihm nacheinander sieben Prunkgewänder, von denen das letzte schwarz war, eine Krone, reich mit Edelsteinen verziert, Armbänder und ein goldenes Kollier und sagte dabei: »Nimm diese Huld dankbar an, und fürchte Gott im Öffentlichen und im Geheimen.« Der Sultan küßte den Boden und setzte sich auf den für ihn vorgesehenen Schemel. Nun sagte der Herrscher aller Gläubigen zu ihm: »Wer nicht Herr seiner selbst ist, hat kein

Recht, Herr über andere zu sein.« Der Wesir, der zugegen war, wiederholte diese Worte auf persisch und sprach erneut Worte des Segens und des Lobes. Sodann ließ der Kalif zwei Säbel kommen, die er dem Sultan feierlich überreichte, sowie zwei Brusttücher, die er eigenhändig festknotete. Am Ende der Audienz schloß der Imam al-Mustarchid mit den Worten: »Geh nun, mit allem, was ich dir gegeben habe, und vermehre die Zahl der Dankbaren.«

Der Abbasiden-Herrscher trägt hier eine schöne Sicherheit zur Schau, auch wenn wir uns selbst unsere Gedanken über diese Sicherheit machen können. Er verweist den Türken ganz ungeniert an seinen Standort, er ist sich sicher, daß die wiedergefundene Einheit der Seldschuken eine begrenzte Gefahr für ihn darstellt. Aber er hat ihn immerhin als legitimen Inhaber des Sultanats bestätigt. 1133 jedenfalls träumt er erneut von Eroberungen. Im Juni bricht er an der Spitze seines Heeres nach Mosul auf, fest entschlossen, es in seine Hand zu bekommen und damit gleichzeitig Zinki ein Ende zu bereiten. Sultan Massud versucht nicht, ihn davon abzuhalten. Er schlägt ihm sogar vor, Syrien und den Irak zu einem Staat unter seiner Herrschaft zu vereinen, eine Idee, die in Zukunft immer wieder aufgenommen wird. Aber trotz dieser Vorschläge hilft der Seldschuke Zinki, den Angriffen des Kalifen drei Monate lang zu widerstehen; die Belagerung von Mosul bleibt erfolglos.

Diese Niederlage bedeutet eine schicksalhafte Wende für al-Mustarchid. Die meisten seiner Emire wenden sich von ihm ab, und im Juni 1135 wird er besiegt und von Massud gefangengenommen, der ihn zwei Monate später brutal ermorden läßt. Den Herrscher der Gläubigen fand man nackt in seinem Zelt, mit abgeschnittener Nase und abgeschnittenen Ohren, den Körper von mehr als zwanzig Dolchstößen durchbohrt.

Zinki ist von diesem Konflikt völlig in Anspruch genommen und folglich nicht in der Lage, sich selbst um die syrischen Angelegenheiten zu kümmern. Er wäre sogar bis zur endgültigen Niederschlagung des abbasidischen Restaurationsversuches im Irak geblieben. Aber im Januar 1135 erreicht ihn ein verzweifelter Hilferuf von Ismael, dem Sohn Buris, Herrscher von Damaskus, er möge so schnell wie möglich von seiner Stadt Besitz ergreifen. »Sollte es zu einer Verzögerung kommen, sähe ich mich gezwungen, die Franken zu rufen und ihnen Damaskus mit allem, was darinnen ist, auszuliefern, und die Verantwortung für seine Bewohner und das vergossene Blut würde auf Imadeddin Zinki zurückfallen.«

Ismael, der um sein Leben fürchtet und in jeder Ecke seines Palastes einen Mörder vermutet, der ihm auflauert, ist entschlossen, seine Hauptstadt zu verlassen und sich in der Zitadelle Sarkhad, südlich der Stadt, wohin er schon seine Reichtümer und Kleidung hat bringen lassen, unter den Schutz Zinkis zu stellen.

Der Anfang der Herrschaft des Sohnes von Buri war indessen vielversprechend gewesen. Er war mit neunzehn Jahren an die Macht gelangt und hatte sich sehr dynamisch gezeigt, wofür die Wiedereinnahme von Banias das beste Zeugnis war. Gewiß, er war arrogant und hörte kaum auf die Ratgeber seines Vaters, auch nicht auf die seines Großvaters Toghtekin, aber man war geneigt, dies seinen jungen Jahren zuzuschreiben. Was jedoch die Damaszener schlecht vertrugen, war die wachsende Begierde ihres neuen Herren, der ständig neue Steuern erfand.

Aber erst 1134 nahm die Lage eine tragische Wendung, als ein alter Sklave mit Namen Ailba, der früher im Dienst von Toghtekin gestanden hatte, versuchte, seinen Herrn zu ermorden. Der dem Tod nur knapp entronnene Ismael wollte das Geständnis seines Angreifers selbst hören. »Ich habe so gehandelt«, antwortete der Sklave, »um Gottes Gunst zu erlangen, indem ich die Menschen von deiner Übel schaffenden Anwesenheit befreie. Du hast die Armen und Schutzlosen unterdrückt, die Handwerker, die Kleinverdiener und die Bauern. Du hast Zivilpersonen und Militär unnachsichtig behandelt.« Und dann zählte Ailba die Namen all derer auf, die wie er den Tod Ismaels wünschten. Halb wahnsinnig vor Angst, ließ Ismael alle genannten Personen verhaften und, ohne lange zu fackeln, hinrichten. Der Chronist von Damaskus schreibt dazu:

Diese ungerechten Hinrichtungen genügen ihm nicht. Da er seinem Bruder Sawinj mißtraute, ließ er ihn die schlimmste Qual erleiden, indem er ihn in eine Zelle sperrte und verhungern ließ. Seine Greueltaten und seine Ungerechtigkeit kannten kein Grenzen mehr.

Ismael geriet nun in einen Teufelskreis. Jede Hinrichtung ließ in ihm die Angst vor einer neuen Vergeltung entstehen, und um sich im voraus dagegen zu schützen, befahl er neue Hinrichtungen. Da ihm bewußt war, daß dies so nicht weitergehen konnte, beschloß er, seine Stadt an Zinki auszuliefern und sich selbst in die Festung Sarkhad zurückzuziehen. Nun haßten aber die Damaszener den Herren von Aleppo schon seit Jahren, nämlich seit er 1129 an Buri geschrieben hatte, mit der Bitte, an seiner Seite an einem Feldzug gegen die Franken teilzunehmen. Dies hatte der Herr von Damaskus nur zu gerne angenommen und ihm fünfhundert Reiter unter dem Kommando seiner besten Offiziere geschickt, in Begleitung seines Sohnes, des unglücklichen Sawinj. Zinki empfing sie zuvorkommend, ließ sie aber dann alle entwaffnen und gefangensetzen. Buri ließ er ausrichten, daß, sollte er sich ihm jemals widersetzen, die Geiseln in Lebensgefahr seien. Sawinj kam erst zwei Jahre später wieder frei.

Im Jahre 1135 ist dieser Verrat in Damaskus noch keineswegs vergessen, und als die Würdenträger der Stadt von dem Vorhaben Ismaels Wind bekommen, beschließen sie, sich ihm mit allen Kräften zu widersetzen. Es finden Zusammenkünfte statt zwischen den Emiren, den Notabeln und den tonangebenden Sklaven, die alle sowohl ihr Leben als auch die Stadt retten wollen. Eine Gruppe der Verschwörer beschließt, der Mutter Ismaels, der Prinzessin Zomorrod, »Smaragd«, die Lage zu schildern.

> Sie war entsetzt, schreibt der Chronist, ließ ihren Sohn kommen und wies ihn heftig zurecht. Dann führten ihr Wunsch, das Rechte zu tun, sowie ihr religiöses Empfinden und ihre Klugheit sie dazu zu überlegen, wie sie das Übel an der Wurzel packen und die Lage für Damaskus und dessen Bewohner wieder in Ordnung gebracht werden könnte. Sie befaßte sich mit der Angelegenheit, wie es ein erfahrener, kluger Mann, der die Dinge objektiv betrachtet, getan hätte. Dabei fand sie keine andere Abhilfe gegen die Missetaten ihres Sohnes, als ihn zu entfernen und so der wachsenden Unordnung, deren Urheber er war, ein Ende zu bereiten.

Es kommt sehr bald zu einer Lösung.

> Die Prinzessin dachte an nichts anderes mehr. Sie wartete einen Augenblick ab, da ihr Sohn allein war, ohne Sklaven oder Wächter, und befahl ihren Dienern, ihn erbarmungslos zu töten. Sie selbst zeigte weder Mitleid noch Kummer. Den Leichnam ließ sie an eine Stelle des Palastes bringen, wo man ihn finden konnte. Alles freute sich über den Fall Ismaels. Man dankte Gott, war voller Lobpreis für die Prinzessin und betete für sie.

Hat Zomorrod ihren eigenen Sohn wirklich getötet, um auf diese Weise zu verhindern, daß Damaskus an Zinki ausgeliefert wird? Man kann dies bezweifeln, wenn man bedenkt, daß sie drei Jahre später eben diesen Zinki heiratet und anfleht, die Stadt zu besetzen. Sie tat es auch nicht, um Sawinj zu rächen, denn er war der Sohn einer anderen Frau von Buri. Man muß sich eher an die Erklärung halten, die Ibn al-Athir gibt: Zomorrod war die Maitresse des Hauptberaters Ismaels, und als sie erfuhr, daß ihr Sohn ihren Liebhaber töten und möglicherweise auch sie selbst bestrafen wollte, schritt sie zur Tat.

Welche Beweggründe sie auch immer gehabt haben mag, sie hat ihren zukünftigen Gatten um einen leichten Sieg gebracht. Denn am 30. Januar 1135, dem Tag der Ermordung Ismaels, war Zinki schon nach Damaskus unterwegs. Als sein Heer eine Woche später den Euphrat überschreitet, hat Zomorrod schon Mahmud, einen anderen ihrer Söhne, auf den Thron gesetzt, und die Bevölkerung bereitet sich bereits auf die Verteidigung vor. Der Atabek, der nichts vom Tod Ismaels weiß, schickt Boten nach Damaskus, um mit ihm die Übergabebedingungen auszuhandeln. Sie werden höflich empfangen, ohne jedoch über den neuesten Stand der Dinge unterrichtet zu werden. Zinki ist wütend und will nicht zurückweichen. Er schlägt sein Lager nordöstlich von der Stadt auf und beauftragt seine Späher herauszufinden, wie er am besten angreifen könne. Er merkt jedoch bald, daß die Verteidiger entschlossen sind, sich bis zum Ende zu schlagen. An ihrer Spitze steht ein alter Waffengefährte von Toghtekin, Moinuddin Unar, ein geschickter und hartnäckiger Offizier, der noch öfter Zinkis Weg kreuzen wird. Nach einigen Scharmützeln beschließt der Atabek, einem Kompromiß zuzustimmen. Damit sein Gesicht gewahrt wird, erweisen ihm die Verteidiger der Stadt alle Ehren und erkennen, nur der Form nach, seine Oberhoheit an.

Mitte März verläßt der Atabek Damaskus. Um die Moral seines Heeres wiederherzustellen, das schwer unter dem unnötigen Feldzug gelitten hat, führt er es nach Norden und nimmt erstaunlich schnell vier Festungen der Franken ein, darunter das traurig berühmte Maara. Trotz allem ist sein Prestige angeschlagen, und erst zwei Jahre später wird es ihm gelingen, durch eine neue Ruhmestat die Demütigung vor Damaskus wettzumachen. Kurioserweise wird es Moinuddin sein, der ihm, ohne es zu wollen, die Möglichkeit zu seiner Rehabilitierung verschafft.

7
Ein Emir bei den Barbaren

Im Juni 1137 hat Zinki, der mit umfangreichem Belagerungsgerät gekommen ist, sein Lager in den Weinbergen um Homs aufgeschlagen, der wichtigsten Stadt Mittel-Syriens, um die sich Aleppo und Damaskus von jeher streiten. Zur Zeit wird sie von Damaskus kontrolliert, und der Statthalter ist kein anderer als der alte Unar. Angesichts der vom Gegner aufgefahrenen Schleudern und Sturmgeräte ist sich Moinuddin Unar darüber im klaren, daß er nicht lange in der Lage sein wird, dem Druck standzuhalten. Er läßt die Franken also wissen, daß er die Absicht hat zu kapitulieren. Die Ritter von Tripoli, denen es gar nicht recht ist, daß sich Zinki zwei Tagesmärsche von ihrer Stadt entfernt einnistet, setzten sich in Bewegung. Die Kriegslist Unars wirkt: Aus Angst, zwischen zwei Fronten zu geraten, schließt der Atabek schleunigst einen Waffenstillstand mit seinem alten Feind und wendet sich gegen die Franken, entschlossen, Baarin, ihre wichtigste Festung in diesem Gebiet, zu belagern. Die beunruhigten Ritter von Tripoli rufen König Foulque zur Hilfe, der mit seinem Heer herbeieilt. Vor den Mauern von Baarin, in einem terrassenförmig bebauten Tal, findet so die erste wichtige Schlacht zwischen Zinki und den Franken statt, was eigentlich erstaunlich ist, wenn man bedenkt, daß der Atabek schon seit mehr als neun Jahren Herr von Aleppo ist!

Der Kampf ist kurz, aber entscheidend. In wenigen Stunden erliegen die von dem langen Gewaltmarsch erschöpften Franken der Übermacht der Gegner. Nur der König und einige Männer aus seinem Gefolge können sich in die Festung retten. Foulque hat gerade noch Zeit, eine Botschaft nach Jerusalem zu schicken, man möge ihn befreien, »dann«, so erzählt Ibn al-Athir, »schnitt Zinki alle Verbindungen ab, so daß keine Nachricht mehr durchkommen konnte und die Belagerten nicht mehr wußten, was in ihrem Land vorging; derart streng war die Kontrolle der Straßen.«

Für die Araber wäre eine solche Blockade kein Problem gewesen. Seit Jahrhunderten schon benutzten sie Brieftauben, um von einer Stadt zur anderen Nachrichten zu übermitteln. Jede muslimische Armee führte Brieftauben mit sich, die mehreren befestigten Städten gehörten. Sie waren so abgerichtet, daß sie immer zu ihrem Ursprungsnest zurückkehrten. Man brauchte also nur eine Botschaft um eins ihrer Beine zu rollen, und die Nachricht über einen Sieg, eine Niederlage, den Tod eines Fürsten oder die Bitte um Hilfe wurde schneller als mit dem schnellsten Pferd befördert. Sie kamen unbehelligt auch in belagerte Städte. Mit der fortschreitenden Mobilisierung der arabischen Welt gegen die Franken wurde zwischen Damaskus, Kairo, Aleppo und anderen Städten ein regelmäßiger Brieftaubendienst eingerichtet, und der Staat bezahlte sogar die Brieftaubenzüchter.

Die Franken lernten übrigens die Brieftaubenzucht, die später in ihrem Land sehr beliebt wurde, im Orient kennen. Aber bei der Belagerung von Baarin kannten sie diese Art der Nachrichtenübermittlung noch nicht, was Zinki zugute kam. Der Atabek, der seinen Druck auf die Belagerten langsam verstärkt, bietet ihnen nach zähen Verhandlungen vorteilhafte Übergabebedingungen an: Auslieferung der Festung und Zahlung von fünfzigtausend Dinar. Dafür wird er sie ungeschoren abziehen lassen. Foulque und seine Leute kapitulieren und machen sich in gestrecktem Galopp davon, froh, dem allem so gut entkommen zu sein. Unterwegs treffen sie ein großes Heer, das zu ihrem Entsatz unterwegs ist, und sie bereuen – allerdings zu spät –, daß sie sich ergeben haben. »Dies war darauf zurückzuführen«, meint Ibn al-Athir, »daß sie völlig von der Außenwelt abgeschnitten waren.«

Zinki ist froh, diese Angelegenheit zu seinen Gunsten geregelt zu haben, um so mehr als er äußerst alarmierende Nachrichten erhält. Der byzantinische Kaiser, Johann Komnenos, der 1118 seinem Vater Alexios auf den Thron gefolgt war, ist mit Tausenden von Kriegern auf dem Weg nach Nord-Syrien. Sobald Foulque weg ist, springt der Atabek auf sein Pferd und prescht nach Aleppo. Als bevorzugte Zielscheibe der Rum schon in der Vergangenheit, ist die Stadt in heller Aufregung. In Erwartung eines Angriffs hat man schon begonnen, die Gräben um die Stadt zu säubern, in die die Bewohner in Friedenszeiten unvernünftigerweise ihren Unrat werfen. Aber schon bald kommen Boten des Basileus, und Zinki erfährt, daß es nicht um Aleppo, sondern um Antiochia geht, auf das die Rum schon immer Anspruch erhoben hatten. Mit Freude vernimmt er, daß die Stadt schon im Belagerungszustand ist und von schweren Katapulten beschossen wird. Zinki überläßt die Christen ihren Streitigkeiten und kehrt nach Homs zurück, wo Unar ihm weiterhin standhält.

Rum und Franken schließen jedoch schneller Frieden als gedacht. Um den Basileus zu beruhigen, versprechen die Franken, ihm Antiochia zu überlassen, und Johann Komnenos verspricht, ihnen dafür mehrere syrische Städte zu geben. Das hat jedoch im März 1138 einen neuen Eroberungskrieg zur Folge. Der Kaiser hat als Unterführer zwei fränkische Ritter: Jocelin II., einen neuen Grafen von Edessa, und einen Ritter Raymund, der gerade Antiochia in Besitz genommen hat durch seine Heirat mit Konstanze, der achtjährigen Tochter von Bohemund II. und Alix.

Im April machen sich die Verbündeten an die Belagerung von Chayzar und fahren achtzehn Katapulte und schwere Schleudern auf. Der alte Emir Ibn Munqidh, der schon vor der Frankeninvasion Statthalter war, scheint nicht in der Lage zu sein, den vereinten Kräften von Rum und Franken standzuhalten. Nach Meinung von Ibn al-Athir haben die Verbündeten Chayzar als Zielscheibe gewählt, weil sie hofften, daß Zinki sich nicht damit abgeben würde, eine Stadt, die ihm nicht gehörte, tatkräftig zu verteidigen. Das aber hieß ihn schlecht kennen. Der Türke organisiert und leitet höchstpersönlich den Widerstand. Die Schlacht um Chayzar ist für ihn eine Gelegenheit, seine bewundernswerten staatsmännischen Fähigkeiten mehr denn je zu entfalten.

In wenigen Wochen krempelt er den gesamten Orient um. Zunächst schickt er Boten nach Anatolien, denen es gelingt, die Nachfolger Danishmends dazu zu bringen, das byzantinische Territorium anzugreifen; dann schickt er Agitatoren nach Bagdad, die dort einen Aufstand anzetteln, ähnlich dem, den Ibn al-Kkachab im Jahre 1111 hervorgerufen hatte. Dadurch zwingt er den Sultan Massud, Truppen nach Chayzar zu entsenden. Er schreibt an alle Emire Syriens und der Jazira und fordert sie mit Drohungen auf, alle Kräfte einzusetzen, um die neue Invasion zurückzuschlagen. Das Heer des Atabek selbst, das viel kleiner ist als das des Gegners, unternimmt keinen Frontalangriff, sondern wendet die Taktik der Störangriffe an, während Zinki eifrig mit dem Basileus und den Führern der Franken korrespondiert. Er »informiert« den Kaiser –

was übrigens der Wahrheit entspricht –, daß seine Verbündeten ihn fürchten und nur auf seinen Abzug aus Syrien warten. An die Franken – und ganz besonders an Jocelin von Edessa und Raymund von Antiochia – schreibt er: »Versteht Ihr nicht, daß die Rum, wenn sie auch nur eine Festung in Syrien erobern könnten, bald alle Eure Städte einnehmen würden?« Die fränkischen und byzantinischen Krieger läßt er durch Agenten, meistens syrische Christen, verunsichern. Sie untergraben die Kampfmoral, indem sie Gerüchte verbreiten über das Herannahen eines riesigen Entsatzheeres aus Persien, dem Irak und Anatolien.

Diese Propagandaarbeit trägt, besonders bei den Franken, ihre Früchte. Während der Basileus, angetan mit seinem Goldhelm, selbst den Einsatz der großen Schleudern befehligt, sitzen die Herren von Edessa und Antiochia in ihrem Zelt beim Würfelspiel. Dieses schon im Ägypten der Pharaonen bekannte Spiel war im 12. Jahrhundert im Orient ebenso verbreitet wie im Abendland. Die Araber nannten es »az-zahr«, was die Franken übernahmen, um damit nicht das Spiel, sondern das Glück, die Chance, im Spiel zu bezeichnen, woraus heute das Wort »Hasard« geworden ist. Diese nicht enden wollenden Würfelspiele entnerven Johann Komnenos. Er ist entmutigt durch die fehlende Einsatzfreudigkeit seiner Verbündeten und durch die Gerüchte vom Herannahen eines großen muslimischen Entsatzheeres (das Bagdad in Wirklichkeit nie verlassen hat). Er hebt die Belagerung auf und zieht am 21. Mai 1138 nach Antiochia ab, wo er hoch zu Roß einreitet; zu Fuß folgen ihm Raymund und Jocelin, die er wie seine Diener behandelt.

Für Zinki ist dies ein unerhörter Sieg. Der Atabek erscheint von nun an in der arabischen Welt, in der das Bündnis zwischen Rum und Franken großen Schrecken verbreitet hatte, als ein heilbringender Retter. Selbstverständlich hat er vor, sein Prestige auszunutzen, um umgehend einige Probleme zu lösen, die ihm sehr nahegehen. Zunächst Homs. Kaum ist Ende Mai die Schlacht um Chayzar beendet, da schließt Zinki schon ein seltsames Abkommen mit Damaskus: Er wird die Prinzessin Zomorrod heiraten und Homs als Mitgift bekommen. Drei Monate später erscheint sie mit großem Gefolge vor den Mauern von Homs, um feierlich die Hochzeit mit Zinki, ihrem neuen Gemahl, zu begehen. An der Feierlichkeit nehmen Vertreter des Sultans, des Kalifen von Bagdad und von Kairo teil und selbst Abgesandte des Kaisers der Rum, der aus Schaden klug geworden ist und beschlossen hat, fortan freundschaftliche Beziehungen zu Zinki zu unterhalten.

Der Atabek ist nun Herr von Mosul, Aleppo und ganz Zentral-Syrien und beschließt, sich als nächstes der Stadt Damaskus zu bemächtigen, und zwar mit Hilfe seiner neuen Frau. Er hofft, daß es ihr gelingen wird, ihren Sohn Mahmud davon zu überzeugen, daß es vorteilhaft ist, die Stadt kampflos zu übergeben. Die Prinzessin schwankt und zögert zunächst. Da er nicht auf sie zählen kann, verläßt Zinki sie zunächst. Als er im Juli in Harran ist, erreicht ihn eine dringende Botschaft von Zomorrod. Sie teilt ihm mit, daß Mahmud von drei seiner Sklaven in seinem Bett erdolcht wurde. Die Prinzessin fleht Zinki an, unverzüglich nach Damaskus zu marschieren und die Mörder ihres Sohnes zu bestrafen. Sofort bricht der Atabek auf. Die Tränen seiner Gattin lassen ihn völlig kalt, aber den Tod Mahmuds könnte er ausnutzen, um endlich die Einigung Syriens unter seiner Herrschaft wahrzumachen. Dabei vergißt er jedoch den unverwüstlichen Unar. Dieser ist nach der Abtretung von Homs nach Damaskus zurückgekehrt und hat hier, nach dem Tod Mahmuds, sofort die Zügel der Politik in die Hand genommen. Da er eine Offensive seitens Zinki erwartete, arbeitete Moinuddin einen geheimen Plan aus, um ihm entgegenzutreten. Für den Augenblick führt er ihn jedoch noch nicht aus und widmet sich zunächst der Vorbereitung der Verteidigung.

Zinki zieht übrigens nicht direkt nach der begehrten Stadt, sondern greift zunächst die antike Stadt Baalbek an, die einzige Siedlung, die noch zu Damaskus gehört. Er verfolgt ein doppeltes Ziel: Er will die syrische Metropole einkreisen, und er will die Verteidiger demoralisieren. Im August läßt er vierzehn große Schleudern um Baalbek auffahren und es pausenlos beschießen. So hofft er, es in ein paar Tagen einnehmen zu können, um noch vor Ende des Sommers mit der Belagerung von Damaskus zu beginnen. Baalbek selbst kapituliert rasch, aber die Festung, die aus Steinen eines einstigen Tempels des phönizischen Gottes Baal gebaut ist, hält zwei lange Monate stand. Dies erbost Zinki derart, daß er, nachdem die Festung sich Ende Oktober nach der Zusicherung, daß Leib und Leben der Verteidiger verschont würden, ergibt, befiehlt, siebenunddreißig Mann der Verteidiger zu kreuzigen und dem Kommandanten der Festung bei lebendigem Leib die Haut abzuziehen. Dieser unmenschliche Befehl, der die Damaszener davon überzeugen soll, daß jeder Widerstand einem Selbstmord gleichkommt, erzielt die umgekehrte Wirkung. Fest um Unar geschart, ist die Bevölkerung von Damaskus mehr denn je entschlossen, sich bis zum bitteren Ende zu schlagen. Jedenfalls steht der Winter vor der Tür, und Zinki kann vor dem Frühjahr nicht an die Erstürmung der Stadt denken. Diese wenigen Monate der Ruhe widmet Unar der Ausfeilung seines Planes.

Als im April 1140 Zinki den Druck verstärkt und sich zur endgültigen Erstürmung anschickt, hält Unar den Augenblick für die Ausführung seines Planes gekommen, nämlich das Heer der Franken unter der Führung von Foulque zu bitten, Damaskus mit seiner ganzen Streitmacht zu Hilfe zu kommen. Es handelt sich dabei nicht um ein einmaliges Eingreifen, sondern um einen regelrechten Bündnisvertrag, der noch über den Tod Zinkis hinaus dauern wird.

Schon 1138 hatte Unar nämlich seinen Chronisten, Ussama Ibn Munqidh nach Jerusalem geschickt, um die Möglichkeiten einer Zusammenarbeit zwischen den Franken und den Damaszenern gegen den Herren von Aleppo zu erkunden. Ussama, der gut empfangen wurde, hatte eine grundsätzliche Zustimmung erreicht. Die Botschaften gingen hin und her, der Chronist hatte sich Anfang 1140 wieder nach der Heiligen Stadt begeben, diesmal mit genauen Vorschlägen: Das fränkische Heer sollte Zinki zwingen, sich von Damaskus zu entfernen; die Streitmächte der beiden Staaten sollten sich im Falle einer neuerlichen Gefahr vereinen; Moinuddin würde zwanzigtausend Dinar zur Deckung der militärischen Kosten zahlen; schließlich sollte eine gemeinsame Operation unter der Führung von Unar stattfinden, um die Festung Banias zu besetzen, die seit kurzem im Besitz eines Vasallen Zinkis war, und sie dem König von Jerusalem zurückgeben. Zum Beweis ihrer Aufrichtigkeit würden die Damaszener den Franken Geiseln aus den Familien der Hauptwürdenträger der Stadt stellen.

Es handelt sich hierbei praktisch darum, unter fränkischem Protektorat zu leben, aber die Bevölkerung der Stadt findet sich damit ab. Durch die brutalen Methoden Zinkis in Schrecken versetzt, spricht sie sich einmütig für den von Unar ausgehandelten Vertrag aus, denn seine Politik erweist sich als unleugbar wirksam. Aus Angst, in die Zange genommen zu werden, zieht sich Zinki nach Baalbek zurück, das er einem zuverlässigen Mann, Ayyub, als Lehen gibt, bevor er selbst mit seinem Heer nach Norden zieht mit dem Versprechen, bald wiederzukommen, um seine Niederlage wettzumachen. Nach dem Abzug des Atabek besetzt Unar Banias und händigt es gemäß dem Beistandspakt den Franken aus. Sodann begibt er sich zum Staatsbesuch ins Königreich Jerusalem.

Er wird von Ussama begleitet, der in Damaskus gewissermaßen zum Spezialist für Frankenfragen geworden ist. Glücklicherweise beschränkt sich der Emir nicht auf diplomatische Verhandlungen. Als umsichtiger, von großem Wissensdurst beseelter Mensch hat er uns wertvolle Hinweise über die Sitten und das alltägliche Leben zur Zeit der Franken hinterlassen.

Während ich in Jerusalem war, pflegte ich zur al-Aqsa-Moschee zu gehen, wo sich meine Freunde, die Tempelritter, aufhielten. In einem Teil gab es ein kleines Oratorium, in dem die Franken sich eine Kirche eingerichtet hatten. Die Templer stellten sie mir zum Beten zur Verfügung. Als ich eines Tages eintrat, sagte ich »Allahu Akbar« und wollte mein Gebet beginnen. Da stürzte sich ein Mann, ein Franke, auf mich, ergriff mich und drehte mein Gesicht nach Osten mit den Worten: »So betet man!« Sofort kamen die Templer herbei und nahmen ihn von mir weg. Ich begann also erneut mein Gebet, aber der Mann stürzte sich in einem unbewachten Augenblick wieder auf mich, drehte mir das Gesicht nach Osten und wiederholte: »So betet man!« Die Templer führten ihn erneut weg und entschuldigten sich bei mir und sagten »Er ist ein Fremder. Er kommt unmittelbar aus dem Land der Franken und hat nie jemanden beten sehen, ohne sich nach Osten zu kehren.« Ich antwortete, daß ich genug vom Beten hätte, ging hinaus und wunderte mich über das Benehmen dieses Teufels, den es derart aufbrachte, daß ich beim Beten das Gesicht nach Mekka wandte.

Wenn der Emir Ussama die Templer «meine Freunde« nennt, so erklärt sich das dadurch, daß er auf dem Standpunkt steht, daß sich ihre barbarischen Sitten durch die Berührung mit dem Orient abgeschliffen haben. Er meint, daß die Franken, die zuletzt gekommen sind, längst nicht so kultiviert sind wie die früheren, die sich im Orient niedergelassen haben. Für ihn ist das Vorkommnis in der Moschee ein »Beispiel dafür, wie ungehobelt die Franken sind«. Er zitiert andere Beispiele, die er bei seinen häufigen Besuchen im Königreich Jerusalem erlebt hat.

Ich befand mich in Tiberiade, als die Franken eines ihrer Feste feierten. Die Ritter waren vor die Stadt gezogen, um sich ihren Lanzenspielen hinzugeben. Sie hatten zwei alte, hinfällige Frauen mitgenommen, die sie an die eine Seite des Hippodroms stellten, an der gegenüberliegenden Seite hing ein Schwein an einem Felsen. Nun wurde ein Wettlauf zwischen den beiden Alten veranstaltet. Jede lief, so schnell sie konnte, wobei sie von Reitern begleitet wurden, die versuchten, sie am Vorwärtskommen zu hindern. Fast nach jedem Schritt fielen sie unter dem lauten Gelächter der Zuschauer hin, rappelten sich wieder auf, fielen wieder hin. Schließlich kam die erste an und ergriff das Schwein als Siegespreis.

Ein so gebildeter Emir wie Ussama kann derartig grobe Scherze nicht verstehen. Aber aus den abfällig herabgezogenen Mundwinkeln wird eine angewiderte Grimasse, wenn er von dem spricht, was die Franken Rechtsprechung nennen.

In Nablus hatte ich Gelegenheit, an einem eigenartigen Schauspiel teilzunehmen. Zwei Männer sollten sich im Zweikampf messen. Der Grund war folgender: Muslimische Räuber hatten ein benachbartes Dorf überfallen, und ein Bauer wurde verdächtigt, ihnen als Führer gedient zu haben. Er war geflohen, mußte aber bald wieder zurückkommen, denn König Foulque hatte seine Kinder ins Gefängnis gesteckt. »Laßt Gerechtigkeit walten«, hatte der Bauer gesagt, »und gestattet mir, mich mit dem zu messen, der mich beschuldigt hat.« Der König hatte nun zu dem Adligen, der das Dorf zum Lehen hatte, gesagt: »Laß den Gegner kommen!« Da hatte der Adlige einen Schmied, der im Dorf arbeitete, ausgesucht und zu ihm gesagt: »Geh du zum Zweikampf.« Der Herr des Lehens wollte nämlich nicht, daß einer seiner Bauern möglicherweise getötet würde, weil dann die Feldbestellung darunter leiden müßte.
Ich sah also diesen Schmied. Er war ein starker Mann, der aber, sitzend oder stehend, immer etwas zu trinken verlangte. Der Beschuldigte war ein alter, mutiger Mann, der als Zeichen seiner Herausforderung mit den Fingern schnalzte. Der Statthalter von Nablus gab jedem eine Lanze und einen Schild und ließ die Zuschauer sich rund herum im Kreis aufstellen. Der Kampf begann. Der Alte trieb den Schmied nach hinten, in die Menge hinein und kam dann zur Mitte der Arena zurück. Es kam zu einem so heftigen Schlagaustausch, daß die beiden Rivalen nur noch eine einzige, blutige Säule bildeten. Der Kampf zog sich in die Länge, trotz der Aufmunterung durch den Statt-

halter, der zur Entscheidung drängte. »Schneller!« rief er ihnen zu. Schließlich war der Alte erschöpft, und der Schmied, der gewohnt war, den Hammer zu schwingen, versetzte ihm einen Schlag, der ihn umwarf, wobei er die Lanze losließ. Dann hockte er sich über ihn, um ihm die Finger in die Augen zu drücken, wozu er jedoch wegen des vielen Blutes nicht kam. So erhob sich der Schmied und bereitete seinem Gegner mit einem Lanzenstich ein Ende. Man band der Leiche ein Seil um den Hals, zog sie daran zum Galgen und hängte sie auf. An diesem Beispiel kann man sehen, was die Franken unter Rechtsprechung verstehen!

Die Entrüstung des Emirs ist völlig natürlich, denn für die Araber im 12. Jahrhundert ist Rechtsprechung eine ernsthafte Sache. Die Richter, Kadis, sind hochgeachtete Persönlichkeiten, die verpflichtet sind, vor dem Urteilsspruch einer präzisen, vom Koran festgelegten Prozedur zu folgen: Untersuchung, Plädoyer, Zeugenaussagen. Das »Gottesurteil«, auf das die Leute aus dem Abendland oft zurückgreifen, erscheint den Muslims wie ein makabrer Scherz. Das von dem Chronisten beschriebene Duell ist eine Form von Gottesurteil, so, wie die Feuerprobe oder die Wasserprobe, die er mit Entsetzen kennenlernt:

Man hatte ein riesiges, mit Wasser gefülltes Faß aufgestellt. Der verdächtigte junge Mann wurde gefesselt. Unter seinen Armen wurde ein Strick durchgezogen, dann wurde er in das Faß geworfen. Wenn er unschuldig ist, sagten sie, würde er auf den Grund sinken, und dann würde er mit Hilfe des Strickes herausgezogen. Wäre er aber schuldig, so bliebe er an der Oberfläche. Als man ihn nun in das Faß warf, machte der Unglückliche die größten Anstrengungen, um auf den Grund zu sinken, es gelang ihm aber nicht, und er mußte sich ihrem Gesetz unterwerfen – Gott möge sie verfluchen! Daraufhin drückte man ihm einen rotglühenden Silberstempel auf die Augen und blendete ihn.

Die Meinung des Emirs über die Barbaren ändert sich auch kaum, wenn er von ihrem Wissen spricht. Im 12. Jahrhundert sind die Franken auf allen Wissensgebieten und auch technisch weit hinter den Arabern zurück. Auf dem Gebiet der Medizin jedoch ist der Abstand zwischen dem weitentwickelten Orient und dem primitiven Abendland am größten. Ussama beschreibt den Unterschied:

Eines Tages schrieb der fränkische Statthalter von Muneitra im Libanongebirge an meinen Onkel Sultan, Emir von Chayzar, und bat ihn, ihm wegen einiger dringender Fälle einen Arzt zu schicken. Mein Onkel wählte unter unseren Ärzten einen aus, der christlichen Glaubens war, namens Thabet, und schickte ihn hin. Nach ein paar Tagen war er aber schon wieder da. Wir wollten alle gerne wissen, wie er es geschafft hätte, die Kranken so schnell zu heilen, und bestürmten ihn mit Fragen. Er erzählte: »Man brachte einen Ritter mit einem Abszeß am Bein zu mir und eine Frau, die sich im fieberhaften Endstadium der Schwindsucht befand. Dem Ritter legte ich einen Salbenverband an; das Geschwür ging auf und schwoll ab. Der Frau verordnete ich eine Diät, um das Fieber zu senken.« Dann kam aber ein fränkischer Arzt und sagte: »Dieser Mann versteht nichts vom Heilen!« Darauf wandte er sich an den Ritter und fragte: »Willst du lieber mit einem Bein leben oder mit beiden sterben?« Als der Kranke geantwortet hatte, er lebe lieber mit einem Bein, befahl der Arzt: »Schafft mir einen kräftigen Ritter her mit einer gut geschliffenen Axt!« Bald kam der Ritter mit der Axt. Der Arzt legte das Bein auf einen Holzklotz und sagte: »Schlag kräftig zu, und trenne ihn sauber ab!« Vor meinen Augen schlug nun der Mann zu, da aber das Bein noch zusammenhing, schlug er ein zweites Mal zu. Das Knochenmark spritzte heraus, und der Verletzte starb auf der Stelle. Dann untersuchte der Franke die Frau und sagte: »Ihr Kopf ist von einem Dämon besessen, der in sie verliebt ist. Schneidet ihr die Haare ab!« Man schnitt ihr die Haare ab, und die Frau begann sich wieder wie üblich zu ernähren mit Knoblauch und Senf, was das Fieber wieder hochtrieb. »Das beweist, daß der Teufel wieder im Kopf sitzt«, sagte der fränkische Arzt und schnitt ihr in der Form eines Kreuzes die Kopfhaut bis zum Knochen auf, den er mit Salz rieb. Die Frau war augenblicklich tot. Da fragte ich, ob man mich noch brauche. Sie sagten »nein«, und so kam ich zurück, nachdem ich vieles über die fränkische Medizin erfahren hatte, was ich vorher nicht wußte.

Wenn Ussama über die Unwissenheit der Franken entsetzt ist, so ist er doch noch weit mehr entsetzt über ihre Sitten.

Die Franken haben kein Ehrgefühl! Wenn einer von ihnen mit seiner Frau durch die Straßen geht und einen anderen Mann trifft, nimmt dieser die Frau bei der Hand und zieht sie beiseite, um mit ihr zu sprechen. Der Mann tritt so lange zurück, bis das Gespräch beendet ist. Wenn es ihm zu lange dauert, läßt er sie mit ihrem Gesprächspartner stehen und geht weg! Man bedenke diesen Widerspruch! Diese Leute kennen weder Eifersucht, noch Ehrgefühl, während sie doch so viel Mut besitzen. Aber Mut kann doch nur aus Ehrgefühl und der Verachtung alles Schlechten entspringen!

Je mehr Ussama über die Leute aus dem Abendland erfährt, um so schlechter wird die Vorstellung, die er von ihnen hat. Nur die kriegerischen Eigenschaften bewundert er bei ihnen. So kann man auch verstehen, daß er, als einer seiner »Freunde« unter den Franken, ein Ritter aus dem Heer des Königs Foulque, ihm anbietet, seinen Sohn mit nach Europa zu nehmen, um ihn in die Regeln des Rittertums einzuweihen, die Einladung höflich ablehnt, wobei er sich im stillen sagte, daß er seinen Sohn lieber im Gefängnis als im Land der Franken wüßte. Die Fraternisierung mit diesen Fremden hat ihre Grenzen. Diese berühmte Zusammenarbeit zwischen Damaskus und Jerusalem, die Ussama die unverhoffte Gelegenheit bot, die Menschen aus dem Abendland besser kennenzulernen, erwies sich als ein recht kurzes Intermezzo. Bald sollte ein einschneidendes Ereignis den verbitterten Krieg gegen den Eroberer wieder aufflammen lassen. Am Samstag, dem 23. Dezember 1144, fiel Edessa, die Hauptstadt des ältesten der vier Frankenstaaten im Orient, dem Atabek Imadeddin Zinki in die Hände.

Wenn der Fall Jerusalems im Juli 1099 das Ziel der Frankeninvasion war und der Fall Tyros' das Ende der Besetzungsphase markierte, so wird die Wiederoberung Edessas als die Krönung des arabischen Gegenschlages in die Geschichte eingehen und als Beginn des langen Marsches zum Sieg.

Niemand hatte vorausgesehen, daß die Besetzung auf so eklatante Weise in Frage gestellt werden könnte. Edessa war zwar nur ein Vorposten, aber es war seinen Grafen gelungen, sich voll in die örtliche Politik zu integrieren. Der letzte abendländische Herrscher dieser Stadt mit armenischer Majorität war Jocelin II., ein kleiner bärtiger Mann mit hervorspringender Nase, hervorquellenden Augen und einem unebenmäßigen Körperbau, der sich niemals durch seinen Mut oder durch seine Weisheit hervorgetan hatte. Aber seine Untertanen lehnten ihn nicht ab, weil er von einer armenischen Mutter stammte, und seine Lage war keineswegs kritisch. Wie seine Nachbarn machte auch er kleine Raubüberfälle, die aber immer mit einem Waffenstillstand endeten. Im Herbst 1144 ändert sich plötzlich die Lage. Durch einen geschickten militärischen Schachzug setzt Zinki der fünfzigjährigen fränkischen Herrschaft in diesem Teil des Orients ein Ende. Sein Sieg wird Mächtige und Schwache aufrütteln, von Persien bis zu den fernen

Ländern der »Alman«, und wird zum Auftakt für eine neue Invasion unter der Führung der größten Könige der Franken.

Der beste Bericht von der Eroberung Edessas stammt von einem Augenzeugen, dem syrischen Bischof Abul-Faraj Basile, der in die Ereignisse hineingezogen wurde. Seine Haltung während der Schlacht zeigt sehr deutlich die tragische Lage der orientalisch-christlichen Gemeinden, zu denen er gehört. Da seine Stadt angegriffen wurde, nahm Abul-Faraj aktiv an der Verteidigung teil, obwohl seine Sympathie eher dem muslimischen Heer gehörte als seinen »Beschützern«, von denen er nicht allzuviel hielt. Er berichtet:

Graf Jocelin war auf Beute an die Ufer des Euphrat ausgezogen. Dies hatte Zinki erfahren und erschien am 30. November vor den Mauern von Edessa. Sein Heer war so zahlreich wie die Sterne des Himmels, und alles Land um die Stadt herum war davon voll. Überall wurden Zelte aufgeschlagen, und der Atabek stellte seines nördlich von der Stadt auf, gegenüber dem Stundentor, auf einem Hügel über der Kirche der Bekenner.

Obwohl es in einem Tal lag, war Edessa schwierig einzunehmen, denn die mächtige, dreieckige Stadtmauer war fest mit den umgebenden Hügeln verbunden. Aber Jocelin hatte keinerlei Soldaten in der Stadt gelassen, da waren nur Schuster, Weber, Seidenhändler, Schneider und Priester. Die Verteidigung wurde also vom fränkischen Bischof der Stadt organisiert, dem ein armenischer Prälat zur Seite stand, sowie der Chronist selbst, der eigentlich für eine Verständigung mit dem Atabek war. Er sagt dazu folgendes:

Zinki machte den Belagerten ununterbrochen Friedensangebote und sagte: »Ihr Unglücklichen! Ihr seht, daß alle Hoffnung verloren ist. Was wollt ihr? Was erwartet ihr? Habt Erbarmen mit euch selbst, mit euren Söhnen, euren Frauen, euren Häusern! Sorgt dafür, daß eure Stadt nicht zerstört und verlassen wird!« Aber es gab in der Stadt niemanden, der seinen Willen hätte durchsetzen können. Man antwortete Zinki dumm, mit Prahlerei und Beleidigungen.

Als Abul-Faraj feststellt, daß der Feind Stollen unter die Festungswälle treibt, schlägt er vor, Zinki einen Brief zu schreiben, um einen Waffenstillstand vorzuschlagen. Der Brief kommt zustande und wird dem Volk vorgelesen. Aber ein unvernünftiger Seidenhändler reißt ihn an sich und zerreißt ihn. Zinki indessen wiederholt unermüdlich: »Wenn ihr einen Waffenstillstand von ein paar Tagen braucht, gestehen wir ihn euch zu, um festzustellen, ob ihr Hilfe bekommt. Andernfalls ergebt euch und lebt!«

Aber es kommt keine Hilfe. Jocelin hat früh genug von der Offensive gegen seine Hauptstadt erfahren, aber er wagt es nicht, sich mit den Streitkräften des Atabek zu messen. Lieber wartet er in Tel Bacher auf Hilfe aus Antiochia oder Jerusalem.

Die Türken hatten nun die Fundamente der Nordmauer herausgerissen und sie durch eine große Menge von hölzernen Balken und Stämmen ersetzt. Die Zwischenräume hatten sie mit Fett, Schwefel und Öl ausgefüllt, damit das Feuer besser brannte und die Mauer schneller einstürzte. Als es soweit war, gab Zinki den Befehl, und das Feuer wurde entzündet. Die Herolde riefen zum Kampf auf und befahlen den Soldaten, durch die Bresche in die Stadt einzudringen, sobald die Mauer nachgegeben hätte. Sie versprachen, daß ihnen die Stadt drei Tage zum Plündern überlassen würde. Das Feuer entzündete sich zunächst an dem Öl und dem Schwefel und griff dann auf das geschmolzene Fett und das Holz über. Der Nordwind trieb den Rauch zu den Verteidigern. Obwohl die Mauer sehr stark war, kam sie bald ins Wanken und stürzte schließlich ein. Nachdem die Türken viele Krieger an der Bresche verloren hatten, gelangten sie schließlich in die Stadt und machten alle Bewohner ohne Unterschied nieder. An diesem Tag kamen etwa sechstausend Menschen ums Leben. Die Frauen, die Kinder und die Jugendlichen stürzten zur Hochburg, um dem Gemetzel zu entgehen, fanden aber das Tor verschlossen. Schuld daran war der fränkische Bischof, der zu den Wachen gesagt hatte: »Wenn ihr mein Gesicht nicht seht, öffnet das Tor nicht!« So drängte eine Gruppe nach der anderen hinauf, und es bot sich ein grauenvolles Bild: Fünftausend Menschen oder mehr schoben sich zu einer kompakten Masse zusammen und kamen, erstickt oder totgetrampelt, elend um.

Immerhin greift Zinki persönlich ein, um dem Gemetzel Einhalt zu gebieten, bevor er seinen Sprecher zu Abul-Faraj schickt mit folgender Botschaft: »Ehrwürdiger, wir wünschen, daß du auf das Kreuz und das Evangelium schwörst, daß ihr, du und deine Gemeinde, uns treu bleibt. Du weißt sehr wohl, daß diese Stadt in den zweihundert Jahren unter arabischer Herrschaft eine Blütezeit gleich einer Metropole erlebte. Nun ist sie seit fünfzig Jahren von den Franken besetzt, und sie haben sie schon zugrunde gerichtet. Unser Herr, Imadeddin Zinki, ist bereit, euch gut zu behandeln.

Lebt in Frieden, lebt unter seiner Herrschaft in Sicherheit, und betet für sein Leben.« Und Abul Faraj schreibt weiter:

Man ließ auch wirklich die Syrier und die Armenier die Festung verlassen, und jeder von ihnen konnte unbehelligt nach Hause gehen. Den Franken hingegen wurde alles, was sie bei sich hatten, abgenommen, Gold, Silber, die Kultgefäße, die kunstvoll verzierten Kreuze und viele andere Schmuckgegenstände. Die Priester, Notabeln und Adligen wurden abgesondert und ihrer Kleidung entledigt, bevor sie, in Ketten gefesselt, nach Aleppo geschickt wurden. Aus dem Rest wurden noch die Handwerker ausgesondert, die Zinki als Gefangene für sich behielt, damit sie für ihn arbeiteten. Alle übrigen Franken, an die hundert Menschen, wurden hingerichtet.

Sobald sich die Nachricht von der Wiedereinnahme Edessas ausbreitet, erfaßt die arabische Welt ein Taumel der Begeisterung. Man schreibt Zinki die hochfliegendsten Pläne zu. Die Flüchtlinge aus Palästina und den zahlreichen Küstenstädten, die in der Umgebung des Atabek leben, sprechen schon von einer Wiedereroberung Jerusalems, ein Ziel, das bald zum Symbol des Widerstands gegen die Franken wird.

Der Kalif verleiht dem Helden des Tages die ehrenvollsten Titel: al-malek al-mansor, »siegreicher König«, zain-el-islam, »Zierde des Islam«, nassir amir al-muminin, »Stütze des Herrschers der Gläubigen«. Wie alle führenden Persönlichkeiten der Zeit reiht auch Zinki alle seine Beinamen als Symbol seiner Macht stolz vor seinem Namen auf. In einer leicht satirischen Bemerkung entschuldigt sich Ibn al-Qalanissi bei seinen Lesern, daß er in seiner Chronik einfach geschrieben habe der »Sultan sowieso«, der »Emir« oder der »Atabek«, ohne jeweils alle Titel hinzuzufügen. Denn, erklärt er, es gibt seit dem 10. Jahrhundert eine derartige Inflation von ehrenvollen Beinamen, daß sein Text unlesbar geworden wäre, hätte er sie immer alle aufgezählt. Mit leisem Bedauern spricht er von der Zeit der ersten Kalifen, die sich mit dem in seiner Einfachheit großartigen Titel »Herrscher der Gläubigen« begnügten, und dann bringt er mehrere Beispiele für das Gesagte, darunter auch eben das von Zinki. Bei jeder Erwähnung des Atabek müßte Ibn al-Qalanissi eigentlich schreiben:

Der Emir, der Große, der Gerechte, der Helfer Gottes, der Triumphator, der Einzige, die Säule der Religion, der Eckstein des Islam, die

Zierde des Islam, der Beschützer der Geschöpfe, der Teilhaber der Dynastie, die Stütze der Doktrin, der Ruhm des Staates, die Stütze der Sultane, die Ehre der Könige, der Besieger der Ungläubigen, der Rebellen und der Gottlosen, der Oberste Heerführer der Muslims, der siegreiche König, der König der Könige, die Sonne des Verdienstes, der Emir der beiden Iraks und Syriens, der Eroberer des Iran, Bahlawan Jihan Alp Inassaj Kotlogh Toghrulbeg Atabek Abu-Said Zinki Ibn Aq Sonqor, Stütze des Herrschers der Gläubigen.

Wenn der Chronist auch über die pompösen Titel unehrerbietig lächelt, so spiegeln sie doch wider, welch vorrangigen Platz Zinki hinfort in der arabischen Welt einnimmt. Die Franken zittern, wenn man nur seinen Namen nennt. Ihre Verwirrung ist um so größer, als König Foulque kurz vor der Einnahme Edessas stirbt und zwei minderjährige Kinder hinterläßt. Seine Frau hat die Regentschaft übernommen und sofort Boten in die Staaten der Franken gesandt, um die Nachricht von dem Unglück zu überbringen. Ibn al-Qalanissi schreibt, daß daraufhin überall bei den Franken der Aufruf zum Angriff auf das islamische Gebiet erging.

Als wolle er die Befürchtungen bestätigen, kommt Zinki nach seinem Sieg aus Syrien zurück und läßt verkünden, daß er eine großangelegte Offensive plant gegen die wichtigsten Städte, die noch in der Hand der Franken sind. Die Pläne werden zunächst von den syrischen Städten mit Begeisterung aufgenommen. Aber nach und nach beginnt man in Damaskus, sich über die wahren Absichten des Atabek Gedanken zu machen. Wie 1139 hat er sich in Baalbek installiert und läßt große Mengen von Belagerungsgerät herstellen. Hat er nicht am Ende vor, unter dem Vorwand des Djihad, Damaskus selbst anzugreifen? Man wird es nie erfahren, denn im Januar 1146, als schon alle Vorbereitungen für die Frühjahrsoffensive fertig zu sein scheinen, sieht sich Zinki gezwungen, nach Norden zurückzukehren. Seine Späher haben ihm berichtet, daß Jocelin von Edessa mit einigen seiner armenischen Freunde, die in der Stadt geblieben sind, ein Komplott schmiedet, um die türkische Garnison niederzumachen.

Sobald er in der eroberten Stadt ist, nimmt Zinki die Zügel in die Hand und läßt die Parteigänger des ehemaligen Grafen hinrichten. Um die anti-fränkische Partei innerhalb der Bevölkerung zu verstärken, siedelt er in Edessa dreihundert jüdische Familien an, deren Unterstützung ihm gewiß ist. Dieser Vorfall überzeugt Zinki davon, daß es besser ist, zumindest vorläufig, auf eine Erweiterung seines Gebietes zu verzichten und den derzeitigen Stand erst einmal zu festigen.

Da gibt es beispielsweise an der Straße zwischen Aleppo und Mosul einen arabischen Emir, der die mächtige Festung Jaabar am Euphrat kontrolliert und sich weigert, die Autorität Zinkis anzuerkennen. Seine Unbotmäßigkeit, sofern sie ungestraft bleibt, könnte zu einem Störfaktor für die Verbindung zwischen den beiden großen Städten werden, weshalb Zinki im Juni 1146 mit der Belagerung von Jaabar beginnt. Er hofft, die Festung in einigen Tagen einzunehmen, doch es ist schwieriger als erwartet: Drei lange Monate vergehen, ohne daß es gelänge, den Widerstand der Belagerten zu brechen.

Eines Nachts im September ist der Atabek nach reichlichem Alkoholgenuß eingeschlafen, als er plötzlich von einem Geräusch in seinem Zelt aufwacht. Er öffnet die Augen und sieht, wie einer seiner Eunuchen fränkischer Herkunft, ein gewisser Yarankach, aus seinem Becher Wein trinkt. Außer sich vor Wut, schwört der Atabek, ihn am nächsten Tag schwer zu bestrafen. Aus Angst vor der Bestrafung wartet Yarankach, bis Zinki wieder eingeschlafen ist, versetzt ihm sodann mehrere Dolchstöße und flieht nach Jaabar, wo er mit Geschenken überschüttet wird.

Zinki ist aber nicht sofort tot. Während er halb ohnmächtig daliegt, kommt einer seiner Leute ins Zelt, dessen Bericht Ibn al-Athir bringt:

Als der Atabek mich sah, glaubte er, ich wolle ihm den letzten Streich versetzen, und bat mich mit einer Handbewegung um Gnade. Völlig erschüttert, sank ich auf die Knie und sprach: »Herr, wer hat Euch dies angetan?« Aber er konnte nicht mehr antworten und gab seinen Geist auf, Gott sei ihm gnädig!

Der tragische Tod Zinkis, kurz nach seinem Sieg, beeindruckte seine Zeitgenossen schwer. Ibn al-Qalanissi kommentierte das Ereignis in Versen:

> Der Morgen fand ihn auf sein Lager gestreckt,
> wo ihn sein Eunuch ermordet hatte,
> Schlief er auch inmitten seines stolzen Heeres,
> Umgeben von den Tapferen und ihren Schwertern,
> Er starb. Ihm half nicht Reichtum und Macht,

Seine Schätze wurden der anderen Beute,
verstreut zwischen seinen Söhnen und seinen Gegnern.
Als er tot war, standen seine Feinde auf, schwangen das Schwert,
das sie zu seinen Lebzeiten nicht zu erheben wagten.

Und tatsächlich geht es nach Zinkis Tod drunter und drüber. Seine einst so disziplinierten Soldaten verwandeln sich in eine unkontrollierbare Horde von Plünderern. Sein Schatz, seine Waffen und selbst seine persönlichen Gebrauchsgegenstände sind im Nu verschwunden. Gleich darauf beginnt sein Heer auseinanderzulaufen. Die Emire sammeln einer nach dem anderen ihre Leute um sich und nehmen schnell die eine oder andere Festung ein. Manche warten aber auch an einem sicheren Ort den Lauf der Ereignisse ab.

Als Moinuddin Unar vom Tod seines Gegners erfährt, verläßt er sofort an der Spitze seines Heeres Damaskus und nimmt Baalbek ein: Innerhalb von einigen Wochen stellt er seine Herrschaft über das gesamte Zentral-Syrien wieder her. Raymund von Antiochia nimmt eine alte, fast vergessene Tradition wieder auf und unternimmt einen Überraschungszug bis vor die Mauern von Aleppo, und Jocelin scheut keine Intrigen, um wieder in den Besitz von Edessa zu gelangen.

Das Heldenlied vom mächtigen Staat, gegründet von Zinki, scheint zu Ende. In Wirklichkeit jedoch war dies nur sein Anfang.

Vierter Teil

Der Sieg

1146–1187

Mein Gott, gib dem Islam,
und nicht Mahmud den Sieg!
Wer ist der Hund Mahmud,
daß er einen Sieg verdiente?

Nureddin Mahmud
Einiger des arabischen Orients (1117–1174)

8
Der heilige König Nureddin

Während in Zinkis Lager völlige Verwirrung herrscht, bleibt ein Mann unerschütterlich. Er ist neunundzwanzig Jahre alt, hochgewachsen, von dunkler Hautfarbe, mit rasiertem Gesicht bis auf das Kinn, hat eine breite, hohe Stirn und einen sanften, heiteren Blick. Er nähert sich dem noch nicht erkalteten Körper des Atabek, nimmt zitternd seine Hand, zieht ihm seinen Siegelring, das Zeichen der Macht, ab und steckt ihn sich an den Finger. Es ist Nureddin, der zweite Sohn Zinkis.

Ich habe die Leben der Herrscher früherer Zeiten studiert und dabei keinen Mann gefunden, außer unter den ersten Kalifen, der ebenso tugendhaft und gerecht gewesen wäre wie Nureddin. Zu Recht hebt Ibn al-Athir dies hervor und weiht diesem Fürsten einen regelrechten Kult. Der Sohn Zinkis hat zwar die guten Eigenschaften seines Vaters geerbt – Nüchternheit, Mut und staatsmännisches Denken –, aber bei ihm findet man keinen der Fehler des Atabek, die ihn einigen seiner Zeitgenossen so verabscheuenswürdig erscheinen ließen. Während Zinki Schrecken einflößte durch seine Derbheit und seine völlige Skrupellosigkeit, erscheint Nureddin von Anfang an als das Bild eines frommen, zurückhaltenden, gerechten Mannes, der sein Wort hält und sich ganz und gar dem Djihad gegen die Feinde des Islam verschrieben hat.

Noch wichtiger ist, daß er – und darin liegt sein Genie – aus diesen Tugenden eine gefürchtete politische Waffe macht. Er begreift, welche durch nichts zu ersetzende Rolle die psychologische Mobilisierung in der Mitte dieses 12. Jahrhunderts spielen kann und zieht einen regelrechten Propagandaapparat auf. Mehrere hundert Gebildete, meistens Männer des Glaubens, haben den Auftrag, ihm die aktive Sympathie des Volkes zu gewinnen und so die Führer der arabischen Welt zu zwingen, sich unter seinem Banner zu sammeln. Durch Ibn al-Athir kennen wir die Klage eines Emirs aus der Jazira-Ebene, der eines Tages vom Sohn Zinkis »eingeladen« wurde, an einem Feldzug gegen die Franken teilzunehmen.

Wenn ich Nureddin nicht helfe, sagte er, dann nimmt er mir mein Besitztum weg, denn er hat schon an die Frommen und an die Asketen geschrieben, um sie um ihren Beistand im Gebet zu bitten und sie zu veranlassen, die Muslims für den Djihad zu begeistern. Zur Zeit sitzt jeder von ihnen mit seinen Glaubensgenossen und Gesellen zusammen und liest weinend die Briefe Nureddins, und alle verfluchen mich. Wenn ich dem Kirchenbann entgehen will, muß ich seinem Willen nachkommen.

Nureddin überwacht seinen Propagandaapparat übrigens persönlich. Er bestellt Gedichte, Briefe, Bücher und sorgt für ihre Verteilung zu dem Zeitpunkt, der die gewünschte Wirkung verspricht. Die Grundsätze, die er predigt, sind einfach: eine einzige Religion, der sunnitische Islam, was den verbissenen Kampf gegen alle Ketzereien impliziert; ein einziger Staat, um die Franken von allen Seiten einzukreisen; ein einziges Ziel, der Djihad, um die besetzten Gebiete wiederzuerobern und insbesondere Jerusalem zu befreien. Während seiner achtundzwanzigjährigen Regierungszeit veranlaßt Nureddin mehrere Ulemas, Abhandlungen zu schreiben, worin die Schönheit der Heiligen Stadt, al-Quds, gerühmt wird. Diese werden in öffentlich organisierten Lesestunden in den Moscheen und Schulen vorgelesen. Bei diesen Gelegenheiten wird es nie versäumt, den obersten Mujahid zu preisen, den untadeligen Muslim Nureddin. Dieser Personenkult ist um so geschickter und wirksamer, als er – paradoxerweise – auf Nureddins Demut und Sittenstrenge beruht. Dazu schreibt Ibn al-Athir:

Die Frau Nureddins beklagte sich eines Tages, nicht genügend Geld für das Nötigste zu haben. Er wies ihr drei Geschäfte zu, die er in Homs besaß und die jährlich etwa zwanzig Dinar einbrachten. Aber sie fand, dies sei nicht ausreichend, worauf er sagte: »Ich habe sonst nichts. Für das ganze Geld, über das ich verfüge, bin ich nur der Schatzmeister der Muslims, und ich gedenke nicht, sie deinetwegen zu verraten oder mich wegen dir dem Höllenfeuer zu überantworten.«

Derartige im Volk weitverbreitete Geschichten sind für die jeweiligen Fürsten des Gebietes recht störend, da sie ein Luxusleben führen und aus ihren Untertanen die letzten Ersparnisse herauspressen. Die Propaganda Nureddins betont auch immer wieder die Aufhebung der Steuern, die er in den Gebieten, die ihm unterstehen, vornimmt.

Der Sohn Zinkis ist aber nicht nur für seine Gegner unangenehm, sondern auch oft für seine eigenen Emire. Mit der Zeit wird er bezüglich der religiösen Vorschriften immer strenger. Er untersagt nicht nur sich selbst den Alkoholgenuß, sondern auch seinem gesamten Heer, »ebenso das Tamburin, die Flöte und andere Dinge, die Gott mißfallen«, ergänzt Kamaleddin, der Chronist von Aleppo, und er fügt noch hinzu: »Nureddin legte alle Luxusgewänder ab und trug nur rauhe Stoffe.« Selbstverständlich fühlten sich die türkischen Offiziere, die ans Trinken und an prächtige Kleider gewöhnt waren, mit diesem Herren nicht immer ganz wohl, zumal er selten lächelte und sich am liebsten in der Gesellschaft von turbantragenden Ulemas aufhielt.

Noch weniger tröstlich für die Emire ist die Tendenz des Sohnes von Zinki, auf seinen Titel »Nureddin, Licht der Religion« zu verzichten zugunsten seines eigenen Namens Mahmud. »Mein Gott«, betete er vor den Schlachten, »gib dem Islam den Sieg und nicht Mahmud. Wer ist der Hund Mahmud, daß er einen Sieg verdiente?« Derartige Demutsbezeugungen sichern ihm die Sympathie der Schwachen und Frommen, die Mächtigen hingegen halten sie für Heuchelei. Dennoch scheinen seine Überzeugungen ehrlich zu sein, wenn auch sein Erscheinungsbild zum Teil aufgebaut ist. Wie dem auch sei – der Erfolg ist da: Nureddin wird aus der arabischen Welt eine Macht machen, die fähig ist, die Franken zu vernichten, und sein Mitstreiter Saladin wird die Früchte des Sieges ernten.

Nach dem Tod seines Vaters gelingt es Nureddin, sich in Aleppo durchzusetzen, was im Vergleich zu dem riesigen, von Zinki eroberten Gebiet nichts Besonderes ist. Aber eben dieses relativ kleine Ausgangsgebiet wird Nureddins Ruhm sichern. Zinki hatte die meiste Zeit seines Lebens damit verbracht, gegen Sultane, Kalifen und verschiedene Emire des Irak und der Jariza zu kämpfen. Diese undankbare Aufgabe hat sein Sohn nicht. Dieser überläßt Mosul und was dazugehört seinem älteren Bruder Saifeddin, mit dem er in gutem Einvernehmen bleibt, wodurch er um seine Ostgrenze nicht zu bangen braucht und sich ganz den syrischen Angelegenheiten widmen kann.

Seine Lage ist jedoch nicht gerade angenehm, als er im September 1146 mit seinem Vertrauten, dem kurdischen Emir Chirkuh, einem Onkel Saladins, in Aleppo ankommt. Hier herrscht erneut die Angst vor den Rittern von Antiochia, und noch bevor Nureddin seine Herrschaft über die Stadtmauern hinaus ausdehnen kann, erreicht ihn die Nachricht, daß es Jocelin mit Hilfe eines Teils der armenischen Bevölkerung gelungen ist, Edessa wieder einzunehmen. Hier geht es nicht um irgendeine Stadt, ähnlich den anderen, die nach dem Tod Zinkis verlorengegangen waren, sondern Edessa ist gleichsam das Symbol von Zinkis Ruhm, und der Fall stellt die Zukunft der ganzen Dynastie in Frage.

Nureddin reagiert sofort. Er reitet Tag und Nacht ohne Unterbrechung, läßt die erschöpften Pferde einfach am Wegrand zurück und kommt vor den Mauern Edessas an, noch bevor Jocelin die Zeit gefunden hat, die Verteidigung zu organisieren. Der Graf, der in der Zwischenzeit nicht mutiger geworden ist, ergreift bei Einbruch der Nacht die Flucht. Seine Parteigänger, die ihm folgen, werden jedoch eingeholt und von den Reitern Nureddins erschlagen.

Die schnelle Niederschlagung des Aufstandes verleiht Nureddin ein Ansehen, das er für seine angestrebte Macht nötig braucht. Raymund von Antiochia zieht daraus seine Lehre und wird weniger unternehmungslustig. Unar seinerseits bietet dem Heeren von Aleppo umgehend die Hand seiner Tochter an. Bei al-Qalanissi heißt es:

Der Ehevertrag wurde in Damaskus aufgesetzt, in Anwesenheit der Abgesandten Nureddins. Die Mitgift wurde sofort zusammengestellt, und sobald alles gerichtet war, machten sich die Abgesandten auf den Rückweg nach Aleppo.

Hinfort ist Nureddins Stellung in Syrien gefestigt. Im Verhältnis zu der sich am Horizont abzeichnenden Gefahr werden die Verschwörungen Jocelins, die Störangriffe Raymunds und die Intrigen des alten Fuchses von Damaskus bald nebensächlich.

Immer wieder kamen Nachrichten aus Konstantinopel, aus den fränkisch besetzten Gebieten sowie aus deren Nachbarländern, denen zufolge die Könige der Franken von ihrem Heimatland aus unterwegs seien, um das Land des Islam anzugreifen. Sie hätten ihr Land ohne Verteidiger zurückgelassen und führten ungeheure Schätze, Reichtümer und zahlloses Gerät mit sich. Es hieß, sie hätten eine Million oder mehr Fußvolk und Reiter.

Als al-Qalanissi dies schrieb, war er fünfundsiebzig Jahre alt und erinnerte sich sicher daran, daß er fünfzig Jahre zuvor in wenig anderen Worten ein ähnliches Ereignis berichten mußte.

Tatsächlich erscheint die durch den Fall von Edessa hervorgerufene, zweite Frankeninvasion zu Anfang wie eine Wiederauflage der ersten. Unzählige Krieger ergießen sich im Herbst 1147 über Kleinasien, und auch sie tragen wieder Stoffstücke in Form eines Kreuzes auf den Rücken genäht. Bei Dorylaion, wo die historische Niederlage Kilij Arslans stattgefunden hatte, erwartet sie nun Massud, sein Sohn, um sich nach fünfzig Jahren zu rächen. Er lockt sie mehrere Male in den Hinterhalt und fügt ihnen besonders harte Schläge zu. *Unaufhörlich heißt es, daß ihre Zahl stark zurückgehe, so daß sich die Gemüter wieder etwas beruhigen.* Ibn al-Qalanissi schreibt jedoch, daß *trotz aller Verluste, die sie erlitten haben, die Franken immer noch an die hunderttausend Mann zählten.* Diese Zahlen darf man jedoch nicht für bare Münze nehmen, denn wie alle Chronisten seiner Zeit nimmt auch er es mit der Genauigkeit nicht so ernst, und außerdem besitzt er keinerlei Möglichkeit, seine Angaben nachzuprüfen. Immerhin muß man anerkennen, daß Ibn al-Qalanissi doch eine gewisse Vorsicht walten läßt, denn jedes Mal, wenn ihm eine Zahl suspekt erscheint, fügt er ein »es heißt« ein. Ibn al-Athir ist zwar weniger vorsichtig, und doch fügt er, jedesmal wenn er seine persönliche Meinung über ein Ereignis darlegt, den Schlußsatz an »Allahu aalam«, »Gott allein weiß es«.

Welches nun die genaue Anzahl der Franken auch sein mag, sicher ist, daß ihre Streitmacht, zusammen mit der von Jerusalem, Antiochia und Tripoli, für die Araber etwas Beunruhigendes hat, und sie beobachten mit Entsetzen ihre Bewegungen. Eine Frage steht im Vordergrund: Welche Stadt werden sie als erste angreifen? Logischerweise müßten sie mit Edessa beginnen, denn schließlich sind sie ja wegen seines Falles gekommen. Aber ebensogut könnten sie sich zunächst nach Aleppo wenden und somit die aufsteigende Macht Nureddins an der wichtigsten Stelle fassen, damit würde Edessa dann von selbst fallen. Weder das eine noch das andere geschieht. Nach Meinung Ibn al-Qalanissis sind sich die Könige lange Zeit uneinig, kommen dann aber überein, Damaskus anzugreifen. Dabei sind sie von ihrem Erfolg dermaßen überzeugt, daß sie schon vorher die Verteilung der zugehörigen Landstriche vornehmen.

Damaskus angreifen? Die Stadt von Moinuddin Unar angreifen, des einzigen muslimischen Führers, der einen Bündnisvertrag mit Jerusalem hat? Die Franken konnten dem arabischen Widerstand keinen besseren Dienst erweisen! Aus späterer Sicht allerdings scheint es, daß die mächtigen Könige, die diese Frankenheere befehligten, auf dem Standpunkt standen, daß nur die Einnahme einer so bedeutungsreichen Stadt wie Damaskus die weite Reise bis in den Orient rechtfertigen könnte. Die Chronisten sprechen hauptsächlich von Konrad, dem Kaiser der Deutschen, und erwähnen dabei niemals den französischen König Ludwig VII., der allerdings auch keine bedeutende Persönlichkeit ist. Ibn al-Qalanissi berichtet:

Sobald der Emir Moinuddin von dem Vorhaben der Franken erfuhr, begann er mit seinen Vorbereitungen, um ihre bösen Absichten zu vereiteln. Er befestigte alle Stellen, an denen ein Angriff zu befürchten wäre, stellte Soldaten an den Straßen auf, verschüttete die Brunnen und zerstörte die Wasserstellen in der Umgebung der Stadt.

Am 24. Juli 1148 erscheinen die Truppen der Franken vor Damaskus, gefolgt von ganzen Kamelkolonnen, die mit ihrem Gepäck beladen sind. Die Damaszener verlassen zu Hunderten ihre Stadt, um sich dem Angreifer entgegenzustellen. Unter ihnen befindet sich al-Findalawi, ein sehr alter Theologe maghrebinischer Herkunft. Ibn al-Athir beschreibt, wie Moinuddin den zu Fuß Daherkommenden begrüßt und sagt:

O verehrungswürdiger Greis, in deinem fortgeschrittenen Alter brauchst du nicht mehr zu kämpfen. Es ist unsere Sache, die Muslims zu verteidigen. Er bat ihn umzukehren, aber al-Findalawi lehnte es ab mit den Worten: »Ich habe mich verkauft, und Gott hat mich gekauft.« Dabei bezog er sich auf die Worte des Allerhöchsten: »Gott hat den Gläubigen ihren Leib und ihr Hab und Gut abgekauft und ihnen dafür das Paradies gegeben.« Al-Findalawi schritt vorwärts und kämpfte gegen die Franken, bis er fiel.

Diesem Märtyrer folgt bald ein anderer frommer Mann, ein palästinensischer Flüchtling namens al-Halhuli, aber alle diese heroischen Taten können das Vordringen der Franken nicht verhindern. Diese haben in der Ghuta-Ebene ihr Lager aufgeschlagen und nähern sich schon an verschiedenen Stellen der Mauer. Am Abend dieses ersten Kampftages beginnen die Damaszener, die das Schlimmste befürchten, Barrikaden in den Straßen zu errichten.

Der nächste Tag, der 25. Juli, war ein Sonntag, berichtet Ibn al-Qalanissi, *und die Bewohner wagten seit dem Morgengrauen verschiedene Ausfälle. Der Kampf tobte den ganzen Tag über; am Abend waren alle erschöpft, und alle kehrten zu ihren Stellungen zurück. Das Heer der Damaszener verbrachte die Nacht vor den fränkischen Linien, und die Bewohner hielten auf den Mauern Wache, denn der Feind war zum Greifen nah.*

Am Montag morgen schöpfen die Damaszener neuen Mut, denn sie sehen türkische, kurdische und arabische Reiter anstürmen. Unar hatte an alle Fürsten der Gegend geschrieben und sie um Hilfe gebeten, die nun eintraf. Für den nächsten Tag wird die Ankunft Nureddins an der Spitze des Heeres von Aleppo angekündigt sowie die seines Bruders Saifeddin mit den Truppen von Mosul. Als sie anrücken, schickt Moi-nuddin, wie Ibn al-Athir berichtet, eine Botschaft an die »fremden Franken« und eine an die »syrischen Franken«. Bei den ersten benutzt er eine einfache Sprache: »Der König des Orients ist im Anmarsch; wenn ihr nicht abzieht, liefere ich ihm die Stadt aus, und das werdet ihr bedauern.« Bei den anderen, den »Kolonisten«, drückt er sich anders aus: »Seid ihr von Sinnen, diesen Leuten gegen uns zu helfen? Habt ihr nicht begriffen, daß sie, wenn sie in Damaskus siegen, alles daransetzen werden, euch auch eure Städte zu nehmen? Ich meinerseits werde, wenn ich Damaskus nicht halten kann, die Stadt an Saifeddin ausliefern, und ihr wißt sehr wohl, daß ihr, wenn er Damaskus hat, euch in Syrien nicht mehr halten könnt.«

Unars Taktik zeigt eine sofortige Wirkung. Es ist ihm gelungen, mit den ansässigen Franken ein geheimes Abkommen zu schließen, und diese überzeugen den König der Deutschen, von Damaskus wegzuziehen, bevor die Verstärkung da ist. Zur Unterstützung seiner diplomatischen Ränke läßt er in großen Mengen Wein ausschenken und verteilt gleichzeitig in den umgebenden Weinbergen Hunderte von Heckenschützen, die die Franken bedrängen. Schon Montag abend zeigt sich die Wirkung. Die plötzlich unsicher gewordenen Belagerer beschließen einen taktischen Rückzug, um ihre Streitkräfte zu sammeln, und befinden sich plötzlich in einer nach allen Seiten offenen Ebene ohne jeglichen Tropfen Wasser.

Schon nach ein paar Stunden wird ihre Lage so unhaltbar, daß ihre Führer nicht mehr daran denken, die syrische Metropole einzunehmen, sondern nur noch überlegen, wie sich selbst und ihre Truppen vor dem Untergang retten können. Am Dienstag morgen fluten die von Moinuddins Männern verfolgten fränkischen Truppen schon nach Jerusalem zurück.

Die Franken sind entschieden nicht mehr das, was sie einmal waren. Es sieht ganz so aus, als ob die Nachlässigkeit der Fürsten und die Uneinigkeit der Militärführer nicht mehr das traurige Privileg der Araber seien. In Damaskus ist man sprachlos: Ist es denn tatsächlich möglich, daß der mächtige Vormarsch der Franken, der seit Monaten den ganzen Orient zittern macht, schon nach weniger als vier Kampftagen ein Ende gefunden hat? Wie Ibn al-Athir sagt, glaubt man an eine Finte. Aber nichts dergleichen erfolgt. Die neue Frankeninvasion ist ganz einfach gescheitert. *Die deutschen Franken,* so schreibt er, *zogen wieder in ihr Land, das weit hinter Konstantinopel liegt, und Gott entledigte die Gläubigen von diesem Ungemach.*

Der unerwartete Sieg Unars sollte sein Ansehen vergrößern und seine frühere Zusammenarbeit mit den Feinden vergessen machen. Moinuddin jedoch erreicht das Ende seiner Karriere und stirbt ein Jahr nach der Schlacht. *Eines Tages, als er, wie üblich, sehr reichlich gegessen hatte, wurde ihm übel. Es hieß, daß er die Ruhr hatte. Dies ist,* wie Ibn al-Qalanissi hinzufügt, *eine schlimme Krankheit, die man nur selten überlebt.* Nach seinem Tod fällt die Macht an den nominalen Herren der Stadt, Abaq, einen Nachkommen Toghtekins. Er ist ein junger Mann von sechzehn Jahren und nicht übermäßig intelligent, der niemals auf eigenen Füßen stehen sollte.

Der eigentliche Sieger dieser Schlacht ist unbestreitbar Nureddin. Im Juni 1149 gelingt es ihm, das Heer des Fürsten von Antiochia, Raymund, zu zerstören, den Chirkuh, Saladins Onkel, mit eigenen Händen tötet. Er trennt den Kopf vom Rumpf und bringt ihn seinem Herren, der ihn, wie es der Brauch ist, in einem silbernen Schrein dem Kalifen von Bagdad überbringen läßt. Nachdem in Nord-Syrien nun die Frankengefahr gebannt ist, hat der Sohn Zinkis die Hände frei für die Verwirklichung des Traumes seines Vaters: die Eroberung von Damaskus.

Im Jahre 1140 hatte sich die Stadt lieber mit den Franken verbündet, als sich unter das brutale Joch Zinkis zu beugen, aber seither hat sich einiges geändert. Moinuddin ist tot, und das Verhalten der Franken hat selbst die treuesten Parteigänger verunsichert, um so mehr, als Nureddin nicht den gleichen Ruf wie sein Vater hat. Er will den Stolz der Omaijaden nicht brechen, er will sie für sich gewinnen. Als er an der Spitze seines Heeres die Obstfelder, die die Stadt umgeben, erreicht, ist sein Hauptanliegen, die Sympathie der Bevölkerung zu erlangen und nicht sofort einen Sturmangriff vorzubereiten. Wie Ibn al-Qalanissi erzählt, zeigte sich Nureddin den Bauern gegenüber wohlwollend und machte seine Anwesenheit leicht erträglich. Überall wurde für ihn gebetet, in Damaskus und den dazu gehörigen Orten. Als nach seiner Ankunft ein ausgiebiger Regen einsetzte und einer langen Trockenzeit ein Ende machte, schrieben es die Leute ihm zu. »Ihm verdanken wir es«, sagten sie, »seiner Gerechtigkeit und seinem vorbildlichen Verhalten!« Obwohl es klar ersichtlich ist, wohin sein Ehrgeiz zielt, will der Herr von Aleppo auf keinen Fall als Eroberer erscheinen. Dies zeigt auch ein Brief, den er an die Obersten von Damaskus schreibt:

Ich habe hier in der Gegend nicht mein Lager aufgeschlagen, weil ich euch bekriegen oder belagern will. Was mein Tun veranlaßt, sind die zahlreichen Klagen der Muslims, denn die Franken nehmen den Bauern all ihre Habe und trennen sie von ihren Kindern, und niemand verteidigt sie. Angesichts der Macht, die mir Gott verliehen hat, um den Muslims zu helfen und Krieg gegen die Ungläubigen zu führen, angesichts der vielen Reichtümer an Dingen und Menschen, über die ich verfüge, darf ich nicht die Muslims vernachlässigen und muß sie verteidigen. Und dies um so mehr, als ich eure Unfähigkeit, eure Provinzen zu schützen, kenne sowie eure Charakterlosigkeit, die euch dazu gebracht hat, die Franken um Hilfe zu bitten und ihnen die Habe eurer allerärmsten Untertanen auszuliefern, denen ihr damit Schändliches antut. Dies gefällt weder Gott noch irgendeinem Muslim!

Dieser Brief zeigt die ausgeklügelte Strategie Nureddins, der sich als Verteidiger von Damaskus hinstellt, wobei er ganz besonders auf die Armen abzielt und sichtlich versucht, sie gegen ihre Herren aufzuwiegeln. Deren Antwort ist so brüsk, daß sie die Bewohner dem Sohn Zinkis förmlich in die Arme treibt: »Zwischen dir und uns gibt es hinfort nur noch das Schwert. Die Franken werden kommen und uns bei der Verteidigung helfen!« Trotz der Sympathie, die Nureddin bei der Bevölkerung erworben hat, will er sich nicht den vereinten Kräften von Jerusalem und Damaskus entgegenstellen und zieht nach Norden. Zuvor hat er noch erreicht, daß in den Moscheen sein Name bei den Predigten gleich nach dem des Kalifen und dem des Sultans genannt und Geld auf seinen Namen gemünzt wird. Diese Praxis üben die muslimischen Städte öfter, um einen Eroberer zu besänftigen.

Nureddin hält diesen Halberfolg für ermutigend, und ein Jahr später kehrt er mit seinem Heer in die Gegend von Damaskus zurück. Wieder schreibt er einen Brief an Abaq und die anderen Würdenträger der Stadt: *Ich will nur das Wohl der Muslims, den Djihad gegen die Ungläubigen und die Freilassung der Gefangenen, die sie von uns haben. Wenn ihr euch mit dem Heer von Damaskus auf meine Seite stellt, wenn wir einander gegenseitig helfen, um den Djihad zu führen, dann ist mein Wunsch erfüllt!* Statt zu antworten, wendet sich Abaq erneut an die Franken, die auch unter der Führung ihres jungen Königs Balduin II., dem Sohn von Foulque, erscheinen. Einige Wochen lang lagern sie vor den Toren von Damaskus, und ihre Ritter haben sogar die Erlaubnis, die Souks zu besuchen, was natürlich zu Spannungen mit der Bevölkerung führt: Die drei Jahre zuvor Gefallenen sind noch nicht vergessen.

Nureddin vermeidet weiterhin jeglichen Zusammenstoß mit den Verbündeten. Er führt seine Truppen von Damaskus weg, in der Erwartung, daß die Franken wieder nach Jerusalem ziehen. Für ihn ist der Krieg in erster Linie politischer Natur. Er nutzt die Verbitterung der Bewohner weidlich aus, indem er den Notabeln und religiösen Führern von Damaskus immer wieder Schreiben zukommen läßt, in denen er den Verrat Abaqs anklagt. Er tritt sogar mit mehreren Offizieren in Verbindung, welche die offene Zusammenarbeit mit den Franken mit Unmut erfüllt. Für den Sohn Zinkis geht es nicht mehr einfach darum, Protest zu veranlassen, der Abaq ungelegen kommt, sondern im Innern der Stadt ein ganzes Netz von Komplizen auszubreiten, was schließlich zur Kapitulation führen könnte. Mit dieser heiklen Mission beauftragt er Saladins Vater. Nach einer geschickten Vorbereitungsarbeit gelingt es Ayyub im Jahre 1153 tatsächlich, die wohlwollende Neutralität der Stadtmiliz zu erreichen, die von einem jüngeren Bruder Ibn al-Qalanissis befehligt wird. Mehrere Offiziere des Heeres nehmen die gleiche Haltung an, was die Isolierung Abaqs von Tag zu Tag verstärkt. Er hat jetzt nur noch eine kleine Gruppe von Emiren um sich, die ihm zureden standzuhalten. Um diesen letzten Kern aufzubrechen, entschließt sich Nureddin, dem Herren von Damaskus falsche Informationen über ein Komplott in seiner engsten Umgebung zukommen zu lassen. Ohne lange die Wahrheit dieser Informationen zu prüfen, läßt Abaq mehrere seiner Mitarbeiter hinrichten oder gefangensetzen, wodurch seine Isolation vollkommen wird.

Als letztes fängt Nureddin plötzlich die Lebensmitteltransporte ab, die auf dem Weg nach Damaskus sind. In zwei Tagen steigt der Preis eines Sackes Korn um einen halben Dinar auf fünfundzwanzig Dinar, und die Bevölkerung bekommt Angst vor einer Hungersnot. Nun braucht er nur noch die Öffentlichkeit davon zu überzeugen, daß es keinerlei Mangel in Damaskus gäbe, hätte Abaq sich nicht gegen seine Glaubensgenossen mit den Franken verbündet.

Am 18. April 1154 erscheint Nureddin mit seinem Heer wieder vor Damaskus, und Abaq schickt wieder eine dringende Botschaft zu Balduin. Aber so schnell kann der König von Jerusalem gar nicht kommen, denn am 25. April wird endgültig zum letzten Sturm auf den Osten der Stadt geblasen. Der Chronist erzählt:

Niemand war auf den Stadtmauern von Damaskus, weder Bewohner noch Soldaten, außer einer Handvoll Türken, die einen Turm zu bewachen hatten. Einer der Soldaten Nureddins rannte an einer Stelle auf die Mauer zu, an der oben eine Jüdin stand, die ihm ein Seil herunterließ. Er kletterte daran hoch, bis er auf der Mauer stand, ohne daß jemand etwas bemerkt hätte, und einige seiner Kameraden taten es ihm gleich und hißten ihre Fahne auf der Mauer von Damaskus und riefen: »Ya mansur! (O du Siegreicher).« Krieger und Bevölkerung verzichteten auf jeglichen Widerstand, eingedenk der Sympathie, die sie für Nureddin, seine Gerechtigkeit und seinen guten Ruf empfanden. Ein Pionier lief zum Osttor, bab-Charki, und zertrümmerte mit seiner Hacke das Schloß und die Bewehrung. Die Soldaten strömten herein und verbreiteten sich in den Hauptstraßen, ohne auf Widerstand zu stoßen. Die Thomas-Pforte, bab-Touma, wurde den Truppen ebenfalls geöffnet, und schließlich zog König Nureddin mit seinem Gefolge ein, zur großen Freude der Soldaten und der Bevölkerung, die von der Furcht vor einer Hungersnot besessen waren und von der Angst, von den treulosen Franken belagert zu werden.

Als großmütiger Sieger schenkt Nureddin Abaq und den ihm Nahestehenden Besitzungen in der Umgebung von Homs und läßt sie mit ihrer Habe entkommen.

Ohne Kampf, ohne Blutvergießen hat Nureddin Damaskus erobert, er bediente sich mehr der Worte als der Waffen. Die Stadt, die mehr als fünfundzwanzig Jahre lang sich mit Löwenmut gewehrt hatte gegen jeden, der sie unterwerfen wollte, Assassinen, Franken oder Zinki, hat sich der sanften Überredungskunst eines Fürsten ergeben, der versprach, sowohl ihre Sicherheit zu garantieren als auch ihre Unabhängigkeit zu respektieren. Sie sollte es nicht bereuen, und dank ihm und seinen Nachfolgern begann eine der ruhmreichsten Zeiten ihrer Geschichte.

Am Tag nach seinem Sieg versammelt Nureddin die Ulemas, Kadis und Kaufleute und spricht beruhigende Worte. Er läßt umfangreiche Lebensmittelvorräte kommen und versäumt es auch nicht, einige Steuern abzuschaffen, mit denen der Obsthandel, der Gemüsehandel und die Wasserversorgung belegt sind. Es wird ein entsprechender Erlaß angefertigt, der am folgenden Freitag von der Kanzel herab nach dem Gebet verlesen wird. Mit seinen achtzig Jahren nimmt Ibn al-Qalanissi immer noch an der Freude seiner Mitbürger teil. *Die Bevölkerung klatschte Beifall,* sagt er, *die Bewohner, die Bauern, die Frauen, die Kleinverdiener, alle beteten sie öffentlich zu Gott um ein langes Leben für Nureddin und daß sich der Sieg weiterhin an seine Fahnen heften möge.*

Zum ersten Mal seit Beginn der Frankeninvasion sind die zwei großen syrischen Städte, Aleppo und Damaskus, in einem einzigen Staat ver-eint unter einem Herrscher von siebenunddreißig Jahren, der fest entschlossen ist, sich dem Kampf gegen die Eindringlinge zu widmen. Das gesamte muslimische Syrien ist nun vereinigt, mit Ausnahme des kleinen Emirates Chayzar, wo die Dynastie der Munqidhiten ihre Autonomie noch aufrechterhalten kann. Aber nicht mehr für lange, denn dieser kleine Staat wird ein sehr jähes und unvorhergesehenes Ende nehmen.

Im August 1157, als in Damaskus Gerüchte in Umlauf sind über einen bevorstehenden Feldzug Nureddins gegen Jerusalem, zerstört ein ungewöhnlich starkes Erdbeben ganz Syrien. Franken wie Araber fallen ihm zum Opfer. In Aleppo stürzen mehrere Befestigungstürme ein, und die verschreckte Bevölkerung flieht und zerstreut sich in der Umgebung. Bei Harran spaltet sich die Erde und gibt die Überreste einer früheren Stadt frei. In Tripoli, Beirut, Tyros, Homs, Maara kann man weder die Toten noch die zerstörten Gebäude zählen. Zwei

Städte sind indessen von dem Beben besonders betroffen, nämlich Hama und Chayzar. Es wird erzählt, daß ein Lehrer in Hama die Klasse verließ, um ein dringendes Bedürfnis im Freien zu erledigen und bei seiner Rückkehr nur noch das zerstörte Gebäude vorfand, und alle Kinder waren tot. Völlig verstört hatte er sich auf den Trümmern niedergelassen und überlegt, wie er den Eltern die Schreckensnachricht überbringen sollte, aber sie hatten alle nicht überlebt, und niemand erschien, um nach seinem Kind zu fragen.

In Chayzar gibt am gleichen Tag der Emir Mohammed Ibn Sultan, ein Vetter Ussamas, einen Empfang in der Zitadelle anläßlich der Beschneidung seines Sohnes. Alle Würdenträger der Stadt sowie die Mitglieder der Herrscherfamilie sind versammelt, als plötzlich die Erde zu beben beginnt, die Mauern einstürzen und fast alle Menschen umkommen. Das Emirat hat ganz einfach aufgehört zu existieren. Ussama, der sich gerade in Damaskus befindet, ist eines der wenigen überlebenden Mitglieder der Familie. Noch ganz unter dem Eindruck dieses schrecklichen Ereignisses schreibt er: *Der Tod ist nicht schrittweise vorgegangen, um mein Geschlecht auszulöschen, er hat die Familienmitglieder nicht einzeln oder paarweise geholt. Sie sind alle in einem einzigen Augenblick gestorben, und ihre Paläste sind ihre Gräber geworden.* Und er fügt noch hinzu: *Die Erdbeben haben dieses Land voller Gleichgültiger nur geschlagen, um es aus seiner Lethargie zu reißen.*

Das Schicksal der Munqidhiten läßt viele Zeitgenossen über die Vergänglichkeit des irdischen Daseins nachdenken, aber das Erdbeben ist ebenso für viele, ganz prosaisch, die Gelegenheit, irgendeine unglückliche Stadt oder zerstörte Festung zu erobern oder zu plündern. So wird Chayzar zum Beispiel sofort von den Assassiden und den Franken angegriffen, bevor es von dem Heer von Aleppo eingenommen wird.

Während Nureddin im Oktober 1157 von Stadt zu Stadt reist, um die Reparaturarbeiten an den Mauern zu überwachen, wird er plötzlich krank. Der Arzt Ibn al-Waqqar aus Damaskus, der ihn stets begleitet, zeigt sich pessimistisch. Anderthalb Jahre lang schwebt der Herrscher zwischen Leben und Tod, wovon die Franken profitieren, indem sie einige Festungen einnehmen und in der Umgebung von Damaskus immer wieder Überraschungsangriffe machen. Nureddin hingegen nutzt die Zeit, während der er zum

Nichtstun verurteilt ist, um sich Gedanken über sein Leben zu machen. Während des ersten Teiles seiner Herrschaft ist es ihm gelungen, das muslimische Syrien unter seinem Regime zu einigen und den inneren Streitigkeiten, die es schwächten, ein Ende zu setzen. Von nun ab würde es darum gehen, den Djihad weiterzuführen, um die großen, von den Franken besetzten Städte zurückzugewinnen. Einige seiner Ratgeber, besonders die aus Aleppo, raten ihm, mit Antiochia zu beginnen, aber zu ihrer großen Überraschung ist Nureddin dagegen, und er erklärt es ihnen. Diese Stadt, so sagt er, gehört geschichtlich gesehen den Rum, und jeder Versuch, sich ihrer zu bemächtigen, hätte zur Folge, daß sich das Kaiserreich unmittelbar um die Angelegenheiten in Syrien kümmert, was zur Folge hätte, daß sich das muslimische Heer an zwei Fronten schlagen müßte. Ganz entschieden ist er dagegen, die Rum zu provozieren, und meint, es sei besser, eine wichtige Küstenstadt zurückzugewinnen oder, so Gott will, Jerusalem selbst.

Leider sollten die Ereignisse seinen Befürchtungen sehr bald recht geben. Als er gerade anfängt, sich zu erholen, erfährt er im Jahr 1159, daß ein mächtiges byzantinisches Heer unter dem Befehl des Kaisers Manuel, Sohn und Nachfolger von Johann Komnenos, nördlich von Syrien aufgestellt wird. Nureddin schickt dem Kaiser sofort Botschafter entgegen, um ihn höflich willkommen zu heißen. Der Basileus ist ein weiser, majestätischer Mann, der sich sehr für Medizin interessiert. Er empfängt die Boten und gibt zu wissen, daß er mit ihrem Herren so freundschaftliche Beziehungen wie möglich zu unterhalten gedenkt. Nach Syrien ist er nur gekommen, so versichert er, um den Herren von Antiochia eine Lektion zu erteilen. Hier muß daran erinnert werden, daß der Vater Manuels zweiundzwanzig Jahre vorher mit den gleichen Argumenten gekommen war, was ihn nicht daran gehindert hatte, sich mit den Franken gegen die Muslims zu verbünden. Die Abgesandten Nureddins zweifeln dennoch keineswegs an den Worten des Basileus. Sie wissen, welche Wut die Erwähnung des Namens Renaud de Chatillon bei den Rum auslöst, jener Ritter, der seit 1153 dem Fürstentum Antiochia vorsteht, ein brutaler, arroganter, zynischer und hochfahrender Mann, der später einmal für die Araber das Symbol für die Schandtaten der Franken sein wird. Saladin wird sogar schwören, ihn mit eigener Hand zu töten!

Dieser Fürst Renaud, den die arabischen Chronisten als »Brins Arnat« bezeichnen, war 1147 mit der anachronistischen Mentalität der ersten Eroberer im Orient angekommen: Es ging ihm um Gold, Blut und Eroberung. Kurz nach dem Tod von Raymund von Antiochia war es ihm gelungen, dessen Witwe zu verführen und dann zu heiraten, wodurch er Herr der Stadt wurde. Aber sehr schnell hatte ihn sein Machtmißbrauch verhaßt gemacht, sowohl in Aleppo als auch bei den Rum und bei seinen eigenen Untertanen. Im Jahr 1156 hatte er unter dem Vorwand, daß Manuel ihm eine versprochene Summe nicht zahlen wolle, beschlossen, sich durch eine Strafexpedition gegen die byzantinische Insel Zypern zu rächen, und vom Patriarchen von Antiochia verlangt, diese Unternehmung zu finanzieren. Da der Kirchenmann sich weigerte, ließ Renaud ihn einkerkern und foltern, sodann seine Wunden mit Honig bestreichen und ihn dann einen ganzen Tag der Sonne aussetzen, so daß Tausende von Insekten über seinen Körper herfielen.

Schließlich hatte der Patriarch nachgegeben und die Kassen geöffnet. Renaud stellte eine kleine Flotte zusammen, landete auf Zypern, besiegte ohne Schwierigkeiten die kleine byzantinische Garnison und ließ seinen Leuten freie Hand auf der Insel. Zypern erholte sich nie wieder von dem, was in diesem Frühjahr 1156 geschehen war. Vom Norden bis zum Süden wurden alle bestellten Felder systematisch verwüstet, alle Herden abgeschlachtet, Paläste, Kirchen und Klöster geplündert, und alles, was nicht fortgetragen werden konnte, wurde demoliert oder angezündet. Die Frauen wurden vergewaltigt, Greise und Kinder niedergemetzelt, die Reichen als Geiseln verschleppt und die Armen enthauptet. Bevor er mit Beute beladen abzog, hatte Renaud noch alle griechischen Priester und Mönche zusammentreiben, ihnen die Nase abschneiden und sie so verstümmelt nach Konstantinopel schicken lassen.

Manuel mußte etwas tun. Aber als Erbe der römischen Kaiser konnte er sich nicht mit einem simplen Handstreich begnügen. Deshalb wollte er sein Prestige dadurch wiederherstellen, daß er den Raubritter von Antiochia öffentlich demütigte. Renaud, der wußte, daß ein Widerstand sinnlos war, beschloß, sobald er hörte, daß das kaiserliche Heer nach Syrien unterwegs war, um Verzeihung zu bitten. Gleichermaßen für Unterwürfigkeit wie für Arroganz begabt, erschien er, barfüßig und wie ein Bettler gekleidet, im Lager Manuels und warf sich vor dem kaiserlichen Thron auf den Bauch.

Die Abgesandten Nureddins erleben diese Szene mit. Sie sehen den »Brins Arnat«, wie er zu Füßen des Basileus im Staube liegt, der ihn überhaupt nicht zu bemerken scheint und ruhig seine Unterhaltung mit den Gästen fortsetzt. Es dauert einige Minuten, bevor er seinen Gegner eines Blickes zu würdigen geruht und ihm mit einer herablassenden Handbewegung bedeutet aufzustehen.

Renaud wird Vergebung gewährt, und so kann er sein Fürstentum behalten, aber sein Prestige in Syrien ist für immer dahin. Er wird übrigens schon im folgenden Jahr während eines Plünderungsüberfalls, den er nördlich von Aleppo durchführt, gefangengenommen. Erst nach sechzehn Jahren Gefangenschaft erscheint er wieder auf der Bildfläche und wird eine äußerst verabscheuungswürdige Rolle spielen.

Nach dem Feldzug gewinnt Manuel stetig an Ansehen, und es gelingt ihm, seine Oberhoheit sowohl dem fränkischen Fürstentum Antiochia als auch den türkischen Staaten von Kleinasien aufzuzwingen. So verschafft er dem Kaiserreich bei den syrischen Angelegenheiten eine entscheidende Rolle, und dieses Neuerstarken der byzantinischen Militärmacht – zum letzten Mal in der Geschichte – verändert zunächst grundlegend alle bisher als sicher geltenden Gegebenheiten im Streit zwischen Arabern und Franken. Die Rum stellen an den Grenzen eine ständige Bedrohung dar, was Nureddin veranlaßt, zunächst auf seine großen Wiedereroberungspläne zu verzichten. Da jedoch die Macht des Sohns von Zinki den Franken jegliche Expansionsgelüste verbietet, ist die Lage in Syrien gewissermaßen blockiert. Aber als wollten die Franken und Araber den angestauten Energien Luft machen, verlagert sich der Krieg an einen neuen Schauplatz: Ägypten.

9
Der Wettlauf zum Nil

»Mein Onkel Chirkuh wandte sich zu mir und sagte: ›Yussef, bringe deine Sachen in Ordnung, wir brechen auf!‹ Dieser Befehl traf mich bis ins Herz wie ein Dolchstoß, und ich antwortete: ›Bei Gott, und wenn man mir das ganze Königreich Ägypten gäbe, ich ginge nicht!‹«

Der Mann, der so spricht, ist kein anderer als Saladin, der den zumindest zaghaften Beginn des Abenteuers schildert, das aus ihm einen der ruhmvollsten Herrscher der Geschichte machen sollte. Aufrichtig, wie er ist, hütet er sich wohl, das Verdienst für dieses glorreiche ägyptische Unternehmen sich selbst zuzuschreiben. Er fügt hinzu: »Schließlich bin ich mit meinem Onkel gegangen. Er hat Ägypten erobert, dann ist er gestorben. Damit legte Gott eine Macht in meine Hände, die ich keineswegs erwartet hatte.«

Tatsächlich ist es so, daß Saladin zwar bald als der große Nutznießer des ägyptischen Feldzuges erscheint, dabei aber nicht die Hauptrolle spielt. Dies trifft auch für Nureddin zu, wenn auch das Land am Nil in seinem Namen erobert wird. Dieser von 1163 bis 1169 dauernde Feldzug hat drei seltsame Persönlichkeiten als Handlungsträger: einen ägyptischen Wesir, Chawer, dessen teuflische Intrigen das Land mit Feuer und Mord überziehen; einen Frankenkönig Amaury, der so von der Idee, Ägypten zu erobern, besessen ist, daß er das Land in sechs Jahren fünfmal überfällt; einen kurdischen General, Chirkuh, »der Löwe«, der zu den Militärgenies seiner Zeit zählt.

Als Chawer sich im Dezember 1162 der Macht in Kairo bemächtigt, erwirbt er damit ein Ansehen und eine Pflicht, die ihm Ehre und Reichtum einbringen. Er ist sich aber der Kehrseite durchaus bewußt, denn von seinen fünfzehn Vorgängern ist nur einer am Leben geblieben. Alle anderen waren entweder gehängt, enthauptet, erdolcht, gekreuzigt, vergiftet oder von der Menge gelyncht worden. Einer war von seinem Adoptivsohn, ein anderer von seinem eigenen Vater umgebracht worden. Dies sei hier nur gesagt, damit man von dem dunkelhäutigen Emir mit den grauen Schläfen nicht irgendwelche Skrupel erwartet. Sobald er an der Macht ist, bringt er sofort seinen Vorgänger mitsamt seiner Familie um und eignet sich ihr Gold, ihre Juwelen und ihre Paläste an.

Aber das Rad des Schicksals bleibt nicht stehen: Nach weniger als neun Monaten Herrschaft wird der Wesir selbst von einem seiner Stellvertreter, Dirgham, gestürzt. Da Chawer rechtzeitig gewarnt wird, kann er Ägypten mit heiler Haut verlassen und flieht nach Syrien, wo er versucht zu erreichen, daß Nureddin ihm hilft, wieder an die Macht zu kommen. Obwohl der Besucher klug und wortgewandt ist, widmet Nureddin ihm nur wenig Aufmerksamkeit. Aber die Ereignisse veranlassen ihn sehr bald, seine Haltung zu ändern. In Jerusalem scheint man nämlich die Machtkämpfe in Kairo sehr eingehend zu beobachten. Seit Februar 1162 haben die Franken hier einen neuen König, Amaury, »Morri«, der zweite Sohn Foulques. Sein Machthunger ist unersättlich. Sichtlich vom Vorbild Nureddins beeinflußt, versucht der Sechsundzwanzigjährige, sich maßvoll und fromm darzustellen mit einer Tendenz zur religiösen Literatur und um Gerechtigkeit bemüht. Aber diese Ähnlichkeit ist nur Schein, denn der Frankenkönig besitzt mehr Draufgängertum als Weisheit, und trotz seiner hohen Gestalt und seines üppigen Haarwuchses fehlt es ihm ganz entschieden an Würde. Er hat ungewöhnlich schmale Schultern, bricht oft in ein nicht enden wollendes und so lautes Gelächter aus, daß es seiner Umgebung peinlich ist, und darüber hinaus stottert er, was seinen Kontakten mit der Umwelt nicht gerade förderlich ist. Ihn beseelt nur eine fixe Idee – die Eroberung Ägyptens –, und die unermüdlichen Bemühungen, sie zu verwirklichen, verleihen ihm ein gewisses Format.

Die Sache hat durchaus einen verführerischen Aspekt. Seit die Ritter aus dem Abendland im Jahre 1153 Askalon eingenommen haben, die letzte fatimidische Bastion in Palästina, steht ihnen der Weg zu dem Land am Nil offen. Die jeweiligen Wesire, die vollauf damit beschäftigt waren, sich mit ihren Rivalen zu schlagen, hatten sich seit 1160 daran gewöhnt, den Franken einen jährlichen Tribut zu zahlen, damit diese sich von ihren Angelegenheiten fernhielten. Sofort nach dem Sturz von Chawer nutzt Amaury die Verwirrung, die am Nil herrscht, aus und fällt in Ägypten ein, unter dem Vorwand, daß die abgemachte Summe von sechzigtausend Dinar nicht rechtzeitig gezahlt worden sei. Entlang der Mittelmeerküste durchquert er die Sinai-Halbinsel und belagert Bilbeis, das damals an einem Arm des Nils lag, der später austrocknete. Die Verteidiger der Stadt sind erstaunt und amüsiert zugleich beim Anblick der Franken, die ihr Belagerungsgerät um die Mauern herum aufstellen, denn es ist September, und der Fluß beginnt zu steigen. Sie brauchen also nur einige Deiche durchzustechen, und die Franken werden von den steigenden Fluten ringsum eingeschlossen. Sie haben gerade noch Zeit zu fliehen und sich nach Palästina zurückzuziehen. Der erste Angriff ist also fehlgeschlagen, aber er hat Aleppo und Damaskus die Absichten Amaurys deutlich gemacht.

Nureddin zögert. Er möchte sich keinesfalls auf das schlüpfrige Terrain der ägyptischen Intrigen begeben. Dies um so weniger, da er als überzeugter Sunnit ein nicht verhohlenes Mißtrauen gegen alles hegt, was mit dem schiitischen Kalifat der Fatimiden zu tun hat. Er will aber auch nicht, daß Ägypten mit all seinen Reichtümern den Franken anheimfällt, die damit zur stärksten Macht im Orient würden. In Anbetracht der herrschenden Anarchie kann sich Kairo jedoch nicht lange gegen die Entschlossenheit Amaurys wehren. Chawer schildert seinem Gastgeber natürlich die Vorteile einer Expedition zum Nil mit großer Beredsamkeit und verspricht ihm, falls er wieder in Amt und Würden gesetzt wird, alle Kosten des Feldzuges zu tragen, die Oberhoheit des Herren von Aleppo und Damaskus anzuerkennen und ihm jedes Jahr ein Drittel der Staatseinnahmen zu schicken. Unterstützt wird er noch durch Chirkuh, der das volle Vertrauen Nureddins besitzt und Feuer und Flamme für einen bewaffneten Eingriff ist. Seine Begeisterung bringt den Sohn Zinkis schließlich dazu, ihn mit der Aufstellung eines Expeditionsheeres zu beauftragen.

Man kann sich nur schwer vorstellen, daß zwei Menschen so verschieden sein können und doch so eng verbunden wie Nureddin und Chirkuh. Während Zinkis Sohn mit fortschreitendem Alter immer hoheitsvoller, würdiger, maßvoller und zurückhaltender wird, ist Saladins Onkel klein, dick, einäugig und mit vom übermäßigen Trinken und Essen ständig hochrotem Kopf. Wenn er in Wut gerät, brüllt er wie ein Wahnsinniger; oft verliert er vollkommen die Beherrschung, und es kann sogar vorkommen, daß er seinen Gegner tötet. Aber sein übler Charakter stößt keineswegs überall auf Ablehnung. Die Soldaten verehren diesen Mann, der mit ihnen lebt, das Essen mit ihnen teilt und über die gleichen Witze lacht. Während der vielen Kämpfe, an denen Chirkuh in Syrien teilgenommen hat, erwies er sich als charismatische Führernatur mit ungeheuren körperlichen Kräften. Im Ägyptenfeldzug, der vom Anfang bis zum Ende ein Glücksspiel war, sollte er sich denn auch als begabter Stratege erweisen.

Für die Franken ist es relativ einfach, nach Ägypten zu gelangen. Das einzige Hindernis auf ihrem Weg ist die einer Wüste gleichende Sinai-Halbinsel. Die Ritter haben jedoch die Kamele mit einigen hundert gefüllten Wasserschläuchen beladen, und so sind sie in drei Tagen vor den Toren von Bilbeis. Für Chirkuh ist es weniger einfach, denn um von Syrien nach Ägypten zu gelangen, muß er durch Palästina, wo er den Angriffen der Franken ausgesetzt ist.

Der Aufbruch des syrischen Expeditionsheeres nach Ägypten im April 1164 muß also nach allen Seiten hin vorbereitet und abgesichert werden. Während Nureddin mit seinen Leuten ein Ablenkungsmanöver unternimmt, um Amaury und seine Leute in den Norden von Palästina zu locken, zieht Chirkuh mit Chawer und etwa zweitausend Reitern nach Osten, marschiert am Ostufer des Jordan entlang durch das spätere Jordanien. Südlich des Toten Meeres wendet er sich dann nach Westen, überquert den Fluß, reitet in gestrecktem Galopp auf die Halbinsel Sinai zu und durchquert sie, wobei er jedoch die Küstenstraße vermeidet. Am 24. April nimmt er Bilbeis, das östliche Tor Ägyptens, ein, und am 1. Mai schlägt er vor den Toren von Kairo sein Lager auf. Dem völlig überraschten Wesir Dirgham bleibt keine Zeit, die Verteidigung zu organisieren. Von allen verlassen, wird er beim Fluchtversuch getötet und sein Leichnam den Hunden zum Fraß vorgeworfen. Chawer wird vom fatimidischen Kalifen al-Adid, einem dreizehnjährigen Jüngling, offiziell wieder in sein Amt eingesetzt. Der Blitzkrieg Chirkuhs ist ein Modell militärischer Wirksamkeit. Der Onkel Saladins ist nicht wenig stolz darauf, Ägypten in so kurzer Zeit und so gut wie ohne Verluste erobert und Morri den Rang abgelaufen zu haben. Aber kaum ist Chawer an der Macht, da vollzieht er eine erstaunliche Kehrtwendung. Er denkt nicht mehr an sein Nureddin gegebenes Versprechen und fordert Chirkuh auf, Ägypten umgehend zu verlassen. Völlig verständnislos gegenüber soviel Undankbarkeit und kochend vor Wut, teilt Saladins Onkel seinem ehemaligen Bundesgenossen mit, daß er fest entschlossen ist zu bleiben, komme, was wolle.

Angesichts dieser Entschlossenheit sendet Chawer, der seiner eigenen Armee nicht sonderlich traut, eine Botschaft nach Jerusalem, um Amaury gegen das syrische Expeditionsheer um Hilfe zu bitten. Der Frankenkönig läßt sich nicht lange bitten. Was könnte ihm, der einen Vorwand sucht, um in Ägypten einzugreifen, mehr gelegen kommen als ein Hilferuf des Herren von Kairo selbst? Gleich im Juli 1164 zieht das Frankenheer zum zweiten Mal zur Sinai-Halbinsel. Chirkuh beschließt sofort, sein Lager, das er seit Mai in Kairo aufgeschlagen hat, abzubrechen und sich in Bilbeis zu verschanzen. Wochen um Woche wehrt er hier die Angriffe seiner Feinde ab, aber seine Lage scheint hoffnungslos. Sehr weit von der Basis entfernt, von den Franken und deren neuem Bundesgenossen Chawer eingekesselt, kann sich der kurdische General keine Hoffnungen auf ein längeres Durchhalten machen. Einige Jahre später schreibt Ibn al-Athir:

Als Nureddin sah, wie sich die Lage in Bilbeis entwickelte, beschloß er eine große Offensive gegen die Franken, um sie zu zwingen, Ägypten zu verlassen. Er schrieb an alle muslimischen Emire, forderte sie auf, am Djihad teilzunehmen, und zog zur mächtigen Festung Harim, bei Antiochia, um sie anzugreifen. Alle in Syrien verbliebenen Franken kamen hier zusammen, um sich ihm entgegenzustellen, unter ihnen waren auch Bohemund, Fürst von Antiochia, und der Graf von Tripoli. Die Franken wurden in der Schlacht vernichtet, es gab zehntausend Tote, und alle Anführer, auch der Fürst und der Graf, wurden gefangengenommen.

Gleich nach dem Sieg läßt sich Nureddin die Standarten mit dem Kreuz bringen sowie das blonde Haupthaar einiger im Kampf gefallener Franken. Alles zusammen steckt er in einen Sack und übergibt ihn einem seiner erfahrensten Krieger mit den Worten: »Du machst dich jetzt unverzüglich nach Bilbeis auf den Weg, siehst zu, daß du hineinkommst und übergibst diese Trophäen Chirkuh mit der Botschaft, daß Gott uns den Sieg geschenkt hat. Er wird sie dann auf den Stadtmauern zur Schau stellen, und das wird die Ungläubigen in Furcht versetzen.« Tatsächlich kehrt die Nachricht vom Sieg von Harim die Sachlage in der Schlacht um Ägypten um. Sie stärkt die Moral der Eingeschlossenen und zwingt vor allem die Franken, nach Palästina zurückzukehren. Die Gefangennahme des jungen Bohemund III., Nachfolger von Renaud im Fürstentum von Antiochia und von Amaury beauftragt, sich in seiner Abwesenheit um die Angelegenheiten des Königreiches Jerusalem zu kümmern, sowie die Vernichtung seiner Leute zwingen den König, einen Kompromiß mit Chirkuh zu suchen. Nach einigen Kontaktaufnahmen kommen die beiden Männer überein, Ägypten zur gleichen Zeit zu verlassen. Ende Oktober 1164 zieht Morri an der Küste entlang nach Palästina zurück, während der kurdische General in weniger als zwei Wochen auf der gleichen Route, die er auf dem Hinweg benutzt hatte, wieder in Damaskus anlangt.

Chirkuh ist nicht unzufrieden, daß er unverletzt und erhobenen Hauptes Bilbeis verlassen konnte, aber der große Sieger des sechswöchigen Feldzuges ist unbestreitbar Chawer. Er hat sich Chirkuhs bedient, um wieder an die Macht zu kommen, und dann Amaurys, um den Kurdengeneral zu neutralisieren. Nun sind sie alle beide weg und haben ihm die völlige Herrschaft über Ägypten überlassen. Mehr als zwei Jahre wird er der Konsolidierung seiner Macht widmen.

Dabei ist er natürlich etwas beunruhigt, wie es weitergehen wird, denn er weiß wohl, daß Chirkuh ihm seinen Verrat nicht verzeihen wird. Er erhält übrigens regelmäßig Nachrichten aus Syrien, denen zufolge der Kurde Nureddin ständig drängt, einen neuen Ägypten-Feldzug zu unternehmen. Aber dieser will nicht, zumal ihm der Status quo gar nicht mißfällt. Das Wesentliche ist, die Franken vom Nil entfernt zu halten. Nun ist es aber bekanntlich nicht leicht, aus einem Räderwerk herauszukommen. Aus Angst vor einem neuen Blitzkrieg von Chirkuh trifft Chawer seine Vorsichtsmaßnahmen und schließt mit Amaury einen gegenseitigen Beistandspakt ab. Dies führt Nureddin dazu, seinem Stellvertreter zu erlauben, ein neues Interventionsheer aufzustellen, falls die Franken in Ägypten eingreifen. Chirkuh sucht sich nun für sein Expeditionsheer die besten Leute zusammen, darunter seinen Vetter Yussef. Diese Vorbereitungen versetzen wiederum den Wesir in Panik, der Amaury bedrängt, ihm Truppen zu schicken. Und so beginnt in den ersten Tagen des Jahres 1167 erneut der Wettlauf zum Nil. Der Frankenkönig und der kurdische General kommen fast gleichzeitig in dem so begehrten Land an, jeder auf seinem nun schon gewohnten Weg.

Chawer und die Franken haben ihre Heere vor Kairo zusammengezogen, wo sie Chirkuh erwarten. Dieser jedoch zieht es vor, die Umstände des Aufeinandertreffens selbst zu bestimmen. Er umgeht Kairo südlich, läßt seine Truppen auf kleinen Schiffen über den Nil setzen und marschiert dann, ohne eine Rast einzulegen, nach Norden. Chawer und Amaury, die ihn von Osten her erwarteten, sehen ihn plötzlich aus der entgegengesetzten Richtung auftauchen. Zu allem Überfluß schlägt er auch noch sein Lager westlich von Kairo, bei den Pyramiden von Giseh, auf, wo er vor seinen Feinden durch das natürliche Hindernis des mächtigen Flusses geschützt ist. Aus dieser sicheren Position heraus schickt er einen Boten an den Wesir: *Die feindlichen Franken,* schreibt er, *sind in unserer Reichweite und von ihrer Basis abgeschnitten. Schließen wir uns zusammen, und vernichten wir sie. Die Gelegenheit ist günstig, vielleicht kommt sie nie wieder.* Chawer jedoch lehnt nicht nur ab, er läßt den Boten sogar hinrichten und überbringt Chirkuhs Brief Amaury als Zeichen seiner Loyalität.

Trotz dieser Geste mißtrauen die Franken ihrem Bundesgenossen, denn sie wissen, daß er sie verraten wird, sobald er sie nicht mehr braucht. Sie halten die Zeit für gekommen, um, geschützt durch die drohende Nähe von Chirkuh, ihre Macht in Ägypten zu sichern. Und deshalb fordert Amaury, daß ein offizielles Bündnis, vom fatimidschen Kalifen selbst besiegelt, zwischen Kairo und Jerusalem geschlossen wird.

So begeben sich zwei Arabisch sprechende Reiter – es war nicht selten, daß die Franken im Orient Arabisch konnten – zur Residenz des jungen al-Adid. Chawer, der sie sichtlich beeindrucken möchte, führt sie zu einem prächtigen Palast, den sie, umgeben von einem Schwarm bewaffneter Wachen, schnell durchschreiten. Dann gehen sie durch einen endlosen Gewölbegang, in den kein Schimmer von Tageslicht dringt, bis zu einer riesigen, fein ziselierten Pforte, durch die sie einen Vorraum betreten. Sie werden nun von Raum zu Raum geleitet, einer prachtvoller ausgeschmückt als der andere, und kommen schließlich in einen mit Marmorplatten ausgelegten Hof, der von vergoldeten Säulengängen umgeben ist, in dessen Mitte ein Brunnen mit versilberten und vergoldeten Rohren sprudelt. Rings umher fliegen bunte Vögel aus allen Teilen Afrikas. Hier werden sie von den Wachen an den Eunuchen übergeben, die in der engeren Umgebung des Kalifen leben. Nun geht es weiter durch prächtige Räume bis zu einem Garten, in dem gezähmte Raubtiere, Löwen, Bären, Panther leben, und dann endlich erreicht das Gefolge den Palast von al-Adid. Kaum haben sie den großen Raum betreten, dessen Rückwand aus einem seidenen, reich mit Rubinen, Smaragden und Gold verzierten Vorhang besteht, als Chawer einen dreimaligen Kniefall ausführt und sein Schwert auf die Erde legt. Dann erst hebt sich der Vorhang, und der Kalif erscheint, in Seidengewänder gehüllt und mit verschleiertem Gesicht. Der Wesir nähert sich ihm, setzt sich zu seinen Füßen und erläutert den Plan eines Bündnisses mit den Franken. Al-Adid, der erst sechzehn Jahre alt ist, hört ihm ruhig zu, dann heißt er die Politik Chawers gut. Dieser will sich schon erheben, als die beiden Franken den Herrscher der Gläubigen auffordern zu schwören, daß er dem Bündnis treu bleiben werde. Ein derartiges Ansinnen ruft bei den anwesenden Würdenträgern sichtlich Empörung hervor. Der Kalif selbst scheint schockiert, und der Wesir greift schnell ein. Er erklärt, daß der Vertrag mit Jerusalem eine Frage von Leben oder Tod für Ägypten sei und fleht den Kalifen an, in dem Verlangen der Franken keine Respektlosigkeit zu sehen, sondern nur ein Zeichen mangelnder Kenntnis der orientalischen Sitten und Gebräuche.

Mit einem gezwungenen Lächeln erhebt al-Adid seine seidenbehandschuhte Hand und schwört, das Bündnis zu halten. Aber einer der fränkischen Boten unterbricht ihn: »Ein Schwur muß mit bloßer Hand geleistet werden, der Handschuh könnte ein Zeichen zukünftigen Verrates sein!« Die Forderung ruft erneut Empörung hervor. Die Würdenträger flüstern untereinander, der Kalif sei beleidigt worden, und die Vermessenen müßten bestraft werden. Chawer jedoch greift erneut ein, und der Sultan zieht, ohne die Ruhe zu verlieren, den Handschuh aus, erhebt die bloße Hand und wiederholt Wort für Wort den Schwur, den ihm die Vertreter Morris vorsprechen.

Unmittelbar nach diesem eigenartigen Zusammentreffen arbeiten die verbündeten Ägypter und Franken einen Plan aus, um den

Nil zu überschreiten und das Heer Chirkuhs, das nach Süden zieht, zu vernichten. Eine Abteilung unter Amaurys Befehl heftet sich an seine Fersen. Dem Onkel Saladins geht es darum, den Eindruck zu erwecken, er sei am Ende. Da er weiß, daß seine größte Schwierigkeit darin besteht, von der Basis abgeschnitten zu sein, versucht er, seine Verfolger in die gleiche Lage zu bringen. Als eine Woche Marsches zwischen ihm und Kairo liegt, gibt er den Befehl zum Halten und hält vor seinen Soldaten eine flammende Rede, in der er ankündigt, daß der Tag des Sieges gekommen sei.

Tatsächlich kommt es auch am 18. März 1167 bei El-Babein am West-ufer des Nils zum Kampf. Die beiden von ihren endlosen Märschen erschöpften Heere stürzen sich ins Schlachtgetümmel, fest entschlossen, ein für allemal alldem ein Ende zu bereiten. Chirkuh hat Saladin den mittleren Truppenteil übergeben mit dem Befehl zurückzuweichen, sobald der Feind angegriffen hat.Amaury und seine Ritter stürmen auch tatsächlich mit fliegenden Fahnen auf ihn zu, und als Saladin zu fliehen scheint, stürzen sie ihm nach, ohne zu merken, daß der rechte und der linke Flügel der syrischen Armee ihnen jede Rückzugsmöglichkeit abschneiden. Die fränkischen Ritter erleiden schwere Verluste, aber Amaury kommt davon. Er kehrt nach Kairo zurück, wo das Gros des Heeres geblieben ist, und er ist fest entschlossen, sich zu rächen. Zusammen mit Chawer bereitet er sich schon darauf vor, mit einem starken Interventionsheer nach Oberägypten zurückzukehren, als ihn eine schier unglaubliche Nachricht erreicht: Chirkuh hat Alexandria, die größte Stadt Ägyptens, eingenommen, im äußersten Norden des Landes, am Mittelmeer! Gleich nach seinem Sieg bei el-Babein hatte der unberechenbare Kurde, ohne auch nur einen Tag verstreichen zu lassen und bevor sich seine Feinde hätten erholen können, tatsächlich in fliegender Eile ganz Ägypten von Süden nach Norden durchquert und war als Triumphator in Alexandria eingezogen. Die Bevölkerung des großen Mittelmeerhafens, die dem Bündnis mit den Franken feindselig gegenüberstand, hatte die Syrier als Befreier empfangen.

Chawer und Amaury sehen sich gezwungen, in den von Chirkuh diktierten infernalischen Kriegsablauf einzusteigen, und machen sich zur Belagerung von Alexandria auf. In der Stadt sind die Lebensmittel so knapp, daß die Bevölkerung nach einem Monat von einer Hungersnot bedroht ist und schon bedauert, dem syrischen Heer die Tore geöffnet zu haben. Als eines Tages sogar eine fränkische Flotte vor dem Hafen vor Anker geht, scheint die Lage aussichtslos. Chirkuh gibt sich jedoch nicht geschlagen. Er überträgt die Befehlsgewalt über die Stadt Saladin, versammelt ein paar hundert seiner besten Reiter um sich und wagt mit ihnen einen kühnen nächtlichen Ausfall. In gestrecktem Galopp prescht er durch die feindlichen Linien und reitet dann Tag und Nacht weiter bis nach . . . Oberägypten.

In Alexandria wird die Blockade immer härter. Zum Hunger kommen bald auch Krankheiten sowie der tägliche Beschuß durch die großen Schleudern. Für den jungen neunzehnjährigen Saladin ist das eine schwere Verantwortung. Aber das Täuschungsmanöver seines Onkels trägt seine Früchte. Chirkuh weiß sehr wohl, daß Morri nur allzu gerne diesen Feldzug beenden und in sein ständig von Nureddin bedrängtes Königreich zurückkehren möchte. Indem er nun im Süden eine neue Front aufbaut, anstatt sich in Alexandria einschließen zu lassen, droht der kurdische General, den Krieg unabsehbar in die Länge zu ziehen. In Oberägypten organisiert er sogar einen regelrechten Aufstand gegen Chawer und bringt zahlreiche Bauern dazu, sich ihm als Bewaffnete anzuschließen. Sobald er über genügend Krieger verfügt, zieht er auf Kairo zu und sendet Amaury eine geschickt abgefaßte Botschaft des Inhalts, daß sie beide nur ihre Zeit verlieren und daß der König, wenn er die Dinge in Ruhe betrachte, klar erkennen werde, daß er nur den Interessen Chawers gedient habe, als er Chirkuh aus dem Land jagte. Das leuchtet Amaury voll und ganz ein, und es kommt sehr schnell ein Übereinkommen zustande: Die Belagerung von Alexandria wird aufgehoben, und Saladin verläßt die Stadt unter dem Geleit einer Ehrenwache. Im August 1167 ziehen die beiden Heere, wie drei Jahre zuvor, in ihre jeweiligen Ausgangsländer zurück. Nureddin ist froh, die Elite seines Heeres wieder bei sich zu haben, und nimmt sich vor, sich nicht mehr in diese sterilen ägyptischen Abenteuer hineinziehen zu lassen.

Trotz alledem beginnt schon im nächsten Jahr, wie ein schicksalhafter Zwang, erneut der Wettlauf zum Nil. Als Amaury Kairo verließ, hielt er es für ratsam, eine Abordnung von Rittern dort zu lassen, die über die Einhaltung des Bündnisvertrages wachen sollten. Eine ihrer Aufgaben bestand darin, die Tore der Stadt zu kontrollieren und die fränkischen Beamten zu beschützen, welche die Zahlung des jährlichen Tributs von hunderttausend Dinar einkassierten. Eine derart hohe Steuer, verbunden mit der verlängerten Anwesenheit dieser fremden Macht, mußte Ressentiments bei den Bewohnern auslösen. So wandte sich denn die öffentliche Meinung auch gegen die Besatzer. Überall, und sogar in der Umgebung des Kalifen, ging ein Flüstern um, daß ein Bündnis mit Nureddin eigentlich ein geringeres Übel sei. Ohne das Wissen von Chawer gehen Nachrichten zwischen Kairo und Aleppo hin und her. Der Sohn Zinkis hat es nicht eilig einzugreifen und beobachtet die Reaktionen des Königs von Jerusalem.

Den fränkischen Rittern und Beamten in Kairo kann die schnell zunehmende Feindseligkeit nicht verborgen bleiben, und sie bekommen Angst. Sie schicken Amaury Botschaften, damit er ihnen zu Hilfe kommt. Dieser wird unsicher. Die Klugheit rät ihm, seine Besatzung von Kairo abzuziehen und sich mit der Nachbarschaft eines neutralen und friedlichen Ägypten zu begnügen. Sein Temperament jedoch treibt ihn zur Flucht nach vorn. Nachdem kurz zuvor eine große Zahl von fränkischen Rittern aus ihrer Heimat im Orient angekommen ist, die darauf brennen, »Sarazenen zu erschlagen«, entschließt er sich im Oktober 1168 zum vierten Mal, sein Heer zum Angriff auf Ägypten zu entsenden.

Der neue Feldzug beginnt mit einem ebenso grausamen wie unnützen Gemetzel. Die Franken nehmen Bilbeis ein, wo sie ohne jeglichen Grund Männer, Frauen und Kinder, Muslims wie koptische Christen umbringen. Ibn al-Athir sagt später ganz richtig, daß die Franken, wenn sie sich in Bilbeis besser benommen hätten, ohne einen Handstreich Kairo hätten einnehmen können, denn die Notabeln der Stadt waren bereit zu übergeben. Als die Menschen aber von den Greueln in Bilbeis erfuhren, beschlossen sie, bis zum Ende durchzuhalten. Tatsächlich befiehlt Chawer beim Herannahen der Franken, das alte Kairo einzuäschern. Zwanzigtausend Krüge gefüllt mit Öl werden über die Häuser, Läden, Paläste und Moscheen ausgegossen. Die Bewohner werden in die neue, im 10. Jahrhundert von den Fatimiden gegründete Stadt umgesiedelt, wo sich hauptsächlich die Paläste, Verwaltungen, Kasernen sowie die religiöse Universität al-Azhar befinden. Der Brand wütet vierundfünfzig Tage lang.

In der Zwischenzeit hat der Wesir den Kontakt zu Amaury nicht unterbrochen, sondern versucht, ihn von seinem wahnwitzigen Vorhaben abzubringen, und er hofft, daß ihm dies ohne ein erneutes Eingreifen von Chirkuh gelingt. Seine Parteigänger werden indessen in Kairo weniger, und sogar der Kalif al-Adid schickt Nureddin einen Brief mit der Bitte, Ägypten umgehend zu Hilfe zu kommen. Um seine Gefühle anzusprechen, legt er einige Haarsträhnen bei mit der Erklärung: »Dies sind die Haare meiner Frauen. Sie bitten dich inständig zu kommen und sie von der schmählichen Behandlung durch die Franken zu befreien.« Die Antwort Nureddins auf diese angsterfüllte Botschaft ist uns bekannt, dank des wertvollen Berichtes von Saladin selbst, den Ibn al-Athir wiedergibt:

Als die Botschaft von al-Adid ankam, rief mich Nureddin zu sich und informierte mich über die Lage. Dann sprach er zu mir: »Geh zu deinem Onkel nach Homs, und veranlasse ihn, möglichst schnell herzukommen, denn diese Sache duldet keinen Aufschub.« Ich verließ Aleppo, und eine Meile weit von der Stadt entfernt traf ich meinen Onkel, der wegen der gleichen Sache kam. Nureddin befahl ihm, die Vorkehrungen für einen Abmarsch nach Ägypten zu treffen.

Chirkuh will, daß sein Neffe ihn begleitet, der aber lehnt ab:

Ich antwortete, daß ich die Leiden von Alexandria noch nicht verwunden hätte. Da sagte mein Onkel zu Nureddin: »Yussef muß unbedingt mit mir kommen!« Worauf Nureddin seinen Befehl wiederholte. Wie beredt ich ihm auch meine Lage schilderte, er ließ mir Geld auszahlen, und ich verließ ihn wie ein Todeskandidat.

Dieses Mal treffen Amaury und Chirkuh nicht aufeinander. Der Frankenkönig ist sehr stark davon beeindruckt, daß die Bewohner von Kairo ihre Stadt lieber zerstören als sie ihm ausliefern, und fürchtet außerdem, die syrische Armee könne ihm in den Rücken fallen. Deshalb kehrt er am 2. Januar 1169 nach Palästina zurück. Sechs Tage später erreicht der kurdische General Kairo, wo er sowohl von der Bevölkerung als auch von den fatimidischen Würdenträgern wie ein Retter empfangen wird. Auch Chawer scheint sich zu freuen, aber niemand fällt darauf herein. Wenn er sich im Laufe der letzten Wochen gegen die Franken geschlagen hat, hält man ihn doch für deren Freund, und er muß zahlen. Am 18. Januar wird er in einen Hinterhalt gelockt, in einem Zelt gefangengenommen und getötet. Saladin tötet ihn selbst, mit der schriftlichen Zustimmung des Kalifen. Am gleichen Tag noch übernimmt Chirkuh das Wesirat. Als er, in gestickte Seidengewänder gekleidet, in die Residenz seines Vorgängers kommt, um sich dort einzurichten, findet er nicht einmal ein Kissen vor, auf das er sich hätte setzen können: alles war sofort nach dem Tod Chawers Plünderern anheimgefallen.

Drei Feldzüge mußte der kurdische General durchstehen, bis er der wahre Herr Ägyptens wurde. Jedoch es war ein karg bemessenes Glück, denn zwei Monate nach seinem Triumph, am 23. März, wurde ihm nach einer üppigen Mahlzeit übel, und er erlitt einen Erstickungsanfall. Einige Augenblicke später war er tot. So endete das Leben eines großen Mannes, aber zugleich begann die Laufbahn eines noch größeren Helden, dessen Name seither in aller Munde ist. Ibn al-Athir berichtet:

Beim Tod Chirkuhs schlugen die Ratgeber dem Kalifen vor, Yussef als neuen Wesir zu bestellen, weil er der jüngste war und der unerfahrenste und schwächste Emir des Heeres zu sein schien.

Saladin wird in den Palast des Herrschers gerufen, wo er den Titel almalik an-nasser, »der siegreiche König« erhält, zusammen mit den äußeren Zeichen der Wesirswürde: ein weißer, golddurchwirkter Turban, ein Gewand mit einer scharlachrot gefütterten Tunika, ein mit kostbaren Steinen verziertes Schwert, ein Goldfuchs mit goldverziertem und perlengeschmücktem Sattel und Zaumzeug sowie viele andere kostbare Gegenstände. Beim Verlassen des Palastes zieht er mit großem Gefolge zur Residenz des Wesirs.

Nach einigen Wochen hat Yussef die Zügel fest in der Hand. Er entfernt die fatimidischen Beamten, deren Loyalität ihm zweifelhaft erscheint, und ersetzt sie mit seinen Leuten. Eine Revolte bei den ägyptischen Truppen schlägt er unbarmherzig nieder und macht im Oktober 1169 einer jämmerlichen fränkischen Invasion unter der Führung Amaurys ein Ende. Dieser war zum fünften und letzten Mal nach Ägypten gekommen, um sich des Hafens Damiette im Nildelta zu bemächtigen. Manuel Komnenos, den ein Vertreter Nureddins an der Spitze des Fatimidenstaates beunruhigte, hatte den Franken Unterstützung durch die byzantinische Flotte zugesagt, jedoch vergebens. Die Rum hatten nicht genügend Proviant, und ihre Verbündeten weigerten sich, sie zu versorgen. Nach einigen Wochen kann Saladin in Verhandlungen mit ihnen eintreten und sie mühelos dazu bringen, ein derart schlecht begonnenes Unternehmen zu beenden.

So ist Yussef noch vor Ende des Jahres 1169 der unbestrittene Herr Ägyptens. In Jerusalem liebäugelt Morri mit dem Plan, sich mit dem Neffen Chirkuhs gegen den Hauptfeind der Franken, Nureddin, zu verbünden. So abwegig dies auch scheinen mag, ganz unbegründet ist es nicht. Saladin beginnt nämlich schon sehr bald, sich von seinem Herren zu distanzieren. Er versichert ihn zwar ständig seiner Treue und Unterwürfigkeit, aber eine effektive Herrschaft über Ägypten kann nicht von Damaskus oder Aleppo aus bewerkstelligt werden.

Die Beziehungen zwischen den beiden Männern werden mit der Zeit geradezu dramatisch gespannt. Obwohl seine Herrschaft in Kairo gesichert ist, wagt es Yussef niemals, Nureddin persönlich gegenüberzutreten, und jedesmal, wenn Nureddin Yussef einlädt, weicht dieser aus. Nicht daß er fürchtet, in eine Falle zu geraten, sondern er fürchtet, schwach zu werden, wenn er seinem Herren leibhaftig gegenübersteht.

Die erste große Krise zeigt sich im Sommer 1171, als Nureddin von dem jungen Wesir verlangt, das fatimidische Kalifat abzuschaffen. Als sunnitischer Muslim kann der Herr von Syrien nicht zulassen, daß eine »ketzerische« Dynastie weiterhin ihre geistliche Herrschaft auf einem Gebiet ausübt, das unter seiner Oberhoheit steht. Er schickt in diesem Sinne mehrere Botschaften an Saladin, der sich jedoch abweisend verhält. Er fürchtet, die Gefühle der Bevölkerung zu verletzen, die zu einem guten Teil schiitisch ist, und sich die fatimidischen Würdenträger abgeneigt zu machen. Außerdem ist er sich dessen bewußt, daß er seine legitime Herrscherrolle als Wesir dem Kalifen verdankt. Wenn er ihn entthront, verliert er die offizielle Garantie für seine Macht in Ägypten und würde wieder zu einem einfachen Vertreter Nureddins. In der beharrlichen Forderung Nureddins sieht er übrigens viel mehr einen politischen Gleichschaltungswillen als einen religiösen Glaubensakt. Im August ist aus den Aufforderungen des Herren von Syrien ein drohender Befehl geworden.

Saladin fühlt sich in die Enge getrieben und trifft Vorkehrungen, um den feindseligen Reaktionen der Bevölkerung entgegentreten zu können und bereitet sogar eine öffentliche Bekanntmachung vor bezüglich der Absetzung des Kalifen. Er verzögert jedoch die Verteilung. Der zwanzigjährige al-Adid ist sehr schwer krank, und Saladin, der sich mit ihm angefreundet hat, bringt es nicht fertig, sein Vertrauen zu mißbrauchen. Am Freitag, den 10. September 1171, betritt plötzlich ein Mann aus Mosul, der in Kairo zu Besuch weilt, die Moschee, besteigt vor dem Prediger die Kanzel und spricht das Gebet im Namen des abbasidischen Kalifen. Seltsamerweise rührt sich niemand, auch nicht in den folgenden Tagen.

Ist es ein Agent Nureddins, der Saladin in eine unbequeme Lage versetzen soll? Möglich ist es. Jedenfalls kann der Wesir nach diesem Vorfall seine Entscheidung nicht mehr aufschieben, so groß auch seine Bedenken sein mögen. Der Befehl ergeht, daß ab dem folgenden Freitag die Fatimiden nicht mehr im Gebet erwähnt werden dürfen. Al-Adid liegt, schon halb bewußtlos, im Sterben, und Yussef verbietet, daß ihm jemand, wer auch immer, diese Nachricht überbringt. »Wenn er sich wieder erholt«, sagt er, »so erfährt er es noch früh genug. Wenn nicht, soll er ohne Kummer sterben.« Tatsächlich stirbt al-Adid auch kurze Zeit darauf, ohne etwas von dem traurigen Ende seiner Dynastie erfahren zu haben.

Der Fall des schiitischen Kalifats, nach zwei Jahrhunderten teilweise ruhmreicher Herrschaft, traf, wie zu erwarten war, die Assassinen schwer, die, wie zur Zeit von Hassan as-Sabbah, immer noch darauf warteten, daß die Fatimiden aus ihrer Lethargie erwachen, um ein neues goldenes Zeitalter des Schiismus herbeizuführen. Als sie sahen, daß sich dieser Traum für immer verflüchtigte, waren sie so enttäuscht, daß ihr Führer in Syrien Rachideddin Sinan, »der Alte vom Berge«, eine Botschaft an Amaury schickte, daß er mit all seinen Brüdern bereit sei, zum Christentum überzutreten. Die Assassinen besaßen zu dieser Zeit mehrere Festungen und Dörfer in Zentral-Syrien, wo sie ein relativ friedliches Leben führten. Seit Jahren schon schienen sie keine aufsehenerregenden Kriege mehr zu führen. Selbstverständlich verfügte Rachideddin noch über hochtrainierte Mordkommandos und auch über ergebene Prediger. Aber viele Anhänger der Sekte waren brave Bauern geworden, die sogar oft verpflichtet waren, den Tempelrittern regelmäßig Tribut zu zahlen.

Durch das Versprechen, sich zu bekehren, hoffte der »Alte«, seine Brüder von dem Tribut zu befreien, den nur die Nicht-Christen zahlen mußten. Die Templer, die ihre finanziellen Interessen äußerst ernst nahmen, verfolgten mit Sorge die Kontakte zwischen Amaury und den Assassinen, und sobald der Vertrag reif war, beschlossen sie, ihn zu Fall zu bringen. Als eines Tages im Jahre 1173 die Unterhändler Rachideddins von einem Treffen mit dem König zurückkamen, lockten die Templer sie in einen Hinterhalt und metzelten sie nieder. Von einer Bekehrung der Assassinen war hinfort niemals mehr die Rede.

Unabhängig von diesem Ereignis hat die Abschaffung des fatimidischen Kalifats eine ebenso bedeutsame wie unvorhergesehene Folge: Saladin erlangt eine politische Bedeutung, die er bislang nicht hatte. Mit einem solchen Ergebnis hatte Nureddin natürlich nicht gerechnet. Anstatt aus Saladin wieder einen einfachen Vertreter des Herren von Syrien zu machen, macht die Abschaffung des Kalifats aus ihm den eigentlichen Herrscher Ägyptens und den legitimen Wächter der von der verschwundenen Dynastie angehäuften sagenhaften Schätze. Von nun ab verschlechtern sich die Beziehungen zwischen den beiden Männern immer mehr.

Als Saladin eines Tages östlich von Jerusalem ein gewagtes Unternehmen gegen die fränkische Festung Chawbak leitet und diese kurz vor dem Fall ist, erfährt er, daß Nureddin an der Spitze seines Heeres zu ihm stoßen wird, um am Kampf teilzunehmen. Ohne zu zögern, befiehlt Yussef seinen Leuten, das Lager abzubrechen und in Gewaltmärschen nach Kairo zurückzukehren. In einem Brief an den Sohn Zinkis gibt er vor, daß in Ägypten Unruhen ausgebrochen seien, die ihn zu diesem überstürzten Aufbruch zwingen würden.

Aber Nureddin läßt sich nicht täuschen. Er beschuldigt Saladin des Verrats und des Treuebruchs und schwört, sich selbst an den Nil zu begeben, um die Sache in die Hand zu nehmen. Der junge Wesir ist beunruhigt und versammelt seine Mitarbeiter um sich, darunter auch seinen Vater Ayyub, und fragt, wie er sich verhalten solle, falls Nureddin seine Drohung wahrmacht. Während nun einige Emire sich bereit erklären, gegen Nureddin zu den Waffen zu greifen, und Saladin selbst ihre Ansicht zu teilen scheint, fährt Ayyub vor Zorn bebend dazwischen. Er weist Saladin zurecht, als wäre er ein kleiner Junge: »Ich bin dein Vater, und wenn es hier jemanden gibt, der dich liebt und dein Bestes will, so bin ich es. Und doch mußt du wissen, daß, wenn Nureddin kommt, mich nichts hindern kann, mich ihm zu Füßen zu werfen und den Boden zu küssen, auf dem seine Füße stehen. Und befähle er mir, dir mit meinem Säbel den Kopf abzuschlagen, ich täte es. Denn dieses Land gehört ihm. Du wirst ihm folgendes schreiben: Ich habe vernommen, daß du eine Expedition nach Ägypten machen willst, aber das ist nicht notwendig. Es genügt, wenn du ein Pferd oder ein Kamel schickst, damit ich zu dir komme als demütiger und unterwürfiger Mann.«

Nach der Zusammenkunft liest Ayyub seinem Sohn privat erneut die Leviten: »Bei Gott, wenn Nureddin versuchen würde, dir auch nur einen Finger breit von deinem Territorium zu nehmen – ich würde mich bis zum Tod mit ihm schlagen. Aber warum zeigst du dich in aller Öffentlichkeit als ehrgeizig? Die Zeit ist auf deiner Seite, laß die Vorsehung machen!« Yussef ist einsichtig, schickt den von seinem Vater vorgeschlagenen Brief an Nureddin, der beruhigt ist und von der Strafexpedition absieht. Saladin jedoch ist klüger geworden. Er schickt schnellstens Turanschah, einen seiner Brüder, in den Yemen, um dieses gebirgige Land im Südwesten Arabiens zu erobern, damit die Familie Ayyubs dort eine Zuflucht hätte, falls Nureddin erneut daran denken sollte, die Kontrolle über Ägypten in die Hand zu nehmen. Und der Yemen läßt sich »im Namen des Königs Nureddin« ohne große Schwierigkeiten erobern.

Im Juli 1173, zwei Jahre nach dem verunglückten Unternehmen von Chawbak, ereignet sich ein ähnlicher Zwischenfall. Saladin war zu einem Kriegszug östlich des Jordan aufgebrochen, als Nureddin seine Truppen sammelt und ihm entgegenzieht. Aber der Wesir, der Angst vor einem persönlichen Zusammentreffen mit seinem Herren hat, macht sich schleunigst auf den Rückweg nach Ägypten unter dem Vorwand, sein Vater liege im Sterben. Tatsächlich war Ayyub vom Pferd gestürzt und lag im Koma. Nureddin ist jedoch nicht bereit, diese erneute Ausrede zu akzeptieren, und als Ayyub im August stirbt, wird ihm klar, daß er in Ägypten nun keinen einzigen Menschen mehr hat, dem er wirklich vertrauen kann. So kommt er zu dem Schluß, daß es Zeit ist, sich selbst um Ägypten zu kümmern.

Der Chronist Ibn al-Athir, zur Zeit der Ereignisse vierzehn Jahre alt, stellt sich eindeutig auf die Seite Nureddins:

Nureddin begann mit seinen Vorbereitungen, um in Ägypten einzumarschieren und es Salaheddin Yussef zu entreißen, denn er hatte festgestellt, daß dieser einem Krieg mit den Franken aus dem Weg ging, aus Angst, er müßte sich dann mit ihm verbünden. Yussef hatte lieber die Franken an seiner Grenze als Nureddin zum unmittelbaren Nachbarn. Letzterer schrieb somit nach Mosul und an andere Städte, man möge ihm Truppen senden. Aber während er damit beschäftigt war, sein Heer für einen Zug nach Ägypten auszurüsten, sprach Gott ein Machtwort, gegen das es keine Widerrede gibt.

Der Herr Syriens erkrankt schwer an einer Angina, wie es scheint, und seine Ärzte verordnen einen Aderlaß, aber er lehnt ab: »Man läßt einen Sechzigjährigen nicht zur Ader«, sagt er. Andere Heilmittel werden angewendet – jedoch ohne Erfolg. Am 15. Mai 1174 wird in Damaskus der Tod Nureddin Mahmuds bekanntgegeben, des Heiligen Königs, des Mujahids, der das muslimische Syrien geeint und es der muslimischen Welt ermöglicht hat, sich auf den letzten entscheidenden Kampf gegen den Eindringling vorzubereiten. In allen Moscheen kommen die Menschen zusammen, um Suren des Korans zu seinem Gedächtnis zu beten. Saladin aber erscheint trotz der Konflikte zwischen ihm und Nureddin mit der Zeit immer weniger als sein Rivale und immer mehr als der Vollender seines Vermächtnisses.

Zunächst herrscht jedoch Feindseligkeit bei den Verwandten und Mitarbeitern des Verstorbenen vor, denn sie fürchten, Yussef könne die allgemeinen Wirren ausnutzen, um nach Syrien vorzustoßen. Um Zeit zu gewinnen, versucht man also die Todesnachricht zurückzuhalten. Aber Saladin hat überall Freunde und schickt aus Kairo eine wohldurchdachte Botschaft nach Damaskus: »Vom verfluchten Feind haben wir eine Nachricht bezüglich unseres Herren Nureddin erhalten. Sollte, was Gott verhindern möge, diese Nachricht wahr sein, müßte vor allem verhindert werden, daß die Zwietracht in die Herzen einzieht und die Unvernunft sich des Geistes bemächtigt, denn daraus kann nur der Feind Vorteil gewinnen.«

Trotz dieser versöhnenden Worte wird der Aufstieg Saladins von erbitterter Feindschaft begleitet sein.

10
Saladins Tränen

Du gehst zu weit, Yussef, du überschreitest die Grenzen. Du bist nur ein Diener Nureddins, und jetzt möchtest du dich der Herrschaft bemächtigen, für dich ganz allein? Gib dich keinen Täuschungen hin, denn wir, die wir dich aus dem Nichts gezogen haben, können dich dorthin zurückstoßen!

Diese Mahnung der Würdenträger von Aleppo an Saladin wird später einmal absurd erscheinen; aber im Jahre 1174, als der Herr von Kairo erst beginnt, sich als Hauptfigur des Orients abzuzeichnen, sind seine Verdienste noch nicht allen sichtbar geworden. In der engeren Umgebung von Nureddin, noch während er lebte, aber auch nach seinem Tod, wird der Name Saladins nicht ausgesprochen. Man nennt ihn nur den »Parvenu«, den »Undankbaren«, den »Treubrüchigen« oder meistens den »Unverschämten«.

Wenn Saladin selbst auch versuchte, nicht unverschämt zu sein, so hatte er doch ein unverschämtes Glück. Und eben dies machte seinen Gegnern zu schaffen. Denn dieser sechsunddreißigjährige kurdische Offizier war niemals ehrgeizig gewesen, und wer ihn von seinen Anfängen her kannte, wußte, daß er durchaus zufrieden gewesen wäre, ein Emir unter vielen zu sein, wenn das Schicksal ihn nicht gegen seinen Willen in den Vordergrund geschoben hätte. Gegen seinen Willen war er nach Ägypten gezogen, wo er als Eroberer nur eine sehr unbedeutende Rolle spielte, aber gerade dadurch, daß er im Hintergrund blieb, gelangte er schließlich zum Gipfel der Macht. Er hatte es nicht gewagt, das Ende der Fatimiden-Dynastie zu verkünden, aber als er dann gezwungen wurde, einen Entschluß in dieser Richtung zu fassen, fand er sich als Erbe des reichsten muslimischen Herrschergeschlechts wieder. Als dann Nureddin beschloß, ihn an seinen Platz zu verweisen, mußte er sich nicht einmal wehren, denn sein Meister starb plötzlich und hinterließ als Erben nur einen elfjährigen Knaben, as-Saleh.

Weniger als zwei Monate später, am 11. Juli 1174, starb Amaury an der Ruhr, als er gerade einen neuen Feldzug nach Ägypten mit Unterstützung der sizilianischen Flotte plante. Er vermachte das

Königreich Jerusalem seinem Sohn Balduin IV., einem leprakranken dreizehnjährigen Jungen. Im ganzen Orient gab es nur noch einen einzigen Monarchen, der dem unaufhaltsamen Aufstieg Saladins im Weg hätte stehen können, und das war Manuel. Der Kaiser der Rum träumte tatsächlich davon, eines Tages die Oberhoheit über Syrien ausüben zu können, und wollte gemeinsam mit den Franken in Ägypten einfallen. Aber die mächtige byzantinische Armee, die Nureddin zehn Jahre lang in Schach gehalten hatte, wurde – wie um das Gesetz der Serie zu erfüllen – im September 1176 von Kilij Arslan II., dem Enkel Arslans I., in der Schlacht von Myriocephalum vernichtet. Wenig später starb Manuel, und somit war das christliche Kaiserreich des Orients zur Anarchie verurteilt.

Kann man es den Lobrednern Saladins verdenken, wenn sie in diesem Lauf der Ereignisse die Hand der Vorsehung sahen? Yussef selbst hatte nie versucht, sich als den Schmied seines Glückes darzustellen. Immer hatte er nach Gott »meinem Onkel Chirkuh« und »meinem Meister Nureddin« seinen Dank abgestattet. Die Größe Saladins lag auch in seiner Bescheidenheit.

Eines Tages war Saladin müde und wollte sich ausruhen, als ihm einer seiner Mamelucken ein Schriftstück zur Unterschrift reichte. »Ich bin müde«, sprach der Sultan, »komm in einer Stunde wieder!« Aber der Mann ließ nicht locker. Er hielt ihm das Schriftstück direkt unter die Nase und sagte: »Der Herr möge unterschreiben!« Der Sultan antwortete: »Aber ich habe hier kein Tintenfaß.« Er saß am Eingang seines Zeltes, und der Mameluck bemerkte ein Tintenfaß im Innern. »Da ist ja das Tintenfaß, da drin im Zelt«, sagte er, womit er Saladin praktisch befahl, das Tintenfaß selbst zu holen. Der Sultan drehte sich um, sah das Tintenfaß und sagte: »Bei Gott, da ist es ja!« Dann beugte er sich nach hinten, stützte sich dabei auf seinen linken Arm, griff das Tintenfaß mit der rechten Hand und unterschrieb.

Diese Begebenheit, die Bahaeddin, der Privatsekretär und Biograph Saladins, berichtet, zeigt deutlich, was diesen von den Herrschern seiner Zeit und aller Zeiten unterscheidet: einfach zu bleiben mit den Einfachen, selbst wenn man zum Mächtigsten der Mächtigen geworden ist. Seine Chronisten berichten natürlich von seinem Mut, seiner Gerechtigkeit und seinem heiligen Eifer für den Glaubenskrieg, aber in all ihren Berichten leuchtet immer wieder das Bild ergreifender Menschlichkeit auf. Andere Berichte Bahaeddins zeigen, daß Saladin nicht nur um seine Verwandten Tränen vergießt:

Eines Tages, mitten in einer Schlacht gegen die Franken, rief Saladin seine engsten Mitarbeiter zu sich. Er hatte einen Brief in der Hand, den er gerade gelesen hatte, und als er sprechen wollte, brach er in Schluchzen aus. Als wir ihn in diesem Zustand sahen, mußten wir auch weinen, obwohl wir nicht wußten, worum es ging. Endlich sagte er mit tränenerstickter Stimme: »Takieddin, mein Neffe, ist gestorben!« Und er vergoß erneut heiße Tränen, und wir genauso. Da nahm ich mich zusammen und sagte zu ihm: »Wir wollen doch nicht die schreckliche Schlacht vergessen, in der wir uns befinden, und Gott um Verzeihung bitten, daß wir uns zu diesen Tränen haben hinreißen lassen.« Saladin stimmte mir zu: »Ja«, sagte er, »Gott möge mir verzeihen! Gott möge mir verzeihen!« Er wiederholte dies noch mehrere Male, dann fügte er hinzu: »Niemand darf erfahren, was soeben geschehen ist!« Dann ließ er Rosenwasser kommen, um sich die Tränen abzuwaschen.
Ein anderes Mal, als ich neben dem Sultan an der Front der Franken vorbeiritt, kam einer unserer Späher auf uns zu mit einer Frau, die sich schluchzend gegen die Brust schlug. »Sie ist von den Franken herübergelaufen«, erklärte der Späher, »sie wollte den Meister sehen, und so haben wir sie hergebracht.« Saladin befahl seinem Dolmetscher, sie zu befragen, und sie sagte: »Muslimische Diebe sind gestern in mein Zelt eingedrungen und haben mir mein Kind gestohlen. Die ganze Nacht habe ich geweint, bis mir die Unseren sagten: ›Der König der Muslims ist gnädig, wir lassen dich zu ihm gehen, und du kannst ihn um deine Tochter bitten.‹ Und so bin ich hier und habe all meine Hoffnungen auf dich gesetzt.« Saladin war gerührt, und die Tränen traten ihm in die Augen. Er schickte jemanden zum Sklavenmarkt, um das Mädchen zu suchen. Kaum war eine Stunde vergangen, da kam der Reiter mit dem Kind auf den Schultern zurück. Bei diesem Anblick stürzte die Frau zu Boden, verschmierte ihr Gesicht mit Erde, und alle Anwesenden weinten vor Rührung. Sie blickte zum Himmel auf und begann unverständliche Worte zu stammeln. Man übergab ihr ihre Tochter und geleitete sie zum Lager der Franken zurück.

Alle, die Saladin kannten, sprechen wenig von seiner Gestalt – klein, schmächtig, mit kurzem, regelmäßig geschnittenem Bart. Sie sprechen eher von seinem Gesicht, einem nachdenklichen, leicht melancholischen Gesicht, in dem plötzlich ein tröstliches, Vertrauen erweckendes Lächeln erschien. Er war immer zuvorkommend zu seinen Gästen, bestand darauf, daß sie zum Essen blieben, und selbst wenn es Ungläubige waren, ließ er ihnen alle Ehren angedeihen und erfüllte alle ihre Wünsche. Er konnte es nicht ertragen, daß jemand, der sich an ihn wandte, ihn enttäuscht verließ, und nicht wenige machten sich dies zunutze. Während eines Waffenstillstandes mit den Franken kam eines Tages der »Brins«, der Fürst von Antiochia, völlig unvorhergesehen zum Zelt Saladins und verlangte von ihm ein Gebiet zurück, das der Sultan vier Jahre zuvor erobert hatte. Er bekam es! Wie man sieht, liegt die Großzügigkeit Saladins manchmal hart an der Grenze zur Unbedachtsamkeit. Bahaeddin meint diesbezüglich:

Seine Schatzmeister hielten immer eine gewisse Geldsumme geheim, um für unvorhergesehene Fälle gewappnet zu sein, denn sie wußten nur zu gut, daß der Meister, wenn er von dem Geld erführe, es sofort ausgeben würde. Aber trotz all dieser Vorsichtsmaßnahmen befanden sich beim Tod des Sultans im Staatsschatz nur ein Goldbarren von Tyros und siebenundvierzig Dirham Bargeld.

Wenn seine Mitarbeiter ihm seine Großzügigkeit vorwarfen, antwortete Saladin mit einem ungezwungenen Lächeln: »Es gibt eben Leute, für die das Geld nicht mehr Wert hat als der Sand.« Reichtum und Luxus verachtete er wirklich, und als der märchenhafte Palast der Fatimiden ihm zufiel, brachte er seine Emire darin unter und blieb selbst in der bescheideneren Wesiren-Residenz.
Dies war nur einer der vielen Züge, die Saladin mit Nureddin gemeinsam hatte. Seine Gegner sahen in ihm übrigens nur einen glanzlosen Nachahmer seines Meisters. In Wirklichkeit zeigte er sich aber im Kontakt mit anderen, besonders mit seinen Soldaten, viel herzlicher als sein Vorgänger, und wenn er die religiösen Vorschriften auch wörtlich befolgte, so fehlte bei ihm doch die leichte Bigotterie, die bei Nureddin in manchen Dingen typisch war. Man könnte sagen, daß Saladin im allgemeinen sich selbst gegenüber genauso anspruchsvoll war, anderen gegenüber aber weniger. Und doch sollte er sich denen gegenüber, die den Islam verunglimpften, unbarmherziger zeigen als sein Vorgänger, ganz gleich, ob es sich um »Ketzer« oder Franken handelte. Trotz dieser charakterlichen Unterschiede stand Saladin, besonders am Anfang, stark unter dem Einfluß der beeindruckenden Gestalt Nureddins, dessen würdiger Nachfolger zu sein er sich bemühte. Er verfolgte ohne Unterlaß die gleichen Ziele: Einigung der arabischen Welt; moralische Aufrüstung der Muslims mit Hilfe eines riesigen Propaganda-Apparates und militärische Aufrüstung im Hinblick auf eine Wiedereroberung der besetzten Gebiete und besonders Jerusalems.

Im Sommer 1174 sind die Emire in Damaskus versammelt und beraten mit dem jungen as-Saleh, wie man Saladin am besten die Stirn bieten könnte; dabei wird auch ein Bündnis mit den Franken in Erwägung gezogen. Da erreicht sie ein Brief Saladins, der eine unverblümte Herausforderung darstellt. Er übergeht großzügig seine Differenzen mit Nureddin und stellt sich ohne Scheu als den Mann dar, der berufen ist, das Werk seines Meisters fortzuführen und der getreue Hüter seines Erbes zu sein. Hier seine Worte:

Wenn unser König, um den wir alle trauern, unter euch einen Mann gefunden hätte, der ebenso vertrauenswürdig gewesen wäre wie ich, hätte er ihm dann nicht Ägypten, die wichtigste seiner Provinzen, anvertraut? Ihr könnt sicher sein, daß Nureddin, wäre er nicht so früh gestorben, mich damit beauftragt hätte, seinen Sohn zu erziehen und zu behüten. Wie ich feststelle, benehmt ihr euch, als seiet ihr die einzigen Diener unseres Herren und seines Sohnes, und ihr versucht, mich auszuschalten. Ich werde aber bald kommen. Um das Andenken meines Meisters zu ehren, werde ich Taten vollbringen, die nicht spurlos vergehen werden, und jeder von euch wird für sein unbotmäßiges Benehmen bestraft.

Hier spricht nicht mehr der umsichtige Mann aus den vergangenen Jahren, es ist vielmehr, als lasse der Tod des Meisters eine in ihm lange angestaute Aggressivität zutage treten. Es herrschen gewiß außergewöhnliche Umstände, denn die Botschaft hat einen bestimmten Zweck: sie ist die Kriegserklärung, mit der Saladin die Eroberung des muslimischen Syrien beginnt. Denn als er im Oktober 1174 diese Botschaft absendet, ist er schon unterwegs nach Damaskus an der Spitze eines Heeres von siebenhundert Reitern. Das sind nicht viele, um Damaskus zu belagern, aber Yussef hat alles gut ausgerechnet. As-Saleh und seine Getreuen sind von dem ungewöhnlich barschen Ton des Schreibens erschrocken und ziehen sich nach Aleppo zurück. Saladin durchquert unangefochten das fränkische Gebiet und benutzt dabei den schon bekannten Weg, den man »Chirkuh-Pfad« bezeichnen könnte. Ende Oktober kommt er vor Damaskus an, wo seiner Familie verpflichtete Männer zum Empfang die Tore öffnen.

Ermutigt durch diesen unblutigen Sieg, setzt er seinen Marsch fort. Die Garnison von Damaskus läßt er in der Obhut eines seiner Brüder und zieht nach Zentral-Syrien, wo er sich der Städte Homs und Hama bemächtigt. Während dieses Blitzfeldzuges, berichtet

Ibn al-Athir, behauptet Saladin, *im Namen des Königs as-Saleh, Sohn Nureddins, zu handeln und daß sein Ziel die Verteidigung des Landes gegen die Franken sei.* Als treuer Anhänger der Zinki-Dynastie ist der Chronist von Mosul Saladin gegenüber zumindest mißtrauisch und beschuldigt ihn der Doppelzüngigkeit, womit er nicht ganz unrecht hat. Yussef, der nicht als Usurpator auftreten will, stellt sich als Beschützer as-Salehs dar und sagt: »Dieser junge Mann kann natürlich nicht alleine regieren, er braucht einen Vormund, einen Regenten, und niemand eignet sich dazu besser als ich.« Er überschüttet as-Saleh übrigens mit Briefen, in denen er ihn seiner Treue versichert, läßt für ihn in den Moscheen von Kairo und Damaskus beten und Geld auf seinen Namen münzen.

Den jungen Monarchen rührt das alles gar nicht. Als Saladin Aleppo sogar im Dezember 1174 belagert, »um den König as-Saleh gegen den schlechten Einfluß seiner Ratgeber zu schützen«, ruft as-Saleh die Bewohner zusammen und hält eine bewegende Rede: »Seht diesen ungerechten und undankbaren Mann, der mir mein Land wegnehmen will, ohne sich um Gott oder die Menschen zu scheren! Ich bin Waise und zähle darauf, daß ihr mich verteidigt zum Gedenken an meinen Vater, der euch so sehr geliebt hat.« Tief gerührt, beschließen die Bewohner von Aleppo, dem »Treuebrüchigen« bis zum Ende zu widerstehen. Yussef, der einen unmittelbaren Konflikt mit as-Saleh vermeiden will, hebt die Belagerung auf. Dafür beschließt er aber, sich zum »König von Ägypten und Syrien« auszurufen, um von keiner Oberhoheit mehr abhängig zu sein. Die Geschichtsschreiber nennen ihn teilweise auch Sultan, aber er selbst schmückt sich niemals mit diesem Titel. Immer wieder wird Saladin vor den Mauern Aleppos erscheinen, ohne sich je entschließen zu können, wirklich die Klinge mit dem Sohn Nureddins zu kreuzen.

Um dieser ewigen Bedrohung ein Ende zu setzen, beschließen die Ratgeber as-Salehs, auf die Assassinen zurückzugreifen. Sie setzen sich mit Rachideddin Sinan in Verbindung, der ihnen verspricht, sie von Yussef zu befreien, denn der »Alte vom Berge« wünscht sich nichts sehnlicher, als den »Totengräber« der fatimidischen Dynastie zur Rechenschaft zu ziehen. Anfang 1175 findet ein erstes Attentat statt. Assassinen gelangen in das Lager und dringen bis zu Saladins Zelt vor, wo ein Emir sie erkennt und ihnen den

Weg verstellt. Er wird schwer verletzt, aber es wird Alarm gegeben. Die Wachen eilen herbei, und nach einem erbitterten Kampf liegen die Batinis tot am Boden. Aber es ist nur ein Aufschub. Als am 22. Mai 1176 Saladin erneut in der Gegend von Aleppo im Feld steht, erscheint ein Assassine plötzlich in seinem Zelt und sticht mit dem Dolch auf seinen Kopf ein. Glücklicherweise ist der Sultan nach dem letzten Attentat vorsichtig geworden und trägt unter seinem Fez eine Kettenkappe. So zielt der Mörder auf den Hals seines Opfers, aber auch hier dringt die Klinge nicht ein. Saladin trägt nämlich eine lange Tunika aus dickem Stoff, deren Stehkragen mit Kettenringen verstärkt ist. Nun kommt ein Emir hinzu, fängt mit der einen Hand den Dolch ab und schlägt mit der anderen Hand den Angreifer zu Boden. Aber kaum will sich Saladin erheben, da stürzt sich schon ein zweiter Mörder auf ihn, dann ein dritter. Mittlerweile sind aber die Wachen alle da, und die Angreifer werden getötet, Yussef wankt verstört aus dem Zelt und kann nicht glauben, daß ihm nichts passiert ist.

Sobald er sich wieder gefaßt hat, beschließt er, die Assassinen in ihrem Schlupfwinkel in Zentral-Syrien anzugreifen, wo Sinan über ein Dutzend Festungen verfügt. Die uneinnehmbarste von allen, das auf einem schroffen Berg gelegene Felsennest Massiaf, sucht er sich zur Belagerung aus. Was sich allerdings in diesem August 1176 im Land der Assassinen wirklich zugetragen hat, wird wohl für immer ein Geheimnis bleiben. Die Version Ibn al-Athirs sagt, daß Sinan einen Brief an Saladins Onkel mütterlicherseits geschrieben habe, worin er schwor, alle Mitglieder der herrschenden Familie zu töten. Dieser Brief vom Führer der Sekte konnte, besonders nach den beiden Mordversuchen am Sultan, nicht auf die leichte Schulter genommen werden. Daraufhin sei die Belagerung von Massiaf aufgehoben worden.

Es gibt jedoch auch noch eine zweite Version, und zwar von den Assassinen selbst. Sie ist in einer der wenigen Schriften niedergelegt, welche von der Sekte übriggeblieben sind. Der Bericht ist von einem der Anhänger, einem gewissen Abu-Firas, unterzeichnet. Nach seiner Version war Sinan nicht in der Festung, als sie belagert wurde. Mit zwei Begleitern hatte er sich auf einem benachbarten Hügel installiert, um den Lauf des Geschehens zu beobachten. Saladin habe nun seinen Männern befohlen, ihn gefangenzunehmen, und eine bedeutende Menge von Soldaten hätte Sinan umstellt. Als sie jedoch versuchten, sich ihm zu nähern, wurden ihre Glieder von einer geheimnisvollen Kraft gelähmt. Es heißt, der Alte vom Berge habe ihnen daraufhin befohlen, dem Sultan zu sagen, daß er ihn persönlich und privat sprechen wolle. Es heißt weiter, die Soldaten seien, von Entsetzen gepackt, zu ihrem Herren gelaufen, um ihm zu berichten, was sich ereignet hatte. Der Sultan wiederum, der nichts Gutes ahnte, heißt es, ließ Asche und Kalk um sein Zelt herum ausstreuen, damit man mögliche Schritte erkennen könne, und bei Einbruch der Nacht habe er zu seinem Schutz Wachen mit Fackeln um sein Zelt herum aufgestellt. Dem Bericht zufolge wachte er mitten in der Nacht plötzlich auf und bemerkte flüchtig, wie eine unbekannte Gestalt, die er für Sinan hielt, sein Zelt verließ. Der geheimnisvolle Besucher hatte auf dem Bett einen vergifteten Kuchen hinterlassen mit einem Zettel, auf dem zu lesen war: »Du bist in unserer Gewalt!« Daraufhin stieß der Sultan einen Schrei aus, die Wachen eilten herbei und beteuerten hoch und heilig, nichts gesehen zu haben. Gleich am nächsten Tag hob Saladin die Belagerung auf und kehrte so schnell wie möglich nach Damaskus zurück.

Dieser Bericht ist zweifellos stark romantisch gefärbt, aber die Tatsache bleibt, daß Saladin plötzlich seine Politik den Assassinen gegenüber ändert. Trotz seiner Abneigung gegen alle Arten von Ketzern wird er nie wieder versuchen, das Gebiet der Batinis zu bedrohen, sondern wird, ganz im Gegenteil, fortan versuchen, sie sich geneigt zu machen und dadurch seine fränkischen und muslimischen Feinde einer kostbaren Hilfe zu berauben. Der Sultan ist nämlich fest entschlossen, für die Schlacht um Syrien alle Trümpfe auf seine Seite zu bekommen. Im Grunde hat er durch die Einnahme von Damaskus schon gewonnen, aber der Konflikt schleppt sich hin. Alle diese Feldzüge, die geführt werden müssen, gegen die Franken-Staaten, gegen Aleppo, gegen Mosul, das ebenfalls von einem Nachkommen Zinkis beherrscht wird, gegen verschiedene andere Fürsten der Jazira-Ebene und in Kleinasien sind erschöpfend, zumal er sich regelmäßig nach Kairo begeben muß, um Intriganten und Ränkeschmiede zu beseitigen.

Die Lage beginnt sich erst gegen Ende des Jahres 1181 zu klären, als as-Saleh im Alter von achtzehn Jahren plötzlich stirbt – möglicherweise vergiftet. Mit bewegten Worten schildert Ibn al-Athir seine letzten Stunden:

Als sein Zustand sich verschlimmerte, rieten ihm die Ärzte, etwas Wein zu trinken. Aber er antwortete: »Ich werde es nicht tun, bevor ich nicht die Meinung eines Rechtsgelehrten gehört habe.« Man holte einen der wichtigsten Ulemas an sein Krankenbett, der ihm erklärte, daß die Religion Wein als Medikament zulasse. As-Saleh fragte: »Und glaubt Ihr wirklich, daß Gott, wenn er beschlossen hat, mein Leben zu beenden, seine Absicht ändern würde, wenn er mich Wein trinken sähe?« Das mußte der fromme Mann verneinen. Worauf der Sterbende sagte: »Dann will ich nicht vor meinen Schöpfer treten mit einem verbotenen Getränk im Magen.«

Anderthalb Jahre später, am 18. Juni 1183, hält Saladin feierlich Einzug in Aleppo. Von nun an sind Syrien und Ägypten eins, nicht nur dem Namen nach wie zur Zeit Nureddins, sondern tatsächlich, unter der unbestrittenen Oberhoheit des ayyubidischen Herrschers. Merkwürdigerweise hat das Entstehen dieses mächtigen arabischen Staates, der die Franken immer mehr einschließt, bei ihnen keine verstärkte Solidarität zur Folge. Ganz im Gegenteil. Als der von der Lepra völlig entstellte König von Jerusalem nicht mehr regieren kann, streiten sich zwei Rivalen um die Macht. Der eine, der für ein Arrangement mit Saladin ist, wird von Raymund, Graf von Tripoli, unterstützt; der andere, ein Extremist, hat Renaud de Chatillon, den ehemaligen Fürsten von Antiochia, zum Fürsprecher. Raymund hatte einen sehr dunklen Teint, eine Adlernase, sprach fließend Arabisch und las mit Interesse islamische Texte. Man hätte ihn leicht für einen syrischen Emir halten können, wenn sein hoher Wuchs seine Herkunft nicht verraten hätte. Ibn al-Athir sagt von ihm:

Bei den Franken gab es zu dieser Zeit keinen mutigeren und keinen weiseren Mann als den Herren von Tripoli, Raymund Ibn Raymund as-Sanjili, ein Nachfahre von Saint-Gilles. Er war jedoch sehr ehrgeizig und wollte unbedingt König werden. Eine Zeitlang war er Regent, verlor die Regentschaft aber bald und war darüber derart aufgebracht, daß er an Saladin schrieb, daß er sich auf seine Seite stelle, wenn er ihm helfe, König zu werden. Saladin freute sich darüber und ließ sogleich einige Ritter von Tripoli frei, die bei den Muslims gefangengehalten wurden.

Saladin verfolgt diese Streitigkeiten sehr aufmerksam. Als die »orientalische Strömung«, angeführt von Raymund, in Jerusalem die

Oberhand zu gewinnen scheint, gibt er sich versöhnlich. 1184 tritt bei Balduin IV. das Endstadium der Lepra ein, Füße und Beine sind kraftlos und die Augen erloschen. Aber es mangelt ihm weder an Mut noch an gesundem Menschenverstand, und er vertraut dem Grafen von Tripoli, der versucht, gutnachbarliche Beziehungen mit Saladin zu schaffen. Der andalusische Reisende Ibn Jobair, der in eben diesem Jahr Damaskus besucht, stellt mit Erstaunen fest, daß trotz des Krieges die Karawanen zwischen Kairo und Damaskus durch das Gebiet der Franken ungestört hin- und herziehen. »Die Christen«, stellt er fest, »verlangen von den Muslims einen Zoll, der ohne Auswüchse erhoben wird. Die Christen wiederum verzollen ihre Waren, wenn sie durch muslimisches Gebiet ziehen. Sie verstehen sich ausgezeichnet und achten auf gerechte Behandlung. Die Krieger kümmern sich um ihren Krieg, lassen das Volk aber in Frieden.«

Saladin hat es keineswegs eilig, diese friedliche Koexistenz zu beenden, sondern zeigt sich sogar bereit, den Frieden noch zu festigen. Im März 1185 stirbt der leprakranke König im Alter von vierundzwanzig Jahren und hinterläßt den Thron seinem Neffen Balduin V., einem sechsjährigen Kind, die Regentschaft hingegen dem Grafen von Tripoli. Diesem ist bewußt, daß er Zeit braucht, um seine Herrschaft zu festigen, und schickt sofort Abgesandte nach Damaskus, um einen Waffenstillstand auszuhandeln. Obwohl Saladin weiß, daß er durchaus in der Lage ist, eine entscheidende Schlacht mit den Franken herbeizuführen, stimmt er einem vierjährigen Waffenstillstand zu, womit er beweist, daß er nicht um jeden Preis den Kampf sucht.

Als aber ein Jahr später, im Jahre 1186, der junge König stirbt, sieht sich der Regent in seiner Rolle bedroht, denn, so berichtet Ibn al-Athir, *die Mutter des kleinen Monarchen hatte sich in einen erst vor kurzem in den Orient gekommenen Franken verliebt, einen gewissen Guy. Sie hatte ihn geheiratet, und als das Kind starb, setzte sie ihrem Mann die Krone auf, ließ den Patriarchen, die Priester, die Mönche, die Hospitaliter, die Templer und Freiherren kommen, eröffnete ihnen, daß sie Guy die Macht übertragen habe und ließ sie Gehorsam schwören. Raymund lehnte dies ab und zog es vor, sich mit Saladin zu verbünden.* Es handelte sich um den König Guy de Lusignan, einen schönen, völlig nichtssagenden Mann, der nichts von Politik und Militär verstand und sich stets der Meinung seines Vorredners anschloß. So war er nur eine Marionette in den Händen der »Falken«, deren Anführer Renaud de Chatillon, der »Brins Arnat«, war.

Dieser hatte nach seinem zypriotischen Abenteuer und seinem Machtmißbrauch in Nord-Syrien fünfzehn Jahre in den Kerkern von Aleppo zugebracht, bevor er 1175 vom Sohn Nureddins freigelassen worden war. Seine Gefangenschaft hatte jedoch seine schlechten Charaktereigenschaften nur verstärkt. Fanatischer, habgieriger und blutrünstiger denn je, schürte er den Haß zwischen Arabern und Franken mehr, als die Jahrzehnte von Krieg und Gemetzel es getan hatten. Da es ihm nach seiner Freilassung nicht gelungen war, Antiochia einzunehmen, wo sein Schwiegersohn Bohemund III. herrschte, hatte er sich im Königreich Jerusalem niedergelassen. Er hatte eine junge Witwe geheiratet, durch deren Mitgift er in den Besitz der Gebiete östlich des Jordan gekommen war, dazu gehörten besonders die mächtigen Festungen Kerak und Chawbak. Als Verbündeter der Templer und vieler neuangekommener Ritter übte er auf den Hof von Jerusalem einen immer stärker werdenden Einfluß aus, den lediglich Raymund eine Zeitlang dämmen konnte. Es ging ihm darum, die Politik der ersten Frankeninvasion wieder aufleben zu lassen, seine Devise war pausenloses Kämpfen, Sengen, Morden, Plündern und die Gewinnung neuer Gebiete. Für ihn waren jeder Kompromiß, jede Verständigung ein Verrat, und er fühlte sich durch keinen Waffenstillstand und durch kein gegebenes Wort verpflichtet. Außerdem war seine zynische Einstellung: »Was ist ein Wort, das man den Ungläubigen gegeben hat, schon wert?«

Im Jahre 1180 war ein Abkommen zwischen Damaskus und Jerusalem unterzeichnet worden, das Freizügigkeit für Waren und Menschen im ganzen Gebiet garantierte. Einige Monate später wurde eine Karawane von reichen arabischen Kaufleuten, die in Richtung Mekka die syrische Wüste durchquerte, von Renaud angegriffen, der sich aller Waren bemächtigte. Saladin beschwerte sich bei Balduin IV., der jedoch wagte es nicht, gegen seinen Vasallen einzuschreiten. Im Herbst 1182 nun wird es noch schlimmer. Arnat beschließt, Mekka selbst heimzusuchen. Er schifft sich in Eilat ein, das damals ein kleiner arabischer Fischerhafen am Golf von Aqaba war, läßt sich von ein paar Piraten des Roten Meeres führen und kommt, der Küste entlang, nach Yanboh, dem Hafen von Medina, den er angreift. Dann erreicht er Rabigh, das nicht weit von Mekka entfernt ist. Unterwegs versenken seine Leute ein muslimisches Pilgerschiff, das nach Djidda wollte. *Alle waren erstaunt«*, sagt Ibn al-Athir, *denn die Menschen in dieser Gegend hatten noch nie einen einzigen Franken gesehen, weder Kaufmann noch Krieger.* Die Angreifer sind außer sich vor Freude über ihren Erfolg und laden in aller Ruhe die Beute auf ihre Schiffe; und während Raymund zurückkehrt, streifen seine Leute noch monatelang im Roten Meer umher. Der Bruder Saladins, al-Adel, der in dessen Abwesenheit Ägypten regiert, rüstet daraufhin eine Flotte aus, verfolgt die Plünderer und vernichtet sie. Einige von ihnen werden nach Mekka gebracht und öffentlich geköpft, *eine Strafe für alle, welche die Heiligen Orte schänden wollen,* schließt der Chronist von Mosul. Die Kunde von diesem aberwitzigen Unternehmen macht schnell die Runde in der arabischen Welt, und fortan ist Arnat die Verkörperung aller Scheußlichkeiten des fränkischen Feindes.

Saladin führt einige Überraschungsangriffe auf das Gebiet Renauds durch, bleibt aber, obwohl er aufgebracht ist, immer großmütig. So im November 1183, als er Katapulte vor der Zitadelle von Kerak aufgefahren und die Beschießung mit Felsbrocken begonnen hatte. Als die Verteidiger ihn wissen lassen, daß gerade eine Fürstenhochzeit in der Festung stattfindet, und obwohl die Braut die Schwiegertochter Renauds ist, läßt sich Saladin von den Belagerten den Palast zeigen, in dem das jungvermählte Paar wohnen soll, und befiehlt seinen Leuten, diesen Stadtteil zu verschonen.

Aber solche großherzigen Gesten kommen bei Arnat leider nicht an. Wenn er durch den klugen Raymund auch eine Weile neutralisiert wird, so kann er doch nach der Thronbesteigung des Königs Guy im September 1186 erneut seinen Willen durchsetzen. Schon einige Wochen später stürzt er sich, unter Mißachtung des noch für zweieinhalb Jahre geltenden Waffenstillstandes, wie ein Raubvogel auf eine große Karawane von arabischen Pilgern und Kaufleuten, die friedlich auf dem Weg nach Mekka dahinzieht. Alle Bewaffneten werden niedergemetzelt und die übrigen als Gefangene nach

Kerak verschleppt. Als einige versuchen, Renaud an den Waffenstillstand zu erinnern, antwortet er herausfordernd: »Soll euch doch euer Mohammed befreien!« Als man Saladin davon etwas später berichtet, schwört er, Arnat mit eigenen Händen zu töten.

Vorläufig aber wartet der Sultan zu. Er schickt Unterhändler zu Renaud, um im Sinne des Abkommens die Freilassung der Gefangenen und die Herausgabe ihrer Güter zu erreichen. Da Renaud sie nicht empfängt, ziehen sie nach Jerusalem, wo sie von König Guy empfangen werden, der sich entsetzt über das Benehmen seines Vasallen zeigt, jedoch nicht wagt, sich mit ihm anzulegen. Die Abgesandten lassen nicht locker: Sollen also die Geiseln des Brins Arnat weiterhin in den Kerkern von Kerak schmachten, allen Abkommen und Schwüren zum Hohn? Der unfähige Guy schiebt die Verantwortung von sich.

So ist also der Waffenstillstand gebrochen, aber Saladin, obwohl er ihn bis zum Ende gehalten hätte, sieht sich durch die Wiederaufnahme der Feindseligkeiten keineswegs beeinträchtigt. Er schickt Boten zu den Emiren von Ägypten, Syrien und der Jariza-Ebene mit der Nachricht, daß die Franken ihre eigenen Abmachungen verraten und mit Füßen getreten haben, und ruft Verbündete und Vasallen auf, sich mit allen verfügbaren Kräften zum Heiligen Krieg gegen die Besatzer zusammenzuschließen.

Aus allen islamischen Ländern strömen Tausende von Soldaten, Reiter und Fußvolk, nach Damaskus. Die Stadt wirkt wie ein gestrandetes Schiff inmitten eines Meeres von wehenden Wimpeln und kleinen Zelten aus Kamelhaut, in denen die Soldaten Schutz gegen Sonne und Regen suchen, und von prächtigen Zelten und Bannern der Herrscher, auf die Koransuren gestickt oder Gedichte gemalt sind.

Während die islamische Mobilmachung weitergeht, verstricken sich die Franken immer mehr in ihre inneren Streitigkeiten. König Guy hält den Augenblick für gekommen, sich seines Rivalen Raymund zu entledigen, den er des Einverständnisses mit den Franken bezichtigt, und so bereitet sich das jerusalemische Heer darauf vor, Tiberias, eine kleine Stadt in Galilea, anzugreifen, die der Frau des Grafen von Tripoli gehört. Dieser geht daraufhin zu Saladin, um ihm ein Bündnis vorzuschlagen, auf das der Sultan auch sofort eingeht. Er schickt eine militärische Abordnung zur Verstärkung der

Garnison von Tiberias, und das Heer von Jerusalem weicht zurück.

Während die arabischen, türkischen und kurdischen Kämpfer weiterhin nach Damaskus strömen, schickt Saladin einen Boten zu Raymund, um ihn, ihrem Bündnis gemäß, zu bitten, ob seine Späher einen Erkundungsritt zum See Genezareth unternehmen dürfen. Dem Grafen ist dies sehr unangenehm, aber er kann nicht ablehnen. Er stellt nur die Bedingung, daß die muslimischen Soldaten sein Gebiet vor Anbruch der Nacht verlassen und zusichern, sich weder an seinen Untertanen noch an deren Habe zu vergreifen. Um jeglichen Zwischenfall zu vermeiden, unterrichtet er alle Ortschaften vom Durchzug der muslimischen Soldaten und befiehlt den Bewohnern, ihre Häuser nicht zu verlassen.

Am Freitag, dem 1. Mai, bei Tagesanbruch, reiten siebenhundert Reiter unter dem Befehl eines Adjutanten Saladins an Tiberias vorbei und kommen am Abend auf dem gleichen Weg wieder zurück. Sie haben die Forderungen des Grafen respektiert, haben kein Dorf und kein Schloß angegriffen, weder Gold noch Vieh gestohlen, und doch konnten sie den Zwischenfall nicht verhindern. Die Großmeister der Templer und der Hospitaliter befanden sich nämlich zufällig in einer der Festungen in diesem Gebiet, als ein Bote Raymunds mit der Nachricht kam, daß ein Trupp Muslims durchreiten würde. Sofort wallte den Ordensrittern das Blut: Für sie gibt es kein Abkommen mit Sarazenen! Sofort rufen sie ein paar hundert Reiter und Fußvolk zusammen und greifen die muslimischen Reiter beim Dorf Saffuriya nördlich von Nazareth an. In wenigen Minuten sind sie bis auf den Großmeister des Templer-Ordens, der entkommen konnte, zusammengeschlagen. Dazu sagt Ibn al-Athir:

Durch diese Niederlage verängstigt, schickten die Franken ihren Patriarchen, ihre Priester und ihre Mönche sowie eine große Anzahl von Rittern zu Raymund und machten ihm schwere Vorwürfe wegen seines Zusammengehens mit Saladin. Sie sagten: »Du mußt dich zum Islam bekehrt haben, sonst hättest du das, was geschehen ist, nicht ertragen können. Sonst hättest du doch nicht zugelassen, daß die Muslims durch dein Gebiet ziehen, daß sie die Templer und die Hospitaliter zusammenschlagen und mit Gefangenen davonreiten, ohne daß du etwas unternimmst.« Die eigenen Soldaten des Grafen machten ihm die gleichen Vorwürfe, und der Patriarch drohte mit der Exkommunikation und Annullierung der Ehe. Unter diesem massiven Druck bekam Raymund

Angst, entschuldigte sich und bereute. Sie vergaben ihm, söhnten sich mit ihm aus und verlangten, daß er sein Heer dem König zur Verfügung stelle und am Kampf gegen die Muslims teilnehme. Der Graf zog also mit ihnen. Die Franken versammelten nun ihre Truppen bei Akko und marschierten, aber recht langsam, auf das Dorf Saffuriya zu.

Im Lager der Muslims löst die Niederlage dieser Ritterorden, die allgemein gefürchtet und verhaßt sind, so etwas wie einen Vorgeschmack auf den Sieg aus. Von nun ab drängen sich Emire wie Soldaten danach, mit den Franken die Klinge zu kreuzen. So sammelt Saladin im Juni sein gesamtes Heer auf halbem Weg zwischen Damaskus und Tiberias: Zwölftausend Reiter defilieren vor ihm, nicht gerechnet das Fußvolk und die Freiwilligen. Von seinem Streitroß herab schleudert der Sultan seinen Schlachtruf, der daraufhin aus tausend Kehlen begeistert widerhallt: »Sieg über den Feind Gottes!«

Vor seinem Generalstab analysiert er ruhig die Lage: »Vor uns haben wir eine sich wahrscheinlich nie wieder bietende Gelegenheit. Meiner Meinung nach muß das muslimische Heer allen Ungläubigen in einer geordneten Schlacht gegenübertreten. Wir müssen uns entschlossen in den Djihad werfen, bevor unsere Heere auseinanderlaufen.« Dem Sultan geht es darum, zu verhindern, daß, wenn die Zeit für die Schlachten im Herbst zu Ende geht, seine Verbündeten und Vasallen mit ihren Truppen abziehen, bevor der entscheidende Sieg erfochten werden konnte. Die Franken jedoch sind äußerst vorsichtige Krieger – werden sie nicht versuchen, den Kampf zu vermeiden, wenn sie sehen, wie die muslimischen Truppen zusammengezogen werden?

Saladin jedenfalls beschließt, ihnen eine Falle zu stellen, nicht ohne dabei Gott inständig zu bitten, daß die Feinde auch hineingehen. Er zieht nach Tiberias, besetzt die Stadt an einem einzigen Tag, befiehlt, zahlreiche Brände zu legen und belagert die Zitadelle, in der sich die Frau Raymunds und eine Handvoll Verteidiger befinden. Das muslimische Heer könnte leicht ihre Gegenwehr brechen, aber der Sultan hält seine Leute zurück. Man muß den Druck langsam verstärken, als ob man den letzten Sturm vorbereite, und die Reaktion abwarten. Dazu Ibn al-Athir:

Als die Franken erfuhren, daß Saladin Tiberias eingenommen und in Brand gesetzt hatte, beratschlagten sie sich untereinander. Einige schlugen vor, den Muslims entgegenzuziehen, um sie zu bekämpfen und daran zu hindern, die Zitadelle einzunehmen. Aber Raymund unterbrach sie: »Tiberias gehört mir, und es ist meine eigene Frau, die belagert wird. Ich bin jedoch einverstanden, daß die Zitadelle genommen und meine eigene Frau gefangen wird, wenn die Offensive Saladins nicht weitergeht. Denn, weiß Gott, ich habe viele muslimische Heere in der Vergangenheit gesehen, aber keines war so groß und so mächtig wie das Heer, über das Saladin diesmal verfügt. Wir müssen also einen Kampf mit ihm vermeiden. Tiberias können wir jederzeit zurückerobern und Lösegeld für die Freilassung der Unseren zahlen.« Aber Brins Arnat, der Herr von Kerak, sagte: »Du schilderst uns die Stärke der Muslims, weil du uns Angst machen willst. Du liebst sie und suchst ihre Freundschaft, sonst würdest du nicht so sprechen. Und wenn du uns sagst, daß sie viele sind, so antworte ich dir: Das Feuer schert sich nicht um die Menge des Brennholzes.« Da sagte der Graf: »Ich bin einer der Euren, ich mache, was ihr wollt, und werde an eurer Seite kämpfen; aber ihr werdet sehen, was geschieht.«

Wieder einmal hatte sich bei den Franken der Wille des größten Extremisten durchgesetzt.

Nun ist alles zur Schlacht bereit. Saladins Heer steht in einer fruchtbaren, mit Obstbäumen bestandenen Ebene, hinter der sich der See von Tiberias ausbreitet, durch den der Jordan fließt, während sich in der Ferne die Umrisse der mächtigen Golanhöhen abzeichnen. Beim Lager der Muslims erhebt sich ein Hügel mit zwei Spitzen, den »Hörnern von Hittin«, so genannt nach dem Dorf, das sich am Hügel hinzieht.

Am 3. Juli setzt sich die etwa tausend Mann starke fränkische Armee in Bewegung. Die Entfernung, die sie zwischen Saffuriya und Tiberias zurücklegen muß, ist nicht weit, unter normalen Umständen nicht mehr als vier Marschstunden. Im Sommer ist die Erde hier völlig ausgedörrt, es gibt weder Quellen noch Brunnen, und die Flußläufe sind ausgetrocknet. Die Franken verlassen Saffuriya in aller Frühe und sind sicher, sich schon am Nachmittag am Ufer des Sees erfrischen zu können. Aber Saladin hat seine Falle genau ausgeklügelt. Den ganzen Tag über bedrängen seine Reiter den Feind von allen Seiten mit Störangriffen und lassen von überall her Pfeile regnen. Dadurch fügen sie ihm Verluste zu, zwingen ihn aber vor allem, das Marschtempo zu verringern.

Kurz vor Abend haben die Franken ein kleines Vorgebirge erreicht, von dem herab sie die ganze Ebene überblicken können. Zu ihren Füßen liegt das kleine Dorf Hittin mit ein paar erdfarbenen Häusern, während ganz am Ende des Tales das Wasser des Sees von Tiberias schillert. Und dazwischen, in der grünen Ebene, die sich am Fluß entlangzieht, steht Saladins Heer. Um trinken zu können, bedarf es der Erlaubnis des Sultans!

Saladin lächelt. Er weiß, daß die Franken erschöpft sind, halb verdurstet, daß sie weder die Zeit noch die Kraft haben, sich vor Einbruch der Dunkelheit einen Weg bis zum See zu bahnen, und daß sie dazu verdammt sind, bis zum Morgen ohne einen Tropfen Wasser auszuharren. Würden sie unter diesen Bedingungen kämpfen können? In Gebeten und Generalstabsbesprechungen verbringt Saladin die Nacht. Mehrere Emire beordert er hinter die feindlichen Linien, um den Franken den Rückzug abzuschneiden. Er wiederholt seine Instruktionen und prüft, ob jeder an seinem Platz ist.

Am 4. Juli 1187, beim Morgengrauen, versuchen die völlig eingekreisten und vom Durst gepeinigten Franken verzweifelt, den Hügel hinabzureiten und den See zu erreichen. Das Fußvolk, das durch den langen, erschöpfenden Marsch des Vortages noch mehr gelitten hat als die Reiter, läuft blindlings, unter der Last seiner Äxte und Streitkolben keuchend, in eine dichte Mauer von Lanzen und Säbeln hinein. In aufeinanderfolgenden Schüben ereilt dieses Schicksal das gesamte Heer, und die Überlebenden werden zu dem Hügel zurückgetrieben, inmitten der Berittenen. Jetzt sind sie sich der Niederlage sicher. Keine Verteidigungslinie hält mehr, und dennoch schlagen sie sich mit dem Mut der Verzweiflung. Raymund versucht mit einer Handvoll seiner Leute, sich einen Weg durch die muslimischen Linien zu bahnen. Die Adjutanten Saladins erkennen ihn und helfen ihm zu entkommen. In gestrecktem Galopp reitet er bis nach Tripoli. Dazu Ibn al-Athir:

Als der Graf nicht mehr da war, hätten die Franken fast kapituliert. Die Muslims hatten das dürre Gras angezündet, und der Wind trieb den Rittern den Rauch in die Augen. Von Durst, Flammen, Rauch, der Sommerhitze und den Pfeilen des Feindes gepeinigt, waren die Franken am Ende, sagten sich aber, daß sie dem Tod nur entrinnen könnten, wenn sie sich ihm stellten. Dies ermutigte sie zu derart heftigen Angriffen, daß die Muslims beinahe weichen mußten. Indessen verloren die Franken bei jedem Angriff Leute und wurden immer weniger. Da gelang es den Muslims, sich des Echten Kreuzes zu bemächtigen, was für die Franken den allerschwersten Verlust bedeutete, denn sie glauben, daß an diesem Kreuz der Messias – Friede sei mit ihm – gestorben sei.

Dem islamischen Glauben gemäß wurde Christus nur dem Schein nach gekreuzigt, denn Gott liebte den Sohn Mariä zu sehr, als daß er ihn einer derart grausamen Qual aussetzen würde. Trotz dieses Verlustes schlagen sich die letzten Überlebenden der Franken, etwa hundertfünfzig ihrer besten Ritter, weiterhin tapfer. Sie verschanzen sich auf einer kleinen Anhöhe über Hittin, wo sie ihre Zelte aufschlagen und ihren Widerstand organisieren wollen. Die Muslims jedoch stürmen von allen Seiten auf sie ein, und nur das Zelt des Königs bleibt übrig. Der Sohn Saladins, al-Malik al-Afdal, der gerade siebzehn Jahre ist, berichtet, wie es weitergeht:

Die Schlacht von Hittin war die erste, an der ich teilnahm, an der Seite meines Vaters. Als der König der Franken auf dem Hügel war, unternahm er mit seinen Leuten einen so heftigen Angriff, daß unsere Truppen bis zur Stellung meines Vaters zurückweichen mußten. Ich sah ihn an; er war traurig, nervös und raufte sich den Bart. Plötzlich stürzte er vorwärts und schrie: »Satan darf nicht siegen!«, und die Muslims griffen erneut den Hügel an. Als ich die Franken unter dem Druck unserer Truppen zurückweichen sah, schrie ich vor Freude: »Wir haben sie besiegt!« Aber die Franken verstärkten ihre Angriffe, und unsere Leute befanden sich bald wieder bei meinem Vater. Er trieb sie erneut zum Angriff, und der Feind mußte wieder zum Hügel zurückweichen. Wieder schrie ich: »Wir haben sie besiegt!« Aber mein Vater drehte sich zu mir um und sagte: »Schweig! Wir haben sie erst besiegt, wenn dieses Zelt dort oben nicht mehr steht!« Noch bevor er seinen Satz beendet hatte, fiel das Zelt des Königs zusammen. Da stieg der Sultan vom Pferd, kniete nieder und dankte Gott unter Freudentränen.

Laut seiner Freude Ausdruck gebend, erhebt sich der Sultan, nimmt sein Pferd am Zügel und begibt sich zu seinem Zelt. Die vornehmen Gefangenen werden vor ihn gebracht, insbesondere König Guy und Fürst Arnat. Der Schriftsteller Imadeddin al-Asfahani, Ratgeber des Sultans, hat die Szene miterlebt:

Saladin forderte den König auf, sich zu setzen, und als Arnat eintrat, ließ er ihn neben seinem König Platz nehmen und hielt ihm seine Missetaten vor. »Wie oft hast du geschworen und dann deine Schwüre nicht gehalten, wie oft hast du Abkommen unterzeichnet und sie dann verletzt!« Durch den Dolmetscher ließ Arnat antworten: »Alle Könige haben sich zu allen Zeiten ebenso verhalten, ich habe nichts anderes getan.« Währenddessen hechelte Guy vor Durst, wackelte mit dem Kopf, als sei er betrunken, und sein Gesicht verriet große Furcht. Saladin sprach beruhigende Worte zu ihm, ließ gekühltes Wasser kommen und bot es ihm an. Der König trank und reichte dann den Rest Arnat, der ebenfalls trank. Da sprach der Sultan zu Guy: »Du hast mich nicht um Erlaubnis gefragt, ob du ihm zu trinken geben darfst, ich bin also nicht verpflichtet, ihm Gnade zuteil werden zu lassen.«

Es ist nämlich arabische Tradition, daß ein Gefangener, dem man zu trinken oder zu essen anbietet, nicht getötet werden darf, ein Gebot, das Saladin einem Menschen gegenüber, der geschworen hat, ihn mit eigenen Händen zu töten, natürlich nicht halten kann. Imadeddin schreibt weiter:

Nach diesen Worten verließ der Sultan das Zelt, stieg auf sein Pferd, ritt davon und überließ die Gefangenen ihrer Angst. Er überwachte die Rückkehr der Truppen, dann ritt er zum Zelt zurück, ließ Arnat kommen, ging mit gezücktem Säbel auf ihn zu und schlug ihm zwischen Hals und Schulterblatt. Arnat fiel zu Boden, und man hieb ihm den Kopf ab, dann schleifte man den Körper an den Füßen vor den König, der zu zittern begann. Aber als der Sultan ihn so vor Furcht geschüttelt sah, sprach er beschwichtigend zu ihm: »Dieser Mann mußte nur wegen seiner Missetaten und seiner Treulosigkeit sterben!«

Der König und die meisten Gefangenen bleiben auch tatsächlich verschont, die Templer und Hospitaliter hingegen erleiden das gleiche Schicksal wie Renaud de Chatillon.

Noch vor Ende dieses denkwürdigen Tages ruft Saladin seine wichtigsten Emire zusammen und beglückwünscht sie zu ihrem Erfolg, der, wie er sagt, die von den Eindringlingen schon zu lange beleidigte Ehre wiederhergestellt hat. Seiner Meinung nach verfügen die Franken nun über keine Armee mehr, was sofort ausgenutzt werden muß, um ihnen die zu Unrecht besetzten Gebiete wieder wegzunehmen. Gleich am nächsten Tag, einem Sonntag, greift er also die Zitadelle von Tiberias an, und die Gattin Raymunds weiß genau, daß es sinnlos ist, zu widerstehen. Sie ergibt sich Saladin, der die Verteidiger – selbstverständlich – mit all ihrer Habe und unversehrt abziehen läßt.

Am darauffolgenden Dienstag zieht das glorreiche Heer zum Hafen Akko, der sich widerstandslos ergibt. Im Laufe der letzten Jahre hat die Stadt wirtschaftlich beträchtlich an Bedeutung gewonnen, denn sie ist der Umschlagplatz für den gesamten Handel mit dem Abendland. Der Sultan versucht, die zahlreichen italienischen Kaufleute zum Bleiben zu veranlassen, und verspricht ihnen allen notwendigen Schutz. Sie ziehen es jedoch vor, zum Nachbarhafen Tyros umzuziehen, was der Sultan sehr bedauert, aber nicht zu verhindern sucht. Er gestattet ihnen sogar, alle ihre Reichtümer mitzunehmen, und bietet ihnen Geleit zum Schutz gegen Räuber an.

Der Sultan beauftragt nun seine Emire, die verschiedenen befestigten Orte in Palästina zu erobern, da er es nicht für notwendig hält, daß er sich deshalb selbst an der Spitze dieser starken Armee bemüht. Eine nach der anderen ergeben sich die fränkischen Niederlassungen in Palästina und Samaria, meist schon nach ein paar Stunden, höchstens jedoch nach ein paar Tagen; dazu gehören auch Nablus, Haifa und Nazareth, deren Bewohner alle entweder nach Tyros oder nach Jerusalem gehen. Der einzige ernsthafte Zwischenfall ereignet sich in Jaffa, wo eine aus Ägypten kommende Armee unter dem Befehl al-Adels, dem Bruder Saladins, auf erbitterten Widerstand stößt. Nachdem der Sieg dennoch errungen ist, läßt al-Adel die gesamte Bevölkerung als Sklaven verkaufen. Ibn al-Athir erzählt, daß er selbst auf dem Markt von Aleppo eine junge fränkische Sklavin gekauft habe, die von Jaffa kam:

Sie hatte ein einjähriges Kind. Eines Tages, als sie es auf dem Arm hatte, fiel es hin und zerkratzte sich dabei das Gesicht. Sie brach in Tränen aus, und ich versuchte, ihr klarzumachen, daß man wegen einer solchen Kleinigkeit nicht derartig weinen müsse. Da antwortete sie mir: »Deswegen weine ich nicht. Ich weine wegen des Unglücks, das über uns gekommen ist. Alle meine sechs Brüder sind umgekommen, was aus meinem Mann und meinen Schwestern geworden ist, weiß ich nicht.« Von allen Franken des Küstengebietes ist nur den Bewohnern von Jaffa ein solches Schicksal zuteil geworden.

An allen anderen Orten vollzieht sich die Rückeroberung tatsächlich ohne Härte. Nach einem kurzen Aufenthalt in Akko zieht Saladin nach Norden. Er kommt nach Tyros, hat aber angesichts der mächtigen Mauern keine Lust, Zeit zu vergeuden, und unternimmt lieber der Küste entlang seinen Siegeszug. Am 29. Juli, nach siebenundsiebzig Jahren Besatzung, kapituliert Saida, ohne jegliche Kampfhandlung, gefolgt, einige Tage später, von Beirut und Jbail.

Nun sind die muslimischen Truppen ganz nah bei der Grafschaft Tripoli, aber Saladin glaubt, daß ihm von daher keine Gefahr mehr droht, und zieht wieder nach Süden, wo er erneut vor Tyros zögert und sich fragt, ob er es nicht doch belagern soll. Bahaeddin schreibt dazu:

Nach einigen Überlegungen verzichtete der Sultan darauf. Seine Truppen waren überall verstreut, seine Leute müde durch diesen überlangen Feldzug, und Tyros war zu gut bewehrt, denn alle Franken aus dem gesamten Küstengebiet waren nun hier versammelt. Deswegen entschloß er sich, lieber Askalon anzugreifen, das leichter zu nehmen war.

Eines Tages allerdings wird Saladin diese Entscheidung bitter bereuen. Aber zunächst geht der Siegeszug weiter. Am 4. September kapituliert Askalon, dann das den Templern gehörende Gaza. Nebenbei schickt Saladin einige Emire in das Gebiet um Jerusalem, wo sie mehrere Orte erobern, darunter auch Bethlehem. Von nun an hat der Sultan nur noch einen Wunsch. Er will seinen siegreichen Feldzug – und somit seine eigene Karriere – durch die Rückeroberung Jerusalems krönen.

Ob es ihm gelingt, wie der Kalif Omar in diese heilige Stadt zu kommen, ohne Blut zu vergießen und ohne Zerstörung? Er schreibt an die Bewohner von Jerusalem und lädt zu Besprechungen über die Zukunft der Stadt ein. Eine Abordnung kommt zu ihm nach Askalon, und der Vorschlag des Eroberers ist vernünftig: Man soll ihm die Stadt kampflos übergeben; wer von den Bewohnern will, kann sie mit aller Habe verlassen, die christlichen Kultstätten werden respektiert, und die Christen, die künftig als Pilger kommen wollen, werden nicht behelligt. Aber zur großen Verwunderung des Sultans antworten die Franken genauso arrogant wie zu Zeiten ihrer Macht. Jerusalem, die Stadt, in der Jesus starb, ausliefern? Davon kann keine Rede sein. Die Stadt gehört ihnen, und sie werden sie bis in den Tod verteidigen.

Da schwört Saladin, Jerusalem nur durch das Schwert zu nehmen, und befiehlt seinen Truppen, die über alle Teile Syriens verteilt sind, sich um die Heilige Stadt zu sammeln. Welcher Muslim möchte nicht am Tage des Gerichts seinem Schöpfer sagen können. »Ich habe für Jerusalem gekämpft!« oder besser noch: »Ich bin als Märtyrer für Jerusalem gestorben!« Saladin selbst, dem ein Astrologe eines Tages geweissagt hatte, er würde ein Auge verlieren, wenn er in die Heilige Stadt einziehe, hatte er geantwortet: »Um sie einzunehmen, bin ich bereit, beide Augen hinzugeben!«

Die belagerte Stadt wird von Balian d'Ibelin, Herr von Ramleh, verteidigt, der, so Ibn al-Athir, bei den Franken einen Rang einnimmt, der dem eines Königs gleichkommt. Es war ihm gelungen, noch vor der Niederlage aus Hittin herauszukommen und nach Tyros zu fliehen. Da sich seine Frau in Jerusalem befand, hatte er im Sommer Saladin gebeten, sie holen zu dürfen, wobei er versprach, keine Waffen zu tragen und nur eine einzige Nacht in der Heiligen Stadt zu verbringen. Als er aber dort war, hatte man ihn angefleht zu bleiben, denn es gab sonst niemanden, der genügend Autorität gehabt hätte, um den Widerstand zu leiten. Balian war jedoch ein Ehrenmann und konnte nicht zusagen, Jerusalem und seine Bevölkerung zu verteidigen, ohne seine Abmachung mit dem Sultan zu brechen. So hatte er sich denn an den Sultan selbst gewandt, um ihn zu fragen, was er tun solle. Dieser hatte ihn großmütig von seinem Versprechen entbunden, denn wenn die Pflicht ihm auferlege, in der Heiligen Stadt zu bleiben, dann solle er es tun! Da Balian nun mit der Organisation der Verteidigung zu sehr beschäftigt war, als daß er noch Zeit gehabt hätte, seine Frau in Sicherheit zu bringen, bot ihm Saladin ein Geleit an, das sie sicher nach Tyros bringen sollte!

Saladin versagt einem Ehrenmann nichts, und wäre er sein schlimmster Feind. Im vorliegenden Fall freilich ist das Risiko gering, denn trotz seiner Tapferkeit ist Balian keine ernsthafte Bedrohung für die muslimische Armee. Wenn auch die Mauern stark sind und die fränkische Bevölkerung zutiefst mit ihrer Hauptstadt verwurzelt ist, so beschränkt sich die Zahl der Verteidiger doch auf nur eine Handvoll Ritter und einige hundert Bürger ohne jegliche militärische Erfahrung. Dazu kommt noch, daß die orthodoxen und jakobitischen Christen, die in Jerusalem leben, zu Saladin halten, besonders die Priesterschaft, die von den römischen Prälaten ständig von oben herab behandelt wird. Ein orthodoxer Priester, Yussef Batit, ist sogar einer der wichtigsten Ratgeber des Sultans. Er kümmert sich um die Kontakte mit den Franken und den orientalischen Christengemeinschaften. Kurz vor Beginn der Belagerung hat die orthodoxe Priesterschaft Batit versprochen, die Stadttore zu öffnen, falls die Verteidiger sich zu lange wehren würden.

Der Widerstand der Franken ist tatsächlich sehr mannhaft, aber ohne Illusionen und kurz. Die Einschließung Jerusalems beginnt am 20. September. Nach sechs Tagen befiehlt Saladin, der sein Lager auf dem Ölberg aufgeschlagen hat, seinen Truppen, den Druck zu verstärken, um den endgültigen Sturm einzuleiten. Am 29. September gelingt es den Pionieren, eine Bresche in die Nordmauer zu schlagen, ganz in der Nähe der Stelle, an der die Franken im Juli 1099 ihren Ausfall gewagt hatten. Als Balian sieht, daß eine Fortführung des Kampfes keinen Sinn mehr hat, erbittet er freies Geleit und erscheint vor dem Sultan.

Saladin zeigt sich unerbittlich, zumal er, lange vor der Schlacht, den Bewohnern äußerst günstige Bedingungen für den Fall einer Kapitulation vorgeschlagen hatte. Nun ist es für Verhandlungen zu spät, denn er hat geschworen, die Stadt mit dem Schwerte zu nehmen, wie es die Franken getan hatten. Die einzige Möglichkeit, ihn von seinem Schwur absehen zu lassen, wäre, daß Jerusalem die Tore öffnet und sich ihm bedingungslos übergibt. Ibn al-Athir berichtet:

Balian läßt nicht locker und versucht zu erreichen, daß das Leben der Menschen geschont wird, aber Saladin verspricht nichts. Sosehr Balian auch an das Gefühl appelliert, er kann nichts erreichen. Also spricht er folgende Worte: »O Sultan, wisse, daß es in dieser Stadt eine Menge Menschen gibt, deren Zahl Gott allein weiß. Sie zögern noch, den Kampf fortzusetzen, weil sie hoffen, daß du ihre Leben schonen wirst, wie du es schon bei so vielen getan hast, weil sie das Leben lieben und den Tod hassen. Wenn wir aber sehen, daß der Tod unausweichlich ist, dann, bei Gott, werden wir unsere Kinder und unsere Frauen töten, wir werden alles, was wir besitzen, verbrennen, wir werden euch als Beute keinen einzigen Dinar, nicht einen Dirham lassen, keinen einzigen Mann, keine einzige Frau, die ihr in Gefangenschaft wegführen könntet. Wir werden sodann den Felsendom zerstören, die al-Aqsa-Moschee und viele andere Stätten, wir werden die fünftausend Gefangenen, die in unserem Besitz sind, töten, dann unsere Pferde und alles Vieh. Zum Schluß werden wir herauskommen und gegen euch kämpfen, wie man um sein Leben kämpft, und keiner von uns wird sterben, ohne zuvor nicht mehrere der Euren getötet zu haben.«

Saladin ist von den Drohungen keineswegs beeindruckt, aber von dem heiligen Eifer Balians. Um nicht zu zeigen, wie leicht er zu rühren ist, wendet er sich an seine Ratgeber und fragt sie, ob er von seinem Schwur entbunden werden könnte, wenn dadurch die Zerstörung von heiligen Stätten des Islam vermieden werden kann. Die Antwort fällt zwar positiv aus, aber da sie die unverbesserliche Großzügigkeit ihres Herren kennen, bestehen die Berater darauf, daß er von den Franken, bevor er sie ziehen läßt, eine finanzielle Kompensation verlangt, denn der lange Krieg hat die Staatskassen völlig geleert. Die Ungläubigen, so erklären die Ratgeber, sind praktisch Gefangene. Um sich loszukaufen, muß jeder ein Lösegeld zahlen: zehn Dinar für die Männer, fünf für die Frauen und einen für jedes Kind. Balian nimmt dies im Prinzip an, aber er plädiert weiter für die Armen, die, wie er sagt, einen solchen Betrag nicht zahlen können. Wäre es nicht möglich, siebentausend von ihnen für insgesamt dreißigtausend Dinar loszukaufen? Auch diese Bitte wird gewährt, zum allergrößten Mißfallen der Schatzmeister. Balian gibt sich zufrieden und befiehlt seinen Leuten, die Waffen niederzulegen.

So zieht am Freitag, dem 2. Oktober 1187, dem 27. Rajab des Jahres 583 der Hedschra, am gleichen Tag, da die Muslims den Jahrestag der nächtlichen Reise des Propheten nach Jerusalem begehen, Saladin feierlich in die Heilige Stadt ein. Seine Emire und Soldaten haben den strikten Befehl erteilt bekommen, daß kein Christ, sei er Franke oder Orientale, behelligt wird. Und tatsächlich gibt es weder Morden noch Plündern. Einige Fanatiker verlangen die Zerstörung der Grabkirche als Vergeltung für die Ausschreitungen der Franken, Saladin jedoch weist sie zurecht. Er geht sogar noch weiter und verstärkt die Wachen an den christlichen Kultstätten und läßt bekanntgeben, daß die Franken jederzeit als Pilger nach Jerusalem kommen können. Das Kreuz auf dem Felsendom allerdings wird heruntergenommen, und die al-Aqsa-Moschee, die als christliche Kirche gedient hatte, wird wieder ein muslimisches Gotteshaus, zuvor werden jedoch alle Wände mit Rosenwasser besprengt.

Saladin, von einer großen Schar der Seinen begleitet, schreitet weinend von einer heiligen Stätte zur anderen, kniet nieder und betet. Von den Franken haben die meisten die Stadt noch nicht verlassen. Die Reichen sind damit beschäftigt, ihre Häuser, ihre Möbel oder ihr Geschäft zu verkaufen, bevor sie ins Exil gehen. Die Käufer sind weitgehend orthodoxe Christen oder Jakobiter, die in der Stadt bleiben. Vieles wird auch erst später an die jüdischen Familien verkauft, die Saladin in der Heiligen Stadt ansiedelt.

Balian seinerseits bemüht sich, das notwendige Geld zusammenzubringen, um die Armen freizukaufen. Das Lösegeld ist an sich nicht sehr hoch. Für Fürsten beträgt es üblicherweise mehrere zehntausend Dinar, wenn nicht gar hunderttausend oder mehr. Für die Mittellosen jedoch sind zwanzigtausend Dinar ein Betrag, von dem eine ganze Familie ein oder zwei Jahre lang leben muß, und so drängen sich an den Stadttoren Tausende von Armen, die um einige Münzen betteln. Al-Adel ist nicht weniger empfindsam als sein Bruder und bittet diesen um die Erlaubnis, tausend arme Gefangene ohne Lösegeld freilassen zu dürfen. Als dies der fränkische Patriarch erfährt, bittet er für siebenhundert weitere und Balian nochmals für fünfhundert. Allen wird die Freiheit geschenkt. Sodann verkündet der Sultan von sich aus noch, daß alle Alten ohne Lösegeld abziehen können und daß die Familienväter aus der Gefangenschaft entlassen werden. Was die fränkischen Witwen und Waisen betrifft, so erläßt er ihnen nicht nur jegliche Zahlung, sondern er beschenkt sie auch noch, bevor er sie ziehen läßt.

Die Schatzmeister des Sultans sind völlig verzweifelt. Wenn man schon von den Armen kein Lösegeld verlangt, sollte man doch wenigstens das der Reichen erhöhen! Die Wut der tapferen Staatsdiener erreicht ihren Höhepunkt, als der Patriarch von Jerusalem die Stadt mit einer großen Zahl von Wagen verläßt, die hoch mit Gold, Teppichen und sonstigen wertvollen Kostbarkeiten beladen sind. Imadeddin al-Asfahani erzählt davon, und man spürt seine Empörung:

Ich sage zum Sultan: »Dieser Patriarch schleppt da Schätze fort, die nicht weniger als zweihunderttausend Dinar wert sind. Wir haben ihnen zwar erlaubt, ihren persönlichen Besitz mitzunehmen, aber doch nicht die Schätze der Kirchen und Klöster. Die darf man ihnen nicht lassen!« Aber Saladin antwortet: »Wir müssen die von uns unterzeichneten Verträge wortgetreu einhalten, so wird niemand die Gläubigen beschuldigen können, sie gebrochen zu haben. Ganz im Gegenteil, die Christen werden überall erzählen, mit welchen Wohltaten wir sie überschüttet haben.«

Tatsächlich zahlt der Patriarch auch nur zehn Dinar, wie jeder andere, und erhält darüber hinaus noch einen Geleitschutz, damit er Tyros sicher erreicht.

Saladin hat Jerusalem nicht erobert, um sich des Goldes und der Reichtümer zu bemächtigen, auch nicht, um Rache zu üben. Ihm ging es nur darum, wie er selbst sagt, seine Pflicht gegenüber Gott und seinem Glauben zu erfüllen. Sein Stolz ist es, die Heilige Stadt vom Joch der Eroberer befreit zu haben, und zwar ohne Blutvergießen, ohne Zerstörung und ohne Haß. Seine Freude ist es, an diesen heiligen Stätten niederknien zu können, an denen sonst kein Muslim hätte beten können. Am Freitag, dem 9. Oktober, eine Woche nach dem Sieg, findet eine offizielle Zeremonie in der al-Aqsa-Moschee statt. Zahlreiche hohe kirchliche Würdenträger hatten um die Ehre gestritten, bei dieser denkwürdigen Gelegenheit die Predigt halten zu dürfen. Letztlich wählt Saladin den Kadi von Damaskus, Mohieddin Ibn al-Zaki, Nachfolger von Abu Saad al-Harawi, aus. Mit einem kostbaren, schwarzen Gewand angetan, besteigt er die Kanzel und spricht mit klarer, mächtiger Stimme, deren leichtes Zittern dennoch seine Bewegung verrät: »Ruhm sei Gott, der dem Islam diesen Sieg geschenkt hat und der nach einem Jahrhundert der Fremdherrschaft diese Stadt wieder in den Schoß des Islam zurückgeführt hat! Ehre sei diesem Heer, das Er auserwählt hat, um die Rückeroberung zu vollenden! Und Heil sei dir, Saladin Yussef, Sohn des Ayyub, der du diesem Volk seine verlorene Ehre wiedergegeben hast!«

Fünfter Teil

Der Stillstand
1187–1244

Als der Herrscher von Ägypten
die Auslieferung Jerusalems
an die Franken beschloß,
ging ein Sturm der Entrüstung
durch alle Länder des Islam.

Sibt Ibn al-Jawzi
Arabischer Chronist (1186–1256)

11
Das unmögliche Zusammentreffen

Saladin, nach der Wiedereroberung Jerusalems als Held gefeiert, bleibt von Kritik gleichwohl nicht verschont. Die Kritik der Seinen ist freundschaftlich, die seiner Gegner jedoch herb. Ibn al-Athir selbst schreibt:

Saladin zeigte niemals Festigkeit in seinen Entschlüssen. Wenn er eine Stadt belagerte und die Eingeschlossenen eine Zeitlang widerstanden, so wurde er dessen überdrüssig und hob die Belagerung auf. Dies darf ein Monarch aber niemals tun, selbst wenn er vom Glück begünstigt ist. Es ist oft besser zu scheitern, aber entschlossen zu bleiben, als zu gewinnen und dann die Früchte des Erfolges zu verschleudern. Nichts beweist dies besser als das Verhalten Saladins bei Tyros. Es ist ganz allein seine Schuld, daß die Muslims hier eine Niederlage erlitten haben.

Obwohl der Chronist von Mosul, ein treuer Anhänger der Zinki-Dynastie, gegenüber Saladin nicht durchweg feindlich eingestellt war, hatte er doch stets seine Vorbehalte. Nach Hittin und nach Jerusalem stimmt Ibn al-Athir in die allgemeine Freude ein, was ihn jedoch nicht hindert, unverblümt die Irrtümer des Helden aufzuzeigen. In bezug auf Tyros sind die Vorwürfe des Chronisten völlig gerechtfertigt:

Jedesmal, wenn er eine fränkische Stadt oder Festung einnahm, sei es Akkon, Askalon oder Jerusalem, erlaubte Saladin den Rittern und dem Kriegsvolk, sich nach Tyros zurückzuziehen, wodurch diese Stadt so gut wie uneinnehmbar geworden war. Die Franken im Küstengebiet sandten Botschaften übers Meer, und ihre Landsleute versprachen, ihnen zu Hilfe zu kommen. Muß man da nicht zugeben, daß somit Saladin im Grunde selbst die Verteidigung von Tyros gegen sein eigenes Heer organisiert hat?

Gewiß, man kann dem Sultan die Großherzigkeit, mit der er die Besiegten behandelte, nicht vorwerfen. Sein Abscheu vor unnötig vergossenem Blut, seine absolute Vertragstreue und seine edle Handlungsweise haben vor der Geschichte zumindest ebensoviel Wert wie seine Eroberungen. Trotz alledem läßt sich nicht bestreiten, daß er einen schweren politischen und militärischen Fehler begangen hat. Er wußte, daß die Einnahme Jerusalems eine Herausforderung an das Abendland war und daß von dort eine Reaktion erfolgen würde. So gesehen war die Tatsache, daß er Zehntausenden von Franken erlaubte, sich in Tyros, der stärksten Festung des Küstengebietes, zu verschanzen, gleichbedeutend mit der Schaffung eines idealen Brückenkopfes für eine zu erwartende, neue Invasion. Und dies um so mehr, als die Ritter während der Abwesenheit des immer noch gefangenen Königs Guy einen neuen Führer gefunden hatten. Es war der Marquis Conrad de Montferrat, ein besonders hartnäckiger Streiter, der im Orient angekommen war und den die arabischen Chronisten »al-Markich« nannten.

Saladin sieht die Gefahr zwar, unterschätzt sie aber. Im November 1187, nur ein paar Wochen nach der Einnahme Jerusalems, beginnt er mit der Belagerung von Tyros, ohne dabei eine sonderliche Entschlossenheit an den Tag zu legen. Die alte phönizische Stadt kann nur mit tatkräftiger Hilfe der ägyptischen Flotte bewältigt werden, und Saladin weiß dies. Dennoch erscheint er mit gerade eben zehn Schiffen vor den Mauern der Stadt, von denen fünf alsbald von den Verteidigern in einem kühnen Handstreich in Brand gesteckt werden. Die übrigen machen sich in Richtung Beirut davon. Ohne Flotte kann das muslimische Heer Tyros nur noch über die schmale Landzunge angreifen, welche die Stadt mit dem Festland verbindet. Unter diesen Bedingungen kann die Belagerung Monate dauern, um so mehr, als die von al-Markich angefeuerten Franken bereit zu sein scheinen, sich bis zum letzten zu schlagen. Von dieser endlosen Belagerung erschöpft, raten die meisten Emire dem Sultan aufzugeben. Mit Gold hätte er schon einige von ihnen zum Weitermachen bewegen können, aber Soldaten sind im Winter teuer, und die Staatskasse ist leer. Er selbst ist dieses Krieges ebenfalls müde, und so entläßt er die Hälfte seiner Soldaten. Dann hebt er die Belagerung auf und zieht nach Norden, wo nicht wenige Städte und Festungen ohne große Anstrengungen zurückerobert werden können.

Dies wird erneut zum Siegeszug für die muslimische Armee: Latakia, Tartus, Baghras, Safeta, Kawkab . . ., eine lange Liste von Siegen. Einfacher wäre es aufzuzählen, was den Franken im Orient noch bleibt: Tyros, Tripoli, Antiochia mit Hafen und drei einzelne

Festungen. Die Weitsichtigen in Saladins Umgebung geben sich allerdings keinen Illusionen hin. Was nutzen alle Eroberungen, wenn man nicht in der Lage ist, eine erneute Invasion abzuwenden? Der Sultan hingegen ist heiter und gelassen. »Wenn die Franken von jenseits des Meeres kommen, wird sie das gleiche Schicksal ereilen wie ihre Landsleute hier!« ruft er aus, als eine sizilianische Flotte sich vor Latakia zeigt. Im Juli 1188 läßt er übrigens Guy frei, der ihm zuvor feierlich geloben mußte, niemals wieder gegen die Muslims zu den Waffen zu greifen.

Diese großzügige Geste sollte ihn teuer zu stehen kommen. Im August 1189 belagert der Frankenkönig trotz seines gegebenen Wortes den Hafen Akko. Er verfügt zwar nur über geringe Streitkräfte, aber täglich kommen Schiffe an, aus denen sich Ströme von abendländischen Kriegern in das Küstengebiet ergießen. Ibn al-Athir gibt dazu folgende Schilderung:

Nach dem Fall von Jerusalem kleideten sich die Franken in schwarze Gewänder und fuhren übers Meer, um überall Hilfe zu suchen, besonders auch im großen Rom. Um die Menschen zur Rache aufzustacheln, zeigten sie ein Bild des blutüberströmten, von einem Araber mißhandelten Messias, Friede sei mit ihm. Dazu erklärten sie: »Seht, dies ist der Heiland, und dies ist Mohammed, der Prophet der Muslims, der ihn totschlägt!« Alle Franken, Männer und Frauen, strömten herbei, und wer nicht kommen konnte, zahlte die Kosten für diejenigen, die an seiner Stelle in den Kampf zogen. Einer der fränkischen Gefangenen hat mir erzählt, daß er Einzelkind sei und daß seine Mutter ihr Haus verkauft habe, um seine Ausrüstung zu bezahlen. Die Franken waren religiös und psychisch derart motiviert, daß sie bereit waren, jegliches Hindernis zu überwinden, um zu ihrem Ziel zu gelangen.

Seit den ersten Septembertagen erhalten die Truppen Guys tatsächlich unaufhörlich Verstärkung, und nun beginnt die Schlacht um Akko, eine der längsten und schwersten während der gesamten fränkischen Invasion. Akko liegt auf einer Halbinsel, die nasenförmig ins Meer vorstößt: im Süden der Hafen, im Westen das Meer, im Norden und Osten zwei solide Mauern, die einen rechten Winkel bilden. Die Stadt ist zweifach eingekreist. Da ist zunächst der Stadtwall, der von der muslimischen Garnison gut verteidigt wird, und vor den Mauern bilden die Franken einen Kreisbogen, der immer stärker wird. Sie müssen allerdings in ihrem Rücken mit Saladins Heer rechnen, der anfänglich geglaubt hatte, er könne den Feind in die Zange nehmen und dezimieren. Aber er mußte bald feststellen, daß ihm das nicht gelingen würde. Wenngleich auch die muslimische Armee mehrere Siege hintereinander erringt, so können doch die Franken ihre Verluste unverzüglich ausgleichen. Ob von Tyros oder vom Meer her, jeder neue Tag bringt ihnen neuen Nachschub an Kriegern.

Im Oktober 1189, mitten in der tobenden Schlacht um Akko, erhält Saladin eine Botschaft aus Aleppo, daß der Kaiser Friedrich Barbarossa auf seinem Weg nach Syrien sich Konstantinopel nähert mit einem Heer von zweihunderttausend bis zweihundertsechzigtausend Mann. Das macht Saladin große Sorgen, erfahren wir von seinem treuen Bahaeddin, der sich an seiner Seite aufhält. *Angesichts des Ernstes der Lage hielt er es für notwendig, alle Muslims zum Djihad aufzurufen und die Kalife von der Entwicklung der Lage zu unterrichten. Er beauftragte mich also, zu den Herren von Sinjar, Mosul, Irbil und der Jariza zu gehen und sie zu veranlassen, mit ihren Soldaten auch selbst zu kommen, um am Heiligen Krieg teilzunehmen. Ich sollte mich dann nach Bagdad begeben, um den Herrscher der Gläubigen zum Handeln zu veranlassen, was ich auch tat.* Um den Kalifen aus seiner Lethargie zu ziehen, schickt ihm Saladin einen Brief, in dem er darlegt, daß der in Rom residierende Papst den Frankenvölkern befohlen habe, auf Jerusalem zu marschieren. Gleichzeitig schickt Saladin Botschaften zu den Führern des Maghreb und des muslimischen Spanien, um sie aufzufordern, ihren Glaubensbrüdern zu Hilfe zu eilen, wie es *die Franken aus dem Abendland für die Franken im Orient gemacht haben.* In der gesamten arabischen Welt weicht die Freude über die Rückeroberungen der Angst. Überall wird geflüstert, daß die Rache der Franken furchtbar sein wird, daß es ein neues Blutbad geben wird, daß die Heilige Stadt wieder verlorengehen wird und daß Syrien sowie Ägypten den Eroberern in die Hände fallen werden. Ein weiteres Mal jedoch entscheidet der Zufall – oder die Vorsehung – zugunsten Saladins.

Nach einer siegreichen Durchquerung Kleinasiens langt der deutsche Kaiser im Frühjahr 1190 vor Konya an, dessen Tore er rasch bezwingt, bevor er Boten nach Antiochia schickt, die seine Ankunft melden sollen. Die Armenier Süd-Anatoliens geraten in

Panik. Ihre Geistlichkeit schickt einen Boten zu Saladin, damit dieser sie gegen die neue Frankeninvasion schützen möge. Aber ein Eingreifen des Sultans ist nicht notwendig. Am 10. Juni, bei sehr großer Hitze, badet Friedrich Barbarossa in einem kleinen Fluß und erliegt wahrscheinlich einem Herzanfall; denn, so schreibt Ibn al-Athir, *an der Unglückstelle reicht das Wasser einem Mann kaum bis zur Hüfte. Sein Heer zerstreute sich in alle Winde, und Gott verschonte so die Muslims vor den Übeltaten der »Almans«, die ein besonders zahlreiches und unnachgiebiges Frankenvolk sind.*

Die »deutsche Gefahr« ist also wundersam vorübergegangen, allerdings nicht, ohne Saladin mehrere Monate lahmgelegt zu haben, so daß er den Kampf gegen die Belagerer von Akko nicht weiterführen kann. Die Lage ist festgefahren. Einerseits bekommt der Sultan genügend Verstärkung, um keinen Gegenangriff fürchten zu müssen, andererseits kann er die Franken aber auch nicht dazu bringen, ihre Stellungen aufzugeben. Mit der Zeit stellt sich ein Modus vivendi ein. Zwischen den Geplänkeln laden sich Emire und Ritter gegenseitig zu Gelagen ein, unterhalten sich und treiben allerlei Kurzweil. Wie weit dies geht, erfahren wir von Bahaeddin:

Die Männer beider Lager waren des Kampfes müde, und so beschlossen sie eines Tages, einen Kampf zwischen den Kindern stattfinden zu lassen. Zwei Knaben verließen die Stadt, um sich mit zwei jungen Ungläubigen zu messen. Im Eifer des Gefechtes sprang einer der muslimischen Knaben seinen fränkischen Gegner an, brachte ihn zu Fall und würgte ihn. Als die Franken sahen, daß er ihn möglicherweise töten könnte, sagen sie zu ihm: »Halt ein! Du hast ihn zu deinem Gefangenen gemacht, und wir werden ihn loskaufen!« Er nahm die zwei Dinar und ließ ihn gehen.

Wenn es auch zugeht wie auf einem Jahrmarkt, so ist die Lage der Kriegführenden doch alles andere als erfreulich. Es gibt viele Tote und Verwundete, Epidemien wüten, und im Winter ist die Versorgung schwierig. Besonders die Garnison von Akko macht Saladin Sorgen. Je mehr Schiffe aus dem Abendland kommen, desto stärker wird die Seeblockade. Zweimal gelingt es einer ägyptischen Flotte von mehreren Dutzend Schiffen, sich einen Weg bis zum Hafen zu bahnen, aber die Verluste sind zu schwer, und der Sultan muß bald auf eine List zurückgreifen, um die Belagerten zu ernähren. Im Juli 1190 läßt er in Beirut ein riesiges Schiff ausrüsten und mit Korn, Käse, Zwiebeln und Schafen beladen. Bahaeddin erzählte die Episode:

Die Mannschaft, eine Gruppe von Muslims, zog sich wie Franken an. Sie rasierten sich die Bärte ab, befestigten Kreuze am Mast, und auf Deck plazierten sie, gut sichtbar, Schweine. Sie näherten sich der Stadt und fuhren in aller Seelenruhe mitten unter die feindlichen Schiffe. Man hielt sie an und sagte: »Ihr seid wohl auf dem Weg nach Akko?« Die Unseren taten erstaunt: »Ja, habt ihr die Stadt denn nicht eingenommen?« Und die Franken, die wirklich glaubten, sie hätten es mit Landsleuten zu tun, antworteten: »Nein, wir haben sie noch nicht eingenommen.« Darauf die Unseren: »Gut, dann werden wir in der Nähe des Lagers anlegen, aber nach uns kommt noch ein anderes Schiff. Man muß es sofort benachrichtigen, damit es nicht zur Stadt fährt.« Es war aber nur ein fränkisches Schiff, das sie zufällig hinter sich ausgemacht hatten. Die feindlichen Schiffe fuhren ihm sofort entgegen, während die Unseren mit vollen Segeln in den Hafen von Akko einliefen, wo sie mit Freudengeschrei empfangen wurden, denn es herrschte Hungersnot in der Stadt.

Solche Kriegslisten lassen sich aber nicht oft wiederholen, und wenn es Saladin nicht gelingt, die Umklammerung aufzubrechen, ist die Kapitulation Akkos nicht abzuwenden. Im Laufe der kommenden Monate werden die Aussichten auf einen Sieg der Muslims, wie bei Hittin, immer schwächer. Die Flut der ankommenden abendländischen Krieger nimmt weiter zu. Im April 1191 landet der französische König Philippe Auguste mit seinen Truppen in der Nähe von Akko, und im Juni folgt ihm Richard Löwenherz. Bahaeddin gibt folgende Schilderung:

Dieser englische König, Malek al-Inkitar, war ein mutiger, energischer und kühner Kämpfer. Obwohl er im Rang unter dem König von Frankreich stand, war er reicher und hatte als Krieger einen größeren Ruf. Auf seinem Weg nahm er Zypern ein, und als er vor Akko erschien, mit fünfundzwanzig Galeeren voller Kriegsvolk und Kriegsgerät, jubelten die Franken und zündeten große Freudenfeuer an. Die Herzen der Muslims hingegen erfüllte das Ereignis mit Furcht und Besorgnis.

Mit seinen dreiunddreißig Jahren ist der rothaarige Hühne, der die englische Krone trägt, das Urbild des kämpferischen, eitlen Ritters. Die hohen Ideale verdecken nur dürftig seine unglaubliche Brutalität und totale Skrupellosigkeit. Im ganzen Abendland kann keiner seinem Charme und seinem unleugbaren Charisma widerstehen, während er selbst von Saladin fasziniert ist. Gleich nach seiner Ankunft versucht er, ihn zu treffen. Er schickt einen Boten zu al-Adel, der ihm eine Zusammenkunft mit seinem Bruder ermöglichen soll. Aber der Sultan antwortet unverzüglich: »Die Könige treffen sich erst nach Abschluß eines Abkommens, denn es geht nicht an, daß man sich noch bekriegt, wenn man sich schon kennt und zusammen gespeist hat.« Dennoch erlaubt er seinem Bruder, sich mit Richard zu treffen, unter der Bedingung allerdings, daß beide von ihren Soldaten begleitet werden. Es besteht also Kontakt, aber ohne Resultate. Bahaeddin erklärt auch, »der Grund dafür, daß die Franken uns Boten schickten, war vor allem der, daß sie zunächst unsere Stärken und unsere Schwächen kennenlernen wollten. Und wir hatten, als wir sie empfingen, genau das gleiche Ziel.« Wenn Richard auch den ehrlichen Wunsch haben mag, den Eroberer von Jerusalem kennenzulernen, so ist er doch sicher nicht ins Morgenland gekommen, um zu verhandeln.

Während die gegenseitigen Besuche fortgesetzt werden, bereitet sich der König von England ernsthaft auf den letzten Sturmangriff auf Akko vor. Die Stadt ist völlig von der Welt abgeschnitten und wird von der Hungersnot beherrscht. Lediglich einzelne Elite-Schwimmer können sie noch erreichen, und das nur unter Lebensgefahr. Bahaeddin berichtet von einem dieser Kommando-Unternehmen:

Das ist eine der seltsamsten und zugleich typischsten Begebenheiten dieses langen Kampfes. Es gab da einen muslimischen Schwimmer mit Namen Issa, der nachts unter den feindlichen Schiffen durchzutauchen pflegte und auf der anderen Seite wieder an die Oberfläche kam, wo ihn die Belagerten erwarteten. Im allgemeinen hatte er in seinem Gürtel Geld und Botschaften, die für die Garnison bestimmt waren. Eines Nachts jedoch, als er drei Geldbeutel mit tausend Dinar und mehrere Briefe bei sich hatte, wurde er entdeckt und getötet. Es war uns bald klar, daß ihm etwas zugestoßen sein mußte, denn Issa zeigte sein Kommen immer dadurch an, daß er eine Taube fliegen ließ. Und in dieser Nacht war nichts von einer Taube zu sehen. Ein paar Tage später sahen einige Bewohner von Akko, die sich am Ufer befanden, wie ein Körper angeschwemmt wurde. Als sie näher kamen, erkannten sie Issa, der immer noch das Gold und die versiegelten Briefe am Gürtel trug. Hat man je einen Mann gesehen, der seine Mission sogar noch nach seinem Tode so getreulich erfüllt hat?

Aber der Heldenmut einiger arabischer Krieger reicht nicht aus, und die Lage der Garnison wird kritisch. Zu Beginn des Sommers 1191 sind die Hilferufe der Belagerten nur noch Verzweiflungsschreie. »Wir sind am Ende unserer Kräfte, uns bleibt nur noch die Kapitulation. Wenn ihr bis morgen nichts für uns tut, dann erbitten wir freies Geleit und übergeben die Stadt.« Saladin verfällt in eine Depression. Er hat nun alle Hoffnung bezüglich der belagerten Stadt verloren und vergießt heiße Tränen. Seine Umgebung macht sich Sorgen um seine Gesundheit, und die Ärzte verschreiben ihm Beruhigungsmittel. Er will die Herolde losschicken, um im ganzen Lager zu verkünden, daß ein Großangriff zum Entsatz von Akko stattfinden wird, aber seine Emire machen nicht mit. Warum sollte man die gesamte muslimische Armee in Gefahr bringen, fragen sie ihn, denn die Franken verfügen mittlerweile über so gut befestigte Stellungen, daß jede Offensive Selbstmord wäre. Nach zweijähriger Belagerung erscheinen am 11. Juli 1191 plötzlich Fahnen mit dem Kreuz auf den Zinnen der Mauern von Akko. Bahaeddin sagt dazu:

Bei den Franken ertönte Freudengeschrei, während in unserem Lager alle sprachlos waren. Die Soldaten weinten und jammerten, und der Sultan benahm sich wie eine Mutter, die ihr Kind verloren hat. Ich ging zu ihm und tröstete ihn, so gut ich konnte. Ich erinnerte ihn daran, daß er nun an die Zukunft Jerusalems und der Küstenstädte denken und sich auch um das Schicksal der in Akko gefangenen Muslims kümmern müsse.

Der Sultan überwindet seinen Schmerz und schickt einen Boten zu Richard, um die Bedingungen für die Freilassung der Gefangenen auszuhandeln. Aber der Engländer hat es eilig. Er ist fest entschlossen, seinen Sieg auszunutzen, um eine neue, großangelegte Offensive zu starten, und hat keine Zeit für Gefangene. Übrigens genausowenig wie der Sultan vier Jahre vorher, als die Städte der Franken eine nach der anderen in seine Hände fielen. Der einzige Unterschied besteht darin, daß Saladin sich nicht mit den Gefangenen belasten wollte und sie freiließ, während Richard es vorzieht, sie zu töten. Zweitausendsiebenhundert Krieger der Garnison von Akko und an die dreihundert Frauen und Kinder aus ihren Familien werden vor den Mauern der Stadt mit Stricken zusammengebunden, so daß sie nur noch eine Fleischmasse bilden. Diese wird den fränkischen Kriegern überlassen, die mit Lanzen, Schwertern, Säbeln und auch Steinen über sie herfallen, bis keiner mehr einen Laut von sich gibt. Nachdem dieses Problem auf schnelle Art gelöst ist, verläßt Richard Akko an der Spitze seines Heeres. Er zieht die Küste entlang nach Süden, immer von seiner Flotte begleitet, während Saladin eine parallel verlaufende Route im Innern des Landes wählt. Die beiden Heere liefern sich zahlreiche Schlachten, von denen jedoch keine entscheidend ist. Dem Sultan ist es mittlerweile klar geworden, daß er die Eroberer nicht daran hindern kann, das Küstengebiet Palästinas wieder unter Kontrolle zu bekommen, und daß er noch weniger ihr Heer vernichten kann. Er begnügt sich damit, sie einigermaßen in Zaum zu halten und ihnen mit allen Mitteln den Zugang nach Jerusalem zu versperren, dessen Verlust für den Islam entsetzlich wäre. Er spürt, daß dies die dunkelsten Stunden seiner Laufbahn sind. Aber sosehr ihm dies auch zu Herzen geht, versucht er doch, die Moral seiner Krieger und seiner Umgebung hoch zu halten. Seiner Umgebung gegenüber gibt er zu, ernste Rückschläge erlitten zu haben, aber, so fährt er fort, er und sein Volk sind hier und bleiben auch hier, während die Franken nur an einer Expedition teilnehmen, die früher oder später zu Ende sein wird. Hat der König von Frankreich Palästina nicht im August verlassen, nachdem er gerade hundert Tage im Orient verbracht hatte? Hat der König von England nicht immer wieder betont, daß er möglichst schnell in sein fernes Reich zurückkehren möchte?

Richard setzt übrigens in zunehmendem Maße auf diplomatische Öffnungen. Im September 1191 drängt er al-Adel förmlich zu einem schnellen Abkommen, obwohl seine Truppen mehrere Siege erfochten haben, besonders in der Küstenebene von Arsuf, nördlich von Jaffa. In einer Botschaft sagt er:

Unsere Leute und eure Leute sind tot, das Land ist ruiniert. Die Sache ist uns allen völlig entglitten. Glaubst du nicht, daß dies genug ist? Wir unsererseits haben nur drei Punkte, bei denen wir keinen Kompromiß eingehen können: Jerusalem, das echte Kreuz Christi und das Territorium ... Was Jerusalem anbetrifft, so ist dies unsere Kultstätte, auf die wir nie und nimmer verzichten werden, und wenn wir uns bis zum letzten Mann dafür schlagen müßten. Was das Territorium anbelangt, so möchten wir, daß man uns alles Land westlich des Jordan zurückgibt. Das Kreuz ist für euch sowieso nur ein Stück Holz, während es für uns von unschätzbarem Wert ist. Möge der Sultan es uns herausgeben, damit dieser erschöpfende Krieg ein Ende findet.

Al-Adel wendet sich mit dieser Botschaft sofort an seinen Bruder, der seine Ratgeber konsultiert, bevor er seine Antwort diktiert:

Die Heilige Stadt ist ebensogut die unsere wie die eure. Sie ist für uns sogar noch wichtiger, denn zu ihr hin hat unser Prophet seine wunderbare nächtliche Reise unternommen, und dort wird unsere Gemeinschaft am Tag des Jüngsten Gerichtes versammelt sein. Es ist also völlig ausgeschlossen, daß wir sie aufgeben. Niemals würden die Muslims dies zulassen. Was das Territorium anbelangt, so hat es immer uns gehört, und eure Besetzung ist nur vorübergehend. Ihr konntet euch in diesem Gebiet niederlassen wegen der Schwäche der dort wohnenden Muslims, aber solange der Krieg währt, werden wir euch nicht gestatten, euch eurer Besitzungen zu erfreuen. Das Kreuz ist ein großer Trumpf in unserer Hand, und wir werden uns nur von ihm trennen, wenn wir dafür als Gegenleistung eine wichtige Konzession zugunsten des Islam erhalten.

Die Bestimmtheit der beiden Botschaften darf jedoch nicht zu Fehlschlüssen leiten. Auch wenn jeder Maximalforderungen aufstellt, ist deswegen der Weg zum Kompromiß nicht verschlossen. Tatsächlich läßt Richard, drei Tage nach diesem Notenwechsel, dem Bruder Saladins einen recht eigenartigen Vorschlag zukommen. Hören wir Bahaeddin:

Al-Adel rief mich zu sich, um mir die Ergebnisse seiner letzten Kontakte mitzuteilen. Gemäß dem vorgesehenen Abkommen sollte al-Adel die Schwester des Königs von England heiraten. Sie war zuvor mit dem Herren von Sizilien verheiratet, der gestorben ist. Der Engländer hat seine Schwester mit in den Orient gebracht und schlug nun vor, sie mit al-Adel zu verheiraten. Sie sollten in Jerusalem residieren; der König würde alle Gebiete, über die er zwischen Akko und Askalon befiehlt, seiner Schwester geben, die so Königin des Küstengebietes, des »Sahel«, würde. Der Sultan wiederum sollte seine Küstengebiete seinem Bruder überlassen, der dann König des Sahel würde. Die Franken sollten das Kreuz bekommen und die Gefangenen beider Lager sollten freigelassen werden. Nach dem Friedensschluß würde der König von England über das Meer in seine Heimat zurückkehren.

Al-Adel ist sichtlich von dem Plan eingenommen und empfiehlt Bahaeddin, alles nur Erdenkliche zu tun, um den Sultan ebenfalls dafür zu gewinnen. Der Chronist verspricht, es zu tun.

Ich ging also zum Sultan und wiederholte ihm alles, was ich gehört hatte. Er sagte sofort, daß er keinen Einwand habe, daß aber seiner

Ansicht nach der König von England selbst niemals ein solches Abkommen annehmen würde und daß es sich nur um einen Scherz oder eine List handeln könne. Ich bat ihn dreimal, seine Zustimmung zu bestätigen, was er tat. Nun ging ich wieder zu al-Adel, um ihm die Zustimmung des Sultans zu überbringen. Er schickte sofort einen Boten zum feindlichen Lager, um die Antwort zu überbringen. Aber der verfluchte Engländer sagte, daß seine Schwester einen Wutanfall bekommen habe, als er ihr den Vorschlag unterbreitete, und sie habe geschworen, nie einem Muslim anzugehören!

Wie Saladin schon geahnt hatte, versuchte Richard, mit List weiterzukommen. Er hatte gehofft, daß der Sultan den Vorschlag in Bausch und Bogen ablehnen würde, was al-Adel gar nicht gefallen hätte. Durch seine Annahme zwang Saladin hingegen Richard, sein doppeltes Spiel zu enthüllen. Dieser versuchte nämlich schon seit Wochen, besondere Beziehungen zu al-Adel zu knüpfen, nannte ihn »mein Bruder« und schmeichelte seinem Ehrgeiz, um ihn gegen Saladin auszuspielen. Das war durchaus nicht unziemlich, spielte doch auch der Sultan ein ähnliches Spiel. Neben seinen Verhandlungen mit Richard verhandelt er auch mit dem Herren von Tyros, al-Markich Conrad, dessen Verhältnis zu dem englischen König äußerst gespannt ist, denn er glaubt, daß er es auf seine Besitzungen abgesehen habe. Er geht sogar so weit, daß er Saladin ein Bündnis gegen die »Meerfranken« vorschlägt. Der Sultan nimmt das zwar nicht wörtlich, benutzt es aber, um auf Richard seinen diplomatischen Druck zu verstärken, der seinerseits über die Politik des Marquis so aufgebracht ist, daß er ihn einige Monate später ermorden läßt.

Nachdem Richard seinen Plan gescheitert sieht, bittet er al-Adel erneut, eine Zusammenkunft mit Saladin zu arrangieren, erhält jedoch die gleiche Antwort wie einige Monate zuvor:

Die Könige treffen sich erst nach Abschluß einer Übereinkunft. Außerdem verstehe ich deine Sprache nicht und du nicht die meine, und so brauchen wir einen Dolmetscher, zu dem wir beide Vertrauen haben. Dieser soll uns zunächst als Unterhändler dienen. Wenn wir dann zu einer Verständigung gelangen, können wir uns in Freundschaft treffen.

Die Verhandlungen ziehen sich noch ein Jahr hin. Saladin hat sich in Jerusalem verschanzt und läßt die Zeit verstreichen. Seine Friedensbedingungen sind einfach: Jeder behält, was er hat. Die Franken können, wenn sie wollen, ohne Waffen als Pilger in die Heilige Stadt kommen, die jedoch in den Händen der Muslims bleibt. Richard, der unbedingt wieder nach Hause will, versucht die Entscheidung zu erzwingen, indem er zweimal bis vor Jerusalem zieht, ohne es jedoch anzugreifen. Um seine überschüssige Energie abzuleiten, beschäftigt er sich monatelang mit dem Bau einer riesigen Festungsanlage in Askalon. Sein Traum ist, daraus die Ausgangsbasis für einen späteren Feldzug nach Ägypten zu machen. Sobald der Bau vollendet ist, verlangt Saladin die Schleifung, Stein für Stein, als Voraussetzung für den Abschluß eines Friedensvertrages.

Im August 1192 ist Richard am Ende seiner Nerven. Er erkrankt ernstlich, viele Ritter wenden sich von ihm ab und werfen ihm vor, daß er Jerusalem nicht eingenommen hat; er wird des Mordes an Conrad beschuldigt, und seine Freunde drängen ihn, umgehend nach England zurückzufahren, und so kann er seine Rückkehr nicht mehr aufschieben. Geradezu inständig bittet er Saladin, ihm Askalon zu lassen, aber er erhält eine abschlägige Antwort. Daraufhin schickt er erneut eine Botschaft und wiederholt seine Bitte, wobei er hinzufügt, daß, wenn innerhalb von sechs Tagen kein annehmbarer Friede zustande käme, er sich gezwungen sähe, den Winter über dazubleiben. Dieses verhüllte Ultimatum läßt Saladin lächeln; er lädt den Boten ein, Platz zu nehmen und sagt: »Sag deinem König, daß ich in bezug auf Askalon nicht nachgebe. Was seinen Plan, den Winter hier zu verbringen, anbetrifft, so denke ich, daß sich das nicht vermeiden läßt, denn er wird wohl wissen, daß wir das Land, dessen er sich bemächtigt hat, zurückerobern werden, sobald er weg ist. Es ist sogar möglich, daß wir es uns nehmen, auch wenn er hierbleibt. Hat er wirklich Lust, den Winter hier zu verbringen, zwei Monate von seinem Land und seiner Familie entfernt, jetzt, in der Blüte seiner Jahre, da er die Freuden des Lebens voll auskosten könnte? Mir macht es nichts aus, den Winter hier zu verbringen, denn ich bin hier zu Hause, bei meinen Kindern und meinen Freunden, die sich um mich kümmern, und ich habe ein Heer für den Sommer und eines für den Winter. Ich bin ein alter Mann, und die Freuden des Lebens sind für mich vorbei. Ich werde hierbleiben und warten, bis Gott einem von uns den Sieg zuteil werden läßt.«

Richard ist sichtlich beeindruckt von diesen Worten und läßt in den folgenden Tagen wissen, daß er bereit ist, auf Askalon zu verzichten. So wird Anfang September 1192 ein fünfjähriger Friede unterzeichnet. Die Franken behalten das Küstengebiet zwischen Tyros und Jaffa und anerkennen die Hoheit Saladins über das übrige Gebiet, einschließlich Jerusalem. Die Krieger aus dem Abendland, die vom Sultan Passagierscheine erhalten, strömen nach Jerusalem, um am Grab Christi zu beten. Höflich empfängt Saladin die höhergestellten Persönlichkeiten unter ihnen, lädt sie sogar ein, das Mahl mit ihm zu teilen, und bestätigt ihnen seinen festen Entschluß, die Freiheit der Glaubensausübung zu gewährleisten. Richard jedoch kommt nicht nach Jerusalem. Er will nicht als Gast in einer Stadt weilen, deren Eroberung er sich vorgenommen hatte. Einen Monat nach der Unterzeichnung des Friedensvertrages verläßt er den Orient, ohne weder das Heilige Grab noch Saladin gesehen zu haben.

So ist der Sultan letzten Endes aus dieser mühseligen Auseinandersetzung mit dem Abendland als Sieger hervorgegangen. Gewiß, die Franken haben einige Städte wieder in ihren Besitz gebracht und damit einen Aufschub von fast einem Jahrhundert erreicht. Aber sie werden niemals mehr eine Macht darstellen, die in der Lage ist, ihr Gesetz dem Orient aufzuzwingen. Sie herrschen nicht mehr über Staaten, sondern nur noch über Institutionen.

Trotz dieses Sieges fühlt sich Saladin verletzt und etwas herabgewürdigt. Er ist nicht mehr der charismatische Held von Hittin. Seine Autorität den Emiren gegenüber ist geschwächt, und seine Widersacher werden immer mächtiger. Körperlich geht es ihm schlecht, zumal es mit seiner Gesundheit niemals zum besten gestanden hatte. Schon seit Jahren war er regelmäßig bei seinen Leibärzten in Damaskus und Kairo in Behandlung gewesen. In der ägyptischen Hauptstadt hatte er sich der Dienste eines berühmten jüdisch-arabischen »tabib« aus Spanien versichert, Musa Ibn Maimon, allgemein unter dem Namen Maimonides bekannt. Trotz alledem hatte er während der härtesten Jahre des Krieges gegen die Franken immer wieder unter Malaria-Anfällen gelitten, die ihn tagelang ans Bett fesselten. Im Jahre 1192 beunruhigt seine Ärzte nun aber nicht irgendeine bestimmte Krankheit, sondern eine allgemeine fortschreitende Schwäche, eine Art vorzeitigen Alterns, das jeder feststellen kann, der mit ihm zu tun hat. Saladin ist erst fünfundfünfzig Jahre alt, ist sich aber dessen bewußt, daß er das Ende seiner Tage erreicht hat. Die letzte Zeit seines Lebens verbringt er friedlich in seiner Lieblingsstadt Damaskus, im Kreise der Seinen. Bahaeddin weicht nicht mehr von seiner Seite und schreibt liebevoll alles nieder, was er tut und treibt. Am Donnerstag, dem 18. Februar 1193, gesellt er sich zu ihm im Garten seines Palastes in der Zitadelle:

Der Sultan saß im Schatten, umringt von den jüngsten seiner Kinder. Er fragte, wer ihn drinnen erwarte. »Abgesandte der Franken und eine Gruppe von Emiren und Notabeln«, war die Antwort. Als sie vor ihm erschienen, hatte er einen seiner kleinen Knaben auf dem Schoß, den Emir Abu-Bakr, den er sehr liebte. Als das Kind die Franken sah, mit ihren glatt-rasierten Gesichtern, ihrem Haarschnitt und den eigenartigen Kleidern, fing es an zu weinen. Der Sultan entschuldigte sich bei den Franken und beendete die Audienz, ohne gehört zu haben, was sie vortragen wollten. Dann sagte er zu mir: »Hast du heute schon etwas gegessen?« So pflegte er seine Einladungen zum Essen zu formulieren. Und er fügte hinzu: »Bringt uns etwas zu essen!« Man brachte Reis mit Dickmilch sowie andere, ebenso leichte Gerichte, und er aß. Das beruhigte mich, denn ich dachte, er hätte gänzlich den Appetit verloren. Seit einiger Zeit schon fühlte er sich schwer und konnte nichts essen. Er hatte große Schwierigkeiten beim Gehen und entschuldigte sich dafür bei den Leuten.

An diesem Donnerstag fühlt sich Saladin stark genug, um zu Pferd eine Karawane von Pilgern zu empfangen, die aus Mekka zurückkommt. Zwei Tage später jedoch kann er nicht mehr aufstehen und fällt langsam in einen Zustand von Lethargie. Immer seltener ist er bei Bewußtsein. Die Nachricht von seiner Krankheit verbreitet sich rasch in Damaskus, und die Bewohner fürchten schon, daß bald Anarchie herrschen wird.

Aus Angst vor Plünderern wurden die Auslagen in den Souks verschlossen, und jeden Abend, wenn ich das Krankenlager des Sultans verließ, um nach Hause zu gehen, drängten sich die Leute an meinem Weg, um aus meinem Ausdruck zu lesen, ob das Unvermeidliche schon geschehen sei.

Am Abend des 2. März strömen die Frauen des Palastes in das Zimmer und beginnen zu weinen. Der Zustand Saladins ist so kritisch, daß sein ältester Sohn, al-Afdal, Bahaeddin und einen anderen Mitarbeiter bittet, die Nacht in der Zitadelle zu verbringen. »Das wäre unklug«, antwortet der Kadi, »denn wenn die Leute euch nicht herauskommen sehen, würden sie das Schlimmste denken, und es könnte zu Plünderungen kommen.« So läßt man also als Krankenwache einen Scheich kommen, der in der Zitadelle wohnt.

Dieser las Suren aus dem Koran, sprach von Gott und dem Jenseits, während der Sultan bewußtlos lag. Als ich am nächsten Morgen kam, war er schon tot. Gott sei ihm gnädig! Man erzählte mir, daß, als der Scheich die Sure las »Es gibt keinen anderen Gott als Allah, und ihm gebe ich mich anheim«, der Sultan lächelte, sein Gesicht sich verklärte und er den Geist aufgab.

Als die Nachricht von seinem Tod bekannt wird, drängt das Volk zur Zitadelle, aber die Wachen verwehren den Zutritt. Nur die großen Emire und die wichtigsten Ulemas dürfen al-Afdal, dem ältesten Sohn des Verstorbenen, ihr Beileid aussprechen. Dichter und Redner werden gebeten zu schweigen. Die jüngsten Kinder Saladins gehen auf die Straße und mischen sich schluchzend unter die Menge. Bahaeddin schildert es folgendermaßen:

Es war unerträglich und zog sich bis nach dem Mittagsgebet hin. Dann wurde der Leichnam gewaschen und in das Leichentuch gehüllt. Alles, was man dazu brauchte, mußte geliehen werden, denn der Sultan besaß selbst gar nichts. Obwohl ich zur Zeremonie der Leichenwäsche eingeladen war, die der Theologe Al-Dawlahi vornahm, brachte ich nicht den Mut auf teilzunehmen. Nach dem Mittagsgebet wurde der Leichnam in einem von einem Tuch verhüllten Sarg hinausgetragen. Als die Menge den Leichenzug sah, begann sie, laut zu weinen und zu klagen. Die Menschen zogen gruppenweise vorbei und beteten an dem Sarg. Sodann wurde der Sultan zu den Palastgärten getragen, wo er während seiner Krankheit gepflegt worden war, und im West-Pavillon beigesetzt. Er wurde zur Stunde des Nachmittagsgebetes zur letzten Ruhe gebettet. Gott möge seine Seele heiligen und sein Grab erleuchten!

12
Der Gerechte und der Vollkommene

Wie bei allen großen muslimischen politischen Führern dieser Epoche, so ist auch bei Saladin der unmittelbare Nachfolger erst einmal der Bürgerkrieg. Kaum ist er gestorben, da wird schon das Reich auseinandergerissen. Einer seiner Söhne nimmt Ägypten, ein anderer Damaskus und ein dritter Aleppo. Glücklicherweise sind die meisten seiner siebzehn männlichen Kinder sowie auch seine einzige Tochter noch zu jung, um Ansprüche geltend zu machen, was die Zerstückelung etwas eindämmt. Aber es gibt auch zwei Brüder und mehrere Neffen des Sultans, die alle ihr Erbteil verlangen; am liebsten würde jeder das gesamte Erbe übernehmen. Fast neun Jahre lang wird gekämpft, sich verbündet, verraten und gemordet, bis endlich das Ayyubiden-Reich wieder einen einzigen Herrscher hat: al-Adel, »der Gerechte«, der im Verhandeln so geschickt ist und der fast der Schwager von Richard Löwenherz geworden wäre.

Saladin traute seinem jüngeren Bruder nicht ganz. Zu geschickt konnte er seine Worte setzen, zu intrigant war er ihm und zu ehrgeizig und vor allem den Abendländischen gegenüber viel zu entgegenkommend. Deshalb hatte er ihm ein recht unbedeutendes Stammland gegeben: die Schlösser, die er Renaud de Chatillon auf dem östlichen Jordan-Ufer abgenommen hatte. Von diesem unfruchtbaren und fast unbevölkerten Land aus – so glaubte der Sultan – könnte sein Bruder niemals den Anspruch erheben, das ganze Reich zu regieren; aber das war ein Trugschluß. Schon im Juli 1196 nimmt al-Adel Damaskus al-Afdal ab. Der sechsundzwanzigjährige Sohn Saladins hatte sich als völlig regierungsunfähig erwiesen. Die eigentliche Machtausübung überließ er seinem Wesir Diyaeddin Ibn al-Athir, dem Bruder des Chronisten, und gab sich selber voll den Freuden des Alkohols und des Harems hin. Sein Onkel entledigt sich seiner durch ein Komplott und schickt ihn in die nächste Festung ins Exil nach Salkhad. Von Gewissensbissen gequält, verspricht al-Afdal, sein liederliches Leben aufzugeben und sich dem Gebet und der Meditation zu widmen. Im November 1198 stirbt ein anderer Sohn Saladins, al-Aziz, Herrscher von Ägypten, durch einen Sturz vom Pferd anläßlich einer Wolfsjagd bei den Pyramiden. Al-Afdal kann der Versuchung nicht widerstehen; er gibt sein zurückgezogenes Leben auf und tritt die Nachfolge seines Bruders an. Aber sein Onkel entwindet ihm ohne Schwierigkeiten seinen neuen Besitz und schickt ihn in sein entsagungsvolles Leben zurück. Ab dem Jahre 1202 ist al-Adel, mit siebenundfünfzig Jahren, der unumstrittene Herrscher des Ayyubiden-Reiches.

Er hat zwar nicht das Charisma seines Bruders, ist auch nicht so genial, aber er ist ein besserer Verwalter. Unter seiner Herrschaft erlebt die arabische Welt eine Ära des Friedens, des Wohlstands und der Toleranz. Der neue Sultan steht auf dem Standpunkt, daß der Heilige Krieg nach der Einnahme Jerusalems und angesichts der Schwäche der Franken nicht mehr vertretbar ist, und so betreibt er eine Politik der Koexistenz und begünstigt die Handelsbeziehungen. Er unterstützt sogar die Niederlassung mehrerer hundert italienischer Handelsherren in Ägypten, und viele Jahre lang herrscht eine nie gekannte Ruhe zwischen Arabern und Franken.

Als die Ayyubiden mit ihren Erbschaftsstreitigkeiten beschäftigt waren, hatten die Franken zunächst versucht, etwas Ordnung in ihr stark verkleinertes Gebiet zu bringen. Bevor er das Morgenland verließ, hatte Richard das Königreich Jerusalem, dessen Hauptstadt nun Akko war, seinem Neffen, dem Grafen Henri de Champagne, »al-cond-Herri«, anvertraut. Guy de Lusignan, der nach der Niederlage von Hittin in Mißgunst geraten war, erhielt ein ehrenvolles Exil als König von Zypern, wo seine Dynastie vier Jahrhunderte lang regieren sollte. Um die schwache Position seines Staates etwas auszugleichen, hatte Henri de Champagne versucht, ein Bündnis mit den Assassinen zu schließen. Deswegen hatte er sich persönlich zu einer ihrer Festungen, al-Kahf, begeben, um den Großmeister zu treffen. Sinan, der Alte vom Berge, war einige Zeit zuvor gestorben, aber sein Nachfolger übte die gleiche absolute Autorität über die Sekte aus wie er. Um dies seinem fränkischen Gast zu beweisen, befahl er zwei seiner Adepten, sich von der Festungsmauer zu stürzen, was diese, ohne auch nur einen Augenblick zu zögern, taten. Der Großmeister schickte sich an, weitere derartige Beweise vorzuführen, aber Henri bat ihn, davon abzusehen. Es kam dann zum Abschluß eines Bündnisvertrages. Um ihren

Gast zu ehren, fragten ihn die Assassinen, ob sie nicht einen Mord für ihn ausführen könnten. Henri dankte dafür und versprach, bei Bedarf auf sie zurückzugreifen. Wie es die Ironie des Schicksals will, starb der Neffe Richards am 10. September selbst durch einen Sturz aus einem Fenster seines Palastes in Akko.

Während der Wochen nach seinem Tod finden die einzigen ernsthaften Auseinandersetzungen in dieser Periode statt. Fanatische deutsche Pilger nehmen in der Tat Saida und Beirut ein, bevor sie auf der Straße nach Jerusalem in Stücke geschlagen werden, während al-Adel zur gleichen Zeit Jaffa zurückerobert. Am 1. Juli 1198 wird ein neuer Waffenstillstand über fünf Jahre und acht Monate geschlossen, den al-Adel ausnutzt, um seine Macht zu festigen. Als erfahrener Staatsmann ist er sich dessen bewußt, daß es in Zukunft nicht mehr ausreicht, sich mit den Franken im Küstengebiet zu verständigen, um eine neue Invasion zu verhindern, sondern daß er sich an das Abendland selbst wenden muß. Wäre es nicht günstig, die guten Beziehungen zu den italienischen Kaufleuten auszunutzen, um zu erreichen, daß sie keine unkontrollierten Kriegerscharen mehr nach Ägypten und Syrien befördern?

Im Jahre 1202 empfiehlt er seinem Sohn al-Kamel, dem »Vollkommenen«, der Vize-König von Ägypten ist, Verhandlungen mit der Republik Venedig, der mächtigsten Seemacht des Mittelmeeres, aufzunehmen. Da bei beiden Staaten der Pragmatismus und die Handelsinteressen bestimmend sind, kommt es schnell zu einer Verständigung. Al-Kamel garantiert den Venezianern die freie Zufahrt zu den Häfen des Nil-Deltas, wie Alexandria und Damiette, und bietet ihnen allen nötigen Schutz und Beistand an, dafür verspricht die Republik, keine abendländische Expedition gegen Ägypten zu unterstützen. Dabei verschweigen die Italiener allerdings, daß sie gerade mit einer Gruppe abendländischer Fürsten einen Vertrag bezüglich des Transportes von nicht weniger als fünfunddreißigtausend Kriegern abgeschlossen haben. Als geschickte Verhandlungsführer sind die Venezianer fest entschlossen, keinen der beiden Verträge zu brechen.

Als die Ritter zur Einschiffung an der Adria erscheinen, werden sie vom Dogen Dandolo herzlich empfangen. Wie Ibn al-Athir sagt, war er »ein sehr alter, blinder Mann, der beim Reiten einen Pferdeknecht brauchte, um sein Roß zu führen«. Dandolo verkündet, daß er trotz seines Alters und seiner Gebrechen an der Expedition unter dem Kreuzbanner teilnehmen will. Vor der Abfahrt jedoch verlangt er von den Rittern die Zahlung der vereinbarten Summe, und als diese um einen Zahlungsaufschub bitten, will er nur unter einer Bedingung zustimmen: Der Feldzug muß mit der Besetzung des Hafens Zara beginnen, der seit einigen Jahren eine Konkurrenz für Venedig darstellt. Nur äußerst widerwillig stimmen die Ritter dem Ansinnen zu, denn Zara ist eine alte christliche Stadt, über die der König von Ungarn herrscht, der ein treuer Diener Roms ist. Es bleibt ihnen jedoch keine Wahl, denn der Doge verlangt entweder diese kleine Gefälligkeit oder die sofortige Zahlung der Summe für den Transport. So wird also Zara im November 1202 angegriffen und geplündert.

Aber Venedig hat mehr im Sinn. Es versucht, die Führer des Expeditionsheeres zu einem Umweg über Konstantinopel zu bewegen, um einen jungen Fürsten auf den Thron zu heben, der dem Abendland günstig gesinnt ist. Das Ziel des Dogen ist natürlich, seiner Republik die Herrschaft über das Mittelmeer zu verschaffen, aber seine Argumentation ist äußerst geschickt. Er baut auf das Mißtrauen der Ritter gegenüber den griechischen »Ketzern«, schildert die sagenhaften Schätze von Byzanz in den leuchtendsten Farben und überzeugt sie davon, daß der Besitz der Hauptstadt der Rum es ihnen ermöglichen würde, wirksamere Angriffe gegen die Muslims zu führen. So erhält er ihre Zustimmung, und im Juni 1203 erscheint die venezianische Flotte vor Konstantinopel. Ibn al-Athir schreibt darüber:

Der König der Rum floh, ohne jeden Kampf, und die Franken setzten ihren jungen Kandidaten auf den Thron. Er war aber nur dem Namen nach der Machthaber, denn die Franken trafen alle Entscheidungen. Sie auferlegten der Bevölkerung einen sehr hohen Tribut, und als sich die Bezahlung als unmöglich erwies, nahmen sie sich das Gold und die Edelsteine, wo sie sie fanden, selbst von den Kreuzen und den Bildern Christi, Friede sei mit ihm! Daraufhin erhoben sich die Rum, töteten den jungen König, vertrieben die Franken aus der Stadt und verbarrikadierten die Tore. Da sie nicht genug Krieger hatten, schickten sie eine Botschaft an den Herren von Konya, Suleiman, den Sohn Kilij Arslans, mit der Bitte um Hilfe. Er war jedoch dazu nicht in der Lage.

Die Rum können sich tatsächlich nicht verteidigen. Nicht nur, daß ein großer Teil ihres Heeres aus fränkischen Söldnern besteht, sondern es wimmelt auch innerhalb ihrer Mauern von venezianischen

Agenten. So wird die Stadt im April 1204 nach kurzem Kampf gestürmt und drei Tage lang herrscht Morden und Plündern. Ikonen, Statuen, Bücher, zahllose Kunstgegenstände, Zeugen griechischer und byzantinischer Kultur, werden gestohlen oder zerstört und Tausende von Menschen umgebracht.

Alle Rum wurden getötet oder beraubt. Einige der Notabeln versuchten, sich in die große Kirche, die sie Sophia nennen, zu flüchten, wohin ihnen die Franken folgten. Daraufhin kam eine Gruppe von Priestern und Mönchen mit Kreuzen und den Evangelienbüchern heraus, um die Angreifer um ihr Leben zu bitten. Aber die Franken achteten ihrer Bitten nicht, sondern brachten sie alle um und plünderten die Kirche.

Dies berichtet der Chronist von Mosul. Es heißt auch, daß eine Prostituierte, die mit den Franken gekommen war, sich auf den Thron des Patriarchen setzte und unflätige Lieder sang, während die betrunkenen Soldaten in den benachbarten Klöstern die Nonnen vergewaltigten. Der Plünderung Konstantinopels, eines der beschämendsten Ereignisse der Geschichte, folgte die Inthronisierung eines römischen Kaisers aus dem Orient, Balduin von Flandern, dessen Herrschaft die Rum selbstverständlich niemals anerkannten. Wer vom kaiserlichen Hof übriggeblieben war, ließ sich in Nicäa nieder, das bis zur Wiedereinnahme von Byzanz, siebenundfünfzig Jahre später, zur provisorischen Hauptstadt des griechischen Kaiserreiches wurde.

Das aberwitzige byzantinische Abenteuer stärkt nun aber keineswegs die Stellungen der Franken in Syrien, sondern ist für sie ein schwerer Schlag. Für die zahlreichen Ritter, die im Morgenland ihr Glück machen wollen, bietet das griechische Gebiet viel günstigere Aussichten. Hier kann man Land erwerben und Reichtümer anhäufen, während der schmale Küstenstreifen um Akko, Tripoli und Antiochia für Abenteurer wenig Reiz hat. Zunächst einmal entzieht die Umlenkung des Expeditionsheeres den Franken die notwendige Verstärkung, um einen neuen Angriff auf Jerusalem zu unternehmen, und zwingt sie, den Sultan im Jahre 1204 um eine Verlängerung des Waffenstillstandes zu bitten. Al-Adel stimmt für sechs Jahre zu. Obwohl der Bruder Saladins nun auf dem Gipfel seiner Macht steht, hat er nicht die Absicht, sich in einen erneuten Rückeroberungskrieg zu stürzen, und die Anwesenheit der Franken im Küstengebiet stört ihn überhaupt nicht.

Die meisten der Franken in Syrien sind zwar für einen fortdauernden Frieden, jenseits der Meere jedoch, und besonders in Rom, denkt man an nichts anderes als an eine Wiederaufnahme der Feindseligkeiten. Im Jahre 1210 fällt das Königreich Akko durch Heirat an Jean de Brienne, einen sechzigjährigen Ritter, der gerade im Orient angekommen ist. Obwohl er sich im Juli 1212 mit der Verlängerung des Waffenstillstandes um fünf Jahre abgefunden hat, schickt er unaufhörlich Boten zum Papst, um ihn zu veranlassen, die Vorbereitungen für eine großangelegte Offensive schneller voranzutreiben, damit sie schon im Sommer 1217 stattfinden könne. Die ersten Schiffe mit bewaffneten Pilgern kommen tatsächlich mit nur geringer Verspätung im September an. Bald folgen ihnen Hunderte von weiteren, und im April beginnt eine neue Franken-Invasion. Ihr Ziel ist Ägypten.

Al-Adel ist überrascht, vor allem aber enttäuscht von diesem Angriff. Hat er, seit er an der Macht ist und selbst vorher, zu Zeiten der Verhandlungen mit Richard, nicht alles getan, um den Kriegszustand zu beenden? Erträgt er nicht geduldig, seit Jahren schon, das spöttische Gerede der religiösen Führer, die ihn beschuldigen, aus Freundschaft zu den Blonden die Sache des Heiligen Krieges aufgegeben zu haben? Monatelang weigert sich der kranke Dreiundsiebzigjährige, den Berichten Glauben zu schenken. Daß irgendeine Horde von blindwütigen Deutschen ein paar Dörfer in Galilea plündert, das ist eine unvermeidliche Nebenerscheinung und beunruhigt ihn nicht weiter. Daß aber nach fünfundzwanzig Jahren Frieden das Abendland eine neue Invasion unternimmt, das erscheint ihm undenkbar.

Die Nachrichten werden jedoch immer präziser. Zehntausende von Franken stehen vor Damiette, das den Hauptmündungsarm des Nils kontrolliert. Auf Befehl seines Vaters marschiert al-Kamel ihnen an der Spitze seines Heeres entgegen; da sie aber so viele sind, vermeidet er die Auseinandersetzung. Vorsichtig schlägt er sein Lager im Süden des Hafens auf, so kann er die Garnison unterstützen, ohne zu einer offenen Schlacht gezwungen zu sein. Damiette gehört zu den am besten befestigten Städten Ägyptens. Im Osten und Süden zieht sich vor den Mauern ein schmaler Streifen Sumpfland hin, während im Norden und Westen der Nil die ständige Verbindung mit dem Hinterland sichert. Eine wirksame Einkreisung ist also nur möglich, wenn der Feind sich die Kontrolle über den Fluß verschafft. Um gegen eine solche Gefahr gewappnet zu sein, besitzt die Stadt eine geniale Vorrichtung: nichts weiter als eine schwere, lange Eisenkette, die zwischen der Festungsmauer und einer auf einer kleinen, vor dem gegenüberliegenden Ufer liegenden Insel errichteten Zitadelle quer über den Fluß gespannt ist und den Zugang zum Nil versperrt. Drei Monate lang werden die Angriffe abgewehrt, bis die Franken auf den Gedanken kommen, zwei große Schlachtschiffe aufeinanderzustocken und daraus eine Art schwimmenden Turm zu machen, der die Höhe der Zitadelle erreicht, die sie dann auch am 25. August 1218 stürmen. Die Kette wird gesprengt.

Als eine Brieftaube einige Tage später die Nachricht vom Fall der Zitadelle nach Damaskus bringt, ist al-Adel tief betroffen. Es ist klar, daß der Fall der Zitadelle den von Damiette nach sich ziehen wird, und dann ist der Weg nach Kairo völlig frei. Ein langer Feldzug zeichnet sich ab, und al-Adel hat weder die Kraft noch den Ehrgeiz, ihn zu führen. Nach einigen Stunden erliegt er einem Herzanfall.

Für die Muslims ist die eigentliche Katastrophe nicht der Fall der Zitadelle, sondern der Tod des Sultans. Auf militärischem Gebiet gelingt es al-Kamel tatsächlich, dem Feind Verluste beizubringen, ihn in Schach zu halten und an der völligen Einkreisung Damiettes zu hindern. Aber auf politischem Gebiet beginnt der unausweichliche Kampf um die Nachfolge, trotz aller Anstrengungen, die der Sultan unternommen hatte, um dieses Schicksal von seinen Söhnen abzuwenden. Schon zu seinen Lebzeiten hatte er sein Reich verteilt: Ägypten an al-Kamel, Damaskus und Jerusalem an Al-Moazzam, die Jeriza an Al-Achraf und an die jüngeren kleinere, weniger bedeutende Gebiete. Aber man kann einfach nicht allen Wünschen gerecht werden. Auch wenn zwischen den Brüdern eine relative Harmonie herrscht, lassen sich bestimmte Konflikte einfach nicht umgehen. In Kairo nutzen die Emire die Abwesenheit al-Kamels aus und versuchen, eines seiner jüngeren Geschwister auf den Thron zu setzen. Der Staatsstreich ist schon fast gelungen, aber der Herr von Kairo hat rechtzeitig davon erfahren, läßt Damiette und die Franken sein und kehrt in seine Hauptstadt zurück, wo er die

Ordnung wiederherstellt und die Verschwörer bestraft. Die Eroberer besetzen sofort die von ihm verlassenen Stellungen, und Damiette wird eingeschlossen.

Obwohl ihm sein Bruder al-Moazzam mit seiner Armee aus Damaskus zu Hilfe gekommen ist, kann al-Kamel die Stadt nicht mehr retten und noch weniger der Invasion Einhalt gebieten. Deshalb macht er auch außerordentlich großzügige Friedensangebote. Nachdem er seinen Bruder al-Moazzam gebeten hat, die Befestigungen Jerusalems zu schleifen, schickt er einen Boten zu den Franken und versichert ihnen, daß er bereit ist, die Heilige Stadt auszuliefern, wenn sie bereit sind, Ägypten zu verlassen. Aus ihrer Machtposition heraus lehnen die Franken jedoch alle Verhandlungen ab. Im Oktober 1219 macht al-Kamel ein noch weitergehendes Angebot. Er würde nicht nur Jerusalem, sondern das gesamte westjordanische palästinensische Gebiet ausliefern und obendrein noch das Kreuz Christi. Diesmal machen sich die Eroberer immerhin die Mühe, seine Vorschläge zu studieren. Jean de Brienne und alle syrischen Franken sind dafür, aber die endgültige Entscheidung liegt bei einem spanischen Kardinal, einem gewissen Pelagius, Verfechter des Heiligen Krieges bis zum Exzeß, den der Papst zum Führer der Expedition bestellt hat. Niemals, so sagt er, würde er sich dazu herablassen, mit den Sarazenen zu verhandeln. Und um seine Ablehnung deutlich zu unterstreichen, befiehlt er, unverzüglich den Sturm auf Damiette zu beginnen. Die durch die Kämpfe, die Hungersnot und eine Seuche dezimierte Garnison leistet keinerlei Widerstand.

Pelagius ist nun fest entschlossen, sich ganz Ägyptens zu bemächtigen. Er marschiert nur deswegen nicht sofort auf Kairo zu, weil die unmittelbar bevorstehende Ankunft des Königs von Deutschland und Sizilien, Friedrichs von Hohenstaufen, des mächtigsten Herrschers des Abendlandes, in Begleitung eines großen Heeres, gemeldet wird. Al-Kamel, der selbstverständlich auch davon gehört hat, rüstet zum Krieg. Seine Boten eilen durch das islamische Land, um Brüder, Vettern und Verbündete zu Hilfe zu rufen. Darüber hinaus läßt er noch westlich vom Nildelta eine Flotte ausrüsten, die während des Sommers 1220 die Schiffe der Franken vor Zypern überrascht und vernichtend schlägt. Nachdem der Feind nun nicht mehr Herr der Meere ist, erneuert al-Kamel sofort sein

Friedensangebot und fügt das Versprechen hinzu, einen Waffenstillstand auf dreißig Jahre abzuschließen. Aber vergebens. Pelagius sieht in dieser übertriebenen Großzügigkeit den Beweis dafür, daß der Herr von Ägypten am Ende ist. Hat man nicht etwa vernommen, daß Friedrich II. zum römischen Kaiser gesalbt worden ist und geschworen hat, sofort nach Ägypten zu ziehen? Spätestens im Frühjahr 1221 würde er dort sein mit Hunderten von Schiffen und Zehntausenden von Soldaten. Inzwischen darf das Heer der Franken weder Krieg führen noch Frieden schließen.

In Wahrheit wird Friedrich erst acht Jahre später kommen! Pelagius zögert bis zu Beginn des Sommers. Im Juli 1221 verläßt die fränkische Armee Damiette und marschiert entschlossen auf Kairo zu. In der ägyptischen Hauptstadt muß das Militär Gewalt anwenden, um die Bevölkerung an der Flucht zu hindern. Aber der Sultan zeigt sich zuversichtlich, denn zwei seiner Brüder sind ihm zu Hilfe gekommen: Al-Achraf ist mit seinen Truppen aus der Jariza zu ihm gestoßen, um die Angreifer daran zu hindern, Kairo zu erreichen, und al-Moazzam marschiert mit seinem syrischen Heer nach Norden und treibt kühn einen Keil zwischen den Feind und Damiette. Al-Kamel selbst beobachtet mit unverhohlener Freude das Ansteigen des Nils, denn die Flut steigt, ohne daß die Krieger aus dem Abendland sich darum kümmern. Mitte August ist das Land derart schlammig und glitschig geworden, daß die Ritter haltmachen und die gesamte Armee zurückziehen müssen.

Kaum ist der Rückzug im Gange, da zerstört eine Gruppe ägyptischer Soldaten die Deiche – es ist der 26. August 1221. Binnen weniger Stunden ist das gesamte Franken-Heer, dem die muslimischen Krieger alle Fluchtwege abschneiden, in einem Meer von Schlamm gefangen. Zwei Tage später schickt Pelagius, der kaum noch Hoffnung hat, sein Heer vor der Vernichtung zu retten, einen Boten an al-Kamel, um Frieden zu erbitten. Der Ayyubiden-Herrscher diktiert seine Bedingungen: die Franken müssen Damiette verlassen und einen Waffenstillstand von acht Jahren unterzeichnen, dafür kann sich ihr Heer unangefochten wieder einschiffen. Selbstverständlich ist nicht mehr die Rede davon, ihnen Jerusalem anzubieten.

Bei der Feier dieses ebenso vollständigen wie unerwarteten Sieges fragen sich viele Araber, ob es von al-Kamel wirklich ernst gemeint war, als er den Franken die Heilige Stadt anbot. War das nicht doch eher eine Finte, um Zeit zu gewinnen? Sie sollen bald Klarheit über diesen Punkt erhalten.

Während der Krise von Damiette stellte sich der Herrscher Ägyptens mancherlei Fragen bezüglich dieses berühmten Friedrich, »al-enboror«. War er wirklich so mächtig, wie man sagte? War er wirklich entschlossen, den Heiligen Krieg gegen die Muslims zu führen? Al-Kamel zog Erkundigungen bei Reisenden ein, die aus dem Königreich Sizilien kamen, er ließ Friedrichs Mitarbeiter in diesem Reich befragen und fiel von einem Erstaunen ins andere. Als er 1225 erfährt, daß der Kaiser gerade Yolande, die Tochter von Jean de Brienne, geheiratet hat und so König von Jerusalem geworden ist, beschließt er eine Gesandtschaft zu ihm zu schicken. Führer dieser Gesandtschaft ist der Emir Fakhreddin Ibn ach-Cheikh, ein äußerst fähiger Diplomat. Sobald er in Palermo eintrifft, ist er überwältigt. Alles, was man von Friedrich erzählt, stimmt! Er schreibt und spricht perfekt Arabisch, verhehlt nicht seine Bewunderung für die muslimische Kultur und legt eine ziemliche Verachtung für das barbarische Abendland sowie für den römischen Papst an den Tag. Seine engsten Mitarbeiter sind Araber, ebenso die Soldaten seiner Garde, die zur Stunde des Gebetes niederknien und den Blick nach Mekka wenden. Dieser wißbegierige Herrscher, der seine ganze Jugend in Sizilien verbracht hat, das damals der Mittelpunkt der arabischen Wissenschaften war, fühlt sich kaum verwandt mit den schwerfälligen und fanatischen Franken. In seinem Reich erklingt der Ruf des Muezzin überall ungehindert.

Fakhreddin wird bald zum Freund und Vertrauten Friedrichs, und durch ihn werden die Beziehungen zwischen dem deutschen Kaiser und dem Sultan von Kairo immer enger. Die beiden Monarchen stehen im Briefwechsel, wobei es um die Logik Aristoteles', die Unsterblichkeit der Seele und die Entstehung der Welt geht. Als al-Kamel erfährt, daß sein Briefpartner sich für die Beobachtung der Tiere interessiert, schenkt er ihm Bären, Dromedare und einen Elefanten, die der Kaiser in die Obhut des arabischen Wärters seines Tiergartens gibt. Der Sultan ist überaus glücklich, im Abendland einen aufgeklärten Herrscher zu finden, der, wie er selbst, die Nutzlosigkeit der andauernden Religionskriege einsieht.

Daher läßt er Friedrich wissen, daß er sich freuen würde, wenn er in nächster Zukunft ins Morgenland käme, und fügt hinzu, daß er ihn gerne im Besitz von Jerusalem sähe.

Diese großmütige Geste läßt sich besser verstehen, wenn man bedenkt, daß zum Zeitpunkt der Einladung die Heilige Stadt nicht al-Kamel, sondern seinem Bruder al-Moazzam gehört, mit dem er sich zerstritten hat. In al-Kamels Vorstellung würde die Besetzung Palästinas durch seinen Verbündeten Friedrich einen Pufferstaat schaffen, der ihn gegen al-Moazzam schützen könnte. Auf weite Sicht würde ein wiedererstarktes Königreich Jerusalem einen wirksamen Schild für Ägypten gegen die immer bedrohlicher werdenden Volksstämme aus Asien bilden. Ein leidenschaftlicher Muslim hätte niemals derart kühl in Erwägung gezogen, Jerusalem aufzugeben, al-Kamel jedoch ist anders als sein Onkel Saladin. Für ihn ist Jerusalem vor allem ein politisches und militärisches Problem; der religiöse Aspekt ist nur soweit von Bedeutung, als er Einfluß auf die öffentliche Meinung hat. Friedrich, der dem Christentum nicht nähersteht als dem Islam, denkt genauso. Wenn er den Wunsch hat, die Heilige Stadt in Besitz zu nehmen, dann nicht, weil er am Grabe Christe beten möchte, sondern weil ein solcher Erfolg seine Stellung im Streit mit dem Papst stärken würde, der ihn exkommuniziert hat, weil er seinen Feldzug ins Morgenland hinausgezögert hatte.

Als der Kaiser im September 1228 in Akko an Land geht, ist er überzeugt, daß er mit der Hilfe al-Kamels als Sieger in Jerusalem einziehen wird und so seine Feinde zum Schweigen gebracht werden. Der Herrscher von Kairo indessen befindet sich in einer sehr mißlichen Lage, denn die jüngsten Ereignisse haben die Figuren auf dem Schachbrett völlig verschoben. Al-Moazzam ist im November 1227 plötzlich gestorben, und Damaskus ist an seinen Sohn an-Nasser, einen unerfahrenen jungen Mann, gefallen. So ist für al-Kamel, der nun daran denken kann, sich Damaskus und Palästina selbst anzueignen, ein Pufferstaat zwischen Ägypten und Syrien nicht mehr vonnöten. Das bedeutet, daß für ihn die Ankunft Friedrichs, der von ihm in aller Freundschaft Jerusalem und dessen Umgebung fordert, nicht gerade erfreulich ist. Als Mann von Ehre kann er sein Versprechen nicht brechen, er versucht jedoch, Ausflüchte zu finden, und erklärt dem Kaiser, daß sich die Lage plötzlich geändert hat.

Friedrich ist mit nur dreitausend Mann gekommen, weil er glaubte, die Einnahme von Jerusalem sei nur eine Formsache. So wagt er es nicht, eine Politik der Einschüchterung zu treiben, und versucht, an das Gefühl al-Kamels zu appellieren. »Ich bin Dein Freund«, schreibt er, »Du hast mich zu dieser Reise aufgefordert, und nun wissen der Papst und alle Herrscher des Abendlandes von meiner Mission, und wenn ich mit leeren Händen zurückkehre, verliere ich jegliche Achtung. Laß Du bitte Gnade walten, und gib mir Jerusalem, damit ich erhobenen Hauptes bestehen kann!« Al-Kamel bleibt nicht ungerührt, und so schickt er seinen Freund Fakh-reddin mit Geschenken beladen zu Friedrich. Die Antwort, die er überbringt, ist zweideutig: »Auch ich«, schreibt er, »bin nicht unabhängig von der Meinung der anderen. Wenn ich Dir Jerusalem ausliefere, so könnte das nicht nur eine Verurteilung seitens des Kalifen nach sich ziehen, sondern auch einen religiösen Aufstand, der mich den Thron kosten könnte.« Für den einen wie für den anderen geht es vor allem darum, das Gesicht zu wahren. Friedrich geht so weit, Fakh-reddin anzuflehen, einen ehrenhaften Ausweg für ihn zu finden, und dieser wirft ihm, mit der Zustimmung des Sultans, einen Rettungsanker zu: »Das Volk würde niemals zustimmen, daß wir die Heilige Stadt, die Saladin so teuer erkauft hat, kampflos hingeben. Wenn andererseits eine Übereinkunft bezüglich Jerusalems einen blutigen Krieg vermeiden könnte...« Der Kaiser versteht, und lächelnd dankt er seinem Freund für den Rat und befiehlt seinen spärlichen Truppen, sich zum Kampf zu rüsten. Ende November 1128, während Friedrich mit großem Gepränge auf den Hafen Jaffa zumarschiert, läßt al-Kamel im ganzen Land das Gerücht ausstreuen, daß ein langer, harter Krieg gegen den mächtigen abendländischen Herrscher bevorsteht.

Einige Wochen später – ohne daß es auch nur zur geringsten Kampfhandlung gekommen wäre – ist der Wortlaut des Vertrages fertig: Friedrich erhält Jerusalem sowie einen Verbindungskorridor zur Küste, Bethlehem, Nazareth, die Umgebung von Saida und die mächtige Festung Tibnin östlich von Tyros. Die Muslims behalten in Jerusalem das Anwesenheitsrecht im Stadtteil des Harems ach-Charif, wo sich die meisten ihrer Heiligtümer befinden. Am 18. Februar 1129 wird der Vertrag von Friedrich und dem Botschafter Fakhreddin im Namen des Sultans unterzeichnet. Einen Monat später begibt sich der Kaiser nach Jerusalem, dessen muslimische Bevölkerung von al-Kamel evakuiert worden ist bis auf einige religiöse Würdenträger, die für die muslimischen Kultstätten verantwortlich sind. Er wird von Chamseddin, dem Kadi von Nablus, empfangen, der die Schlüssel übergibt und ihm gewissermaßen als Führer dient. Der Kadi berichtet selbst von diesem Besuch:

Als der römische Kaiser und König der Franken nach Jerusalem kam, begleitete ich ihn, wie al-Kamel mir befohlen hatte. Ich ging mit ihm in den Haram ach-Charif, wo er die kleinen Moscheen besuchte. Dann begaben wir uns zur al-Aqsa-Moschee, deren Architektur er, wie auch die des Felsendomes, sehr bewunderte. Er war fasziniert von der Schönheit der Kanzel, deren Stufen er bis oben erklomm. Als er wieder herabkam, nahm er mich bei der Hand und zog mich wieder zur al-Aqsa-Moschee hin, die ein Priester mit der Bibel in der Hand gerade betreten wollte. Wütend fuhr ihn der Kaiser an: »Was willst du hier? Bei Gott, wenn einer von euch es wagen sollte, ohne Erlaubnis einen Fuß in die Moschee zu setzen, steche ich ihm die Augen aus!« Zitternd entfernte sich der Priester. Ich bat den Muezzin, in dieser Nacht nicht zum Gebet zu rufen, um den Kaiser nicht zu stören, der aber fragte mich an nächsten Tag, als ich zu ihm kam: »Sag mir, Kadi, warum haben die Muezzin nicht wie üblich zum Gebet gerufen?« Ich antwortete: »Ich habe sie dazu veranlaßt, um deine Majestät nicht zu stören.« »Das hättest du nicht tun sollen«, sagte der Kaiser, »denn ich habe diese Nacht hauptsächlich deshalb in Jerusalem verbracht, um den nächtlichen Ruf des Muezzin zu hören.«

Bei seiner Besichtigung des Felsendomes las Friedrich eine Inschrift folgenden Wortlauts: *Saladin hat die heilige Stadt von den Muchrikin gesäubert.* Dieser Ausdruck, der »Assoziationisten« oder gar »Polytheisten« bedeutet, bezieht sich auf jene, die andere Götter neben dem einzigen Gott anbeten – sie ihm assoziieren – und meint in diesem Zusammenhang die Christen, die an die Dreieinigkeit glauben. Der Kaiser tut so, als wüßte er dies nicht und fragt mit einem amüsierten Lächeln seine verlegenen Gastgeber, wer diese Muchrikin wohl seien. Als er kurz darauf ein Gitter am Eingang des Felsendomes sieht, fragt der Kaiser nach dem Grund: »Damit die Vögel nicht hinein können«, erhält er zur Antwort. Und vor seinen vor Entsetzen erstarrten Begleitern kommentiert Friedrich diese Anspielung auf die Franken: »Und Gott hat zugelassen, daß die Schweine hier eindringen konnten!« Der Chronist von Damaskus, Sibt Ibn al-Jawzi, der 1229 ein brillanter Redner von vierunddreißig Jahren war, sieht in diesen Bemerkungen den Beweis dafür, daß Friedrich weder Muslim noch Christ ist, sondern ganz sicher Atheist. Er fügt noch hinzu, wobei er sich auf die Berichte derer stützt, die ihn in Jerusalem gesehen haben, daß der Kaiser *rote Körperhaare hatte, kahlköpfig und kurzsichtig war; als Sklave wäre er keine zweihundert Dirham Wert gewesen.*

Die Feindseligkeit Sibts dem Kaiser gegenüber spiegelt die Gefühle der großen Mehrheit der Araber wider. Unter anderen Bedingungen hätte man wahrscheinlich die positive Haltung des Kaisers dem Islam und seiner Kultur gegenüber geschätzt, aber der Wortlaut des von al-Kamel unterzeichneten Vertrages ist für die öffentliche Meinung ein Skandal. *Sobald die Nachricht von der Auslieferung Jerusalems an die Franken bekannt wurde,* sagt der Chronist, *ging ein wahrer Sturm der Entrüstung durch alle Länder des Islam. Wegen der Unfaßbarkeit des Ereignisses fanden öffentliche Trauerkundgebungen statt.* In Mosul, in Bagdad und Aleppo versammelt man sich in den Moscheen, um den Verrat al-Kamels anzuklagen, und in Damaskus ist die Reaktion am heftigsten. *Der König an-Nasser hieß mich, das Volk in der großen Moschee von Damaskus zu versammeln,* berichtet Sibt, *um über die Vorkommnisse in Jerusalem zu erzählen. Das konnte mir nur recht sein, denn meine Pflicht dem Glauben gegenüber befahl es mir ebenfalls.*

Vor einer tobenden Masse steigt der Redner auf die Kanzel, um den Kopf einen schwarzen Turban gewunden: »Die verheerende Nachricht, die wir erhalten haben, bricht uns das Herz. Unsere Pilger können nicht mehr nach Jerusalem gehen, die Suren des Koran werden in den dortigen Schulen nicht mehr rezitiert. Wie groß ist heute die Schmach der muslimischen Führer!« An-Nasser nimmt persönlich an der Veranstaltung teil; zwischen ihm und seinem Onkel al-Kamel ist der offene Krieg erklärt, um so mehr, als zur gleichen Zeit, während er Jerusalem an Friedrich ausliefert, die ägyptische Armee eine schwere Blockade über Damaskus verhängt. Für die Bevölkerung der syrischen Hauptstadt, die sich treu um ihren jungen Herrscher schart, ist der Kampf gegen den Verrat des Herrschers von Kairo ein Grund zur Mobilisierung. Aber die Redegewandtheit Sibts genügt nicht zur Rettung von Damaskus. Al-Kamel, dessen Heer zahlenmäßig weit überlegen ist, geht als Sieger aus dieser Schlacht hervor. Er erreicht die Kapitulation der Stadt und stellt zu seinen Gunsten die Einheit des Ayyubiden-Reiches wieder her.

Im Juni 1229 muß an-Nasser seine Hauptstadt verlassen, und verbittert, aber keineswegs entmutigt, läßt er sich östlich des Jordans in der Festung Kerak nieder, wo er während der Jahre der Waffenruhe gleichsam als Symbol der Standhaftigkeit gegen den Feind wirkt. Viele Damaszener bleiben ihm treu, und zahlreiche Glaubenskämpfer, die von der übertrieben versöhnlichen Politik der anderen Ayyubiden enttäuscht sind, schöpfen neuen Mut dank dieses mitreißenden jungen Fürsten, der seine Standesgenossen veranlaßt, den Djihad gegen die Eindringling fortzusetzen. *Wer außer mir,* schreibt er, *bietet seine ganzen Kräfte auf, um den Islam zu schützen? Wer sonst kämpft bedingungslos für die Sache Gottes?* Im November 1239, hundert Tage nach Ende der Waffenruhe, bemächtigt sich an-Nasser durch einen Überraschungsangriff Jerusalems. In der gesamten arabischen Welt herrscht ein Freudentaumel. Die Dichter vergleichen den Sieger mit seinem Großonkel Saladin und danken ihm, daß er sie so von der Schmach reingewaschen hat, die der Verrat al-Kamels über die Gläubigen gebracht hatte.

Jene, die das Lob an-Nassers singen, vergessen oft, zu erwähnen, daß er sich, kurz vor dem Tod al-Kamels im Jahre 1238, wieder mit diesem versöhnt hatte, wahrscheinlich in der Hoffnung, daß dieser ihm dadurch die Herrschaft über Damaskus wiedergeben würde. Ebenso vergessen die Dichter zu erwähnen, daß der junge Ayyubidenfürst keinen Versuch gemacht hat, Jerusalem nach der Einnahme auch zu behalten. Er hielt die Stadt für nicht verteidigbar und hatte nichts Eiligeres zu tun, als den Davidsturm und andere, kurz zuvor von den Franken errichtete Befestigungen zu zerstören, bevor er sich mit seinen Truppen nach Kerak zurückzog. Begeisterung schließt politischen und militärischen Realitätssinn nicht aus, könnte man sagen. Das weitere Verhalten des Unbeirrbaren macht jedoch nachdenklich. Während des unvermeidlichen Nachfolgekrieges nach al-Kamels Tod schlägt an-Nasser den Franken bedenkenlos ein Bündnis gegen seine eigenen Vettern vor. Um die Sache den Franken schmackhaft zu machen, anerkennt er 1243 offiziell ihr Recht auf Jerusalem und bietet sogar an, die religiösen Würdenträger, die sich im Haram ach-Charif befinden, abzuziehen. So weit war al-Kamel in seinen Kompromissen nie gegangen!

Sechster Teil

Die Vertreibung
1244–1291

Im Osten von den Mongolen – den Tartaren –
und im Westen von den Franken angegriffen,
waren die Muslims niemals in solch einer heiklen Lage.
Nur Gott allein kann ihnen noch helfen.

Ibn Al-Athir

13
Die mongolische Geißel

Die Ereignisse, die ich berichten werde, sind so grauenvoll, daß ich jahrelang vermieden habe, sie zu erwähnen. Es ist nicht einfach zu verkünden, daß der Tod den Islam und die Muslims heimgesucht hat. Oh, hätte mich meine Mutter doch nicht geboren, oder wäre ich gestorben, ohne Zeuge all dieses Unglücks gewesen zu sein! Sollte man eines Tages sagen, daß die Erde niemals ein solches Unglück gesehen hat, seit Gott Adam erschaffen hat, glaubt es getrost, denn es ist die reine Wahrheit. Die Vernichtung der Söhne Israels durch Nebukadnezar und die Zerstörung Jerusalems gelten im allgemeinen als die schrecklichsten Tragödien der Geschichte. Sie sind jedoch gar nichts, gemessen an dem, was sich nun ereignet hat. Nein, bis ans Ende aller Zeiten wird man sicher keine größere Katastrophe mehr erleben.

In seiner gesamten *Vollkommenen Geschichte* schlägt Ibn al-Athir an keiner anderen Stelle einen so pathetischen Ton an. Seine Trauer, sein Schrecken und seine Fassungslosigkeit machen sich auf jeder Seite Luft und zögern den Augenblick hinaus, da der Name der Geißel ausgesprochen werden muß: Dschingis Khan.

Der Aufstieg des mongolischen Eroberers hatte gleich nach dem Tod Saladins begonnen, aber erst fünfundzwanzig Jahre später spürten die Araber die Gefahr nahen. Dschingis Khan hatte zunächst die verschiedenen türkischen und mongolischen Stämme Mittel-Asiens unter seiner Herrschaft versammelt, bevor er sich an die Eroberung der Welt machte. Er stieß in drei Richtungen vor: nach Osten, wo er das chinesische Reich zunächst zum Vasallen machte und dann annektierte; nach Nord-Westen, wo er Rußland und dann Ost-Europa verwüstete; nach Westen, wo er in Persien einfiel. »Alle Städte müssen dem Erdboden gleichgemacht werden«, sagte Dschingis Khan, »damit die gesamte Welt wieder zu einer große Steppe wird, wo die mongolischen Mütter freie und glückliche Kinder an ihrer Brust nähren.« Berühmte Städte wie Buchara, Samarkand oder Herat wurden zerstört und ihre Bevölkerung dezimiert.

Der erste mongolische Vorstoß auf islamisches Gebiet fiel mit der Franken-Invasion in Ägypten im Jahr 1221 zusammen. Die arabische Welt hatte damals den Eindruck, in die Zange genommen zu werden, was wahrscheinlich teilweise die versöhnliche Haltung al-Kamels in Bezug auf Jerusalem erklärt. Aber Dschingis Khan hatte darauf verzichtet, bis in den Westen Persiens vorzustoßen. Nach seinem Tod im Jahre 1227 – er wurde siebenundsiebzig Jahre alt – hatte der Druck der Steppenreiter auf die arabische Welt für ein paar Jahre nachgelassen.

In Syrien hatte sich diese Geißel zunächst nur indirekt bemerkbar gemacht. Unter den vielen Dynastien, welche die Mongolen auf ihrem Weg auslöschten, war auch jene der khawarezmischen Türken, die in den vorhergehenden Jahren vom Irak bis nach Indien die Seldschuken abgelöst hatten. Die Zerstörung dieses muslimischen Reiches, das auch seine ruhmreichen Tage gehabt hatte, zwang die Reste seiner Armee, weit weg von dem schrecklichen Sieger zu fliehen, und so waren eines Tages in Syrien mehr als zehntausend khawarezmische Reiter erschienen, hatten die Städte geplündert und mit Tribut belegt, um später als Söldner an den inneren Kämpfen der Ayyubiden teilzunehmen.

Im Juni 1244 halten sich die Khawarezmien für stark genug, um ihren eigenen Staat zu gründen, und setzen zum Sturm auf Damaskus an. Sie plündern die benachbarten Dörfer und zerstören die Obstgärten, sind aber nicht in der Lage, eine lange Belagerung durchzuhalten, da sich die Bewohner der Stadt erbittert zur Wehr setzen. So ändern sie blitzschnell ihr Ziel und wenden sich nach Jerusalem, das sie am 11. Juli mühelos einnehmen. Der größte Teil der fränkischen Bevölkerung kommt zwar mit dem Leben davon, die Stadt wird jedoch geplündert und in Brand gesteckt. Bei einem neuerlichen Angriff auf Damaskus werden sie jedoch, zur großen Erleichterung aller syrischen Städte, von den verbündeten ayyubidischen Fürsten besiegt und dezimiert.

Dieses Mal werden die Franken Jerusalem nicht wieder einnehmen. Friedrich, durch dessen geschickte Diplomatie die abendländischen Ritter fünfzehn Jahre lang die Fahne der Kreuzfahrer auf den Mauern der Heiligen Stadt wehen lassen konnten, hat das Interesse an ihr verloren. Er gibt seine orientalischen Vorhaben auf und unterhält lieber freundschaftliche Beziehungen zu den Herrschern von Kairo. Als der französische König Ludwig IX. einen Feldzug gegen Ägypten plant, versucht der Kaiser, ihn davon abzubringen. Er geht sogar noch weiter und informiert regelmäßig Aijub, den Sohn al-Kamels, über die französischen Kriegsvorbereitungen.

Im September 1248 kommt Ludwig im Orient an, begibt sich jedoch nicht gleich nach Ägypten, da er es für zu gewagt hält, vor dem Frühjahr einen Feldzug zu beginnen. Er richtet sich also in Zypern ein und bemüht sich während dieser Wartezeit, jenen Traum Wirklichkeit werden zu lassen, der die Franken bis zum Ende des dreizehnten Jahrhunderts, und noch länger, nicht losläßt: ein Bündnis mit den Mongolen, um die Araber in die Zange zu nehmen. Von nun ab gehen regelmäßig Boten zwischen den Eroberern aus dem Osten und denen aus dem Westen hin und her. Gegen Ende des Jahres 1248 empfängt Ludwig auf Zypern sogar eine Delegation, die von einer möglichen Konvertierung der Mongolen zum Christentum spricht. Diese Aussicht geht Ludwig zu Herzen, und er läßt sofort kostbare Geschenke überbringen, die teilweise auch Bezug zur christlichen Religion haben. Aber die Nachfolger Dschingis Khans verstehen den Sinn dieser Geste nicht. Sie behandeln den König von Frankreich wie einen einfachen Vasallen und fordern von ihm jedes Jahr Geschenke von gleichem Wert. Dieses Mißverständnis bewahrt, zumindest für den Augenblick, die arabische Welt vor einen gemeinsamen Angriff seiner Feinde aus dem Osten und dem Westen.

So greifen die Ritter aus dem Abendland am 5. Juni 1249 Ägypten alleine an, selbstverständlich nachdem beide Monarchen, dem damaligen Brauch gemäß, ihre großsprecherischen Kriegserklärungen abgegeben haben. *Ich habe Dich oft genug gewarnt,* schreibt Ludwig, *aber Du hast es nicht zur Kenntnis genommen. Nun ist mein Entschluß gefaßt: Ich werde Dein Land angreifen und selbst wenn Du Dich dem Kreuze verschreibst, werde ich meinen Entschluß nicht ändern. Die Armeen, über die ich befehle, bedecken Ebenen und Berge, sie sind so zahlreich wie Sand am Meer und marschieren auf Dich zu mit den Schwertern des Schicksals.* Um diese Drohungen zu unterstützen, erinnert der König von Frankreich seinen Feind an einige Siege, die die Christen im Vorjahr gegen die spanischen Muslims errungen haben. *Wir haben die Euren wie Rinderherden vor uns hergetrieben, die Männer getötet, die Frauen zu Witwen gemacht und Mädchen und Knaben gefan-*

gengenommen. Habt Ihr daraus keine Lehre gezogen? Die Antwort Aijubs ist vom gleichen Kaliber: *Wahnsinniger, hast Du alle die Länder, die Ihr besaßt und die wir Euch in der Vergangenheit und auch erst vor kurzem genommen haben, vergessen? Hast Du die Schäden vergessen, die wir Euch zugefügt haben?* Der Sultan, der sich seiner zahlenmäßigen Unterlegenheit bewußt ist, findet im Koran Trost und Zuversicht: *Wie oft hat nicht eine kleine Schar mit Gottes Hilfe eine große besiegt, denn Gott ist mit den Tapferen.* Er schöpft daraus soviel Kraft, daß er Ludwig voraussagt: *Deine Niederlage ist unausweichlich. Du wirst demnächst bitter bereuen, daß Du Dich in dieses Abenteuer gestürzt hast.*

Gleich zu Beginn ihrer Offensive erringen die Franken einen entscheidenden Erfolg. Damiette, das dreißig Jahre zuvor den Angriffen der Franken mutig widerstanden hatte, wird kampflos aufgegeben. Sein Fall bringt die gesamte arabische Welt in Verwirrung und zeigt deutlich, wie schwach die Erben Saladins geworden sind. Aijub ist durch Tuberkulose ans Bett gefesselt und kann seine Truppen nicht selbst befehligen, und so beschließt er, um Ägypten nicht zu verlieren, an die Politik seines Vaters al-Kamel anzuknüpfen und schlägt Ludwig vor, Damiette gegen Jerusalem auszutauschen. Der französische König jedoch lehnt es ab, mit einem besiegten und todgeweihten »Ungläubigen« zu verhandeln. Daraufhin beschließt Aijub, den Widerstand nicht aufzugeben, und läßt sich in einer Sänfte nach Mansurah, »der Sieghaften«, bringen, die al-Kamel an der Stelle hatte errichten lassen, an der die vorherige Invasion der Franken zu Fall gebracht worden war. Der Gesundheitszustand des Sultans verschlechtert sich jedoch zusehends. Von schweren, endlosen Hustenanfällen geschüttelt, fällt er am 20. November ins Koma. Die Franken fassen Mut, als sie das Hochwasser zurückgehen sehen und verlassen Damiette in Richtung Mansurah. Drei Tage später stirbt der Sultan und läßt seine Umgebung in größter Ratlosigkeit zurück.

Wie soll man der Armee und der Bevölkerung beibringen, daß der Sultan tot ist, während der Feind vor den Toren steht und Aijubs Sohn Turanschah mehrere Wochen weit weg im Norden des Irak ist? Da schickt die Vorsehung Chadscharat-ad-dorr, »den Baum der Juwelen«, eine Sklavin armenischen Ursprungs, schön und klug, die seit Jahren die Lieblingsfrau Aijubs war. Sie ruft alle, die dem Sultan nahestanden, zusammen und befiehlt ihnen, bis zur Ankunft des Sohnes Schweigen zu bewahren. Sie befiehlt sogar dem alten Emir Fakhreddin, dem Freund Friedrichs, im Namen des Sultans einen Brief zu schreiben, um die Muslims zum Djihad aufzurufen.

Gemäß einem Mitarbeiter Fakhreddins, dem syrischen Chronisten Ibn Wassel, soll der König von Frankreich sehr bald vom Tod Aijubs erfahren haben, was ihn bewogen haben soll, seinen militärischen Druck zu verstärken. Aber im ägyptischen Lager wird das Geheimnis lange genug gewahrt, um eine Demoralisierung der Truppen zu vermeiden. Die Schlacht um Mansurah tobt den ganzen Winter über, aber durch einen Verrat gelingt es den Franken, am 10. Februar 1250 überraschend in die Stadt einzudringen. Ibn Wassel, der sich zu dieser Zeit in Kairo aufhält, berichtet:

Der Emir Fakhreddin war im Bad, als man ihm die Nachricht überbrachte. Bestürzt sprang er, ohne Rüstung und Kettenhemd, in den Sattel, um zu sehen, was los war. Er wurde von einer Gruppe von Feinden angegriffen und getötet. Der König der Franken zog in die Stadt ein und gelangte sogar bis zum Palast des Sultans. Die Soldaten zogen durch die Straßen, während die muslimischen Krieger und die Bewohner ihr Heil in einer kopflosen Flucht suchten. Der Islam schien einen tödlichen Schlag erhalten zu haben, und die Franken schickten sich an, die Früchte ihres Sieges zu ernten, als plötzlich die türkischen Mamelucken erschienen. Da der Feind sich in den Straßen zerstreut hatte, griffen die Reiter mutig an und überraschten die Franken, wo sie sie fanden und streckten sie mit Schwert- oder Kolbenhieben nieder. Am Morgen hatten die Brieftauben die Botschaft vom Angriff der Franken nach Kairo gebracht; die enthielt nichts über den Ausgang der Schlacht, und wir waren in großer Sorge. Die ganze Stadt war tief betrübt bis zum nächsten Tag, als neue Botschaft über den Sieg der Türken kam. Nun herrschte eitel Freude in allen Straßen.

Während der nächsten Wochen beobachtet der Chronist, von Kairo aus, zwei parallel verlaufende Serien von Ereignissen, die das Gesicht des arabischen Orients verändern werden. Erstens den siegreichen Kampf gegen die letzte große Franken-Invasion und zweitens eine in der Geschichte einzig dastehende Revolution, denn sie sollte für fast drei Jahrhunderte eine Kaste von Sklaven-Offizieren an die Macht bringen.

Nach der Niederlage von Masurah merkt der König von Frankreich, daß seine militärische Lage unhaltbar wird. Da er die Stadt nicht einnehmen kann, und die Ägypter ihn von allen Seiten in dem sumpfigen, von zahllosen Kanälen durchzogenen Land bedrängen, entschließt sich Ludwig zu verhandeln. Anfang März richtet er an den nach Ägypten gekommenen Turanschah einen versöhnlichen Brief, in dem er sich bereit erklärt, den Vorschlag Aijubs anzunehmen, und Damiette gegen Jerusalem einzutauschen. Die Antwort des neuen Sultans läßt nicht auf sich warten: Die großzügigen Angebote Aijubs hätten zu Aijubs Zeiten angenommen werden müssen. Jetzt ist es zu spät! Tatsächlich ist das Höchste, was Ludwig erreichen kann, daß er heil mit seiner Armee aus Ägypten herauskommt, denn der Druck wird von allen Seiten stärker. Mitte März hatten mehrere ägyptische Galeeren der fränkischen Flotte eine schwere Niederlage zugefügt, wobei sie fast hundert Schiffe aller Größen zerstört oder erbeutet und dem Eroberer alle Rückzugsmöglichkeiten nach Damiette abgeschnitten hatten. Am 7. April wird das Invasionsheer, das versucht, die Blockade aufzubrechen, von den mameluckischen Bataillonen angegriffen, zu denen sich auch noch Tausende von Freiwilligen gesellen. Binnen weniger Stunden sind die Franken am Ende. Um dem Gemetzel ein Ende zu machen, kapituliert der König von Frankreich und erbittet freies Geleit. In Ketten wird er nach Mansurah gebracht und im Haus eines aijubidischen Beamten eingesperrt.

Eigenartigerweise zieht dieser Sieg des neuen Sultans nicht die Stärkung seiner Macht, sondern seinen Fall nach sich. Zwischen Turanschah und den obersten mameluckischen Heerführern seiner Armee kommt es zu einem Streit. Letztere sind der Meinung – nicht ohne Grund –, daß Ägypten ihnen sein Heil verdankt, und wollen in der Führung des Landes eine entscheidende Rolle spielen. Der Sultan hingegen möchte sein neuerworbenes Ansehen ausnutzen und seine eigenen Leute an den verantwortlichen Stellen unterbringen. Drei Wochen nach dem Sieg über die Franken beschließt eine Gruppe dieser Mamelucken, unter der Führung eines brillanten türkischen Offiziers von vierzig Jahren, Baibars, »der Bogenschütze«, zur Tat zu schreiten. Am 2. Mai 1250 bricht, nach einem vom Monarchen veranstalteten Festmahl, eine Revolte aus. Turanschah wird von Baibars an der Schulter verletzt und flieht zum Nil, um auf einem Boot zu entkommen. Aber seine Angreifer holen ihn ein. Er fleht sie an, sein Leben zu schonen, er verspricht, Ägypten für immer zu verlassen und auf die Macht zu verzichten. Aber der letzte Sultan der Ayyubiden wird mitleidslos niedergemacht. Es bedarf sogar einer Intervention des Kalifen, damit die Mamelucken ihrem ehemaligen Herrn ein ordentliches Begräbnis zugestehen.

Trotz des gelungenen Staatsstreiches greifen die Sklaven-Offiziere nicht gleich nach dem Thron. Die Klügsten unter ihnen versuchen, einen Kompromiß zu finden, durch den sie ihrer aufsteigenden Macht eine gewisse aijubidische Legitimität verleihen könnten. Was sie sich ausdenken, wird in der Geschichte der muslimischen Welt Epoche machen, wie Ibn Wassel es als Zeuge des Ereignisses ausdrückt, das ihm unfaßbar erscheint.

Nach der Ermordung Turanschahs trafen sich die Emire und die Mamelucken beim Pavillon des Sultans und beschlossen, Chadscharat-addorr, eine Frau des Ayyubiden-Sultans, zur Königin und Sultanin zu erheben. Sie nahm die Staatsgeschäfte in die Hand, schuf auf ihren Namen ein königliches Siegel mit der Aufschrift »Um Khalil«, Mutter des Khalil, eines ihrer Kinder, das früh verstorben war. Die Freitagspredigt wurde in allen Moscheen im Namen Um Khalils, der Sultanin von Kairo und ganz Ägypten, gehalten. So etwas hatte es in der Geschichte des Islam noch nie gegeben.

Kurz nach ihrer Thronbesteigung heiratet Chadscharat-ad-dorr einen der Mameluckenführer, Aibek, und verleiht ihm den Titel Sultan.

Die Ablösung der Ayyubiden durch die Mamelucken zieht eine spürbare Verhärtung in der Haltung der muslimischen Welt den Eindringlingen gegenüber nach sich. Die Nachkommen Saladins hatten sich den Franken gegenüber mehr als versöhnlich gezeigt, und mit abnehmender Macht waren sie nicht mehr in der Lage, den Gefahren, die dem Islam aus dem Osten und aus dem Westen drohten, entgegenzutreten. Die mameluckische Revolution wird sich sehr bald als ein Unternehmen zur Stärkung der militärischen, politischen und religiösen Macht erweisen.

Der Staatsstreich von Kairo ändert nichts am Schicksal des französischen Königs. Zu Zeiten Turanschahs war ein grundsätzliches Übereinkommen getroffen worden, demzufolge Ludwig freigelassen werden sollte. Als Gegenleistung sollten alle Truppen der Franken aus ägyptischem Gebiet, besonders aus Damiette, zurückgezogen und ein Lösegeld von einer Million Dinar gezahlt werden. Einige Tage nach der Thronbesteigung Um Khalils wird der König tatsächlich freigelassen, nicht ohne daß die ägyptischen Unterhändler auf ihn eingeredet hätten: »Wie kann ein vernünftiger Mann, weise und intelligent wie du, auf ein Schiff steigen und in ein Land kommen, das von unzähligen Muslims bevölkert ist. Unserem Gesetz nach kann ein Mann, der auf diese Weise über die Meere fährt, vor Gericht nicht Zeuge sein.« »Und warum nicht?« fragt der König. »Weil er nicht im Vollbesitz aller seiner Kräfte ist.«

Der letzte fränkische Krieger verläßt Ägypten noch vor Ende Mai, und niemals mehr wird das Abendland versuchen, in das Land am Nil einzudringen. Die »blonde Gefahr« wird sehr bald durch eine andere, viel erschreckendere ersetzt, die von den Nachkommen Dschingis Khans droht. Seit dem Tod des großen Eroberers ist sein Reich durch die Erbfolgekriege etwas geschwächt, und der muslimische Orient erlebt so eine unerwartete Ruhepause. Ab 1251 jedoch sind die Steppenreiter erneut unter der Herrschaft von drei Brüdern vereint: Mongka, Kublai und Hülägü, Enkel von Dschingis Khan. Der erste ist unumstritten der Herrscher des Reiches, dessen Hauptstadt Karakorum in der Mongolei ist; der zweite regiert in Peking; der dritte, dessen Sitz in Persien ist, hat den Ehrgeiz, den gesamten muslimischen Orient bis an die Mittelmeerküste, vielleicht auch bis zum Nil zu erobern. Hülägü ist eine widersprüchliche Persönlichkeit. Er interessiert sich leidenschaftlich für Philosophie und die Wissenschaften, sucht die Gesellschaft von Dichtern, aber während seiner Feldzüge verwandelt er sich in ein blutrünstiges Tier und ist voller Zerstörungswut. Auf religiösem Gebiet zeigt er sich ebenso widersprüchlich. Er ist zwar stark vom Christentum beeinflußt – seine Mutter, seine Lieblingsfrau und mehrere seiner Mitarbeiter sind Nestorianer –, hat aber niemals der traditionellen Religion seines Volkes, dem Schamanismus, entsagt. In den Gebieten, über die er herrscht, besonders in Persien, zeigt er sich den Muslims gegenüber im allgemeinen tolerant, aber da er vom Willen besessen ist, jedes politische Gemeinwesen, das sich ihm widersetzen könnte, zu zerstören, führt er gegen die bedeutendsten Städte des Islam einen absoluten Vernichtungskrieg.

Sein erstes Ziel ist Bagdad. Zunächst verlangt Hülägü vom Abbasiden-Kalifen al-Mutassim, dem siebenunddreißigsten seiner Dynastie, daß er die mongolische Oberhoheit anerkennt, wie seine Vorgänger die der Seldschuken anerkannt hatten. Der Herrscher der Gläubigen, der allzusehr auf sein Ansehen vertraut, läßt dem Eroberer ausrichten, daß jeglicher Angriff auf die Hauptstadt des Kalifats die Mobilisation der gesamten muslimischen Welt zur Folge hätte, von Indien bis zum Maghreb. Der Enkel Dschingis Khans ist keineswegs beeindruckt und erklärt, daß er die Absicht habe, die Stadt mit Gewalt zu nehmen. Mit – wie es heißt – Hunderttausenden von Reitern zieht er Ende 1257 auf Bagdad zu und zerstört auf seinem Weg das Heiligtum der Assassinen in Alamut, wobei eine Bibliothek von unschätzbarem Wert vernichtet wird. Dadurch wird es für immer unmöglich, sich über die Doktrin und die Aktivitäten der Sekte wirklich gründlich zu unterrichten. Nun wird sich der Kalif der Tragweite der Drohung bewußt und will verhandeln. Er bietet Hülägü an, seinen Namen in den Moscheen von Bagdad zu erwähnen und ihm den Titel eines Sultans zu verleihen. Aber es ist zu spät. Der Mongole hat sich definitiv für ein hartes Durchgreifen entschieden. Nach einigen Wochen mutigen Widerstandes muß der Herrscher aller Gläubigen kapitulieren. Persönlich begibt er sich am 10. Februar 1258 ins Lager des Siegers und nimmt ihm das Versprechen ab, das Leben aller Verteidiger der Stadt zu schonen, wenn sie die Waffen niederlegen. Aber das nützt nichts. Sobald sie entwaffnet sind, werden die muslimischen Krieger getötet.

Dann stürmt die Mongolenhorde in die herrliche Stadt, zerstört die Häuser, steckt die Wohnviertel in Brand und metzelt mitleidslos Männer, Frauen und Kinder nieder, insgesamt an die achtzigtausend Menschen. Lediglich die Christengemeinde der Stadt wird verschont, weil die Frau des Khan sich für sie eingesetzt hatte. Der Herrscher der Gläubigen selbst wird einige Tage nach seiner Niederlage durch Ersticken hingerichtet. Das tragische Ende des abbasidischen Kalifats versetzt die muslimische Welt in Ratlosigkeit. Es geht jetzt nicht mehr um eine militärische Auseinandersetzung wegen der Herrschaft über irgendeine Stadt oder einen Landstrich, sondern es geht um den verzweifelten Kampf für den Fortbestand des Islam.

Und dies um so mehr, als die Tataren ihren Siegeszug in Richtung auf Syrien fortsetzen. Im Januar 1260 schließt die Armee von

Hügälü Aleppo ein, das trotz heroischer Gegenwehr in kürzester Zeit eingenommen wird. Wie Bagdad treffen auch diese Stadt, die sich des Widerstand gegen die Eroberer schuldig gemacht hat, Tod und Verwüstung. Wenige Wochen später sind die Eroberer vor den Toren von Damaskus. Die kleineren ayyubidischen Könige, die noch über verschiedene syrische Städte herrschen, sind selbstverständlich nicht in der Lage, den Ansturm abzuwehren. Einige von ihnen beschließen, die Oberhoheit des Großkhans anzuerkennen. Ihr Unverständnis ist so groß, daß sie sogar erwägen, sich mit den Eindringlingen zu verbünden gegen die ägyptischen Mamelucken, die Feinde ihrer Dynastie. Bei den Christen – seien sie aus dem Abendland oder aus dem Morgenland – sind die Meinungen geteilt. Die Armenier, in der Person ihres Königs Hethum, stellen sich auf die Seite der Mongolen, ebenso Bohemund von Antiochia, sein Schwiegersohn. Die Franken von Akko hingegen zeigen eine eher zu den Muslims neigende Neutralität. Jedoch herrscht im Abendland wie im Morgenland der Eindruck vor, daß der mongolische Feldzug eine Art heiliger Krieg gegen den Islam ist, der sich mit den Frankeninvasionen vergleichen läßt. Verstärkt wird dieser Eindruck noch dadurch, daß der Haupt-Stellvertreter Hülägüs in Syrien, General Kitbuka, ein nestorianischer Christ ist. Als Damaskus am 1. März 1260 eingenommen wird, ziehen drei christliche Fürsten, Bohemund, Hethum und Kitbuka, zum großen Entsetzen der Araber, als Sieger ein.

Man fragt sich, bis wohin die Tataren gehen werden. Manche glauben, bis nach Mekka, um dort der Religion des Propheten den Gnadenstoß zu versetzen. Ganz sicher nach Jerusalem, und zwar bald; davon ist ganz Syrien überzeugt. Nach dem Fall von Damaskus besetzen zwei mongolische Abordnungen zwei palästinensische Städte: Naplouse in der Mitte und Gaza im Südwesten. Da diese Stadt nicht weit von der Sinai-Halbinsel liegt, scheint es in diesem traurigen Frühjahr 1260 so gut wie sicher zu sein, daß nicht einmal Ägypten der Verwüstung entrinnen wird. Übrigens hat Hülägü noch vor Ende des syrischen Feldzuges einen Botschafter nach Kairo geschickt mit der Forderung, daß sich das Land am Nil bedingungslos ergeben solle. Der Abgesandte wurde empfangen, angehört und enthauptet. Die Mamelucken verstehen keinen Spaß, und ihre Methoden sind in keiner Hinsicht mit denen Saladins zu vergleichen. Die Sklaven-Sultane, die seit zehn Jahren in Kairo herrschen, machen deutlich, wie hart und unversöhnlich man in einer arabischen Welt geworden ist, die von allen Seiten bedrängt wird. Sie schlagen sich mit allen Mitteln, ohne Skrupel, ohne großzügige Gesten, ohne Kompromisse; aber mit Mut und Erfolg.

Aller Blicke sind auf sie gerichtet, denn wenn es jemandem gelingen sollte, den Eindringling aufzuhalten, so können nur sie es sein. Sie sind die letzte Hoffnung. In Kairo liegt die Macht seit einigen Monaten in den Händen eines Militärs türkischen Ursprungs, Qoutouz. Chadscharat-ad-dorr und ihr Mann Aibek haben sieben Jahre miteinander regiert, sich dann aber gegenseitig umgebracht. Darüber waren lange Zeit mehrere Versionen im Umlauf. Diejenige, die sich am besten gehalten hat und im Volk am liebsten erzählt wird, ist ein Gemisch aus Liebe, Eifersucht und Politik: Die Sultanin war dabei, ihren Mann im Bad zu versorgen, wie sie es üblicherweise tat. Sie nutzte diesen Augenblick der Entspannung und Intimität aus und warf ihm vor, eine hübsche vierzehnjährige Sklavin als Konkubine genommen zu haben. »Gefalle ich dir denn nicht mehr?« fragte sie, um ihn zärtlich zu stimmen. Aber Aibek antwortet kalt: »Sie ist jung, und du bist es nicht mehr!« Chadscharat-ad-dorr bebte vor Wut. Sie schob ihrem Mann Seifenschaum über die Augen und sprach ein paar versöhnliche Worte, um sein Mißtrauen nicht zu erregen. Plötzlich ergriff sie einen Dolch und stieß ihm damit in die Seite. Aibek sackte zusammen. Die Sultanin blieb reglos stehen, wie gelähmt; dann ging sie zur Tür und rief ein paar treue Sklaven, damit sie sie von dem Leichnam befreiten. Aber sie hatte Pech. Einer der Söhne Aibeks stellte fest, daß das Badewasser, das nach draußen abfloß, rot war. Er stürzte ins Zimmer und sah Chadscharat, halbnackt, mit einem blutigen Dolch neben der Tür stehen. Sie floh durch die Gänge des Palasts, verfolgt von ihrem Stiefsohn, der die Wachen alarmierte. Als sie die Sultanin fast eingeholt hatten, stolperte sie und schlug mit dem Kopf hart auf die Marmorplatten auf. Als sie sich zu ihr niederbeugten, atmete sie nicht mehr.

Obwohl die Geschichte romantisch ausgeschmückt ist, so ist sie doch von historischem Wert, insofern als sie wiedergibt, was man sich in den Straßen von Kairo nach dem Drama im April 1257 erzählte.

Wie dem auch sei, nach dem Tod der beiden richtet sich der junge Sohn Aibeks auf dem Thron ein, aber nicht für lange. Je konkreter die Bedrohung durch die Mongolen wird, um so mehr werden sich die ägyptischen Heerführer darüber klar, daß ein Jüngling der Verantwortung für den sich anbahnenden entscheidenden Kampf nicht gewachsen ist. So bringt im Dezember 1259, als die Horden Hülägüs in Syrien eindringen, ein Staatsstreich Qoutouz an die Macht. Er ist ein reifer, energischer Mann, der von vornherein für den Heiligen Krieg ist und die Generalmobilmachung gegen den Feind des Islam ausruft. Es ist ihm nicht verborgen geblieben, daß das mongolische Heer bedeutend kleiner geworden ist, denn durch den Tod des Großkhans Mongka mußte sein Bruder Hülägü mit seiner Armee wegen der Erbfolgekämpfe abziehen. Er hatte sofort nach der Einnahme von Damaskus Syrien verlassen, zurück ließ er nur einige tausend Reiter unter dem Befehl seines Stellvertreters Kitbuka.

Qoutouz weiß: Dies ist der richtige Augenblick, um dem Eroberer einen entscheidenden Schlag zu versetzen, und so greift die ägyptische Armee als erstes die mongolische Garnison Gaza an. Völlig überrascht, leistet sie kaum Widerstand. Alsdann rücken die Mamelucken auf Akko vor; sie wissen, daß die Franken in Palästina den Mongolen gegenüber bedeutend zurückhaltender sind als die von Antiochia. Wenn auch einige Adlige sich noch über die Niederlage des Islam freuen, so ist doch die Mehrheit entsetzt über die Brutalität der asiatischen Eindringlinge. Als Qoutouz ihnen ein Bündnis vorschlägt, verhalten sie sich deshalb auch nicht abweisend. Sie sind zwar nicht bereit, am Kampf teilzunehmen, erlauben aber der ägyptischen Armee den Durchzug und gestatten ihr, sich zu verproviantieren. So kann der Sultan ins Innere Palästinas, ja sogar nach Damaskus ziehen, ohne sich um seine Nachhut kümmern zu müssen. Kitbuka schickt sich gerade an, ihm entgegenzuziehen, als ein Volksaufstand in Damaskus ausbricht. Die Muslims der Stadt, zum Äußersten getrieben durch die Ausschreitungen der Eroberer und ermutigt durch den Abzug Hülägüs, errichten Barrikaden in den Straßen und zünden die bislang verschont gebliebenen Kirchen an.

Kitbuka braucht mehrere Tage, um die Ordnung wiederherzustellen, was wiederum Qoutouz ermöglicht, seine Position in Galiläa zu festigen. Am 3. September 1260 treffen dann die beiden Heere beim Dorf Ain Jalout, »Brunnen des Goliath«, aufeinander. Qoutouz war es gelungen, den größten Teil seiner Truppen zu verstecken und nur eine Vorhut unter dem Befehl Baibars', seines besten Offiziers, aufs Schlachtfeld zu schicken. Kitbuka kommt ohne weitere Vorsichtsmaßnahmen und geht in die Falle. Er wirft seine gesamten Truppen in die Schlacht, und Baibars weicht zurück. Der Mongole verfolgt ihn und sieht sich plötzlich überall von ägyptischen Truppen umringt, die bedeutend zahlreicher sind als seine. Nach einigen Stunden ist die mongolische Reiterei vernichtet. Kitbuka selbst wird gefangen und sofort enthauptet.

Am Abend des 8. September ziehen die mameluckischen Reiter als Sieger in Damaskus ein.

14
Gebe Gott, daß sie nie mehr ihren Fuß in dieses Land setzen!

Die Schlacht von Ain Jalout ist zwar nicht so spektakulär wie die von Hittin, sie ist auch rein militärisch gesehen weniger bedeutend, erscheint aber dennoch als eine der entscheidendsten Schlachten der Geschichte. Tatsächlich ermöglicht sie es den Muslims, nicht nur der Vernichtung zu entgehen, sondern auch alle Gebiete, welche die Mongolen ihnen genommen hatten, zurückzuerobern. Die Nachkommen Hülägüs, die sich in Persien niedergelassen haben, werden Muslims, um ihre Herrschaft besser festigen zu können.

In allernächster Zukunft führt der Sieg der Mamelucken zunächst zu Abrechnungen mit all jenen, die dem Eindringling geholfen hatten. Es ist gerade noch einmal gutgegangen, und deshalb kommt es nicht in Frage, den Feinden auch nur irgendeinen Aufschub zu gewähren, seien es Franken oder Mongolen.

Nach der Wiedereroberung von Aleppo im Oktober 1260, schlagen die Mamelucken ohne Schwierigkeiten einen Gegenangriff Hülägüs ab und bereiten sich darauf vor, Strafexpeditionen gegen Bohemund von Antiochia und Hethum von Armenien als den Hauptverbündeten der Mongolen zu unternehmen. Aber in der ägyptischen Armee bricht ein Machtkampf aus, denn Baibars möchte sich in Aleppo als halb unabhängiger Gouverneur niederlassen, während Qoutouz dies ablehnt, weil er den Ehrgeiz seines Stellvertreters fürchtet. Er will keine Konkurrenz in Syrien. Um den Konflikt zu beenden, sammelt der Sultan sein Heer und zieht nach Ägypten. Drei Tagesmärsche vor Kairo gewährt er seinen Soldaten am 23. Oktober einen Ruhetag und beschließt, sich selbst seinem Lieblingssport, der Hasenjagd, zu widmen. Er lädt die obersten Heerführer ein und sorgt dafür, daß auch Baibars dabei ist, denn er hat Angst, dieser könnte in seiner Abwesenheit eine Rebellion anzetteln. Beim Morgengrauen verläßt der kleine Trupp das Lager und legt nach zwei Stunden eine kleine Rast ein. Ein Emir kommt auf Qoutouz zu und nimmt seine Hand, als wolle er sie küssen, aber im gleichen Augenblick zieht Baibars sein Schwert und stößt es dem Sultan in den Rücken. Dieser bricht zusammen. Ohne einen Augenblick zu zögern, springen die beiden Verschwörer auf ihre Pferde und kehren im gestreckten Galopp zum Lager zurück. Dort treten sie vor den Emir Aqtai, einen alten Offizier, der in der Armee allgemein Respekt genießt, und sagen: »Wir haben Qoutouz getötet.« Aqtai, den die Nachricht nicht sonderlich bewegt, fragt: »Wer von euch beiden hat ihn mit eigener Hand getötet?« Worauf Baibars, ohne zu zögern, antwortet: »Ich!« Der alte Mameluck geht auf ihn zu, fordert ihn auf, sich im Zelt des Sultans niederzulassen, wo er sich vor ihm ehrerbietig verneigt. Hat er nicht eine entscheidende Rolle beim Sieg über die Mongolen gespielt? Bald umjubelt die ganze Armee den neuen Sultan.

Diese Undankbarkeit gegenüber dem Sieger von Ain Jalout, nicht einmal zwei Monate nach diesem großen Erfolg, ehrt die Mamelucken nicht gerade. Allerdings muß man zur Entlastung der Sklaven-Offiziere einräumen, daß die meisten unter ihnen Baibars schon seit Jahren als ihren eigentlichen Führer betrachteten. War er es nicht gewesen, der 1250 als erster gewagt hatte, den Ayyubiden Turanschah zu schlagen und damit deutlich zu machen, daß die Mamelucken selbst die Macht übernehmen wollten? Er hat sich sowohl durch seinen politischen Weitblick als durch seine militärische Geschicklichkeit und auch durch seinen außergewöhnlichen körperlichen Mut als Erster unter den Seinen ausgewiesen.

Der 1223 geborene mameluckische Sultan hatte sein Leben als Sklave in Syrien begonnen. Sein erster Besitzer, der aijubidische Emir von Hama, verkaufte ihn aus Aberglauben, weil ihn sein Blick ängstigte. Der junge Baibars war nämlich riesengroß, hatte sehr dunkle Haut, eine heisere Stimme und sehr helle, blaue Augen. Im rechten Auge hatte er einen großen weißen Fleck. Sein Käufer war ein Mamelucken-Offizier, der ihn in die Garde Aijubs aufnahm, wo er, dank seiner Tüchtigkeit und besonders wegen seiner vollkommenen Skrupellosigkeit, sich rasch einen Weg an die Spitze der Hierarchie bahnte.

Ende Oktober 1260 zieht Baibars als Sieger in Kairo ein, wo seine Autorität problemlos anerkannt wird. Dagegen profitieren in den syrischen Städten andere mameluckische Offiziere von Qoutouz' Tod, um ihre Unabhängigkeit zu proklamieren. Aber der Sultan bemächtigt sich in einem Blitzkrieg sowohl Aleppos als auch Damaskus' und vereinigt so das ehemalige aijubidische Gebiet unter seiner Herrschaft. Sehr rasch verwandelt sich dieser blutdürstige und ungebildete Offizier in einen großen Staatsmann und wird zum Schöpfer einer neu erstehenden arabischen Welt. Ägypten und – in etwas geringerem Maße – Syrien werden unter seiner Herrschaft wieder zu kulturellen und künstlerischen Zentren mit großer Ausstrahlungskraft. Baibars, dessen Lebensinhalt es ist, jede Frankenfestung, die ihm widerstehen könnte, zu zerstören, ist im übrigen ein großer Bauherr. Er verschönert Kairo in erheblichem Maße und baut im ganzen Land Brücken und Straßen. Er richtet auch eine Post mit Brieftauben oder Pferden ein, die besser funktioniert als unter Nureddin oder Saladin. Seine Herrschaft ist hart, teilweise brutal, aber aufgeklärt und ohne Willkür. Den Franken gegenüber verhält er sich von Anfang an entschlossen und ist bemüht, ihren Einfluß zu verringern. Dabei macht er einen Unterschied zwischen den Franken von Akko, die er nur schwächen will, und denen von Antiochia, die gemeinsame Sache mit den Mongolen gemacht haben.

Ende des Jahres 1261 bereitet er eine Strafexpedition gegen das Gebiet des Fürsten Bohemund und des armenischen Königs Hethum vor, stößt sich aber an den Tataren. Wenn Hülägü auch nicht mehr in der Lage ist, in Syrien einzufallen, so verfügt er doch in Persien noch über genügend Kräfte, um die Bestrafung seiner Bündnisgenossen zu verhindern. Baibars ist klug genug, um auf eine bessere Gelegenheit zu warten.

Diese bietet sich Ende des Jahres 1261, als Hülägü stirbt. Jetzt nutzt Baibars die Zwistigkeiten unter den Mongolen aus und fällt zunächst in Galiläa ein, wo er mehrere befestigte Plätze unter Mitwirkung eines Teils der örtlichen christlichen Bevölkerung zerstört. Dann wendet er sich sofort nach Norden, dringt in Hethums Gebiet ein und zerstört, eine nach der anderen, alle seine Städte und ganz besonders seine Hauptstadt Sis. Er tötet einen großen Teil der Bevölkerung und führt mehr als vierzigtausend Gefangene mit sich weg. Das armenische Königreich wird nie wieder erstehen. Schon im Frühjahr 1268 zieht Baibars erneut in den Krieg. Er greift zunächst die Gegend um Akko an, bemächtigt sich des Schlosses Beaufort, führt dann sein Heer nach Norden und steht am 1. Mai vor den Mauern von Tripoli. Herr der Stadt ist Bohemund, der

Fürst von Antiochia. Dieser ist sich im klaren, welche Gefühle Baibars ihm gegenüber hegt. Deshalb richtet er sich auf eine lange Belagerung ein.

Baibars jedoch hat andere Pläne. Nach ein paar Tagen marschiert er weiter nach Norden und ist am 14. Mai vor Antiochia. Die größte aller Franken-Städte, die hundertsiebzig Jahre lang allen muslimischen Herrschern getrotzt hatte, leistet nicht länger als vier Tage Widerstand. Schon am Abend des 18. Mai wird nicht weit von der Zitadelle eine Bresche in die Mauer geschlagen, und Baibars' Truppen strömen in die Stadt. Diese Eroberung hat keinerlei Ähnlichkeit mit Saladins Eroberungen: Die Bevölkerung wird erbarmungslos niedergemetzelt oder fällt der Sklaverei anheim, die Stadt selbst wird völlig verwüstet. Aus der angesehenen Metropole wird ein armseliges Dorf. Die Ruinen werden mit der Zeit von Grün zugedeckt.

Bohemund erfährt vom Fall seiner Stadt erst durch einen berühmten Brief Baibars', den der offizielle Chronist des Sultans, der Ägypter Ibn Ab del-Zaher, aufgesetzt hat:

An den edlen und tapferen Ritter Bohemund, durch die Einnahme von Antiochia vom Fürsten zum einfachen Grafen geworden. Als wir Dich in Tripoli verließen, sind wir unmittelbar nach Antiochia gezogen, wo wir am ersten Tag des verehrten Monats Ramadan ankamen. Sofort nach unserer Ankunft kamen die Truppen heraus und stellten sich zum Kampf, allein, sie wurden besiegt, denn wenn sie sich auch gegenseitig beistanden, so fehlte ihnen doch der Beistand Gottes. Du hättest Deine Ritter sehen sollen, wie sie auf der Erde lagen, unter den Hufen ihrer Pferde – Du hättest Deine Paläste sehen sollen, wie sie geplündert wurden, Deine Frauen, wie man sie in den einzelnen Stadtvierteln verkaufte und für die man nur einen Dinar bezahlen mußte – übrigens von Deinem Geld!

Nach diesen Sarkasmen folgt eine lange Beschreibung, die den Empfänger der Botschaft mit keinem Detail verschont, dann kommt der Sultan zum Schluß und zur Sache:

Dieser Brief muß für Dich eine Freude sein, verkündet er Dir doch, daß Gott Dir die Gnade zuteil werden ließ, daß Du unverletzt bist und am Leben bleiben wirst, da Du nicht in Antiochia warst. Denn wärest Du dort gewesen, wärest Du jetzt tot oder verwundet oder gefangen. Aber vielleicht hat Dich Gott nur verschont, damit Du dich unterwirfst und Gehorsam bekundest.

Als vernünftiger – und vor allem machtloser – Mann antwortet Bohemund und schlägt eine Waffenruhe vor, die Baibars annimmt. Er weiß genau, daß der von Entsetzen gebeutelte Graf keinerlei Gefahr mehr darstellt, ebenso wenig wie Hethum, dessen Königreich praktisch von der Karte weggewischt wurde. Was die Franken in Palästina anbelangt, so sind diese nur zu froh, eine Verschnaufpause zu bekommen. Der Sultan schickt ihnen seinen Chronisten Ibn Abd-el-Zaher, um den Vertrag zu besiegeln. Dieser beschreibt das Ereignis:

Der König versuchte alle möglichen Finten, um die besten Bedingungen herauszuholen, aber ich bleib unbeeinflußbar, wie es der Sultan befohlen hatte. Ärgerlich sagte der Frankenkönig zum Dolmetscher: »Sag ihm, er soll sich umdrehen.« Ich drehte mich um und sah das ganze Frankenheer in Kampfstellung. Der Dolmetscher fügte hinzu: »Der König läßt Dir sagen, Du sollst weder die Existenz noch die Menge der Soldaten vergessen!« Da ich nicht antwortete, hakte der König nach. Da fragte ich: »Kann ich sicher sein, daß ich mit dem Leben davonkomme, wenn ich sage, was ich denke?« – »Ja.« – »Gut. Dann sagt dem König, daß es in seiner Armee weniger Soldaten gibt als gefangene Franken in den Kerkern Kairos!« Der König erstickte fast vor Wut und beendete die Unterredung, empfing uns jedoch wenig später, um den Waffenstillstand zu unterzeichnen.

Diese fränkischen Ritter werden Baibars nicht mehr beunruhigen. Die unvermeidliche Reaktion auf die Einnahme von Antiochia, das weiß er, wird nicht von ihnen, sondern von ihren Herren, den abendländischen Königen, kommen.

Das Jahr 1268 ist noch nicht zu Ende, da sprechen hartnäckige Gerüchte davon, daß der König von Frankreich an der Spitze eines mächtigen Heeres bald in den Orient zurückkommen werde. Immer wieder fragt der Sultan Händler und Reisende darüber aus. Im Sommer 1270 erreicht eine Botschaft Kairo: Ludwig ist mit sechstausend Mann am Strand von Karthago gelandet, in der Nähe von Tunis. Sofort läßt Baibars die wichtigsten mameluckischen Emire kommen, um sie davon in Kenntnis zu setzen, daß er an der Spitze eines gewaltigen Heeres in das ferne Afrika aufzubrechen gedenkt, um den Muslims zu helfen, die neuerliche Franken-Invasion zurückzuschlagen. Aber schon einige Wochen später erreicht den Sultan eine neue, von al-Mustansir, dem Emir von Tunis, unterzeichnete Botschaft, die sagt, daß der König von Frankreich tot in seinem Lager aufgefunden wurde und daß seine Armee wieder abgezogen ist, von Krankheit und Krieg stark dezimiert. Nachdem diese Gefahr vorüber ist, wird es Zeit für Baibars, eine Offensive gegen die Franken im Orient zu starten. Im März 1271 nimmt er die gefürchtete Kreuzfahrerburg ein, den »Krak des Chevaliers«, Hosnal-Akrad, die selbst Saladin nie bezwingen konnte.

In den folgenden Jahren fallen die Franken, und besonders auch die Mongolen unter Abaga, dem Sohn und Nachfolger Hülägüs, mehrere Male in Syrien ein, werden aber jedesmal zurückgedrängt. Als Baibars im Juli 1277 durch Gift stirbt, bestehen die Besitzungen der Franken im Orient nur noch aus einer kleinen Kette von Küstenstädten, die von allen Seiten vom Reich der Mamelucken eingeschlossen sind. Ihr starkes Netz von Festungen ist völlig zerstört. Die Schonzeit, die sie unter den Ayyubiden genossen haben, ist ein für allemal vorbei, und ihre Vertreibung steht unausweichlich bevor.

Eile ist jedoch nicht geboten. Kalaun, der neue mameluckische Sultan, verlängert 1283 den Waffenstillstand; er steht den Franken überhaupt nicht feindselig gegenüber und ist sogar bereit, ihre Anwesenheit und Sicherheit im Orient zu garantieren, allerdings unter der Bedingung, daß sie bei jeglicher Invasion den Feinden des Islam nicht helfen werden. Der Vertragstext, den der geschickte und aufgeklärte Verwalter des Mamelucken-Reiches dem Königreich Akko vorlegt, ist ein einmaliger Versuch, die Situation der Franken zu regularisieren. So sagt der Text:

Wenn ein Franken-König das Abendland verläßt, um das Land des Sultans oder seines Sohnes anzugreifen, so sind der Regent des Königreiches und die Großmeister von Akko verpflichtet, den Sultan davon zu unterrichten, und zwar zwei Monate vor seiner Ankunft. Wenn er nach Ablauf der zwei Monate im Orient landet, so sind der Regent und die Großmeister von Akko der Verantwortung für diese Angelegenheit entledigt. Wenn ein Feind von den Mongolen oder anderswoher kommt, so muß der Vertragspartner, der als erster davon erfährt, den anderen davon unterrichten. Wenn ein solcher Feind – was Gott verhüten möge! – Syrien angreift und die Truppen des Sultans sich vor ihm zurückziehen, so haben die Herrscher von Akko das Recht, mit diesem Feind in Verhandlungen zu treten, mit dem Ziel, ihr Gebiet und ihre Untertanen zu retten.

Dieser Waffenstillstand wird im Mai 1283 unterzeichnet auf »zehn Jahre, zehn Monate, zehn Tage und zehn Stunden. Er ist gültig für alle Küstengebiete der Franken, das heißt, die Stadt Akko, mit ihren Obstgärten, Ländereien, Mühlen, Weingärten und die dreiundsiebzig Dörfer, die von ihr abhängig sind; die Stadt Haifa, ihre Weingärten, ihre Obstgärten und die dazugehörigen sieben Dörfer... Was Saida anbetrifft, so gehören das Schloß und die Stadt, die Weingärten und die unmittelbare Umgebung den Franken, sowie die dazugehörigen fünfzehn Dörfer mit der sie umgebenden Ebene, ihren Flüssen, Bächen, Quellen und Obstgärten, ihren Mühlen, Kanälen und Deichen, die seit langer Zeit der Bewässerung der Felder dienen.« Die Aufzählung ist lang und detailliert, um Streitfälle zu vermeiden. Dennoch erscheint die Ausdehnung des fränkischen Territoriums lächerlich: ein schmaler, ausgedünnter Küstenstreifen, der in keiner Weise mehr an die ehemalige fränkische regionale Machtstellung erinnert. Die aufgeführten Orte stellen allerdings nicht die gesamten fränkischen Besitzungen dar. Tyros, das sich vom Königreich Akko gelöst hat, schließt mit Kalaun einen eigenen Vertrag, und Städte wie Tripoli oder Lattakia, weiter nördlich, sind von dem Waffenstillstand ausgenommen.

Dies trifft auch für Marqab, die Festung der Hospitaliter, »akl-osbitar«, zu. Diese Ordensritter haben sich voll und ganz auf die Seite der Mongolen gestellt und gehen sogar so weit, daß sie an ihrer Seite gegen einen neuen Invasionsversuch im Jahre 1281 kämpfen. Der Sultan ist entschlossen, es ihnen heimzuzahlen. Im Frühjahr 1285, erfahren wir von Ibn Abd el-Zaher, *stellte der Sultan in Damaskus Belagerungsgeräte zusammen. Er ließ aus Ägypten große Mengen von Pfeilen und alle möglichen anderen Waffen kommen, die er an die Emire verteilte. Er ließ auch eiserne Maschinen und Rohre zum Flammenwerfen vorbereiten, die man nirgendwo anders als im Arsenal, »dar-al-sinaa«, des Sultans finden konnte. Um Marqab herum wurden Katapulte aufgestellt, drei vom Modell »Franke« und vier vom Modell »Teufel«. Am 25. Mai sind die Seitentrakte der Festung derart beschädigt, daß die Verteidiger kapitulieren. Kalaun erlaubt ihnen, sich unversehrt mit ihrer persönlichen Habe auf den Weg nach Tripoli zu machen.*

So sind die Verbündeten der Mongolen ein weiteres Mal bestraft worden, ohne daß diese die Möglichkeit gehabt hätten, einzugreifen. Und selbst wenn sie hätten eingreifen wollen, wären die fünf Wochen Belagerung zu kurz gewesen, um eine Expedition von Persien aus auf die Beine zu bringen. Dennoch sind die Tataren gerade im Jahr 1285 mehr denn je entschlossen, ihre Offensive gegen die Muslims wiederaufzunehmen. Ihr neuer Führer, der Ilchan Arghun, Enkel Hülägüs, läßt den Traum seiner Vorgänger wieder aufleben: Abschluß eines Bündnisses mit den Leuten aus dem Abendland, um das mameluckische Sultanat in die Zange zu nehmen. Zwischen Täbris und Rom entstehen enge, regelmäßige Verbindungen, um eine gemeinsame, oder zumindest konzertierte Expedition zustande zu bringen. 1289 spürt Kalaun eine drohende Gefahr, aber es gelingt seinen Agenten nicht, etwas Genaueres herauszukriegen. So weiß er nicht, daß ein von Arghun bis ins kleinste ausgearbeiteter Schlachtplan dem Papst und den wichtigsten Königen des Abendlandes schriftlich vorgelegt wurde. Eines dieser Schriftstücke, der Brief an den französischen König Philipp IV., den Schönen, ist erhalten geblieben. Der Mongolenführer schlägt darin vor, die Invasion Syriens in der ersten Januarwoche 1291 beginnen zu lassen. Er rechnet damit, daß Damaskus Mitte Februar und Jerusalem wenig später erobert wird.

Ohne wirklich zu wissen, was eigentlich vorgeht, wächst die Unruhe Kalauns immer mehr. Er fürchtet, daß für die Eindringlinge aus dem Osten oder aus dem Westen die syrischen Städte einen Brückenkopf darstellen könnten, der das weitere Eindringen erleichtern würde. Aber obwohl er jetzt überzeugt ist, daß die Anwesenheit der Franken eine stete Bedrohung für die Sicherheit der muslimischen Welt darstellt, weigert er sich immer noch, die Leute aus Akko mit denen aus der Nordhälfte Syriens auf dasselbe Niveau zu stellen, da letztere ganz offen gegenüber dem mongolischen Eroberer positiv eingestellt waren. Auf jeden Fall kann der Sultan als Ehrenmann Akko nicht angreifen, das durch den Friedensvertrag noch fünf Jahre geschützt ist. Deshalb beschließt er, sich an Tripoli zu halten, und so sammelt sich seine mächtige Armee im März 1289 vor den Mauern der Stadt, die hundertachtzig Jahre zuvor der Sohn von Saint-Gilles erobert hatte.

Unter den Zehntausenden von Kämpfern des muslimischen Heeres befindet sich auch Abul-Fida, ein junger ayyubidischer Emir, der Vasall der Mamelucken geworden war. Er sollte einige Jahre später über die kleine Stadt Hama regieren und seine meiste Zeit mit Lesen und Schreiben verbringen. Das Werk dieses Geschichtsschreibers, der auch Geograph und Dichter war, ist vor allem deswegen interessant, weil es die letzten Jahre der Franken im Orient schildert. Denn Abul-Fida ist mit dem Schwert in der Hand und wachem Auge auf allen Kriegsschauplätzen zu finden. Er schreibt:

Die Stadt Tripoli ist vom Meer umgeben, und man kann sie zu Land nur von Osten her angreifen, über einen schmalen Damm. Nachdem der Sultan die Belagerung begonnen hatte, stellte er gegenüber der Stadt eine große Anzahl von Katapulten jeglichen Kalibers auf und verhängte eine totale Blockade.

Nach mehr als einem Monat Kampf fällt die Stadt am 27. April in die Hände Kalauns. Abul-Fida, der keineswegs versucht, die Wahrheit zu verschleiern, schreibt:

Die muslimischen Truppen drangen mit Gewalt ein, und die Bevölkerung drängte zum Hafen. Einige konnten auf Schiffen entkommen, aber die meisten Männer wurden niedergemetzelt, die Frauen und Kinder gefangengenommen, und die Muslims machten sehr reiche Beute.

Nachdem die Eroberer das Töten und Plündern beendet haben, wird die Stadt auf Befehl des Sultans zerstört und dem Erdboden gleichgemacht.

Nicht weit von Tripoli befand sich im Meer eine kleine Insel mit einer Kirche. Nach der Einnahme der Stadt flohen viele Franken mit ihren Familien dorthin. Aber die muslimischen Soldaten sprangen ins Wasser, schwammen zur Insel hinüber, töteten alle Männer und schleppten Frauen und Kinder zusammen mit reicher Beute fort. Nach dieser Schlächterei fuhr ich selbst mit einem Boot zur Insel, konnte aber wegen des starken Verwesungsgeruchs nicht dort bleiben.

Der junge Ayyubide, durchdrungen von der Größe und Hochherzigkeit seiner Vorfahren, ist unwillkürlich entsetzt von der nutzlosen Metzelei. Er weiß jedoch, daß sich die Zeiten geändert haben.

Merkwürdigerweise ähneln die Umstände bei der Vertreibung der Franken sehr denjenigen, die bei ihrem ersten Einfall, zweihundert Jahre früher, herrschten. Das Massaker von Antiochia von 1268 scheint wie eine Reproduktion des Massakers von 1098, und der verbissene Kampf um Tripoli wird von den arabischen Geschichtsschreibern der kommenden Jahrhunderte wie eine späte Vergeltung der Zerstörung der Stadt Banu Ammar im Jahre 1109 dargestellt. Aber erst beim Kampf um Akko, der letzten großen Schlacht der Frankenkriege, wird die Rache zum eigentlichen Hauptthema der mameluckischen Propaganda.

Nach seinem Sieg setzen die Offiziere Kalaun zu. Es hat sich gezeigt, sagen sie, daß keine Stadt der Franken den Mamelucken widerstehen kann, daß man unverzüglich angreifen muß, ohne zu warten, bis das Abendland aufgrund der Nachricht vom Fall Tripolis ein neues Expeditionsheer nach Syrien schickt. Muß jetzt nicht ein für alle Mal mit dem, was von dem Frankenreich übriggeblieben ist, aufgeräumt werden? Aber Kalaun lehnt ab. Er hat einen Waffenstillstand unterzeichnet und wird sein Versprechen niemals brechen. Aber seine Umgebung gibt sich nicht zufrieden: Könnte man denn nicht die Rechtsgelehrten beauftragen, die Verträge von Akko als nichtig zu erklären, wie es die Franken in der Vergangenheit so oft gemacht haben? Der Sultan gibt nicht nach und erinnert seine Emire daran, daß er im Rahmen des 1283 geschlossenen Vertrages geschworen hat, keine juristischen Mittel anzuwenden, um den Waffenstillstand zu brechen. Nein, Kalaun bleibt dabei, er wird alle fränkischen Gebiete einnehmen, die der Vertrag nicht schützt, aber sonst wird er nichts tun.

Er schickt eine Botschaft nach Akko, um Heinrich, dem letzten der Frankenkönige, dem »Herren von Zypern und Jerusalem«, zu versichern, daß er zu seinen Versprechen stehen wird. Er geht sogar noch weiter und verlängert den berühmten Waffenstillstand um weitere zehn Jahre, ab Juli 1289 gerechnet, und empfiehlt den Muslims, ihren Handel mit dem Abendland über Akko abzuwickeln.

Und so erlebt der palästinensische Hafen in den folgenden Jahren tatsächlich einen großen Aufschwung. Zu Hunderten strömen die Händler aus Damaskus herbei, um sich in den zahlreichen Herbergen in der Nähe der Souks niederzulassen und mit den venezianischen Kaufleuten ertragreichen Handel zu treiben, ebenso mit den reichen Templern, die mittlerweile zu den bedeutendsten Bankiers Syriens geworden waren. Es kommen aber auch Tausende von arabischen Bauern in die Metropole der Franken, besonders aus Galiläa, um dort ihre Ernten zu verkaufen. An diesem Wohlstand haben alle umliegenden Staaten teil, besonders aber die mameluckischen. Da seit vielen Jahren der Handelsfluß mit dem

Osten durch die Mongolen gestört ist, kann der Ausfall nur durch eine Intensivierung des Handels in der Region des Mittelmeeres ausgeglichen werden.

Die Realisten unter den Frankenherrschern sehen in der neuen Rolle ihrer Hauptstadt als großer Umsatzplatz und Verbindung zweier Welten eine unerwartete Überlebenschance in einem Gebiet, in dem sie ansonsten keinerlei Möglichkeiten mehr hätten, eine Vorrangstellung einzunehmen. Gewiß ist dies nicht die Meinung aller, denn manche hoffen noch darauf, im Abendland eine Glaubensbewegung entfachen zu können, die stark genug ist, neue militärische Unternehmungen gegen die Muslims zu ermöglichen. Nach dem Fall von Tripoli schickt König Heinrich Boten nach Rom, um Verstärkung anzufordern, und so erscheint im Sommer 1290 tatsächlich eine ansehnliche Flotte im Hafen von Akko, die Tausende von fanatisierten fränkischen Kriegern an Land bringt. Die Bewohner beobachten mit Mißtrauen diese betrunken herumtorkelnden Krieger aus dem Abendland, die sich wie Plünderer benehmen und keinem Anführer gehorchen.

Es vergehen nur Stunden, bis die Zwischenfälle beginnen. Händler werden in den Straßen überfallen, beraubt und halbtot liegengelassen. Es gelingt der Obrigkeit, mehr schlecht als recht, die Ordnung wiederherzustellen, aber gegen Ende August verschlechtert sich die Lage. Nach einem Saufgelage ziehen die Neuankömmlinge durch die Straßen. Wer einen Bart trägt, wird gejagt und mitleidlos umgebracht. So kommen viele friedliche arabische Händler und Bauern, ganz gleich ob Christen oder Muslims, um. Die übrigen fliehen und berichten, was sich zugetragen hat.

Kalaun tobt vor Wut. Hat er dafür den Waffenstillstand mit den Franken abgeschlossen? Seine Emire wollen ihn zu sofortigem Handeln veranlassen, aber als verantwortungsbewußter Staatsmann will er nicht im Affekt handeln. Er schickt Abgesandte nach Akko, um eine Erklärung zu verlangen, und, vor allem, sollen sie fordern, daß man ihm die Mörder ausliefert, damit er sie bestrafen kann. Die Franken sind geteilter Meinung. Eine Minderheit empfiehlt, die Forderungen des Sultans anzunehmen, um einen neuen Krieg zu vermeiden. Die übrigen lehnen jedoch ab und gehen sogar so weit, daß sie den Abgesandten Kalauns antworten, die muslimischen Händler seien selber schuld an den Ausschreitungen, da einer von ihnen versucht habe, eine Frau der Franken zu verführen.

Nun zögert Kalaun nicht mehr. Er ruft seine Emire zusammen und eröffnet ihnen seinen Entschluß, ein für allemal mit der fränkischen Besetzung Schluß zu machen, die schon viel zu lange gedauert habe. Aus allen Teilen des Sultanats werden die Vasallen zusammengerufen, um an dieser letzten, größten Schlacht des Heiligen Krieges teilzunehmen.

Bevor das Heer Kairo verläßt, schwört Kalaun auf den Koran, seine Waffen nicht eher aus der Hand zu legen, als bis der letzte Franke aus dem Land gejagt ist. Der Schwur ist um so eindrucksvoller, als der Sultan zu dieser Zeit schon ein geschwächter Greis ist. Obwohl man sein Alter nicht genau kennt, muß er zu dieser Zeit schon weit über siebzig Jahre alt sein. Am 4. November 1290 setzt sich die eindrucksvolle mameluckische Armee in Bewegung, aber schon am nächsten Tag erkrankt der Sultan. Er versammelt seine Emire um sein Krankenbett und läßt sie seinem Sohn Khalil Gehorsam schwören und fordert diesen auf, sich – wie er selbst – zu verpflichten, den Krieg gegen die Franken bis zum Ende zu führen. Noch keine Woche später stirbt Kalaun, von seinen Untertanen wie ein großen Herrscher verehrt.

Der Tod des Sultans sollte die große, entscheidende Offensive gegen die Franken nur um einige Monate verzögern. Schon im März 1291 macht sich Khalil an der Spitze seines Heeres auf den Weg nach Palästina. In der Ebene um Akko stoßen Anfang Mai bedeutende syrische Truppenkontingente zu ihm. Der damals achtzehnjährige Abul-Fida nimmt mit seinem Vater an der Schlacht teil. Man hat ihm sogar Verantwortung übertragen, denn er befehligt eine mächtige Schleuder, die den Namen »die Siegreiche« führt. Man hatte sie, in Einzelteile zerlegt, von Hosn-el-Akrad bis vor die fränkische Stadt gebracht. Als Chronist gibt er eine Beschreibung:

Die Wagen waren so schwer, daß wir mehr als einen Monat für den Weg brauchten, der normalerweise in acht Tagen zurückgelegt wird. Als wir ankamen, waren die Ochsen fast alle an Entkräftung und Kälte gestorben. Es kam sofort zum Kampf. Wir, die Leute von Hama, waren wie üblich am äußersten rechten Flügel eingesetzt. Wir befanden uns direkt am Meer, von wo aus uns die fränkischen Schiffe angriffen, die alle mit Holz verkleidete und mit Büffelhaut bespannte Aufbauten trugen, aus denen uns der Feind mit Bogen und Armbrüsten beschoß. Wir mußten uns also nach zwei Seiten hin schlagen: gegen die Leute von Akko vor uns und gegen ihre Flotte. Als ein fränkisches Schiff, das ein Katapult an Bord hatte, anfing, Felsbrocken auf unsere Zelte zu schleudern, erlitten wir schwere Verluste. Aber eines Nachts kam heftiger Wind auf, und das Schiff geriet ins Schwanken und wurde von den Wellen so heftig hin und her geworfen, daß das Katapult in Stücke brach. Während einer anderen Nacht machte eine Gruppe von Franken einen unerwarteten Ausfall und kam auf unser Lager zu. In der Dunkelheit jedoch stolperten einige über die Halteseile unserer Zelte, ein Ritter fiel sogar in einen Latrinengraben und wurde getötet. Unsere Truppen faßten sich wieder, griffen die Franken von allen Seiten an und zwangen sie, sich in die Stadt zurückzuziehen, mehrere Tote hinterlassend. Am nächsten Morgen ließ mein Vetter al-Malik al-Muzaffar die Köpfe der getöteten Franken den Pferden, die wir erbeutet hatten, um den Hals hängen und führte sie dem Sultan vor.

Am Freitag, den 17. Juni 1291, dringt das muslimische Heer mit einer erdrückenden militärischen Übermacht endlich gewaltsam in die belagerte Stadt ein. König Heinrich und die meisten Notabeln schiffen sich in aller Eile ein, um nach Zypern zu fliehen. Die übrigen Franken werden gefangengenommen und getötet. Die Stadt wird dem Erdboden gleichgemacht.

Die Stadt Akko wurde, wie Abul-Fida betont, am Mittag des siebzehnten Tages des Monats Jumada im Jahr 690 zurückerobert. Die Franken hatten im Jahr 587, am gleichen Tag zur gleichen Stunde Akko Saladin weggenommen, wobei sie alle Muslims gefangennahmen und töteten. Ist dies kein seltsamer Zufall?

Nach dem christlichen Kalender ist die Gleichheit der Daten nicht minder verwunderlich, denn der Sieg der Franken hatte 1191 stattgefunden, fast auf den Tag hundert Jahre vor ihrer endgültigen Niederlage.

Nach der Einnahme von Akko, fährt Abul-Fida fort, erfüllte Gott die Herzen der Franken, die sich noch im syrischen Küstengebiet befanden, mit Entsetzen. Sie räumten also überstürzt Saida, Beirut, Tyros und alle anderen Städte. So war es dem Sultan beschieden – ein Glück, das keinem anderen zuteil geworden war –, ohne Schwierigkeiten alle diese Orte zu erobern, deren Bewehrung er auch sogleich zerstören ließ.

Tatsächlich beschließt Khalil gleich nach seinem Sieg, jede Festung entlang der Küste zu zerstören, die eines Tages den Franken nützlich sein könnte, falls sie versuchen sollten, in den Orient zurückzukehren.

Und Abul-Fida schließt:

Durch diese Eroberungen fielen alle Länder des Küstengebietes uneingeschränkt den Muslims wieder zu. Diesen Erfolg hatte man kaum erhofft. Und so wurden die Franken, die einmal dabei waren, Damaskus, Ägypten und viele andere Länder zu erobern, aus ganz Syrien und dem Küstengebiet vertrieben. Gebe Gott, daß sie nie mehr ihren Fuß in dieses Land setzen!

Epilog

Dem Anschein nach hatte die arabische Welt einen epochalen Sieg errungen. Wenn das Abendland versucht hatte, den Vorstoß des Islam durch seine aufeinanderfolgenden Invasionen zu bremsen, so war das Umgekehrte eingetreten. Nicht nur, daß die Franken-Staaten im Orient nach zwei Jahrhunderten Kolonisierung entwurzelt waren, sondern die Muslims hatten sich derart erholt, daß sie unter der Fahne der Ottomanen zur Eroberung Europas ansetzten. 1453 fiel ihnen Konstantinopel in die Hände, und 1529 lagerten ihre Reiter vor Wien.

Es hat aber, wie gesagt, nur den Anschein. Denn, mit geschichtlichem Abstand gesehen, drängt sich eine Feststellung auf: Zur Zeit der Kreuzzüge ist die arabische Welt, von Spanien bis zum Irak, noch der Hüter der materiell und intellektuell am weitesten fortgeschrittenen Kultur der Erde. Danach verlagert sich der Mittelpunkt der Welt deutlich nach Westen. Geschieht dies nach dem Gesetz von Ursache und Wirkung? Kann man so weit gehen zu behaupten, daß die Kreuzzüge das Signal für den Aufstieg des westlichen Europa – das nach und nach die Welt beherrschen sollte – gegeben und damit gleichzeitig das Ende der arabischen Kultur eingeläutet haben?

Wenn eine solche Feststellung auch nicht falsch ist, so muß sie doch differenziert werden. Die Araber litten schon vor den Kreuzzügen an gewissen »Schwächen«, die durch die Anwesenheit der Franken zutage traten und vielleicht auch verstärkt, jedoch nicht verursacht wurden.

Das Volk des Propheten hatte schon im 9. Jahrhundert die Kontrolle über sein Geschick verloren. Seine Herrscher waren praktisch alle Fremde. Wer von den vielen Führern, die wir im Laufe der zweihundertjährigen Besetzung vorüberziehen sahen, war Araber? Die Chronisten, die Kadis, einige örtliche kleine Könige – Ibn Ammar, Ibn Munqidh – und die ohnmächtigen Kalifen. Aber die wirklichen Machthaber und selbst die größten Helden im Kampf gegen die Franken – Zinki, Nureddin, Baibars, Kalaun –, sie waren alle Türken. Al-Afdal war Armenier, Chirkuh, Saladin, al-Adel, al-Kamel waren Kurden. Die meisten dieser Staatsmänner waren allerdings in ihrem Fühlen und Denken arabisiert; aber man darf nicht vergessen, daß 1134 der Sultan Massoud sich mit dem Kalifen al-Mustarchid mit Hilfe eines Dolmetschers verständigte, da er als Seldschuke, vierundzwanzig Jahre nach der Einnahme von Bagdad durch seinen Klan, immer noch kein Wort Arabisch sprach. Dazu kommt, daß eine große Anzahl der Steppenkrieger, die keinerlei Verbindung mit der arabischen oder mediterranen Kultur hatten, als Soldaten in die Kaste der Militärs gelangten, wo sie bald die höchsten Ränge bekleideten. Die Araber, unterdrückt, verspottet, waren Fremde im eigenen Land und konnten ihre kulturelle Entfaltung, die im 7. Jahrhundert begonnen hatte, nicht fortsetzen. Als die Franken erschienen, waren sie schon stehengeblieben und lebten von den Errungenschaften der Vergangenheit. Wenn sie den neuen Eroberern auf den meisten Gebieten auch noch weit überlegen waren, so hatte doch ihr Abstieg schon begonnen.

Die zweite »Schwäche« der Araber, die nicht ganz unabhängig von der ersten ist, besteht in der Unfähigkeit, dauerhafte Institutionen zu schaffen. Die Franken haben gleich nach ihrer Ankunft im Orient richtige Staaten gegründet, und in Jerusalem regelte sich die Nachfolge der Könige im allgemeinen ohne Zwischenfälle. Ein Reichsrat übte eine wirksame Kontrolle über die Politik des Monarchen aus, und die Geistlichkeit hatte ihre anerkannte Rolle im Kräftespiel. In den muslimischen Staaten gab es nichts dergleichen. Der Tod des Monarchen stellte immer auch den Fortbestand seiner Dynastie in Frage und war stets von einem Bürgerkrieg gefolgt. Soll man die fortlaufenden Invasionen dafür verantwortlich machen, die stets die Existenz dieser Reiche bedrohten? Soll man die Tatsache, daß die Völker, die dieses Gebiet beherrscht haben, nomadischen Ursprungs waren, dafür verantwortlich machen, seien es nun die Araber selbst, die Türken oder die Mongolen? Eine solche Frage kann man im Rahmen dieses Epilogs nicht beantworten. Wir können uns hier nur mit der Feststellung begnügen, daß sich diese Frage immer noch und nur leicht verändert in der arabischen Welt des 20. Jahrhunderts stellt.

Das Fehlen von dauerhaften und anerkannten Institutionen mußte sich zwangsläufig auf die Handlungsfreiheit auswirken. Die

Macht des Herrschers wird im Abendland zur Zeit der Kreuzzüge von Grundsätzen bestimmt, die schwer zu überschreiten sind. Bei einem Besuch im Königreich Jerusalem hat Ussama festgestellt, »daß ein Spruch, den die Ritter gefällt haben, vom König nicht abgeändert oder aufgehoben werden kann«. Noch bedeutsamer ist die Feststellung Ibn Jobairs während der letzten Tage seiner Orient-Reise:

Als wir Tibnin in der Nähe von Tyros verließen, kamen wir an einer nicht enden wollenden Reihe von Bauernhöfen und Dörfern vorbei, deren Felder alle tadellos bestellt waren. Ihre Bewohner sind alle Muslims, die aber im besten Einvernehmen mit den Franken leben – Gott bewahre uns vor der Versuchung! Ihre Wohnungen gehören ihnen, und man hat ihnen all ihre Habe gelassen. Alle Gebiete, die in Syrien von den Franken beherrscht werden, unterliegen den gleichen Bestimmungen: Grundbesitz, Dörfer und Bauernhöfe sind in Händen der Muslims geblieben. Es ist klar, daß sich Zweifel in den Herzen dieser Menschen breitmachen, wenn sie ihr eigenes Schicksal mit dem ihrer Brüder in muslimischem Gebiet vergleichen, denn letztere leiden unter der Ungerechtigkeit ihrer Glaubensgenossen, während die Franken gerecht verfahren.

Zu Recht ist Ibn Jobair beunruhigt, denn er hat an den Straßen des heutigen südlichen Libanon eine folgenschwere Tatsache entdeckt: Selbst wenn das Recht der Franken gewisse »barbarische Züge« aufweist, wie Ussama hervorhebt, so hat es doch den Vorteil, eine Gesellschaft geschaffen zu haben, die eine »gleichmäßig verteilte Gerechtigkeit« kennt. Der Begriff des Bürgers existiert zwar noch nicht, aber die »ungläubigen« Lehnsherren, Ritter, Geistlichen, Gelehrten, Städter und selbst Bauern haben alle ihre festgelegten Rechte. Im arabischen Orient ist das Prozedere der Gerichte rationaler, aber für die Willkür des Fürsten gibt es keine Grenzen. Die Entwicklung der Handelsstädte sowie die Entwicklung der Ideen konnte dadurch nur gehemmt werden.

Die Reaktion Ibn Jobairs ist noch genauerer Betrachtung wert. Wenn er einerseits auch so ehrlich ist, dem »verfluchten Feind« positive Eigenschaften zuzuerkennen, so ergeht er sich doch anschließend in Verwünschungen, weil er meint, daß die Gerechtigkeit der Franken eine tödliche Gefahr für die Muslims darstellt. Unterliegen diese nicht etwa der Versuchung, ihren Glaubensbrüdern den Rücken zu kehren – und ihrer Religion –, wenn sie bei den Franken den Wohlstand erleben? So verständlich diese Haltung unseres Reisenden auch sein mag, so ist sie doch symptomatisch für ein Übel, an dem alle seine Brüder leiden: Die Araber haben es während der ganzen Zeit der Kreuzzüge abgelehnt, sich dem abendländischen Gedankengut zu öffnen. Und dies ist vielleicht die schlimmste Auswirkung der Angriffe, deren Opfer sie waren. Für den Angreifer ist das Erlernen der Sprache des besiegten Volkes nur eine Sache der Begabung, für den Besiegten ist es ein Zugeständnis, ja, ein Verrat. Tatsächlich haben viele Franken Arabisch gelernt, während den Bewohnern des Landes, bis auf einige Christen, die Sprachen des Abendlandes fremd geblieben sind.

Dafür gibt es viele Beispiele, denn auf allen Gebieten sind die Franken in die Schule der Araber gegangen, in Syrien wie in Spanien und Sizilien, und was sie gelernt haben, war eine notwendige Grundlage für ihre spätere Ausbreitung. Das griechische Kulturerbe ist über die Araber nach dem westlichen Europa gekommen; sie haben es übersetzt und auch ausgebaut. Sei es Medizin, Astronomie, Chemie, Geographie, Mathematik, Architektur…, auf allen Gebieten haben die Franken ihr Wissen aus arabischen Büchern bezogen, sie haben es assimiliert, imitiert und schließlich weiterentwickelt. Heute noch zeugen unzählige Wörter davon, wie Zenit, Nadir, Azimut, Algebra, Algorithmus, ja sogar das einfache Wort Ziffer. Im Handwerk haben die Europäer die Verfahren für die Herstellung von Papier und Textilien, für die Destillation von Alkohol, die Herstellung von Zucker (beides arabische Wörter) und die Lederbearbeitung zunächst übernommen und später verfeinert. Außerdem darf nicht vergessen werden, daß auch der europäische Obst- und Gemüseanbau durch die Berührung mit dem Orient gewonnen hat, was aus Wörtern hervorgeht wie Aprikose, Aubergine, Orange oder – wie zuvor erwähnt – Schalotte, die alle aus dem Arabischen stammen. Die Liste dieser Wörter ließe sich noch lange fortsetzen.

Während für Westeuropa die Zeit der Kreuzzüge der Beginn einer echten Revolution war, sowohl auf wirtschaftlichem wie auch auf kulturellem Gebiet, folgten diesen Glaubenskriegen im Orient Jahrhunderte der Dekadenz und des Obskurantismus. Die von allen Seiten bedrängte muslimische Welt zieht sich in sich selbst zurück. Sie ist empfindlich, intolerant und steril geworden, und alle diese Eigenschaften verstärken sich mit der zunehmenden Weiterentwicklung der übrigen Welt, von der sie sich an den Rand gedrängt fühlt. Fortschritt, das sind jetzt die anderen. Modernität, das sind die anderen. Mußte man, um seine kulturelle und religiöse Identität zu bestätigen, diese Modernität, die das Symbol des Westens war, ablehnen? Oder mußte man, im Gegenteil, entschlossen den Weg der Modernität beschreiten, auf die Gefahr hin, seine Identität zu verlieren? Weder dem Iran noch der Türkei noch der übrigen arabischen Welt ist es gelungen, aus diesem Dilemma herauszukommen. Deshalb kann man heute noch einen oft abrupten Wechsel zwischen Phasen forcierter Verwestlichung und Phasen eines übertriebenen, äußerst fremdenfeindlichen Integralismus beobachten.

Die arabische Welt ist von den Franken fasziniert und fürchtet sie zugleich. Sie hat sie als Barbaren erlebt und besiegt, aber sie beherrschen heute die Welt, und die Araber bringen es nicht fertig, die Kreuzzüge einfach als ein längst abgeschlossenes Kapitel der Geschichte zu betrachten. Man ist oft erstaunt festzustellen, in welchem Maße die Haltung der Araber und der Muslims insgesamt dem Westen gegenüber noch heute von Vorkommnissen beeinflußt wird, die allgemein als vor sieben Jahrhunderten abgeschlossen gelten.

So beziehen sich, an der Schwelle zum dritten Jahrtausend, die politischen und religiösen Führungskräfte der arabischen Welt ständig auf Saladin, auf den Fall Jerusalems und seine Wiedereroberung. In der Volksmeinung und auch in gewissen offiziellen Reden wird Israel einem neuen Kreuzfahrerstaat gleichgestellt. Von den drei Divisionen der palästinensischen Befreiungsarmee trägt eine heute noch den Namen Hittin und die andere Ain Jalout. Zu seinen Ruhmeszeiten wurde Präsident Nasser regelmäßig mit Saladin verglichen, der wie er Syrien und Ägypten vereinigt hatte – und sogar den Jemen! Der Suezkrieg von 1956 wurde wie der von 1191 empfunden, als ein Kreuzzug der Franzosen und Engländer.

In der Tat sind die Ähnlichkeiten verwirrend. Wie soll man sich nicht an Sadat erinnert fühlen, wenn man liest, wie Sibt Ibn al-Jawzi vor dem Volk von Damaskus den Herrn von Kairo, al-Kamel, des Verrates beschuldigt, da er es gewagt hat, die Oberhoheit des Feindes über die Heilige Stadt anzuerkennen? Wie soll man Vergangenheit und Gegenwart unterscheiden, wenn es um den Kampf zwischen Damaskus und Jerusalem, um die Kontrolle über die Golanhöhen und die Beka-Ebene geht? Wie soll man nicht nachdenklich werden, wenn man die Gedanken Ussamas über die militärische Überlegenheit der Eroberer liest?

Man kann nicht verhindern, daß sich in einer ständig angegriffenen muslimischen Welt ein Verfolgungskomplex einstellt, der bei manchen Fanatikern die Form einer gefährlichen Besessenheit annimmt. Man denke nur an den Türken Mehemet Ali Agca, der am 13. Mai 1981 auf den Papst geschossen und dazu in einem Brief erklärt hat: »Ich habe beschlossen, Johannes Paul II., Obersten Kriegsherrn der Kreuzritter, zu töten.« Abgesehen von dieser individuellen Tat ist es klar, daß der arabische Orient den Westen als einen natürlichen Feind sieht. Gegen ihn ist jede feindselige Handlung, sei es auf politischem, militärischem oder wirtschaftlichem Gebiet, eine legitime Rache. Und zweifellos rührt der Bruch zwischen den beiden Welten von den Kreuzzügen her, die heute noch wie eine Schändung, eine Schmach empfunden werden.

Anhang

Anmerkungen und Quellen

Wenn man zwei Jahre lang Nachforschungen über die Kreuzzüge betreibt, trifft man auf zahlreiche Werke und Autoren, die alle, ob man sich nun kurz oder eingehend mit ihnen beschäftigt, einen Einfluß auf die eigene Arbeit ausüben. Im Grunde verdienen sie alle, erwähnt zu werden, jedoch verlangt die Zielsetzung des Buches eine gewisse Auswahl. Wir sind überzeugt, daß unsere Leser hier nicht eine vollständige Bibliographie der Kreuzzüge suchen werden, sondern eher Hinweise, die es ihnen ermöglichen, sich mit dieser »anderen Sicht« gründlicher zu beschäftigen.

In diesen Anmerkungen finden sich drei Arten von Werken. Zunächst selbstverständlich diejenigen der arabischen Chronisten und Geschichtsschreiber, die uns Berichte über die Franken-Invasionen hinterlassen haben. Wir führen sie Kapitel für Kapitel auf, soweit ihre Namen in unserer Darstellung auftreten, und geben dabei die Referenzen zu dem Originalwerk an, auf das wir uns weitgehend bezogen haben, sowie zu den verfügbaren französischen Übersetzungen. Wir möchten nicht versäumen, schon an dieser Stelle auf die hervorragende Textsammlung des italienischen Orientalisten Francesco Gabrieli hinzuweisen, die in Französisch unter dem Titel »Chroniques arabes des croisades«, Sindbad, Paris 1977, erschienen ist. Die zweite Art von Texten behandelt die Beziehungen der arabischen und muslimischen Geschichte mit der abendländischen Geschichte des Mittelalters. Insbesondere:

E. Ashtor: »A social and economic history of the near east in the middle ages«, Collins, London, 1976

P. Aziz: La Palestina des croises, Famot, Genf, 1977

C. Cahen: Les peuples musulmans dans l'histoire médiévale, Institut français de Damas, 1977

M. Hodgson: »The venture of islam«, University of Chicago, 1974

R. Palm: »Les Etendards du Prophète, J.-C. Lattès, Paris, 1981

J. J. Saunders: »A history of medieval islam«, RKP, London 1965

J. Sauvaget: »Introduction à l'histoire de l'Orient musulman, Adrien-Maisonneuve, Paris, 1961

J. Schacht: »The legacy of islam«, Oxfort university, 1974

E. Sivan: »L'Islam et la croisade«, Adrien-Maisonneuve, Paris 1968

H. Montgomery Watt: »L'influence de l'islam sur l'Europe médiévale«, Geuthner, Paris 1974

Die dritte Art von Werken umfaßt die geschichtlichen – die globalen wie die spezifischen – Berichte von den Kreuzzügen. Es versteht sich von selbst, daß wir auf sie nicht verzichten konnten, um die arabischen, notwendigerweise bruchstückhaften, Dokumente in einem über zwei Jahrhunderte fortlaufenden Bericht zusammenzufassen. Wir werden sie in diesen Anmerkungen des öfteren zitieren. Vorweg sollen schon zwei klassische Werke genannt werden:

»Histoire des croisades et du royaume franc de Jérusalem« von René Grousset, 3 Bde., Plon, Paris 1934–1936;

»A history of the crusades«, von Stephen Runciman, 3 Bde, Cambridge university, 1951–1954.

Prolog

Nicht alle arabischen Historiker schreiben al-Harawi die von uns zitierte Rede zu. Dem Damaszener Chronisten Sibt Ibn al-Jawzi (siehe Kapitel 12) zufolge soll der Kadi diese Worte gesprochen haben. Der Geschichtsschreiber Ibn al-Athir (siehe Kapitel 2) ist der Meinung, daß sie von dem Dichter al-Abiwardi stammen, der durch die Klagen al-Harawis dazu inspiriert wurde. Über das Grundsätzliche ist jedenfalls kein Zweifel möglich: Die zitierten Worte entsprechen voll der Botschaft, welche die vom Kadi angeführte Abordnung am Hofe des Kalifen vorbringen wollte.

Ibn Jobair (1144–1217) hat seine Orientreise zwischen 1182 und 1185 von Valencia im muslimischen Spanien aus angetreten. Er hat seine Beobachtungen in einem Buch niedergelegt, das in Französisch verfügbar ist (Geuthner, Paris 1953–1956). Der Originaltext wurde in Arabisch neu herausgegeben (Sader, Beirut, 1980).

Ibn-al-Qalanissi wurde 1073 in Damaskus geboren, wo er 1160 auch starb. Er bekleidete in der Regierung der Stadt hohe Ämter. Der Originaltext der von ihm hinterlassenen Chronik »Zayl tarikh Dimachq« ist nur in einer Ausgabe von 1908 verfügbar. Eine französische Ausgabe, die unter dem Titel »Damas de 1075 à 1154« nur Teile davon veröffentlicht, wurde 1952 vom Institut français de Damas und den Editions Adriens-Maisonneuve, Paris herausgegeben.

Kapitel 1

In dem Zitat von Ibn al-Qalanissi heißt es »in diesem Jahr«. Damit ist das Jahr 490 der Hedschra gemeint. Alle arabischen Geschichtsschreiber und Chronisten haben ungefähr die gleiche Expositionsmethode: Sie zählen, oft durcheinander, die Ereignisse jedes Jahres auf, bevor sie zum nächsten übergehen.

Der Ausdruck Rum (Singular Rumi) wird im 20. Jahrhundert manchmal in bestimmten Teilen der arabischen Welt nicht zur Bezeichnung der Griechen, sondern der Bewohner der westlichen Welt im allgemeinen verwendet.

Der Emir (al-amir) ist ursprünglich »der Befehlgebende«. »Amir al-muminin« ist der Fürst oder der Befehlshaber der Gläubigen. Die Emire des Heeres sind gewissermaßen die höheren Offiziere. »Amir al-yuyuch« ist der oberste Befehlshaber des Heeres, und Emir al-bahr ist der oberste Befehlshaber der Flotte, daraus ist im Westen das Wort Admiral entstanden.

Die Herkunft der Seldschuken ist ungewiß. Der Namensgeber des Stammes, Seldschuk, hatte zwei Söhne, Michael und Israel, was zu der Annahme berechtigt, daß die Dynastie, die den muslimischen Orient geeinigt hat, christlichen oder jüdischen Ursprungs ist. Nach ihrer Islamisierung haben die Seldschuken einige ihrer Namen abgeändert, wie »Israel«, der türkisiert zu »Arslan« geworden ist.

Das Epos von Danishmend »La Geste du roi Danishmend«, das Original und die französische Übersetzung, wurden 1960 vom Institut français d'archéologie d'Istanbul herausgegeben. Das Hauptwerk von Ibn al-Athir »Al-Kamel fit-Tarikh«, »Die vollkommene Geschichte«, existiert im Französischen nur in fragmentarischen Übersetzungen, vor allem in »Recueil des historiens de croisades«, zwischen 1841 und 1906 in Paris veröffentlicht, von der Académie des Inscriptions et Belles-Lettres. Der arabische Text von Al-Kamel fit-Tarikh, der 13 Bände umfaßt, wurde 1979 neu aufgelegt bei Sader, Beirut. In den Bänden 10, 11 und 12 geht es, unter vielem anderem, um die Franken-Invasionen.

Über die Sekte der Assassinen siehe Kapitel 5.

Das Zitat von Ibn Jobairs Reisebericht bezüglich des Erdöls befindet sich in »Voyages« französische Ausgabe, S. 268; arabische Ausgabe S. 209.

Für weitere Einzelheiten über Antiochia und seine Umgebung siehe C. Cahen »La Syrie du Nord à l'époque des croisades et la principauté franque d'Antioche«, Geuthner, Paris, 1940.

Kapitel 3

Die Berichte über den Kannibalismus der fränkischen Krieger in Maara, im Jahre 1098, finden sich in den zeitgenössischen fränkischen Chroniken häufig, und sie sind übereinstimmend. Man findet sie bei den europäischen Geschichtsschreibern noch bis ins 19. Jahrhundert, so zum Beispiel in »Histoire des croisades«, von Michaud, 1817–1822; siehe Bd 1, S. 357 und 577, und »Bibliographie des croisades«, SS. 48,76,183,248. Im 20. Jahrhundert dagegen werden diese Berichte – aufgrund einer kulturellen Mission? – im allgemeinen verschleiert. Grousset erwähnt sie in den drei Bänden seiner »Histoire« nicht einmal. Runciman begnügt sich mit einer Anspielung: »es herrschte Hungersnot..., der Kannibalismus schien die einzige Lösung.« (op. cit. Bd. 1, S. 261)

Bezüglich der Tafur siehe J. Prawer »Histoire du royaume franc de Jérusalem«, C.N.R.S., Paris, 1975, (Bd. 1, S. 216)

Bez. Ussama Ibn Munqidh, siehe Kap. 7.

Zum Namen »Krac des Chevaliers« siehe Paul Deschamps: »La Toponomastique en Terre Sainte au temps des croisades«, in Recueil de travaux... Geuthner, Paris, 1955.

Die Franken fanden den Brief des Basileus nach der Schlacht von Askalon im August 1099 im Zelt von al-Afdal.

Kapitel 4

Über die erstaunliche Vergangenheit von Nahr-el-Kalb, siehe P. Hitti, »Tarik Loubnan«, Assaqafa, Beirut, 1978.

Nach seiner Rückkehr nach Europa versuchte Bohemund, das byzantinische Reich anzugreifen. Um den Angriff abzuwehren, bat Alexios Kilij Arslan, ihm Truppen zu schicken. Besiegt und gefangen, sah sich Bohemund gezwungen, die Rechte der Rum auf Antiochia vertraglich anzuerkennen. Diese Demütigung machte es ihm unmöglich, jemals wieder im Orient zu erscheinen.

Edessa heißt heute Urfa und liegt in der Türkei.

Kapitel 5

Über die Schlacht bei Tyros und die Stadt selbst siehe M. Chehab »Tyr à l'époque des croisades«, Adrien-Maisonneuve, Paris 1975

Kamaleddin Ibn al-Adim (1192–1262) aus Aleppo hat nur während der ersten Hälfte seines Lebens an der Geschichte seiner Stadt geschrieben. Da er durch seine politischen und diplomatischen Aktivitäten und seine zahlreichen Reisen durch Syrien, den Irak und Ägypten zu sehr in Anspruch genommen wurde, brach er seine Chronik im Jahre 1233 ab. Der Originaltext seiner »Geschichte von Aleppo« wurde 1968 vom Institut français de Damas veröffentlicht. Bis heute gibt es keine französische Ausgabe.

Der Ort, an dem die Schlacht zwischen Ilghazi und dem Heer von Antiochia stattfand, wird in verschiedenen Quellen verschieden benannt: Sarmada, Darb Sarmada, Tel Aqibrin... die Franken nannten ihn »Ager sanguinis«, das Blutfeld.

Zum Nachlesen über die Assassinen: M. Hodgson »The order of Assassins«, Mouton, La Haye/Den Haag, 1955.

Kapitel 6

Das 1154 in Damaskus gegründete Hospital blieb in Betrieb bis ... 1899, als es in eine Schule umgewandelt wurde.

Der Vater Zinkis, Aq Sonkor, war bis 1094 Statthalter in Aleppo. Er wurde von Tutuch, dem Vater Redwans, des Verrates bezichtigt und enthauptet. Der junge Zinki wurde von Karbuka von Mosul aufgenommen, der ihn aufzog und an all seinen Schlachten teilnehmen ließ.

Die Prinzessin Zomorrod war die Tochter des Emirs Jawali, des ehemaligen Statthalters von Mosul.

Kapitel 7

Der Emir Ussama Ibn Munqidh, der 1095 geboren wurde – ein Jahr vor der Ankunft der Franken in Syrien – und der 1188 starb – ein Jahr nach der Wiedereinnahme Jerusalems –, nimmt unter den arabischen Zeugen der Kreuzzüge einen besonderen Platz ein. Als Schriftsteller, Politiker und Diplomat kannte er Nureddin, Saladin, Moinuddin Unar, den König Foulque und viele andere persönlich. Als ein ehrgeiziger Intrigant und Verschwörer wurde er beschuldigt, den Mord eines fatimidischen Kalifen und eines ägyptischen Wesirs veranlaßt sowie versucht zu haben, seinen Onkel Sultan und seinen Freund Moinuddin zu stürzen. Trotz allem ist das, was geblieben ist, das Bild eines umsichtigen Beobachters voller Humor und eines hochgebildeten Schriftstellers. Das Hauptwerk Ussamas, seine Autobiographie, wurde 1893 in Paris durch H. Derenbourg veröffentlicht. Eine neue französische, hervorragend illustrierte Übersetzung mit Anmerkungen wurde 1983 von André Miquel herausgegeben unter dem Titel »Des enseignements de la vie«, Imprimerie nationale, Paris.

Über den Bericht von der Schlacht von Edessa siehe J.-B. Chabot, »Un episode de l'histoire des croisades«, in Mélanges... Geuthner, Paris 1924

Kapitel 8

Mehr über Zinki und seine Epoche, bei N. Elisseeff, »Nur-ad-Din, un grand prince musulman de Syrie au temps des croisades«, Institut français de Damas, 1967.

Der Unterschied in der Schreibweise zwischen Nureddin und Nur-ad-Din veranlaßt uns hier zu betonen, falls erforderlich, daß wir in diesem Buch, das für eine nicht unbedingt fachlich vorgebildete Leserschaft bestimmt ist, auf eine wissenschaftliche Umschrift des Arabischen verzichtet haben.

Die legale Haupteinkommensquelle für die Fürsten, einschließlich Nureddins, war ihr Anteil an der Beute, also Gold, Silber, Pferde und als Sklaven verkaufte Gefangene. Ihr Preis sank erheblich, wenn es zu viele gab, betonen die Chronisten. Das ging oft soweit, daß ein Mann gegen ein paar leichte Schuhe getauscht wurde!

Während der Kreuzzüge wurde Syrien immer wieder von heftigen Erdbeben zerstört. Wenn das Beben von 1157 auch am spektakulärsten war, so verging doch kein Jahrzehnt ohne größeres Beben.

Kapitel 9

Der östliche Mündungsarm des Nils, der heute ausgetrocknet ist, hieß »pelusischer Arm«, da er durch die antike Stadt Pelusium floß. Er mündete bei Sabkhat al-Bardawil, der Balduin-Lagune, ins Meer.

Die Ayyub-Familie hatte 1138 Tikrit verlassen müssen, kurz nachdem Saladin dort geboren worden war. Chirkuh hatte nämlich einen Mann töten müssen – wie er sagte –, um die beleidigte Ehre einer Frau zu rächen.

Die aus Nordafrika stammenden Fatimiden beherrschten Ägypten von 966 bis 1171. Sie haben Kairo gegründet. Ihre Abstammung leiten sie von Fatima her, der Tochter des Propheten und Frau Alis, des Begründers des Schiismus.

Über den Verlauf des erstaunlichen Ägyptenfeldzuges, siehe G. Schlumberger, »Campagnes du roi Amaury Ier de Jérusalem en Egypte«, Plon, Paris, 1906.

Kapitel 10

Der Brief an die Aleppiner findet sich, wie die meisten Botschaften Saladins im »Livre des deux jardins«, einem Werk des damaszener Chronisten Abu Chama (1203–1267). Dieses Werk enthält eine kostbare Zusammenstellung einer großen Zahl offizieller Schriftstücke, die nirgendwo sonst zu finden sind.

Bahaeddin Ibn Chaddad (1145–1234) trat kurz vor der Schlacht um Hittin in den Dienst Saladins. Bis zum Tod des Sultans war er sein Berater und Vertrauter. Seine Saladin-Biographie ist vor kurzem neu herausgekommen, Original und französische Übersetzung in Beirut und Paris (Méditerranée, 1981).

Bei der Hochzeit von Kerak waren die guten Manieren nicht nur bei Saladin zu finden. Die Mutter der Braut bestand darauf, dem Belagerer sorgfältig zubereitete Gerichte zu senden, damit er auch an den Festlichkeiten teilhaben könne.

Der Bericht von Saladins Sohn über die Schlacht von Hittin wurde von Ibn al-Athir zitiert, Bd. 9, 583, Jahr der Hedschra.

Imadeddin al-Asfahani (1125–1201) arbeitete für Nureddin, bevor er in Saladins Dienste trat. Er hat zahlreiche geschichtliche und literarische Werke veröffentlicht, insbesondere eine kostbare poetische Anthologie. Sein äußerst geschwollener Stil hat den Wert seiner Erlebnisberichte geschmälert. Sein Bericht über »Die Eroberung Syriens und Palästinas durch Saladin« wurde von der Académie des Inscriptions et des Belles Lettres veröffentlicht, Paris 1972.

Nach muslimischem Glauben hat Gott den Propheten eines Nachts auf wundersame Weise von Mekka nach der al-Aqsa-Moschee und dann in den Himmel geführt. Dort fand ein Treffen statt zwischen ihm, Jesus und Moses, was ein Symbol darstellt für die Kontinuität der drei Offenbarungsreligionen.

Für die Orientalen, Armenier oder Griechen ist der Bart ein Zeichen der Männlichkeit. Die bartlosen Gesichter der fränkischen Ritter fand man lächerlich oder auch anstößig.

Kapitel 11

Unter den zahlreichen nicht-orientalischen Werken über Saladin ist vor allem das von S. Lane-Pool zu erwähnen, das 1898 in London veröffentlicht wurde unter dem Titel »Saladin and the fall of the kingdom of Jerusalem«, das seit einigen Jahren leider in Vergessenheit geraten ist. Es wurde in Beirut neu herausgegeben, Khayats 1964.

Kapitel 12

Es heißt, al-Kamel habe 1219 den heiligen Franziskus von Assisi empfangen, der vergeblich bemüht war, den Frieden wiederherzustellen. Er soll ihn teilnahmsvoll angehört und ihm Geschenke gemacht haben, bevor er ihn mit einem Geleitschutz wieder ins Lager der Franken zurückbringen ließ. Soweit uns bekannt ist, wird dies in keiner arabischen Quelle erwähnt.

Der Redner und Chronist aus Damaskus, Sibt Ibn al-Jawzi (1186–1256) hat eine umfangreiche Weltgeschichte geschrieben. »Miraat az-zaman« (Der Spiegel der Zeit), wovon nur einige Fragmente herausgegeben wurden.

Über den ungewöhnlichen Staufer-Kaiser siehe Benoist-Meschin, »Frédéric de Hohenstaufen ou le rêve excommunié«, Perrin, Paris, 1980.

Kapitel 13

Bezüglich der Geschichte der Mongolen, siehe R. Grousset, »l'Empire des steppes«, Payot, Paris, 1939.

Über den Briefwechsel zwischen Ludwig und Aijub berichtet der ägyptische Chronist al-Maqrizi (1364–1442).

Der Diplomat und Rechtsgelehrte Jamaleddin Ibn Wassel (1207–1398) hat eine Chronik über die Epoche der Ayyubiden und den Anfang der Mamelucken-Ära hinterlassen. Unseres Wissens ist dieses Werk nie verlegt worden, obwohl sich in Michaud und Gabrieli, op. cit., Zitate und übersetzte Fragmente finden.

Nach der Zerstörung von Alamut lebte die Sekte der Assassinen in äußerst friedlicher Form als Ismailiten, den Anhängern des Aga Khan, weiter, von dem man manchmal vergißt, daß er in direkter Linie von Hassan as-Sabbah abstammt.

Der hier gegebene Bericht vom Tod Aibeks und Chadscharat-ad-dorrs entstammt einem mittelalterlichen Volksepos. »Sirat al-malek az-zaher Baibars«, As-sakafiya, Beirut.

Kapitel 14

Der Sekretär der Sultane Baibars und Kalaun, Abd el-Zaher (1223–1293), der auch ägyptischer Chronist war, hatte das Pech, daß sein Hauptwerk, »Das Leben Baibars«, von einem unfähigen Neffen überarbeitet wurde, der uns einen verstümmelten und langweiligen Text hinterließ. Die wenigen Fragmente, die vom Originalwerk übriggeblieben sind, zeugen von einem beachtlichen schriftstellerischen Talent und Sinn für Geschichte.

Von allen arabischen Chronisten und Geschichtsschreibern, die wir zitieren, ist Abul-Fida (1273–1331) der einzige, der auch einen Staat regiert hat. Allerdings war dieser winzig – das Emirat von Hama –, was es diesem Ayyubiden-Emir ermöglichte, die meiste Zeit seinen zahlreichen Werken zu widmen, wie »Mukhtassar tarikh al-Bachar« (»Résumé de l'histoire de l'humanité«). Original und französische Übersetzung finden sich in dem schon erwähnten »Recueil des historiens des croisades«.

Obwohl die abendländische Herrschaft über Tripoli 1289 zu Ende war, bleiben in der Stadt zahlreiche fränkische Namen bis heute weiterbestehen: Anjoul (von Anjou), Doueihy (von Douai), Dekiz (von de Guise), Dabliz (von de Blise), Chanbour (von Chambord), Chanfour (von Chamfort), Franjieh (von Franque) ...

Am Ende dieses kurzen Überblicks sei noch erwähnt:

Z. Oldenbourg: »Les croisades«, Gallimard, Paris, 1965; ein Bericht über Denken und Fühlen der orientalischen Christen.

R. Pernoud: »Les hommes des croisades«, Talladier, Paris, 1977.

J. Sauvaget: »Historiens arabes«, Adrien-Maisonneuve, Paris, 1946.

Zeittafel

Vor der Invasion

622: Emigration (Hedschra) des Propheten Mohammed aus Mekka nach Medina; Beginn der muslimischen Zeitrechnung.
638: Der Kalif Omar nimmt Jerusalem ein.
7./8. Jh.: Die Araber bauen ein Riesenreich auf, vom Indus bis zu den Pyrenäen.
809: Tod des Kalifen Harun al-Raschid; Höhepunkt des arabischen Reiches.
10. Jh.: Obwohl ihre Kultur immer noch blüht, stellt sich bei den Arabern eine politische Dekadenz ein. Die Kalifen haben ihre Macht an persische und türkische Militärs verloren.
1055: Die seldschukischen Türken sind Herren von Bagdad.
1071: Die Seldschuken vernichten die Byzantiner bei Malazgerd und bemächtigen sich Kleinasiens. Bald haben sie den gesamten muslimischen Orient, mit Ausnahme Ägyptens, unter Kontrolle.

Die Invasion

1096: Kilij Arslan, Sultan von Nicäa, vernichtet ein fränkisches Invasionsheer, das von Peter von Amiens angeführt wird.
1097: Erste große fränkische Invasion. Nicäa wird eingenommen und Kilij Arslan bei Doryläa besiegt.
1098: Die Franken erobern Edessa, dann Antiochia und besiegen ein muslimisches Entsatzheer, dessen Befehlshaber Karbuka, Herr von Mosul, ist. Fälle von Kannibalismus in Maara.
1099: Fall Jerusalems, gefolgt von Plünderungen und Gemetzel. Niederlage eines ägyptischen Entsatzheeres. Al-Harawi, Kadi von Damaskus, begibt sich an der Spitze einer Delegation von Flüchtlingen nach Bagdad, um die Tatenlosigkeit der muslimischen Herrscher gegenüber den Franken-Einfällen zu beklagen.

Die Besatzungszeit

1100: Balduin, Graf von Edessa, entkommt einem Hinterhalt bei Beirut und proklamiert sich zum König von Jerusalem.
1104: Mit dem Sieg der Muslims bei Harran, wird der Vorstoß der Franken nach Osten unterbunden.
1108: Seltsame Schlacht bei Tel-Bacher, wo sich zwei muslimisch-fränkische Bündnisheere gegenüberstehen.
1109: Fall von Tripoli nach zweitausendtägiger Belagerung.
1110: Fall von Beirut und Saïda.

1111: Der Kadi von Aleppo, Ibn al-Khachab, zettelt einen Aufstand gegen den Kalifen von Bagdad an, um eine Intervention gegen die fränkische Besatzung zu erreichen.

1112: Siegreicher Widerstand von Tyros.

1115: Allianz der muslimischen und fränkischen Fürsten in Syrien gegen ein vom Sultan entsandtes Heer.

1119: Ilghazi, Herr von Aleppo, schlägt die Franken vernichtend bei Sarmada.

1124: Die Franken erobern Tyros; von jetzt an halten sie das gesamte Küstengebiet, mit Ausnahme von Askalon, besetzt.

1125: Ibn al-Khachab wird von den Assassinen ermordet.

Der Gegenschlag

1128: Scheitern eines Gewaltstreichs der Franken gegen Damaskus. Zinki Herr von Aleppo.

1135: Zinki versucht erfolglos, sich Damaskus' zu bemächtigen.

1137: Zinki nimmt König Foulque von Jerusalem gefangen und läßt ihn wieder frei.

1138: Zinki hält eine fränkisch-byzantinische Koalition in Schach; Schlacht von Chayzar.

1140: Bündnis zwischen Damaskus und Jerusalem gegen Zinki.

1144: Zinki erobert Edessa und zerstört den ersten der vier fränkischen Staaten im Orient.

1146: Mord an Zinki. Sein Sohn Nureddin nimmt seine Stelle in Aleppo ein.

Der Sieg

1148: Niederlage bei Damaskus eines neuen fränkischen Expeditionsheeres, geführt vom deutschen Kaiser Konrad und dem französischen König Ludwig VII.

1154: Nureddin übernimmt die Kontrolle über Damaskus und vereinigt das muslimische Syrien unter seiner Herrschaft.

1163–1169 Kampf um Ägypten. Chirkuh, Statthalter Nureddins, trägt den Sieg davon. Zum Wesir erklärt, stirbt er nach zwei Monaten. Nachfolger ist sein Neffe Saladin.

1171: Saladin proklamiert das Ende des Fatimiden-Kalifats. Als Alleinherrscher von Ägypten gerät er in Konflikt mit Nureddin.

1174: Tod Nureddins. Saladin nimmt Damaskus.

1183: Saladin bemächtigt sich Aleppos. Von nun an sind Ägypten und Syrien unter seiner Herrschaft vereinigt.

1187: Jahr des Sieges. Saladin schlägt die Franken entscheidend bei Hittin am See Tiberias. Er erobert Jerusalem und den größten Teil des fränkischen Gebiets zurück. Die Besatzer besitzen bald nur noch Tyros, Tripoli und Antiochia.

Der Stillstand

1190–1192: Niederlage Saladins vor Akko. Das Eingreifen des englischen Königs Richard Löwenherz ermöglicht es den Franken, dem Sultan mehrere Städte, jedoch nicht Jerusalem, abzunehmen.

1193: Saladin stirbt mit fünfundfünfzig Jahren in Damaskus. Nach einigen Jahren Bürgerkrieg wird sein Reich unter seinem Bruder al-Adel erneut geeint.

1204: Die Franken nehmen Konstantinopel ein. Plünderung der Stadt.

1218–1221: Einfall der Franken in Ägypten. Sie nehmen Damiette ein und ziehen nach Kairo. Der Sultan al-Kamel, Sohn al-Adels, schlägt sie zurück.

1229: Al-Kamel liefert Jerusalem an Friedrich II. von Hohenstaufen aus. Sturm der Entrüstung im arabischen Lager.

Die Vertreibung

1244: Die Franken verlieren Jerusalem zum letzten Mal.

1248–1250: Invasion Ägyptens durch den König von Frankreich, Ludwig IX., der besiegt und gefangengenommen wird. Fall der Dynastie der Ayyubiden; ihre Nachfolger sind die Mamelucken.

1258: Der Mongolenführer Hülägü, Enkel von Dschingis-Khan, verwüstet Bagdad, metzelt die Bevölkerung nieder und tötet den letzten Abbasiden-Kalifen.

1260: Das Mongolenheer besetzt Damaskus und Aleppo, wird dann in der Schlacht von Ain-Jalout, in Palästina, besiegt. Baibars an der Spitze des Mamelucken-Sultanats.

1268: Baibars nimmt Antiochia, das sich mit den Mongolen verbündet hatte. Verwüstung und Gemetzel.

1270: Ludwig IX. stirbt bei Tunis während einer mißglückten Invasion.

1289: Der mameluckische Sultan Kalaun nimmt Tripoli ein.

1291: Der Sultan Khalil, Sohn Kalauns, nimmt Akko ein und setzt zwei Jahrhunderten fränkischer Besatzung im Orient ein Ende.

Personenregister

Weitere Bücher zur islamischen Welt

Tariq Ali

Im Schatten des Granatapfelbaums

Historischer Roman

Aus dem Englischen von Margarete Längsfeld
324 Seiten, Leinen

Dezember 1499, auf dem Seidenmarkt von Granada: In einem gewaltigen Autodafé, das Bischof Jimenez de Cisneros, der ehemalige Beichtvater Isabellas von Kastilien, zu Füßen der Alhambra entfachen läßt, gehen Tausende von arabischen Manuskripten zugrunde. Doch die Vernichtung des aus der Antike überlieferten Wissens ist nur ein Anfang … In seinem fesselnden Roman beschwört Tariq Ali die Tragödie der andalusischen Mauren und setzt den Opfern der Reconquista ein großartiges literarisches Denkmal.
Der Verfasser erzählt anschaulich, humorvoll und fern jeglicher Ideologie. Der Leser folgt der spannenden Handlung gern und bekommt auf fast jeder Seite Informationen über die arabische Kultur vermittelt, ohne sich dabei aufdringlich belehrt zu fühlen.

Frankfurter Allgemeine Zeitung

Eugen Diederichs Verlag

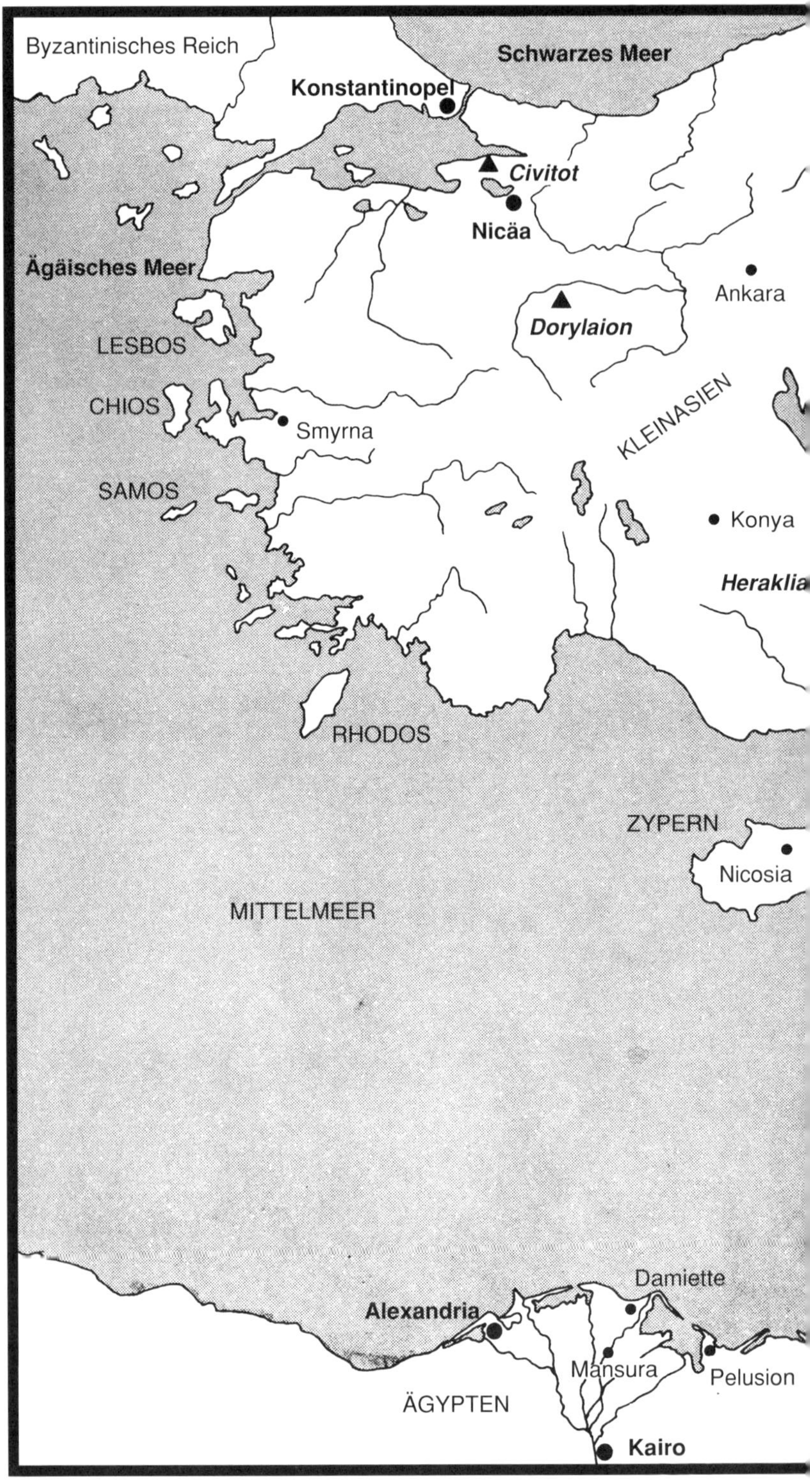
Byzantinisches Reich
Schwarzes Meer
Konstantinopel
Civitot
Nicäa
Ägäisches Meer
Ankara
Dorylaion
LESBOS
CHIOS
Smyrna
KLEINASIEN
SAMOS
Konya
Heraklia
RHODOS
ZYPERN
Nicosia
MITTELMEER
Damiette
Alexandria
Mansura
Pelusion
ÄGYPTEN
Kairo